国际传媒前沿研究报告译丛
黄晓新　刘建华 ／主　编

THE MEDIA SYSTEM IN RUSSIA（2ND EDITION）

俄罗斯传媒体系
（第二版·上）

〔俄〕叶·列·瓦尔塔诺娃 ／主编

王卉莲 ／译

中国书籍出版社
China Book Press

图书在版编目（CIP）数据

俄罗斯传媒体系：上下册/（俄罗斯）叶·列·瓦尔塔诺娃主编；王卉莲译. —— 北京：中国书籍出版社，2023.8

ISBN 978-7-5068-9383-1

Ⅰ.①俄… Ⅱ.①叶… ②王… Ⅲ.①传播媒介—研究—俄罗斯 Ⅳ.①G219.512

中国国家版本馆CIP数据核字(2023)第063828号

著作版权登记号/图字01-2023-1770

©尚斯国际出版传媒集团有限公司
中文翻译版经尚斯国际出版传媒集团有限公司授权于中国大陆地区市场独家出版发行。保留一切权利。未经书面许可，任何人不得复制、发行。

俄罗斯传媒体系（上、下册）

[俄罗斯]叶·列·瓦尔塔诺娃 主编　　王卉莲 译

责任编辑	杨铠瑞
责任印制	孙马飞　马　芝
封面设计	春天·书装工作室
出版发行	中国书籍出版社
地　　址	北京市丰台区三路居路97号（邮编：100073）
电　　话	（010）52257143（总编室）　　（010）52257140（发行部）
电子邮箱	eo@chinabp.com.cn
经　　销	全国新华书店
印　　刷	三河市富华印刷包装有限公司
开　　本	710毫米×1000毫米　1/16
字　　数	487千字
印　　张	39.25
版　　次	2023年8月第1版
印　　次	2023年8月第1次印刷
书　　号	ISBN 978-7-5068-9383-1
定　　价	122.00元

版权所有　翻印必究

国际传媒前沿研究报告译丛（8卷本）
编辑委员会

学术顾问： 胡百精　喻国明　周蔚华　魏玉山　张晓明　孙月沐
　　　　　　梁鸿鹰　林如鹏　方立新　喻　阳　于殿利　杨　谷
　　　　　　王　青　贺梦依　隋　岩　熊澄宇　邓逸群　谢宗贵
　　　　　　武宝瑞　高自龙　施春生　林丽颖　张　坤　韦　路
　　　　　　（排名不分先后）

主　编： 黄晓新　刘建华

编　委： 刘向鸿　李　淼　师力斌　孙佩怡　康　宏　杨驰原
　　　　　　张文飞　董　时　刘一煊　赵丽芳　卢剑锋　王卉莲
　　　　　　黄逸秋　李　游　王　珺　邃　薇　王　莹　杭丽芳
　　　　　　刘　盼　李文竹　洪化清　黄　菲　罗亚星　任　蕾
　　　　　　穆　平　曾　锋　吴超霞　邹　波　苏唯玮　汪剑影
　　　　　　潘睿明　傅　烨　肖　蕊　杨青山　杨雨晴　黄欣钰
　　　　　　邱江宁　周华北　林梦昕　王梓航　韩国梁　史长城
　　　　　　牛　超　薛　创　庞　元　王　淼　朱　琳
　　　　　　（排名不分先后）

出品单位： 中国新闻出版研究院传媒研究所

作者简介

瓦尔塔诺娃（Вартанова Елена Леонидовна）：语言学博士、教授、莫斯科大学新闻系主任、大众传媒理论与经济教研室主任、俄罗斯教育科学院通讯院士

维尔科夫斯基（Вырковский Андрей Владимирович）：语言学博士、莫斯科大学新闻系大众传媒理论与经济教研室副教授

格林贝格（Гринберг Татьяна Эдуардовна）：语言学博士、莫斯科大学新闻系广告与公共关系教研室教授

古列耶娃（Гуреева Анна Николаевна）：语言学副博士、莫斯科大学新闻系大众传媒理论与经济教研室副教授

杜纳斯（Дунас Денис Владимирович）：语言学副博士、莫斯科大学新闻系大众传媒理论与经济教研室中级研究员

科鲁格洛娃（Круглова Людмила Алексеева）：语言学副博士、莫斯科大学新闻系广播电视教研室副教授

卢金娜（Лукина Мария Михайлович）：语言学副博士、莫斯科大学新闻系新媒体与传播理论教研室副教授

马克延科（Макеенко Михаил Игоревич）：语言学副博士、莫斯科大学新闻系大众传媒理论与经济教研室副教授

米纳耶娃（Минаева Ольга Дмитриевна）：语言学博士、莫斯科大学新闻系本国大众传媒历史与法律调控教研室主任、副教授

潘克耶夫（Панкеев Иван Алексеевич）：语言学博士，莫斯科大学新闻系本国大众传媒历史与法律调控教研室教授

波卢埃赫托娃（Полуэхтова Ирина Анатольевна）：语言学博士、莫斯科大学新闻系大众传媒理论与经济教研室教授

萨莫罗多娃（Самородова Элина Владимировна）：莫斯科大学新闻系大众传媒理论与经济教研室助理研究员

斯米尔诺夫（Смирнов Сергей Сергеевич）：语言学副博士、莫斯科大学新闻系大众传媒理论与经济教研室副教授

斯米尔诺娃（Смирнова Ольга Владимировна）：语言学副博士、副教授、莫斯科大学新闻系期刊教研室主任

季莫费耶夫（Тимофеев Алексей Анатольевич）：语言学副博士、莫斯科大学新闻系本国大众传媒历史与法律调控教研室讲师

特卡乔娃（Ткачева Наталья Владимировна）：语言学副博士、莫斯科大学新闻系大众传媒理论与经济教研室中级研究员

弗罗洛娃（Фролова Татьяна Ивановна）：语言学博士、莫斯科大学新闻系期刊教研室教授

谢皮洛娃（Щепилова Галина Германовна）：语言学博士、教授、莫斯科大学新闻系广播电视教研室主任

埃利–巴尔基（Эль-Барки Татьяна Владимировна）：莫斯科大学新闻系外国新闻学与文学教研室教师

译者简介

　　王卉莲，北京大学俄语系硕士研究生毕业，编审、高级人力资源师职称，现任中国新闻出版研究院人事部副主任、研究员。近20年来，追踪研究俄罗斯等独联体国家新闻出版业状况。承担国际出版领域重点课题，主要撰写俄罗斯、白俄罗斯、哈萨克斯坦、乌克兰、塞尔维亚等国家和地区分报告，出版研究领域由俄罗斯拓展至俄语相关国家，乃至斯拉夫语系国家，填补我国与"一带一路"相关国家在出版交流合作数据整合、案例分析方面的空白。深入研究俄罗斯出版发行企业发展状况与趋势，涉及企业近五十家，对国际新闻出版交流与合作具有较高借鉴价值。参与我国新闻出版电影法律法规文件汇编工作，执笔相关立法工作程序规定；撰写俄罗斯阅读相关文章，翻译《俄罗斯国民阅读扶持与发展纲要》《俄罗斯联邦青少儿阅读扶持纲要构想》等文件，为我国全民阅读有关法规起草提供有益参考。

译丛前言

传播是人类与生俱来的行为，人类社会的不断发展带动传媒技术的不断变革与传媒形态的不断创新。传媒的进化发展反作用于人类社会，发挥社会监督、协调沟通、经济推动与娱乐润滑的作用，促进人类社会的不断进步。

加拿大著名传播学者麦克卢汉的"媒介即信息"认为，媒介所刊载的内容并不重要，重要的是媒介本身，一种媒介其实是一个时代一个社会文明发展水平的标志，它所承载的"时代标志性信息"是辽阔的、永恒的。一部文明史，其实质就是人类使用传播媒介的历史，也是传媒从简单到复杂的发展历史。

媒介发展史其实就是媒介技术变革史，正是因为造纸技术、印刷技术、电子技术、数字技术、网络技术、移动技术、人工智能等新技术的出现，人类传播从口耳相传走向窄众传播、大众传播，又从大众传播走到分众传播、精准传播，一切皆媒介、人人皆传播成为现实，世界也就成为名副其实的"地球村"。

进入21世纪以来，由于互联网特别是移动网络和数字技术的发展和普及，带来新的传媒革命，重构社会生态。党中央审时度势、高度重视、周密部署，2013年我国开启传统媒体与新兴媒体融合发展的步伐。经过10年来各方面的共同努力，我国传媒融合发展取得显著成效，相当多的主流融媒体机构已经成型，融媒体传播能力已经具备，融媒体内容生产提质增效，主流舆论阵地得到稳固，媒体融合加快向纵深发展，并正在构建"全媒体传播体系"。在这个过程中，我们需要了解掌握国外媒体的融合现状、发展道路和趋势，学习借鉴国外媒体融合发展、建设的经验教训，为我所用，进一步攻坚克难。

中国传媒业作为文化产业的核心组成部分，在我国政治经济文化社会生活中发挥着信息传播、人际沟通、休闲娱乐和舆论引导、社会治理的功能，具有举足轻重的地位。国际传播能力也在不断提高，在国际传媒舞台上获得了一定的地位。但是，与纽约时报（The New York Time）、新闻集团（News Corporation）等国际传媒大鳄相比，我们的传播实力与国际地位还远远不足不够，在掌握国际话语权上还有较大的努力空间。

2022年10月16日，习近平总书记在党的二十大报告中指出，要"加强全媒体传播体系建设，塑造主流舆论新格局"，"增强中华文明传播力影响力。坚守中华文化立场……讲好中国故事、传播好中国声音，展现可信、可爱、可敬的中国形象。……推动中华文化更好走向世界"。要落实这一指示，夯实国际传播基础，增强中国软实力，提升国际话语权，我们既要利用国内政策与资源优势，也要了解国际先进传媒业的运作规律、基本格局和受众状况，知己知彼，才能把中华文化推向世界。

有鉴于此，我们组织编译出版了"国际传媒前沿研究报告"丛书。理论是灰色的，而实践之树常青。与以往的新闻传播理论著作译介相比，本套译丛更强调传媒发展实践，着重译介西方发达国家最新传媒发展态势的前沿研究报告，以鲜活的案例和有可操作性的做法，以及

译丛前言

比较科学的理论总结，为中国传媒业提供切实可行的参照与抓手，加快走向世界的步伐，加快国内媒体与国际媒体的创新合作和"无缝对接"，加快建设国际一流媒体，为推动建设人类命运共同体作出贡献。

本译丛共8本，分别为《新媒体与社会》（美国）、《加拿大传媒研究：网络、文化与技术》（加拿大）、《传媒产业研究》（英国）、《德国传媒体系：结构、市场、管理》（德国）、《新视听经济学》（法国）、《俄罗斯传媒体系》（俄罗斯）、《澳大利亚的传媒与传播学》（澳大利亚）、《韩国传媒治理》（韩国）。

感谢下列同志为《俄罗斯传媒体系》一书初译所做的大量工作：商务部欧亚司干部郑睿琪（第一至三章），中国社会科学院大学在读博士研究生曾子益（第四至六章、第八章、第十一章、附录），山东水利职业学院副教授董瑞芳（第七章、第九章、第十章、第十二至十五章、附录）。

感谢中国新闻出版研究院，感谢业界、学界与政界的所有领导和师友，感谢本译丛版权方和相关机构的大力支持，感谢在外文转译为中文过程中立下汗马功劳的所有朋友们的努力、帮助和奉献，感谢中国书籍出版社的真诚付出。

由于水平和时间所限，译丛一定存在这样或那样的缺失和不足，望读者、专家不吝赐教。

黄晓新　刘建华
二〇二三年八月八日

以时空观民族观形质观深化文明交流互鉴[①]

（代序）

2022年10月16日，习近平总书记在党的二十大报告中指出，"增强中华文明传播力影响力。坚守中华文化立场……讲好中国故事、传播好中国声音，展现可信、可爱、可敬的中国形象。……深化文明交流互鉴，推动中华文化更好走向世界"[②]。中华文化影响力的提升和更好走向世界的一个重要基础就是世界文明的交流互鉴。他山之石可以攻玉，我们对其他优秀文明成果有了全面和深入的了解，可以借鉴其好的经验与做法，促进文化事业和文化产业繁荣发展，为国内外提供更多优秀文化产品，实现健康持续的文明交流互鉴。文化贸易是世界文明交流互鉴的一个非常有效的手段。对外文化贸易既包括文化产品的输出，也包括文化产品的输入，是输出与输入双向一体的过程。对于中华民族文化而言，兼容并蓄是其五千年惯以形成的品格，她对世界文化一直秉持开放借鉴的态度。要彰显中华文化在世界民族之林的应有位置，不仅需要输出我们的文化产品，而且也要输入世界优秀文化，以更好地发展中华民族文化，建设社会主义文化强国，增强中

---

① 本文作者刘建华，原载于《南海学刊》2022年11月第6期。
② 习近平. 高举中国特色社会主义伟大旗帜为全面建设社会主义现代化国家而团结奋斗[EB/OL]. 新华社官方账号 https://baijiahao.baidu.com/s?id=1747667408886218643&wfr=spider&for=pc./2022-10-26/.

国国家文化软实力，提升中华文化国际影响力。输入世界文化的指导方针与基本原则就是文化扬弃，要对世界各民族文化进行抛弃、保留、发扬和提高。抛弃消极因素，利用积极成分，为中华民族文化发展到新的阶段做出贡献。本文以此为切入点，从时空观、民族观、形质观三个层面来研究分析文化产品输入的文化扬弃问题，力图为政府与贸易主体提供理论性的框架路线与实践性的方法指导，使世界优秀文化为我所用，"发展面向现代化、面向世界、面向未来的，民族的科学的大众的社会主义文化"。①

一、时空观与文化扬弃

对外文化贸易中，作为产品输入国，中国引进文化产品的指导思想与方法论就是文化扬弃。毛泽东指出，继承、批判与创新是文化扬弃的本质。毛泽东的文化扬弃理论的基本内涵是："以马克思主义文化观为指导，尊重文化发展的否定之否定规律，从中国革命和建设的需要出发，批判地继承中外历史文化的成果，从而创造性地建设有中国特色的无产阶级新文化。"② 在具体文化实践中，毛泽东提出了文化扬弃的两条总原则，"一是坚持马克思主义文化观的指导，二是坚持从中国的具体情况出发，坚持为人民服务的方向"③。在这两条总原则下，要灵活机动地对中外文化进行继承、批判与创新。"历史上

---

① 习近平.高举中国特色社会主义伟大旗帜为全面建设社会主义现代化国家而团结奋斗[EB/OL].新华社官方账号 https://baijiahao.baidu.com/s?id=1747667408886218643&wfr=spider&for=pc./2022-10/26/.
② 常乐.论毛泽东的"文化扬弃论"[J].哲学研究，1994（2）：4.
③ 常乐.论毛泽东的"文化扬弃论"[J].哲学研究，1994（2）：6.

的许多文化遗产却并没有这种可以截然分割的具体形态，而是好坏相参、利害糅杂的有机统一体。"①对于国外文化的扬弃，毛泽东作了一个形象的比喻，"一切外国的东西，如同我们对于食品一样，必须经过自己的口腔咀嚼和胃肠运动，送进唾液胃液肠液，把它分解为精华和糟粕两部分，然后排泄其糟粕，吸收其精华，才能对我们的身体有益"②。

在对外文化贸易的实践中，文化输入是一个非常复杂而又需要大智慧与大战略的把关过程，它涉及本国消费者文化需求满足与本国文化价值观主体地位问题。在马克思主义的时空观理论中，时空的本质就是社会时空观，或者说是实践时空观。"实践是人的实践，社会也是人的社会，正是人通过长期的物质生产活动和人类之间的相互交往活动，才形成了人类社会和人类社会历史，世界历史无非是人通过人的劳动而诞生的历史"③。所谓实践时间，是指人类实践活动的持续性。所谓实践空间，是指实践运动的广延性。它包括地理空间与关系空间。前者是指以实体形式存在的地理环境，表现为人们进行生产、生活、科学研究和从事各种活动须臾不可缺少的场所。后者是交往空间，是人们实践活动中结成的经济、政治、文化生活等日常的和非日常的交往关系。实践空间是衡量人类对自然的占有规模以及人类社会联系和发展程度的特殊尺度。

每个时代有一定的文化产品，每个地理空间与关系空间也有一定的文化产品，它们有着各自的本质与特征。随着交通技术与信息技术

---

① 常乐.论毛泽东的"文化扬弃论"[J].哲学研究，1994（2）：3.
② 常乐.论毛泽东的"文化扬弃论"[J].哲学研究，1994（2）：5.
③ 黄小云等.论马克思时空观的实践维度[J].文史博览，2006（12）：33.

的发展，全球化成为现实，各国之间经济、文化、社会的联系与交往日益密切。中国在大力输出自己文化产品的同时，也在努力引进有益于本国经济、政治、文化、社会与生态文明建设的国外文化产品。而世界各国由于地理上的区隔及基于此的改造自然与社会的过程不同，其文化产品也是千姿百态，不同历史时期与不同区位的文化产品必然有其不同于中国文化实践的特征，也不一定都适合中国的文化消费需求。因此，只有对国外文化产品的时间结构与空间结构有准确的了解与把握，才能真正实现文化扬弃的产品输入。

1. 时间结构

关于文化产品的时间结构，我们可以从三个层面来进行分析。一是人类历史层面，二是产品时效层面，三是消费时长层面。

人类历史层面是指不同历史发展阶段的文化产品结构问题。对于不同的输入国来说，对不同时间段的文化产品的需求种类与数量是不同的。关于人类历史的划分，没有一个固定的标准。对于人类发展史上文化产品的时间划分，我们借用美国历史学家斯塔夫里阿诺斯在其著作《全球通史》中的划分标准，分为古典文明时期（公元500年之前）、中世纪文明期（公元500—1500年）、西方崛起文明期（公元1500—1763年）、西方优势文明期（公元1763—1914年）、现代文明期（1914年后）、当代文明期。

我们所说的文化贸易具体是指精神文化的贸易。精神文化又包括几个层面，一是指公益性的承载人类永恒价值的文化，一是指供大众消费娱乐的文化。从以上六个时间段来说，古典文明、中世纪文明、西方崛起与优势文明时期的文化，大多是指那种具有人类永恒价值的文化，主要指精英高雅文化，当然也包括一些民间通俗文化。现代科学技术飞速发展，传播技术不断改进以后，印刷、复制、传播、阅读等变得日益简单与普及，大众文化随之诞生。大众文化产品实质是当前国际文化贸易的主要内容。因为大众文化既能承载精英高雅文化内容，也能承载民间通俗文化内容，并在此基础上，创造出为当代大众所欢迎的文化产品。即使是芭蕾、歌剧等高雅文化内容，也能通过大众生产与传播手段，成为受众喜闻乐见的产品形式。从这个意义上来说，现代文明与当代文明期的文化，实质上主要是指以传媒产品为核心的大众文化产品。

因此，对于中国来说，在输入国外文化产品时，应当注意其历史时间结构。既要输入当代时尚的、先进的文化产品，又要考虑输入其古典文明期、中世纪文明期、西方崛起与优势文明期的精英高雅文化。这些文化具有永恒的人类价值，对于开启中国人的智慧、转换中国人的思维方式，具有巨大的借鉴作用。

产品时效层面是指文化产品的时效性结构问题。时效性是指信息的新旧程度、行情最新动态和进展。对于文化产品来说，我们根据其时间耐久的程度，可以分为即时性文化产品、一般性文化产品与恒久性文化产品。

即时性文化产品对时效性的要求最高，需要即时生产、即时传播、即时接受，一旦时过境迁，该文化产品就没有多大意义了。随着现代传播科技手段的发展，人们对信息时效性的需求将有增无减，永无止境。信息化时代，市场竞争日益激烈的时代，谁最早获得信息，谁将拥有决定胜负的主导权。如同商业竞争者们所说，当下不是大鱼吃小鱼的时代，而是快鱼吃慢鱼的时代。商业竞争如此，日常生活也是如此。人们不再满足于最近、昨天、上午等时间上的信息获得，他们需要了解今时今刻、即时即刻乃至将时将刻的信息，需要了解正在发生与将要发生的信息。但凡是提供这方面服务的传媒产品，必然受到欢迎。从另一个角度来说，如果某个媒体提供的新闻信息不能及时传播给受众，那将毫无意义。

即时性的文化产品主要是指提供新闻信息的大众传媒，诸如报纸、电视、互联网等，当下主要是指微博、微信、移动客户端等新媒体产品。对于中国来说，输入即时性的文化产品主要应该是指电视与互联网媒体。尤其是在网络社会与数字化时代，中国受众对世界各地发生的新闻需要有即时的了解，才能了解自己所处的环境，从而做出各种正确判断与决策。而广播、电视、互联网、微博、微信、移动客户端等，是人们即时掌握国外信息的主要手段。所以，中国必须选择与输入适宜的互联网新媒体及广播电视产品，以满足国内受众的文化需求。

一般性的文化产品是指在短期内或者近期内传播并有效消费的产品，也就是说，这类文化产品的时间跨度稍长，处在恒久性文化产品与即时性文化产品之间。这类文化产品具有当代时尚前卫的形式，是针对当代人的文化消费心理与需求而设计生产的，内容具有当下性，可以在一段时间（如一周、一个月、一年）之内有效传播并消费。当然，这个一段时间不具永恒性，过了一定的时间段，就有可能失去市场，难以为受众所接受。

通常而言，畅销书、音乐、广告、影视剧、演艺、动漫游戏、部分可视艺术（设计、工艺、书画）等，都属于一般性文化产品，它们的传播与消费可以持续一段时间，一两年之内不会过时。比如畅销书，一般拥有一年时间的市场。当然，时间不会太长，试想，十年前的畅销书，现在可能没有多少人愿意去看。流行音乐也是如此，今天的人们恐怕不会有太多人去听几年前甚至几十年前的流行音乐，有些流行音乐也许过几个月就没人去听了。广告、影视、动漫游戏等也是如此，我们不能总是把国外很多年前的电影引进来，因为影视剧还是具有一定的时代性，广告也是根据市场主体某个时段的营销计划而设计的，公司隔一段时间就更换广告深刻说明了这一点。部分工艺与书画作品也不一定具有恒久传播与消费价值，随着时代的变化，人们的消费偏好也会有所变化。譬如，书画领域的范曾热、启功热等，就说明了这一点。

恒久性的文化产品是指此类产品具有永恒价值，没有时效性，不论在什么时代都具有传播与消费价值。这类文化产品主要是指经典文学作品、音乐、工艺与书画艺术等。对于这些文化产品来说，输入者有充裕的时间去甄别去选择，根据本国消费者实际情况与思想意识形态指向，引进适销对路的文化产品。

文化产品的消费时长层面是指受众消费文化产品耗时多少的问题。文化产品是体验性的消费产品，是一种时间性产品。这就要求消费者必须对一个文化产品完整消费后，才能获得其价值，也才能知道是否满足其消费需求，也决定了消费者对此类产品的再购买。因此，把握消费者的消费时间观念就极为重要。消费者对文化产品耗时的接受程度是多元复杂的，不同职业、不同性别、不同年龄、不同民族的消费者，对同一类型文化产品的耗时长短定然不一。譬如电影，有些消费者可能喜欢 1 个小时之内时长的，有些消费者可能喜欢 1—2 个小时时长的，有些消费者可能喜欢 2—3 个小时时长的，当然，电影作为按小时计量消费的文化产品，绝不会达到四五个小时，这已超过了所有消费者的极限。因此，必须根据不同消费者的消费时间偏好，输入不同时长的电影。对于中国观众来说，目前比较喜欢的是长达近3小时的好莱坞大片，1小时左右的电影并不受其欢迎。在浅阅读时代，人们的眼球资源的确不够分配，也应运出现了读图书籍、短视频与微电影等，这就需要文化产品输入者进行及时把握与调整了。

所以，对于中国而言，文化产品输入者应该对不同人口统计特征的消费者进行深入研究分析，针对不同的消费时间偏好及其发展变化趋势，准确引进不同时长的国际文化产品。影视剧、歌舞演艺、图书等文化产品，尤其受消费时长的影响，而这些产品又是国际文化贸易的主要对象，因此，有必要对这些文化产品做出详细分析与区隔，进行分门别类的引进。

2. 空间结构

文化产品的空间结构包括地理空间与关系空间两个层面。

从地理空间来看，2019年，根据商务部服贸司负责人的介绍，"从国别和地区看，中国文化产品对东盟、欧盟出口增长较快，分别增长47.4%、18.9%；对'一带一路'沿线国家出口增长24.9%；对美出口下降6.3%"[①]。根据商务部一位新闻发言人的介绍，"2017年，美国、中国香港、荷兰、英国和日本为中国文化产品进出口前五大市场，合计占比为55.9%，我国与'一带一路'沿线国家进出口额达176.2亿

---

① 数据来源于中国新闻网，https://baijiahao.baidu.com/s?id=1661399484447253162&wfr=spider&for=pc，2021-8-20。

美元，同比增长 18.5%，占比提高 1.3 个百分点至 18.1%，与金砖国家进出口额 43 亿美元，同比增长 48%。文化产品出口 881.9 亿美元，同比增长 12.4%；进口 89.3 亿美元，同比下降 7.6%。顺差 792.6 亿美元，规模较去年同期扩大 15.2%"[1]。从更早的时间 2012 年来看，中国引进的文化产品分布情况如下[2]：我国文化产品进口国家的地理分布都是美洲、欧洲、亚洲、大洋洲的分布格局，几乎没有非洲国家的文化产品。从国家个数来看，排名前 15 的进口国中，欧洲国家最多，核心文化产品国家中有 6 个，占 40%；亚洲国家与地区居次，有 5 个，占 33.3%；美洲国家排第三，有 3 个，占 20%；大洋洲只有澳大利亚，非洲国家缺位。从进口金额来看，欧美国家份额最大，2012 年 1 月份核心文化产品进口额为 1902.9 万美元，占排名前 15 的国家总额 3821.7 万美元的一半；亚洲国家与地区 1896.9 万美元，几乎占据另外一半份额。也就是说，从空间结构来说，中国文化产品进口国主要是欧美国家与亚洲国家，各占据半壁江山。欧美国家主要集中在经济发达资本主义国家，亚洲国家与地区主要集中在日本、韩国与中国台湾及香港地区。值得一提的是，近几年中国与"一带一路"沿线国家和地区的对外文化贸易规模逐步扩大。

这个地理空间结构存在较大的非均衡，欧美国家主要是英美等老牌资本主义国家，应该要兼及对东欧及南美洲一些国家文化产品的进口。亚洲方面，主要是日本、韩国、中国香港、中国台湾等东亚国家

---

[1] 数据来源于中国产业信息研究网，http://www.china1baogao.com/data/20180209/1578390.html，2021-8-20.

[2] 数据来源于商务部服务贸易司，《2012 年 1 月我国核心文化产品进出口情况简析》，中国商务部 http://www.mofcom.gov.cn/aarticle/difang/yunnan/201204/20120408067456.html，2012-4-19.

与地区，而东南亚、西亚与中亚（如印度、泰国、埃及）等国家，虽然在"一带一路"建设倡议下各个指标有所提高，但尚需加大文化产品进口力度。至于非洲国家，也应该有一定的文化产品进口计划，以加强中国与非洲国家的文化交流与互动，从而更好地促进中华文化在非洲国家的影响力。

从关系空间来看，凡是与中国建立外交关系，或者有政治、经济、文化与社会其中之一交往关系的国家与地区，在理论上都应该与中国有文化贸易关系，既包括中国文化产品的输出，也包括中国对这些国家与地区文化产品的输入。只有坚持这种开放与公平的文化交流立场，才能真正使中华文化在世界上有着独立而不可替代的地位，成为公平与正义的代言人，拥有不可小视的话语权，为人类文明的发展与进步做出应有的贡献。

3. 时空文化产品的扬弃

文化产品因其时间性与空间性，结构繁杂多元，中国输入国际文化产品时，应该坚持均衡与适时的文化扬弃策略。

所谓均衡策略，是指文化产品空间结构的合理安排。既要按照先进性原则，大力引进发达国家，特别是西方发达资本主义国家的先进文化。这些文化产品蕴含着人类发展的最前沿思潮与科技创新，对中国文化的发展，对中国人民思维方式的转变，对中国人民知识结构的改善，对中国经济、政治、文化、社会与生态文明的进步，具有巨大的促进作用，应该大力引进。同时，我们又要按照均衡与公平原则，对凡是与中国有经济、政治、文化、社会交往关系的国家，进行一定的文化输入。要在文化没有优劣的理念指导下，对五大洲各个国家的文化产品进行适量而科学的引进。这不仅仅是为了让中国人民了解这些东道国的文化，更重要的是树立中国坚持文化平等交流的大国形象，消解世界各国对中国崛起称霸全球的误会，使中国文化获得更多国际受众的了解与认可，为中华民族文化在世界民族之林中争得应有地位。

所谓适时策略，主要是指对时间文化产品的合理安排与引进。要科学地对国际文化产品按照人类历史层面、产品时效层面、消费时长层面进行分类引进，要在对本国消费者进行深入科学的调研基础上，适时引进不同时间特性的文化产品。从人类历史层面来看，我们不仅要引进现当代的大众文化产品，而且也要引进古典文明时期、中世纪文明时期、西方崛起文明时期与西方优势文明时期各个国家的经典作品，如欧洲文艺复兴时期的哲学与文艺作品、古埃及与古印度的经典文艺与宗教作品。从产品时效层面来看，我们应对国际文化产品的即时性、一般性与恒久性进行区隔，针对本国消费者时间偏好进行适销对路的产品引进。从消费时长来看，要具体把握国内消费者的时间弹性，认清不同国家消费者在文化产品耗时容忍度上的差异，在此基础上，对不同时长的文化产品进行有效引进。

二、民族观与文化扬弃

本文所说的民族文化产品，是指从价值观与思维方式视角来审视的文化产品，也就是说，这些文化产品代表着一个民族的核心价值观与思想意识形态，是一个民族国家合法性存在的前提。从这个意义上来看，作为文化产品引进者，我们必须对某个民族文化产品持辩证的态度，既要认识到该民族文化是该民族国家合法性存在所必不可少的东西，是维系该民族团结、发挥凝聚力与创新力作用的精神性东西；又要清醒地知道，对于自己国家来说，该民族文化产品不一定有其合理之处与存在价值，有些甚至对自己国家文化价值观与思想意识形态的维系起着消解作用。因此，我们需要对某个民族文化产品进行审慎对待与科学分析，需要输入者具有高远的智慧与精准的把关能力，一是尽量输入民族精粹成分占优势的文化产品；二是在两者难以分开的情况下，引进时要对国内消费者进行一定的国际文化鉴赏素养教育，使消费者自己能主动区分并吸收该民族文化精粹，抛弃文化糟粕。

1. 民族精粹与糟粕

首先，我们需要界定何为民族精粹与民族糟粕。所谓民族精粹，是指在某个民族文化中，维系该民族凝聚力、激发其创新力的反映特定价值观与思想意识形态的文化成分。所谓民族糟粕，是指存在于民族文化中，宣传封建迷信霸权，压制个性创造，忽视人本、民主与科学精神的文化成分。在世界各国民族文化中，既存在那种崇尚个性、尊重人本、主张科学民主的文化，也必然存在不同样式的文化糟粕。

其次，我们需要界定民族精粹与民族糟粕的表现形态。对于民族精粹的表现形态，就中国而言，可以从优秀传统文化、主流意识形态文化与先进文化三个层面进行剖析。优秀传统文化主要是指在中华五千年文明历史中，中国劳动人民在改造自然与社会的实践中所形成的民族文化精粹，包括：普适性的科学文化，如四大发明、地动仪等；精英文化，如诸子百家的学说，尤其是儒家的仁爱谦和文化，历代文人墨客对生活与社会感悟的优秀文学作品（李白、白居易诗歌，四大名著等）；民间文化，如各种民间文学，流传于老百姓生活中的风俗与习惯等。就国际文化而言，主要包括优秀传统文化、科学技术文化等。譬如西方文化，其民族精粹就是其科学、民主、人本精神与丰富的科学技术发明，当然，也包括西方历史上哲人大师的作品，如柏拉图、亚里士多德、康德、莎士比亚、贝多芬、凡·高、韦伯等人的著作。科学家们的理论著述与实践发明等，也是其民族文化精粹，需要吸收利用。当下来看，西方民族文化精粹与糟粕交错在一起，其糟粕具有很大的隐蔽性，往往以娱乐的形式，打着人本、民主、科学的旗号，大肆进入世界各国，特别是对发展中国家来说，往往被这些"普世性"文化所迷惑，在享受其文化精华的同时，不知不觉也为其糟粕所俘虏，对本民族文化价值观与思想意识形态构成巨大威胁。例如，我们在享受好莱坞电影、迪士尼文化、麦当劳文化的同时，也被美国文化中的个人主义、拜金主义所影响。具体而言，当下世界各国文化精粹与文化糟粕交错在一起的表现形态就是以娱乐为主的大众文化产品，包括报纸期刊、影视剧、动漫游戏、广告、流行音乐、畅销书、文化旅游、互联网、新媒体等。相对而言，高雅艺术如歌舞剧、经典作家图书、可视艺术（绘画）、经典音乐等，则侧重于表现一个民族文化中的精华内容。

最后，我们需要厘清民族精粹与民族糟粕的作用与影响。对于文化产品输入国来说，引进的文化产品优劣，直接影响到该民族的文化价值观与思想意识形态，影响一个国家的凝聚力与创造力，甚至影响一个社会的动荡与政权的更迭。东欧剧变与苏联解体，使西方国家认识到，比军队大炮更有力更隐蔽的武器应该是文化，于是，硬实力之争转变为软实力之争。经济全球化与文化全球化背景下，各民族国家不能独立于国际文化交流之外。实际上，国际文化交流也的确能够促进一个民族国家经济社会的发展，能够给本国人民带来更多福利。但是，文化毕竟是一个民族国家合法性存在的前提，倘若一个国家的民族文化全然被他国文化所代替，则这个民族国家也就丧失了存在的合法性了。更严重的是，西方经济发达国家，对于和自己政治制度不同的国家抱有敌意，一些政客总是希望通过对别国的控制来攫取更多的利益，形成民族国家之间的不公与非正义。因此，他们有意无意把所谓的普世文化掺杂在各种形式的文化产品中，以达到和平演变、不战而屈人之兵的成效。鉴于此，文化产品输入国应该深切认识各国文化精粹的促进作用与文化糟粕的破坏性，以审慎的态度、科学的方法、高瞻的智慧、宽大的胸怀、自信的立场，引进国际文化产品，有效利用并提升其文化精粹的促进作用，排除并解构文化糟粕的破坏作用。

2. 民族文化产品的扬弃

要有效利用民族文化精粹并解构民族文化糟粕，就要采取毛泽东所说的"吸取精华、去其糟粕"的文化扬弃原则。要做到此，需要从以下三方面入手。

第一，从市场主体来说，需要其兼顾社会效益与经济效益，做一个具有民族发展责任的企业。在对民族文化产品的扬弃过程中，涉及价值观与思想意识形态的一致与冲突问题，关乎整个国家的民族价值观与主流意识形态的形成与传承问题。对外文化贸易中，作为以利润最大化追求为目标的市场主体，偏重对经济效益的考虑定然会多些，这也是无可厚非的。对于具有巨大市场价值的国际文化产品，市场主体必然积极引进，以规避投资风险，寻求利益最大化。然而，民族价值观与主流思想意识形态的维系是所有中国人都应尽的责任与义务。作为中华大家庭中的一员，市场主体在具体的文化贸易执行过程中，也应该有这种责任意识与义务担当，社会效益的维系也必然成为其引进国际文化产品的一个首要度量因素。

第二，从消费者来说，需要具有古为今用、洋为中用的思想境界，做一个有民族荣辱感的主人翁。国际文化产品到达消费者手中时，已经是一个精神产品的接受过程。消费者在体验性消费后，获得的是精神上的收益。精神文化产品的消费过程，不仅能给消费者带来精神性的快感，也会加深、改变或破坏消费者已有的价值观与思想意识形态。如果某种文化产品所承载的文化价值观与思想意识形态与消费者既有的价值观和思想意识形态存在相同或呼应之处，则会强化与加深这些价值观与思想意识形态。如果是相反或者有所偏差，则有可能对消费者既有的价值观与意识形态产生冲击，或者偏离，或者破坏，或者改变。因此，作为消费者，必须有一定的国际文化产品鉴赏能力，要具有"古为今用、洋为中用"的思想境界，以一种中华民族文化主人翁的姿态，对国际民族文化产品进行抛弃、保留、发扬和提高，吸收其有利文化成分。

第三，从政府监管者来说，需要其制定科学有效的民族精粹与糟粕的鉴别框架体系，做一个有民族振兴使命感的主导者。国际民族文化产品，有着不同于普适性的科学技术文化产品或纯粹性娱乐文化产品的本质特征，它所蕴含的价值观与思想意识形态对消费者个体和民族国家的作用并不相一致。同样的文化产品，对消费者个体来说，提供的可能是正向精神福利,但对民族国家来说,也许是负向精神福利。譬如,消费者在消费好莱坞电影时,美国式的叙事方式与高科技技术手段,的确让消费者享受到了正向精神福利,但隐含在影片中的美国价值观与思想意识形态会潜移默化地影响消费者的价值观与思想意识形态,这对一个民族国家而言,具有巨大的威胁,是一种负向精神福利。因此,作为监管者的政府管理部门,必须成为国际文化产品输入过程中的主导者,才能确保文化产品给消费者个体与民族国家提供最大化的正向福利。基本做法是:首先,政府监管者要明确本国涉及价值观与思想意识形态的文化构成。其次,在文化产品的输入实践中,政府部门要制定一个详细的文化产品引进指导方案,对普适性的科学技术文化、纯粹娱乐性文化与价值观和思想意识形态文化进行区分,分门别类。最后,政府部门要构建民族文化产品社会效益评估指标体系,综合评估给输入国带来的正向社会效益与负向作用,做出是否引进的决策。

三、形质观与文化扬弃

形质是普遍地当作一个词语来进行理解的,字典上的解释有肉体、躯壳,外形、外表,才具、气质,形制,形式等。在中国书画艺术中,形质与意象相对应。在建筑、文学等艺术创作中,有形质与意的呼应及渗透问题。中国太极中,也有形质与神意的说法,即以形取意,以意象形。在西方,有一个形质学派,该学派起源于1890—1900年间,由布伦塔诺的弟子厄棱费尔和麦农创立,他们接受了布伦塔诺的思想,将布伦塔诺的意动心理学具体运用到形(form)、形质(form-quality)的形成，认为形、形质的形成既不是感觉的复合，也不是马赫所说形式是一种独立的存在，而是由于意动，才使形、形质呈现出来。形质学派的初衷是对元素主义进行批驳。他们自称发现了一种新元素，并由注重形质而研究复型，后又由复型的分析发现倾向于意动的探讨。形质学派一方面发展了马赫的感觉理论，另一方面又为格式塔心理学派提供了一套完整的形质的概念与理论根据。在知觉理论上，形质学派是由元素主义向格式塔心理学过渡的桥梁。

通过以上关于形质的解释与分析，我们不是想把某种理论简单拿过来分析文化产品，而是力图汲取其中的养料，结合文化贸易实践，分析在引进国际文化产品时，如何在形质上进行评判，以输入适宜的国际文化产品。不论是书画艺术、太极拳，还是西方的形质学派，他们都注重一种事物形式与内涵的完美结合。在中国艺术理论领域，形质偏重于指外形、形态，指人们能观看得到的外在形象。西方的形质学派认为，外形的形成，有赖于意动，这实际上是指事物内涵对人们知觉上的刺激，在内涵意动的驱动下，事物的形质才得以呈现。英文单词form-quality，就是形式与才质的复合体，这说明了形式与才质交错结合的必要性及它们对于消费者知觉刺激上的必要性。对于文化产品来说，只有美的形态与优的才质的完整结合体，才能值得我们去引进，才能值得本国受众去消费，才能对本国文化创新发展发挥积极有效的作用。

其实，形质一词既包含了外形之义，也兼具才质之指。我们更应该把它作为一个短语来理解，即通常所说的文质彬彬，指的是文采与质量都非常好。对于文化贸易实践来说，我们也应该引进"形质彬彬"的国际文化产品。出于研究上的方便，我们从产品类型与产品才质两个方面分别分析国际文化产品的特征。

1. 产品类型

如果按照两分法，我们可以把文化产品分成有形的与无形的两种。前者是指文化产品实体，后者指的就是版权。文化产品实体包括由产品输出国生产的新闻、报刊、图书、音像、广播影视、广告、动漫游戏、演艺歌舞、可视艺术（工艺品、书画等）、互联网、新媒体等。版权即著作权，是指文学、艺术、科学作品的作者对其作品享有的权利（包括财产权、人身权）。版权是知识产权的一种类型，它是由自然科学、社会科学以及文学、音乐、戏剧、绘画、雕塑、摄影和电影摄影等方面的作品组成。

在国际文化贸易中，既有图书、影视剧、音像制品、绘画、工艺品等实物的贸易，如各种图书博览会、电影节、文化旅游等，也包括关于此类文化产品的版权贸易。在智能技术、移动技术、数字技术与网络技术时代，全媒体的产生，可以使不同媒体形态的内容同时在不同类型媒体上进行传播与消费，媒介介质的边界得以消失，这为版权贸易创造了更加有利的条件，版权贸易是将来文化贸易的主体形式。

从具体的形态来看，国际文化产品的类型主要包括核心文化产品、外围文化产品与相关文化产品三大层次。在当下的对外文化贸易实践中，中国主要侧重输入世界各国优秀的核心文化产品与外围文化产品，这类产品对于文化价值观与思想意识形态的维系起着重大作用，影响一国凝聚力的形成，决定一国文化软实力的强弱，对于一国文化创造力与影响力具有巨大的促进或破坏作用。

以时空观民族观形质观深化文明交流互鉴（代序）

　　国家统计局和中宣部共同编辑的《中国文化及相关产业统计年鉴.2020》数据显示，2019年我国文化及相关产业进出口总额为1114.5亿美元，出口额为998.9亿美元，进口额为115.7亿美元，顺差为883.2亿美元。贸易顺差的扩大，一方面说明了我国文化实力在不断增强，文化产品获得了国际市场的认可；另一方面，也显示了我国在对国外文化产品的引进力度上还有不足。作为一个经济实力全球排名第二的大国，要建成文化强国，除了让自己的文化产品走出去，还应该把世界优秀文化产品引进来，只有在与全人类优秀文化产品的交流互动中，借鉴吸取其精华和优点，才能不断生产出更优秀的文化产品，真正成为有全球影响力的文化强国。反观当下文化进口现状，还是有较大的提升空间。有关数据显示，"2019年我国文化进口方面，图书、报纸期刊、音像制品及电子出版物为16.5亿美元，其他出版物为4.5亿美元，工艺美术品及收藏品为36.8亿美元，文化用品为23.9亿美元，游艺器材及娱乐用品为11.1亿美元，文化专用设备为38.4亿美元"[①]。纵观中国核心文化产品的引进情况，总体来说，类型日益多样，新闻出版、图书、期刊、电子出版物、广电影视等都包括其中，引进数量、金额与版权数也在不断增加。但是，问题也很明显，一是引进总量偏小，二是仅限于图书、期刊、电影的引进，并且主要是图书的引进，包括实体图书与版权的引进。近年来在文化产品引进工作上有了提升，如电影方面，2012年，中国在原来每年引进20部美国电影的基础上增加了14部IMAX或3D电影，中国观众看到了更多的美国电影。近年来，随着国产片的壮大，进口片票房所占份额在不

---

① 国家统计局社会科技和文化产业统计司，中宣部文化体制改革和发展办公室编.中国文化及相关产业统计年鉴.2020[M]，北京：中国统计出版社，2020：245.

断压缩，2018年为35%左右，进口片包括美国片、印度片、日本片、法国片等，但贡献份额最大的还是美国片。

在文化产品引进上，我们还需要在产品类型上多下功夫，既要引进那些优秀的为我国受众所喜闻乐见的产品，又要考虑不同民族国家不同类型文化的独特性，引进丰富多元的文化产品。

2. 产品才质

产品才质主要是指引进的文化产品的质量。ISO8402对质量的定义是：反映实体满足明确或隐含需要能力的特性总和。ISO9000对质量的定义是：一组固有特性满足要求的程度。美国著名的质量管理专家朱兰（J.M.Juran）博士从顾客的角度出发，提出了产品质量就是产品的适用性。即产品在使用时能成功地满足用户需要的程度。适用性恰如其分地表达了质量的内涵。这一定义突出使用要求和满足程度两个重点。对于文化产品来说，其质量的内涵极为复杂。一般来说，文化产品分为社会客体与精神客体两个方面。作为社会客体，主要体现为物质形态、设计、包装等方面。消费者对其的使用要求主要落在美观、舒适、简便等方面，并因人、因时、因地、因民族而不同。虽然复杂多元，但基本的使用要求与一般工商产品并没有太大差异，只要紧扣产品性能、经济特性、服务特性、环境特性与心理特性等同几个方面的满足即可，其追求的是性能、成本、数量、交货期、服务等因素的最佳组合。

对于文化产品的精神客体来说，其质量要求与满足非常难以把握。由于文化产品的精神属性与符号特征，生产者总是以一定的规则与方式把意义编码进去，因此消费者必须具备与生产者共通的文化空间，才能进行准确的解码，不然，就会发生霍尔所说的偏向解读与反向解读。即使是优秀的文化产品，在输入国消费者看来，也就一文不值，遭到唾弃。对引进文化产品精神客体的才质判断是：在使用要求方面，主要包括信息获得、娱乐休闲、思想情操陶冶、良好价值观塑造、思想意识形态强化等。在满足程度方面，对于消费者个体而言，主要是信息获得的及时性、身心放松、精神世界的净化、良好道德的培养、良好的售后服务等；对于民族国家而言，主要偏重于文化价值观与统治阶级意识形态的维系与强化。如果引进的文化产品对一国价值观与思想意识形态构成威胁甚至破坏，在输出国或其他国家看来非常优秀的文化产品，也有可能被输入国视作文化糟粕与文化垃圾。

要之，对于文化产品的才质要求问题，会因个人、因民族、因国家、因环境的不同而不同，没有"普世性"的大一统文化产品，是否为优秀产品，需要以动态的视角去评判，尽可能获得一个综合性的最佳组合。当然，文化产品质量的判断还是有一个基本标准的，首先是形态适宜，其次是产品特性、功能、价格、成本、服务等有一个最佳组合，最后是其给民族国家与消费者个体可能带来的精神福利的最优综合得分。

3. 形质文化产品的扬弃

对于此类文化产品的引进，首先，我们坚持"形质彬彬"的扬弃方略。要综合判断文化产品的类型及其对民族国家与消费者个体可能带来的满足，再进行抛弃、保留、发扬和提高。既不能投消费者所好，仅限于单一类型文化产品的引进，譬如，我们不能因为浅阅读时代、消费碎片化时代的特征，一味引进视听媒介产品，而应该着眼于不同类型文化产品的合理结构加以引进。同时，我们也不能投某个管理组织所好，只引进有利于其价值观与思想意识形态维系并强化的文化产品，而应该考虑综合引进反映全人类先进文化与时尚文化的各种类型文化产品，哪怕是承载美国霸权思想的好莱坞电影与麦当劳文化，我们也要进行一定比例的引进。

其次，引进者需要熟悉本国消费者个体与民族国家对不同类型或者同一类型甚至同一种文化产品的使用要求，进行分门别类的合理引进。这就要求引进者做大量细致的调研工作，要不厌其烦地监测市场消费要求的动态变化，随时调整引进计划，尤其重要的是，对引进产品的类型与才质要具有高远的前瞻性，最大化避免不当文化产品对市场主体、国家与消费者个体造成的破坏与损失。

最后，引进者要对文化产品持有整合满足需求的理念，不要固守于单个因素的极致化追求，要整合文化产品各个因素给消费者个体与民族国家带来的最佳效应，以决定是否引进。

目 录

第一章 传媒体系的当前架构及发展态势 / 1
大众传媒/大众媒体：定义 / 1
传媒体系主要细分领域 / 6
传媒体系：主要影响力 / 13
20—21 世纪国家传媒体系发展态势 / 19
20 世纪 21 世纪之交的俄罗斯传媒体系 / 23

第二章 本国传媒体系发展的历史阶段 / 29
18 世纪俄罗斯期刊形成 / 29
18 世纪俄罗斯报纸 / 32
第一批俄罗斯杂志 / 35
19 世纪俄罗斯报刊发展 / 45
19 世纪下半叶至 20 世纪初 / 54
俄罗斯新闻史上的苏联时期 / 66

第三章 大众传媒的法律监管与道德规范 / 81
大众传媒领域的法律法规基础：主要阶段 / 81
大众传媒立法：渊源、限制政策 / 83

大众传媒活动的组织 / 86
大众传媒与公民、组织的关系 / 88
记者的权利与义务 / 93
编辑部和记者责任的免除 / 96
大众传媒的道德规范 / 98

第四章　印刷类大众传媒 / 105

当代印刷类大众传媒形成的主要阶段 / 105
报纸类定期出版物的主要特点 / 109
当代杂志类定期出版物 / 120
区域性报刊、市级报刊、区级报刊 / 129
印刷类大众传媒发展趋势 / 134

第五章　通讯社 / 139

俄罗斯通讯社：历史概况 / 139
作为大众传媒的通讯社 / 142
俄罗斯通讯社的分类 / 145
新兴信息技术发展环境下的俄罗斯通讯社 / 160

第六章　广　播 / 169

俄罗斯当代广播业的形成 / 169
广播系统主要细分领域 / 174
俄罗斯广播业的影响因素 / 179
广播电台的类别与类型 / 183

第七章　电　视 / 189

俄罗斯现代电视业的形成 / 189

俄罗斯电视业的影响因素 / 194

电视信号和电视节目向接收设备的传输 / 199

电视内容的制作 / 207

电视频道 / 213

第八章　在线大众传媒 / 227

在线大众传媒形成的技术前提 / 227

在线大众传媒的分类 / 229

在线大众传媒的消费特点与受众 / 234

在线大众传媒的内容 / 237

在线大众传媒的商业模式 / 243

在线大众传媒的发展前景 / 245

第九章　社交媒体 / 251

社交媒体：概述 / 251

俄网发展特征 / 257

社交网络运行特点 / 259

搜索引擎与即时通讯软件 / 265

博主、达人以及新从业人员 / 272

当前俄罗斯社交媒体的发展趋势 / 275

第十章　图书出版 / 281

　　俄罗斯图书出版行业的形成 / 281

　　图书出版的国家扶持系统 / 284

　　现阶段图书出版领域发展主要趋势 / 285

　　图书出版活动 / 292

　　俄罗斯图书发行系统 / 296

第十一章　电　影 / 305

　　国产电影发展的主要阶段 / 306

　　俄联邦电影业国家扶持与调控 / 312

　　影音类项目融资 / 317

　　电影发行与放映 / 327

　　视频盗版在俄罗斯 / 332

　　视频点播 / 335

第十二章　广　告 / 343

　　现代俄罗斯媒体广告市场的形成 / 343

　　广告作为俄罗斯大众传媒商业模式的基础 / 346

　　俄罗斯大众传媒广告营销的特点 / 352

　　大众传媒内容中的广告 / 357

第十三章　公共关系 / 365

　　公共关系发展的主要阶段 / 365

　　公共关系发展的最新趋势 / 370

公共关系传播的类型 / 378

公关市场的机构体系 / 385

公关领域行业联合会 / 386

第十四章　媒体公司 / 389

俄罗斯传媒体系经济史 / 389

俄罗斯媒体公司的特征 / 406

第十五章　大众传媒受众 / 415

概念定义 / 415

受众的特征与类型 / 417

电视受众 / 424

广播受众 / 433

印刷类大众传媒受众 / 438

互联网受众 / 443

附录一　表　格 / 451
附录二　专有名词中俄对照 / 489

第一章 传媒体系的当前架构及发展态势

大众传媒/大众媒体：定义

在大众传媒（средства массовой информации，简称 СМИ）和新闻学研究领域，国家传媒体系研究按惯例一直处于重要位置[①]。尽管如此，由于种种原因，传媒体系（медиасистема，英文为 media system）这一术语本身并未获得公认的明确定义。一方面，20 世纪 21 世纪之交，随着政治国际化和经济全球化进程的推进，在现代生活中人们感觉到，与国家传媒体系概念密切相关的那些国家发挥的作用在减弱。另一方面，作为社会制度和经济领域的重要组成部分，大众媒体在不同国家的发展呈现出一定的复杂性、多层性、多样性，并且时常具有矛盾性。在这种情况下，是否存在一个针对各国传媒内容的模型尚且存疑。这一模型有着共同要素和过程，能够总结经验并将其归入某一系统。然而，实践表明，无论是作为现代重要制度的民族国家，还是与其密切相关的国家传媒体系都依然存在，并在现代生活中继续发挥重要作用。

自 18—19 世纪起，随着社会环境的变化和信息通讯技术的进步，

[①] *Вартанова Е. Л.* Теория медиа: отечественный дискурс. М.:Изд-во Моск. ун-та, 2019. С. 85–101.

大众传媒和期刊在许多国家快速不断地发生着量与质的转变。国家传媒体系的范围和结构在不同发展阶段也各不相同，且在不断变化。这都取决于社会结构、政治进程、经济、法律和科技的发展以及传媒创新对社会生活产生的影响。（见表1.1）

表1.1 传媒体系形成的主要阶段

媒体/信息媒介	起源
手稿/手抄报	公元前1世纪于古罗马
图书	公元1世纪于中国；15世纪中叶于欧洲
报纸	8世纪于中国；17世纪中叶于法国
杂志	19世纪初于法国
通讯社	19世纪中叶于法国
广播	20世纪初于俄罗斯和美国
电影	19世纪末于法国
无线电视	20世纪20年代末于美国
有线电视	20世纪80年代于欧洲和美国
卫星电视	20世纪60年代于苏联
互联网大众传媒	21世纪于欧洲和美国
社交媒体	21世纪于欧洲和美国

资料来源：Encyclopedia of Media and Communication / Ed. by M. Danesi. Toronto: University of Toronto Press, 2013; The International Encyclopedia of Communication / Ed. by W. Donsbach. Oxford: Wiley-Blackwell, 2008.

表1.1所列媒体的出现时间、对社会的整体影响、背景、技术环境、社会普及性、在本国语境的体现形式以及对受众的影响千差万别。但正是这些媒体构成了目前信息媒介的主要清单，尽管报纸、杂志、

第一章　传媒体系的当前架构及发展态势

电视和广播作为其中一部分按惯例曾是并且现在仍是大众化的，有线电视和卫星电视作为其中另一部分则从一开始就是非大众化的（片段化的、碎片化的），还有既面向广泛受众又针对小众群体的社交媒体，尽管目前还处于形成阶段，但在未来完全有可能演化成为新的社会现象。

当代对大众传媒的定义有很多，并且含义不尽相同。而按俄语学术惯例"大众传媒"（СМИ）这一术语实际上等同于来自英文术语中的概念"大众媒体"（mass media）。正因如此，许多描述大众传媒领域现象和过程的术语都是通过медиа一词构成的，比如"媒介效应"（медиаэффекты）、"传媒产业"（медиаиндустрия）、"传媒体系"等。泽姆利亚诺娃在其意义重大的词典《传播学与信息媒介：英俄概念术语详解词典》中对媒介的界定如下："媒介是一种连接、传递不同种类信息的介质——从最古老的（手势、烟雾、鼓声、岩画等）到最现代化的（构成国际超级信息通路）。"[①]

毫无疑问，媒体是大众媒体的类概念。大众媒体是"具有特定特征和功能的大众信息联络介质"[②]。在媒体研究领域具有开创意义的词典中，泽姆利亚诺娃将俄罗斯学术界广泛使用的术语"大众媒体"等同于"大众传媒"："Mass media – массмедиа, средства массовой информации..."。传播学研究者认为印刷类大众传媒（报纸、杂志、图书）、广播、电视、电影、各文本形式的录音录像以及各类最新电子电脑系统、多媒体设备皆属于现代大众媒体，因为它们具有共性（受

---

① *Землянова Л. М.* Коммуникативистика и средства информации: Англо-русский толковый словарь концепций и терминов. М.:Изд-во Моск. ун-та, 2004. С. 200.

② Там же.

众广泛、对大多数人而言相对普及、生产和传播特定团体的信息）。依据上述特点，可以将大众传媒定义为通过信息通告对社会产生交互影响的一种方式。"①

俄语术语"средства массовой информации"作为英语术语"массмедиа"的近义词完全合理，因为两者都包含下列三个互相关联的概念：

• 具有重要社会意义的当前信息，作为特定种类信息产品（新闻、评论、其他新闻文本、音频视频节目）基础；

• 接收社会重要事实、事件和进程的广大受众；

• 信息到达受众的通讯传输媒介。俄罗斯学术界认为"大众传播媒介"（средства массовой коммуникации，简称CMK）一词与"大众传媒"（СМИ）有着内在联系。大众传播媒介更强调传播途径而非传播内容。但是，近年来学术词汇和公众语言中"大众传媒"与"大众媒体"（массмедиа）这两个术语使用最为频繁。

早在上世纪50年代，加拿大学者麦克卢汉就提出一个十分重要且广为人知的媒体理论观点——媒介即讯息（The medium is the message），为理解媒体提供了一个重要角度。很多研究者将其翻译成俄语Посредник и есть сообщение，但并未形成大众认可的统一翻译版本。众所周知，麦克卢汉的这一观点主要强调传播渠道／媒介（medium）和通告／内容（message）的紧密联系，同时也关注其不同属性。很长一段时间，传播的技术渠道与传播内容被视作媒体简易示意图。而现在又出现了一种新的（第三种）力量，对媒体这一概念

---

① Землянова Л. М. Коммуникативистика и средства информации: Англо-русский толковый словарь концепций и терминов. М.:Изд-во Моск. ун-та, 2004. С. 197.

进行补充，即技术平台、渠道、内容和受众在此交互作用。在当今数字时代，技术平台作为一种多功能线上服务，能同时保证用户在个性化模式下获取、传播并讨论私人信息或有重要社会意义的信息①。

因此，基于麦克卢汉理论，当代对媒体的界定可以概括为由彼此不可分割的渠道、内容和平台构成的技术相关系统。当今，媒体是一个多维概念，其涵盖范围较传统界定更为广泛。传统上，媒体被定义为直接或间接实现传播过程的通讯技术渠道。目前，媒体同时具备下列不同层级：

- 传播技术（渠道）、内容、受众以及技术平台；
- 融合的社会空间，将媒体内容、人际传播、组织传播结合起来；
- 单独的社会体制、文化亚空间和经济产业／行业；
- 个人、国家和全球层面上依托于媒体技术的传播过程②。

媒体的主要特征作为一种特性，对了解传媒体系的性质和功能十分重要。传媒体系作为一种当代社会组织的体制系统，既与其他体制相关联，同时又保持自己的独立性。不仅如此，由于媒体客体主体范围很大，正是"传媒体系"这一术语在进行分析时成为具有现实意义的适用单位。目前，在民族国家框架下，在全球媒体的背景下，国家传媒体系仍是国内外研究者广泛研究的对象之一。

---

① Отечественная теория медиа: основные понятия / Под ред. Е. Л. Вартановой. М.: Изд-во Моск. ун-та, 2019. С. 177.

② Там же. С. 109–110.

传媒体系主要细分领域

当今,任何国家的大众传媒都是一个极为复杂的系统。根据什科金的定义,该系统具有下列特征:

• 尽管大众传媒各不相同,但其系统具有完整性,并在社会上形成不间断的信息交互作用;

• 拥有集合技术、经济、编辑、受众、信息子系统的各构成要素,各子系统都与其环境积极互动;

• 是一个有组织的系统,具有一定的自我组织潜能,基于各大众传播活动参与者间良好的法律、道德、组织等关系,满足社会需求[1]。

近200年来,人类社会不断思考大众传媒的作用,且越来越认可其对社会生活各方面的重要影响力。与此同时,对传媒体系"范围"的界定也日益复杂。主要原因是随着数字网络信息通讯技术在传媒体系中的应用,大众传媒的技术基础不断发展与变化。包括新闻在内的各类大众传媒内容和信息产品的采编、生产、传播和存储过程都积极地向数字化转型。这常被称为数字化革命,尽管对上述变化的革命性仍存在争议。然而毋庸置疑的是数字化转型对传统大众传媒产生的影响,以及随之产生的新兴媒体改变了传媒体系及其与现代社会的关系。

由于大众传媒(大众媒体)本身的多面性及其功能的多样性,在媒体研究各学派间很难达成一致认可的确切定义。本书中提供的方法在很大程度上基于对大众媒体的宏观理解,将大众媒体视为一种重要

---

[1] *Шкодин М. В.* Печатные СМИ // Средства массовой информации России: Учеб. пособие для студентов вузов / Под ред. Я. Н. Засурского. М.: Аспект Пресс, 2011. C.166–167.

的社会体制和以内容为唯一产品的独特经济行业。大众传媒的受众，自传媒体系形成之初就一直是其不可分割的组成部分。而内容作为具有时效性的信息和特殊的价值思维体系，正是为受众而生产的。从理论角度出发，考虑到当代人的多重社会角色——既是选择者，又是消费者、专业人士和独立个体，受众被视作一个特殊的共同体（读者、观众、听众和用户）。同时，研究者又将受众概念化为公共领域（尤尔根·哈贝马斯[1]）的基础，传媒公司生产的面向广告商的传媒产品（达拉斯·斯麦兹，雷蒙·皮卡尔）[2]。

21世纪以前，大众媒体的内容主要由新闻工作者创作，而在19世纪20世纪大众传播渠道中内容创作由广告文本作者、新闻机构、电影工作者、图书出版者、录音公司、商业性演出人员参与其中。随着互联网的普及，社会上博主和普通网民等非专业内容生产者的作用急剧提升，因此在新层面上"传媒体系"这一概念亟待更新。

媒体内容转为统一通用的数字化形式，媒体技术平台以及媒体、信息技术、电信这些此前划分的行业运作逐渐趋同，受众参与到内容生产和传播过程中。显而易见，这不仅使得传媒体系边界得到拓展，而且也要对传媒体系这一概念进行更新。"信息技术－电信－媒体生态系统"出现在21世纪最初十年间，这一术语具有现实意义，不仅体现了当代大众传媒所处的新技术环境，而且从整体上界定了当前受

---

[1] 尤尔根·哈贝马斯（Jürgen Habermas），德国当代哲学家。——译者注

[2] *Habermas J.* The Structural Transformation of the Public Sphere. An Inquiry into a Category of Bourgeois Society. Cambridge, Massachusetts: The MIT Press, 1991; *Smythe D. W.* On the Political Economy of Communications // Journalism & Mass Communication Quarterly. 1960. No 37 (4). P. 563–572; *Picard R. G.* Media Economics: Concepts and Issues. Newbury Park, Calif.: Sage Publication, 1989.

众与媒体的关系。尽管新生态系统这一概念尚未有足够的理论支撑，但学界对此的讨论恰能证明许多研究者（如什科金）将媒体作为兼具社会性和行业性的特殊媒介是十分具有前瞻性的。

"传媒体系"这一术语尽管在媒介研究中被广泛提及，但是至今未有统一定义。起初，它是一个静态的学术概念，指国家内部单独的社会和产业空间，是一个信息媒介系统、企业和媒体从业者在历史背景下相互作用的综合体，也正是它们组成了国家层面的当代传媒架构（见表1.1）。传媒体系是媒体渠道、内容、技术相关的组合，在国内外法律法规框架下，在国家地缘政治与经济状况、民族文化、历史传统、居民认同特性等现实条件下，共同服务于具体某国的受众。基于对这种传统的静态定义的补充，当今研究者强调必须要考虑到媒体内涵式和外延式发展动态，上述动态皆是由社会发展、科技发展、传媒结构转型、传媒调控以及受众信息需求引发的[①]。

根据俄罗斯国内外学界对传媒体系的现有描述，可以划分出传媒体系在其历史发展过程中形成的主要领域。

19世纪中叶至今，各国传媒体系的细分领域由传统媒体（或"旧媒体"）组成：

- 定期出版的印刷类大众传媒：报纸、杂志；
- 播放类大众传媒：广播电台、电视；
- 大众传媒内容"供应方"：新闻通讯社、报业辛迪加。

上述领域的特点是记者在内容创作中发挥很大作用，并且新闻材料在呈现给受众的媒体内容中所占比重很大。自出现两个世纪以来，

[①] *Вартанова Е. Л.* Теория медиа. Отечественный дискурс. М.: Изд-во Моск. ун-та, 2019. С. 95–97

新闻及其传统体裁——新闻、访谈、采访、政论文章、作家专栏以及新闻摄影共同形成了一种特殊的文体——新闻语体，为受众提供一种认知社会现实的特殊方式①。长期以来，新闻在大众传媒中如此重要的地位几乎使"新闻""大众传媒"两个概念等同起来。"旧"媒体的记者曾是并且目前仍是创作新闻文本这一独一无二"产品"的专业人士。

随着20世纪大众传媒的发展和广播电视等当时新兴技术平台的出现，播放类大众传媒开始为受众提供音乐作品、话剧、电影、电视剧等非新闻性内容。传媒体系融合了曾经属于文化（常常是大众文化）生产的领域。自20世纪下半叶起，许多研究者开始将下列细分领域纳入传媒体系：

- 流行音乐制作体系和录音；
- 电影业；
- 广播电视节目制作公司或制片公司。

在生产新闻和娱乐性内容的大众传媒主要细分领域获得发展的同时，广告公司和公关公司等满足市场与大众媒体需求的企业也在不断发展。公共关系体系在商业与社会战略沟通框架内获得独立地位，同时也开始向大众传媒靠拢。20世纪末，媒体开始与图书出版业融合。一方面，随着娱乐内容日益增加，大众传媒向休闲产业发展。另一方面，受数字化革命影响，图书开始"数字化"转型，既有助于电子书出版社技术发展，又可纳入数字媒体领域发行系统。

20世纪21世纪之交，技术进步和数字化革命促进形成传媒体系

---

① *Лазутина Г. В.* Журналистский текст как знание оперативного назначения // Вестн. Моск. ун-та. Сер. 10. Журналистика. 2012. No 5. С.50–59.

中媒体内容的制作、整合、发布等细分领域。同时，传统传媒公司和发行商呈现合并和趋同的态势，此外20世纪中叶有线网络运营商、卫星运营商、电讯服务、电话公司等也出现类似情况。到21世纪初，有线网络、卫星电视频道等企业在上世纪属于电信行业，并不被视作媒体，都成为传媒体系不可分割的组成部分。

世纪之交，信息通讯革命兴起，以互联网、手机为代表的混合集成数字通讯网络出现，各国传媒体系受到强烈冲击。随着线上传播的迅猛发展及其受众的不断扩大，多功能门户网站、搜索引擎和社交网络等社交媒体纳入传媒体系这一问题随之浮现。

此外，传播平台的趋同是决定大众传媒发展态势的重要维度，使大众媒体产业结构在领域划分和理解上发生质变。关于能否将报纸网络版或广播电视公司网站视为出版业或电视业的一部分，或者它们是否构成在线大众传媒这一独立分支等问题，时至今日尚无定论。媒体产业向生态系统（包含媒体、信息技术、电信在内）的数字化转型问题日益突出。显然，随着数字化转型的深入推进，在趋同态势下会产生有关大众传媒乃至整个传媒体系的存在属性、特点及形式的一系列新问题。

大众传媒中娱乐性内容的重要性与日俱增，研究者不断扩充当代传媒体系的构件清单。外国专家将电脑游戏（作为新媒体的内容）也列入其中，将"信息技术－电信－媒体"这一生态系统涵盖范围扩展至体育、主题游乐园、商业演出、时尚等领域。显然，上述领域对传统传媒体系而言太过宽泛，因此外国专家称这一不断拓展的传媒体系为"大众传媒与娱乐产业"①"内容产业"②"文化产业"或"创意产业"③。

然后,根据历史发展趋势、基本类型特征、职业准则、伦理价值与工艺规程,以及统一的生产链组织原则、类似商业模式、广告商和受众相互关系构建基础,现代传媒体系可涵盖下列领域:

• 报纸——纸质版或线上版日报、周报;

• 杂志——任一出版周期和主题的出版物(大众类、专业类杂志的纸质版、线上版);

• 广播——所有波段,通过无线电和互联网传播的网络广播、地方广播、模拟广播以及数字广播;

• 电视及其播音员,在无线、网络、有线、卫星电视等模拟和数字信号平台上,通过无线电和互联网进行播报;

• 新闻通讯社、报业辛迪加;

• 互联网大众传媒(在其他媒介环境中无类似现象);

• 社交媒体(社交网络、搜索引擎、即时通讯软件);

• 图书出版公司;

• 电影制片厂、广播电视公司;

• 音乐录音工作室;

• 广告公司;

---

① *Vogel H.* Entertainment Industry Economics: A Guide for Financial Analysis. N.Y.: Cambridge University Press, 1999.
② *Picard R.* The Economics and Financing of Media Companies. N.Y.: Fordham University Press, 2002.
③ *Hesmondhalgh D.* The Cultural Industries. L.: Sage, 2002; *Flew T.* The Creative Industries. Culture and Policies. L.: Sage, 2012.

•公共关系体系架构[①]。

很长一段时间，在分析传媒体系时缺乏对企业媒体这一特殊领域的关注。这主要涉及某些具体领域的专家（business-to-business，简称 B2B）、消费者（business-to-customers，简称 B2C）以及大型企业员工（business-to-personal，简称 B2P）。近几十年来，面向经济从业人员、供货商、消费者进行的传媒体系细分领域拓展并未处于末位，有赖于稳定的补贴商业模式和在商业环境中对其存在需求。因此，许多研究者将企业媒体也列入传媒体系中，并强调"服务于公共机构市场的媒体值得传统媒体企业更加关注"[②]。

当代传媒体系涵盖下列参数指标各不相同的企业：

•现实表现形式、规划战略；

•传播渠道和技术类型；

•编辑过程中体现的职业标准、道德价值观念、新闻素养特征；

•企业所有制形式和收入获取方式；

•受众的社会人口学和题材特点。

值得注意的是，产业的整体分类和不同国家间的经济差异使大众传媒企业的商业模式十分多样化。不过媒体企业最主要的特点在于，它们既是经济实体，又是重要的政治、文化机构。正因如此，社会、商业团体以及受众对大众媒体有许多期许。

一方面，市场运作的大众传媒企业应为所有者、股东及员工创造收益，保障传媒产业所需各领域从业人员工资水平。另一方面，社会

[①] Kung L. Strategic Management in the Media. Theory to Practice. L.: Sage, 2008. P. 17–80.
[②] Knee G. B., Seave A. The Curse of the Mogul. What's Wrong with the World's Leading Media Companies. N.Y.: Portfolio / Penguin, 2011. P. 22.

第一章 传媒体系的当前架构及发展态势

上普遍认为传媒体系是政治制度不可分割的部分,是民主和教育的工具,承担着保护与发扬国家文化和民族认同感的功能。因此,传媒体系深刻融入社会生活的方方面面,影响着民族与国家身份认同和人民价值观的形成[1]。

显然,鉴于对当代大众传媒(大众媒体)的性质、任务、职能以及界定的理解有一定的复杂性,较难给传媒体系下一个统一定义。本教科书认为,传媒体系是由一系列制度和程序构成的复杂的、多层级的、多领域的综合系统,其构成如下:

- 各类媒体机构,在国内外调控背景下旨在满足消费者文化传统方面的信息需求,既包括相互协同的机构,也包括与社会、其他机构以及消费者/国民(受众)相互作用的机构;
- 传媒市场上相互关联和存在竞争的一系列企业,既包括报刊、广播电视、在线大众传媒等传统和新兴媒体企业,也包括从事内容生产的各类企业;
- 创造、生产及推广媒体产品和服务的特定职业团体及相关业务。

传媒体系:主要影响力

传媒体系是现代国家不可分割的组成部分。在该系统中,全国性大众传媒及其确保系统完整性的扶持机制正是现代国家所需要的。大众传媒成为主要的信息来源,在今天更是社会传播的基础。作为重要的社会传播系统,传媒体系源源不断地传播新闻、新闻评论、经济信息、

---

[1] *Вартанова Е. Л.* СМИ как отрасль современной экономики // Основы медиабизнеса / Под ред. Е. Л. Вартановой. М.: Аспект Пресс, 2014. С. 62.

公司信息、消费信息以及其他类型的大众文化产品，确保社会的生机活力与正常运转。这一系统从而也肩负多重使命——从政治程序的保障到民族认同的构建，从公民文化（包括语言文化）的形成，到知识、财富以及三观的传播[①]。

任何一个国家机构都需要全国性大众传媒作为自身传媒体系的基础。对学术对象（即研究对象）的描述是传媒体系研究过程中的重要任务。显然，国家，或者更准确地说是民族国家是一个重要的社会学概念，尽管全球化研究者认为其已不合时宜。这一概念首先强调国家这一概念的民族同一性，即生活在具有特定边界的同一疆域内，由武装力量、安全力量、文化教育系统等一系列相互关联的社会组织构成。

19世纪20世纪之交，大众传媒成为民族国家的重要机构，将民族作为一个共同体团结起来，讲同一种语言，拥有共同的官方法律法规，以及许多非官方的、约定俗成的观念、价值观以及公约。正是由于塑造了社会舆论的公共空间，大众媒体才开始发挥重要作用，使得大众传媒成为公共领域（引自尤尔根·哈贝马斯）的主要参与者。

起初，全国性报刊，然后是电子类大众传媒（广播和电视）都旨在现代社会中构建统一的公共领域。公共领域还对政治功能发挥（组织并举行选举）、政党发展（公民社会）至关重要，有利于团结社会生活领域的不同阶层乃至相去甚远的各个层面。因此，在很大程度上大众传媒作为一种社会组织与文化教育系统类似，都将塑造并发展民族认同视为民族国家中公民产生自我认同的必要途径。

大众媒体还是参与创造社会福祉的机构，为公民平等地提供商品

[①] *Маккуэйл Д.* Журналистика и общество. М.: Факультет журналистики МГУ; МедиаМир, 2013. С. 209.

第一章 传媒体系的当前架构及发展态势

和服务。大众传媒制造并传播社会政治、教育、娱乐领域信息和文化作品,对现代社会运行和公民宪法权利实施来说不可或缺。统一的信息空间、言论自由、表达和传播观点,拒绝接受违背公民意愿的信息、保证公民都能接收到具有重要社会意义的信息和新闻分析材料,以便做出公民、职业及个人选择——这些及其他许多方面都是大众传媒在现代社会中为创造社会福祉所作出的贡献。因此,传媒体系理论分析一定是以国家为基础的。按惯例,大部分传媒体系相关理论建设方面的研究正是在这一维度展开的[①]。

但在地区或地方层面,地方媒体在报道、教育、受众整合方面发挥同样重要的作用。正因如此,传媒体系在地区生活中也很有影响力。在地区或地方层面,传媒体系结构更加复杂,融合了全国性(联邦级)和地方性大众传媒的功能[②],上述媒体互相竞争(见第四章《印刷类大众传媒》、第七章《电视》)或并存。这就很能说明问题。

接下来要从跨国和国际层面对传媒体系进行分析。不同国家的媒体语境下,传媒体系的分析层面也不尽相同。不过这向来是由国家和国际层面间特殊的相互作用决定的。兰塔年认为,传媒体系由此出现的新特征体现在从均质化到混合化、从异构化到全球在地

---

① *Hallin D., Mancini P.* Comparing Media Systems. Three Models of Media and Politics. Cambridge: Cambridge University Press, 2004; Comparing Media Systems beyond the Western World / Ed. by D. Hallin and P. Mancini. Cambridge: Cambridge University Press, 2012; *Hardy J.* Western Media Systems. L.: Routledge, 2008; Media in Europe Today / Ed. by J. Trap- pel, W. A. Meier, L. D'Haenens, J. Steemers & B. Thomas. L.: Intellect, 2011.

② *Дзялошинский И. М.* Медиапространство России: Пробуждение Соляриса. М.: Academia, АПК и ППРО, 2013; *Чернов А. В.* Медиа и региональная идентичность // Актуальные проблемы медиаисследований – 2015. Тезисы конференции. М.: Факультет журналистики МГУ, 2015.

化、从接受到抗拒全球化的不同进程中。与此同时，显而易见的是不同国家的传媒体系尽管受到来自外部的影响，甚至将其内化，但是仍在很大程度上保留了各自的国家属性。[①]正因如此，国家全球化（нациоглобализация）这一概念对理解传媒体系具有十分重要的现实意义，其强调了大众传媒和大众传播媒介是"全球化时代的国家机构"[②]。

作为现代国家不可分割的组成部分，传媒体系不仅会对国家及其机构运行产生影响，而且也直接受自然条件和民族特色制约。国家领土面积、行政区设、国家治理和政治文化传统都会影响传媒体系的性质和功能。国家的民族构成属于其他决定因素，会直接导致人们的语言环境、宗教文化方面的差异。民族构成差异不仅反映在传媒体系的结构和内容（以原住民语言传播的大众传媒和出版物）上，而且还体现在传媒政策的内容和语言上，旨在保护文化多样性、预防民族间冲突。在多民族国家，文化政策也决定新闻业的地位，影响以民族语言发行的新闻文本、电视节目、电影等产品的制造和传播过程。

毫无疑问，受国家经济发展水平制约的消费市场和广告市场，最终影响传媒体系的发展状况。因为传媒体系的边界和主要细分领域都与传媒产业（在一些研究报告中也被称为大众传媒领域、大众媒体领域、传媒行业）这一独立的经济领域相吻合。工业生产规模、经济结构、经济发展是否平衡都直接影响传媒产业可用财政经费数量、国家和地区广告市场规模、媒体资产结构。从另一方面而言，经济发展状况决

---

① *Рантанен Т.* Глобальное национальное. Массмедиа и коммуникации в посткоммунистической России / Отв. ред. Е. Л. Вартанова. М.: Изд-во Моск. ун-та, 2004. С. 22–123.
② Там же. С. 24.

定居民收入水平，而居民收入情况很大程度上对受众媒体支出（设备、软件和内容）产生影响，并且间接影响由消费者购买力决定的大众传媒广告投放。

国家文化及其传统与传媒体系间的相互影响十分明显。语言在其中发挥关键作用，它不仅是民族文化生产的重要"工具"，而且也是现代内容市场的主要分水岭[①]。从另一方面而言，诸如英语、西班牙语、葡萄牙语、汉语、俄语等许多语言，成为由各民族组成的同一地缘政治空间的基础，在互联网上更是如此。语言能够确定并拓展传媒体系的边界，从这一角度而言，无疑是影响该系统的最重要力量。

20世纪，国家传媒体系显然不仅大大影响国家统一信息空间、国家内部联系和国民身份认同感，而且大大影响国家在国际社会的地位与声誉，在全球或地区间的外部发展。对很多研究者来说是显而易见的：文化作品语言、新闻、连续剧以及媒体内容在广义上于许多国家而言都是增强国际影响力的重要因素。

所谓国家软实力，也是一种政治影响力，即建立在非强迫、说服及感召的基础上，常通过国家文化、电影、电视、大众文学、当代视觉艺术和新媒体等获得国际认可而达成。因此，当前国家传媒体系已成为生产数字文化产品的基础，在国际舞台上塑造良好国家形象的影响力更甚于武装力量或传统外交手段。

包括俄罗斯在内的任一国家的传媒体系，显然都受到来自不同层面各种力量错综复杂的影响。正是得益于互联网的普及，世界电讯系统才实现了全球和国家层面的融合发展。因此，有必要将大众媒体视

[①] *Carelli P*. Media Systems beyond National Boundaries: Towards a New Paradigm? // Journal of Media and Communication Studies. 2014. Vol.6(6).P. 89.

为该系统的组成部分。同时，这种影响也体现在个体层面，因为在许多国家连接到全球互联网的"最后一英里"的问题尚未得到解决。

不同层级的交叉影响在新闻业这一大众传媒的重要职业领域中表现十分明显。从道德标准和职业编辑文化方面而言，地方、地区及全国的新闻业都对民族传统存在明显依赖。而以通讯社和搜索引擎为首要代表的世界新闻市场，明显受到了跨国职业标准的影响。

作为传媒体系不可分割的组成部分，广告、公共关系等领域受到的来自国家和全球层面的相互影响也同样复杂。广告早已实现了地方/地区、国家和全球市场维度的融合，成为国家全球化进程推进的重要方向。论及公共关系，它的分支领域政府公关、财经公关、媒体公关等要求覆盖不同的层级。正因如此，传媒体系中的上述两个领域体现了不同层级的影响：为国家层面带来国际趋势，反之，国家影响也进入全球市场。

综上所述，传媒体系发展态势由各种不同因素决定，概括如下：

• 国家地理、领土面积、气候和行政区划，在建立发达且高效的基础设施以保障大众传媒传播效果、联通大众传媒与文化乃至整个社会方面发挥巨大作用。

• 领土面积较小的单一民族国家对传媒体系的影响与领土面积较大的多民族国家不同，因为后者依赖于以各民族语言为支撑的全国电子媒体和地区媒体市场，并且出台特殊的国家政策在一些国家成为客观需求，以便促进大众传媒多样化发展；

• 国家经济发展状况，因其决定地区市场上媒体资本规模和地区间社会政策差别，是传媒体系最为重要的因素；

• 文化、语言及宗教的差异也是影响传媒体系特征的重要因素。

第一章　传媒体系的当前架构及发展态势

当前，不单在俄罗斯，在任一国家都需要扶持并发展统一的媒体空间。国家传媒体系是现代国家的基石，也是媒介环境的基础。近年来，以传媒体系为基础的信息环境和媒介环境成为影响国家存在和运行的重要方面。

20—21世纪国家传媒体系发展态势

第二次世界大战后，尤其是20世纪五六十年代，传媒体系研究作为大众传媒研究的分支获得广泛推进，主要与下列因素有关：
- 战后地缘政治格局，主要在欧洲呈现；
- 经济全球化刺激广告市场迅猛发展；
- 信息通讯技术进步为生活带来新的内容传播和生产媒介。

20世纪60年代以前，对传媒体系的研究要求厘清并概括基本的量化指标和定性特征，并分析变化趋势。国家（民族国家）是当时研究的基础"分析单元"，尽管20世纪六七十年代开始地区和全球一体化进程，但是传媒体系研究仍旧依赖部分国家。

20世纪七八十年代之交，国家传媒体系的发展态势开始日益取决于民族国家的外部趋势。经济和大众文化的全球化使得传媒产业功能标准化，使大众传媒与国家社会组织关系方面愈加趋同，出现了相似的信息议程。随着传媒体系边界延伸带来的大众传媒发展，文化产业非新闻产品加入到大众传媒中，研究者的兴趣从国家大众媒体转移到媒体技术基础设施和全球内容市场上来。

20世纪八九十年代，国家传媒体系研究的理论路径发展进入下一阶段。超越国界的信息流动全球化、国际新闻市场的扩大、大众文化产品的同一化成为关注焦点。上述进程使得不同国家的传媒体系具有共同发展趋势，这一问题的重要性日益凸显，进入人们视野。

20世纪八九十年代，欧盟、东盟等地区政治经济联盟的形成导致地缘政治格局改变，苏东社会主义阵营国家向新的社会政治发展模式转型，其中许多国家加入北约、欧盟等已形成的跨国联盟。这都清晰地表明，民族国家整体上已完成角色变化，其中就包括传媒体系。在国家政治经济一体化背景下，传媒体系继续遭受来自文化、宗教、传统和语言等相关国家机构的阻碍。与此同时，作为大众媒体的全球媒介，互联网获得广泛使用，国家传媒进程在全球信息环境下的发展态势变得更加复杂。

作为影响国家传媒体系的主要趋势，全球化这一切入点催生了对该系统发展态势的新理解。学者们开始认为同质化和混合化成为趋势，他们中有些人表示传媒体系将完全丧失国家属性，或者宣称该系统将同一化。国际经济组织（世贸组织）的形成和政体区域一体化（欧盟）等政治发展进程也在很大程度上强化了这一趋势。20世纪八九十年代苏东社会主义国家的转型及随后发生的社会政治变革（包括媒体转型）都进一步加深了传媒体系形成机制和机构趋同的印象。

这些国家的大众传媒向新的民主与市场模式转型、中东欧国家加入欧盟，造成传媒体系中法律具有通用性的刻板印象。而原苏联地域在大众传媒领域纷纷出台相似的法律，使上述印象更加固化。欧洲统一经济空间（欧洲经济区）的建立、欧盟成员国法律（包括传媒相关法律）一体化、公共政策机制的出现、统一外交战略的制定都促使研究者提出建构欧洲统一大众传媒模式的设想。数字化革命不仅淡化了大众传媒的渠道和报道的边界，而且还冲破了国家、法治体制和虚拟经济体间的藩篱。这样一来,传媒体系的国家属性似乎被数字化革命所削弱。新媒体中英语(准确地说是国际化的英语,即全球语)地位的提高也恰好证明大众传媒国家属性的弱化。

尽管如此,20世纪90年代和21世纪前10年间,世界格局出现多个权力中心、金砖国家、"新钻十一国"、"二十国集团"以及"他国崛起"等新的理论概念与单极全球化的旧权力中心相抗衡,改变了全球发展的方向。因此,重新审视国家在当代传媒体系中的作用,成为摆在大众传媒研究者面前的重要议题。

俄罗斯系统研究巴西、俄罗斯、印度、中国和南非共和国传媒体系的学术作品被视为早期尝试之一。该书强调,发展模式的转变、地缘政治格局变化以及数字化转型是新国际秩序下影响各国媒体模式转型的重要因素[①]。这再次印证了学界基于"传媒体系"概念的思考得出的业已存在的发展态势。

于是,在尚未解决的矛盾基础上又增添了下列新阻力:

- 民族语言与英语间的矛盾;
- 独具一格的民族文化与千篇一律的大众全球文化之间的矛盾;
- 民族传统和礼仪与无个性的消费生活方式之间的矛盾。

上述矛盾在大众传媒中凸显,不仅体现在结构冲突上(全球和国家媒体资本之间、国内外传媒相关法律之间的交锋),而且还体现在内容分歧上(全球和国家新闻议程的不同,在职业标准方面,如新闻作品中消息与观点的区分),以及媒体消费习惯差异(数字化代际鸿沟显现)方面。这些新分歧再次赋予传媒体系的国家属性以现实意义,

---

① Медиасистемы стран БРИКС: исторический генезис, особенности функционирования. Монография / Под ред. Е. Л. Вартановой. М.: Аспект Пресс, 2018. С. 9.

同时提出以下问题：一方面，传媒体系的均质化/混合化趋势究竟是长期性的，还是周期性的？另一方面，民族价值观、身份认同感、文化与大众传媒的发展态势具有怎样的联系？

在分析俄罗斯等国的转型时，还应考虑到一些情况，即对传媒体系产生直接影响的社会变革的发展态势和规模大小。结果发现不仅仅是丹尼尔·哈林、保罗·曼奇尼等人[①]提出的标准非常重要，而且这些标准间及其与社会、社会组织间的相互作用，还有在特定历史阶段社会进程的特点和推进速度也都十分重要。美国经济学家道格拉斯·诺斯提出的制度经济学的原则之一也很重要："在此情况下，我们遇到复杂的现象——构建经济指标的正式规则和非正式规则（规范）结合在一起。当时，正式规则可以很快改变，而非正式规则却陷入较长期的变化过程中。鉴于规范变化赋予正式规则改变的'合法性'，根本变革却未必如此，因为规范不会很快改变。简单将西方国家成功的市场经济中的政治和经济特性照搬到东方国家和第三世界国家将不会取得明显效果。不应将私有化视为解决一切经济问题的灵丹妙药。"[②]

诺斯强调，在处于转型时期的国家，非正式因素对一系列正式规则和法律有着重要影响。其中就包括秘密法典与行为实践、自愿形成的规则和规范。在转型国家，立法地位和正式规则常常受到约定俗成的非正式实践的深刻影响。合法实践、程式化结构和非程式化规范的相互作用往往会造成不同社会的内部矛盾、冲突甚至是无效结果。这

---

① *Hallin D., Mancini P.* Comparing Media Systems. Three Models of Media and Politics. Cambridge: Cambridge University Press, 2004.
② *Вартанова Е. Л.* Постсоветские трансформации российских СМИ и журналистики. М.: МедиаМир, 2014. C. 40.

些问题在不同国家的体现不尽相同。

因此，21世纪初，全球化进程虽在不断推进，但正是有赖于大众传媒和新闻业，国家机构的作用才未被削弱。当今，需认真分析研究大众传媒和新闻业作为独特的社会体系，给人类社会、众多社会组织以及当代人带来的巨大影响。

20世纪21世纪之交的俄罗斯传媒体系

毫无疑问，当今俄罗斯传媒体系处于世界趋势影响之下。正是这些趋势决定了各国大众传媒体系的发展。但是，上述趋势在俄罗斯媒体空间的具体表现十分独特，因为全球趋势是融合在俄罗斯语境中的。而俄罗斯语境本身是由国家历史、政治文化、社会民族构成、道德观念以及许多其他的民族限定特点所决定的。对俄罗斯传媒体系构成影响的俄罗斯国情特点主要有：

• 俄罗斯地广人稀，一方面给全国印刷类定期出版物发行造成困难，需要建立传播广播电视信号的高科技通讯系统，另一方面使联邦公共电视台成为在俄罗斯占据主导地位的大众传媒类别；

• 独一无二的多民族的社会构成，需要多语言、多文化的大众传媒，显然在市场经济条件下生产许多品种的小语种内容产品不能盈利，因而需要经济扶持；

• 俄罗斯经济发展不平衡，导致地区媒体市场财政资源分配不均，受众获取信息的可能性存在差异，高质量新闻内容生产的非均质化，不同地区编辑标准的不同；

• 地区间显著的社会文化差异导致政府和受众对大众传媒内容需

求的不同。

除决定俄罗斯传媒体系特征的国家因素外，还应考虑到近几十年来全球趋势对该体系发展也起到显著作用：

• 随着信息通讯技术的进步，互联网作为传媒体系重要板块出现，电视也推出非无线电视（有线电视、卫星电视）这一新的形式，为观众提供更为丰富的电视节目；

• 伴随经济全球化，一方面，跨国公司和国际品牌的广告涌入俄罗斯媒体市场，另一方面，俄罗斯传媒体系与国际新闻、娱乐市场接轨；

• 人民生活方式改变导致的受众分化、受众行为矛盾，在数字模拟时代媒体需求冲突方面表现最为突出。

显然，除了受国内外因素的相互影响外，俄罗斯传媒体系在运行过程中还存在大量向心和离心趋势的交互作用。这些趋势对国家发展而言十分重要。（见图1.1）

如图1.1所示，俄罗斯传媒体系的向心性由电视，特别是联邦频道确保。目前，在俄罗斯信息空间中，联邦频道仍是唯一普及的基础设施，此外还有电影和联邦电视台推出的连续剧。

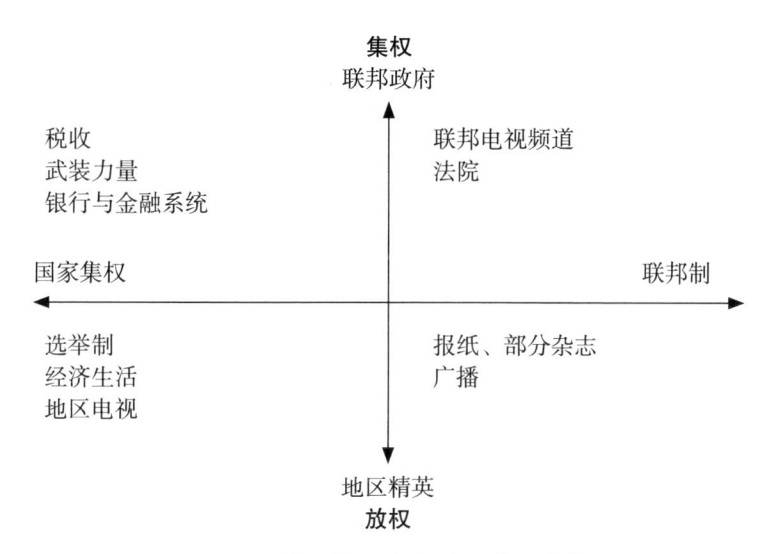

第一章 传媒体系的当前架构及发展态势

```
                    集权
                  联邦政府
                    │
   税收             │    联邦电视频道
   武装力量         │    法院
   银行与金融系统   │
                    │
 国家集权───────────┼───────────联邦制
                    │
   选举制           │    报纸、部分杂志
   经济生活         │    广播
   地区电视         │
                    │
                  地区精英
                    放权
```

图 1.1 俄罗斯国家和地区发展态势

资料来源：*Вартанова Е. Л.* Постсоветские трансформации российских СМИ и журналистики. М.: МедиаМир, 2014. С. 148.

离心发展趋势体现在印刷类大众传媒领域（首先是日报）。这主要受下列因素影响：受众获取地方信息的兴趣提升，地区政治制度不断发展，印刷类大众传媒成为城市生活的要素。尽管作为俄罗斯高品质期刊的代表，周刊地位不断增强，离心趋势却导致印刷类定期出版物丧失了在国家公共领域的显著地位。结果，形成全国新闻议程的主要职能让渡到联邦综合电视频道，尽管互联网媒介、社交媒体在探讨俄罗斯社会政治问题方面的影响在不断扩展。与此类似，非无线电视、OTT 以及社交媒体日益承担起受众的大众娱乐功能。

随着数字媒体渠道和媒体平台快速发展，新闻和休闲娱乐内容生产规模不断扩大，对传媒体系趋势的分析不应仅局限在报刊和联邦公共电视频道上。俄罗斯传媒体系的"分工"十分复杂，包括：

- 联邦公共无线电视频道满足了政府和国内外广告商的需求，承担起阐释全国政策和大众休闲的职责；
- 地区印刷类和有线视听类大众传媒聚焦服务地方受众、政治金融精英以及地方广告商；
- 付费非无线电视频道，面向细分受众群体，提供与地域划分无关、主题体裁专业化程度较高的节目（新闻、体育、电影、教育启蒙等内容）；
- 新媒体（在线大众传媒、社交媒体）建立了能够满足专业化媒体需求的社群，形成团体的、平行或交替的新闻议程，团结不同地域的受众[①]。

但这些特点还远不能概括其全貌，因为全球、国家、地区和地方这四种层级的影响交织在每一种大众传媒及其受众中，表现得独具特色、与众不同甚至方向各异：从上至下、从下至上或保持水平。

* * *

目前，当代俄罗斯传媒体系运行的结构和特征引发广泛的研究兴趣，主要原因如下：

首先，俄罗斯传媒体系的转型再次证明了国家、国家级大众传媒以及新闻工作者的结构、性质与发展之间存在紧密联系。

其次，近20年来俄罗斯大众媒体经历了前所未有的"双重转轨"——从社会主义过渡到民主与市场经济，广泛传播的大众传媒从模拟信号形式过渡到数字化、交互式、碎片化乃至个性化形式。

最后，在复杂的国内外因素影响下，俄罗斯传媒体系中已实施所

[①] *Вартанова Е. Л.* Постсоветские трансформации российских СМИ и журналистики. М.: МедиаМир, 2014. С. 150.

有国家通用的大众传媒相关法律，且该系统反映出俄罗斯社会独有的多民族、多文化、经济发展不平衡、矛盾交锋的鲜明民族特色。

思考题

1. 给出"大众传媒""大众媒体""传媒体系"概念的定义。
2. 说出传媒体系主要细分领域。
3. 何为"信息技术–电信–媒体生态系统"？
4. 为什么说大众传媒是民族国家的重要机构？
5. 大众媒体如何影响国家全球化进程？
6. 大众传媒在"软实力"中占据怎样的位置？
7. 二战后国家传媒体系的主要发展态势如何？
8. 描述20世纪21世纪之交俄罗斯传媒体系的发展态势。
9. 举例说明21世纪前10年俄罗斯传媒体系受到的国内外影响。
10. 举例说明21世纪前10年俄罗斯传媒体系的离心和向心趋势。

推荐阅读

Вартанова Е. Л. Постсоветские трансформации российских СМИ и журналистики. М.: МедиаМир, 2014.

Землянова Л. М. Коммуникативистика и средства информации: Англо-русский толковый словарь концепций и терминов. М.: Факультет журналистики МГУ; МедиаМир, 2013.

Отечественная теория медиа: основные понятия / Под ред. Е. Л.

Вартановой. М.: Изд-во Моск. ун-та, 2019.

Основы медиабизнеса / Под ред. Е. Л. Вартановой. М.: Аспект Пресс, 2014.

Рантанен Т. Глобальное и национальное. Массмедиа и коммуникации в посткоммунистической России / Отв. ред. Е. Л. Вартанова. М.: Изд-во Моск. ун-та, 2004.

第二章　本国传媒体系发展的历史阶段

18世纪俄罗斯期刊形成

贸易的发展以及大型贸易中心对商业信息交流的需求催生出欧洲报纸。当时，在威尼斯一枚意大利小额硬币"格塞塔"（gazzetta）可以购买一份介绍商品价格和新商品的小报，俄文中的期刊出版物（периодическое издание）由此得名。

17世纪莫斯科手抄报《自鸣钟》，又称作《西方信函》，被视为俄罗斯第一份印刷报纸的先驱。该报主要由欧洲报纸摘要和外交衙门通报摘录翻译而来。选取的材料都是罗曼诺夫家族的沙皇米哈伊尔·费奥多罗维奇和阿列克谢·米哈伊洛维奇可能感兴趣的内容，主要涉及军事冲突、欧洲国家政治事件、暴动、火灾等。《自鸣钟》一般只有一两份，主要呈给沙皇和近臣，之后作为外交秘密文件存放于外交衙门通报档案室。在《自鸣钟》报纸边缘常能看到这样的标注："……在房间读给尊敬的沙皇听，大臣们在前厅聆听。"

俄罗斯第一份报纸《消息报》的诞生历史。 俄罗斯第一份印刷报纸《消息报》（«Ведомости»）[1] 与欧洲报纸不同，也与手抄报《自

---

[1] 该报另有俄文同名报纸，创刊于1999年，因为商务类报纸，故译作《商业报》以示区分。该报中文译名同名报纸 «Известия»，沿用约定俗成的译名《消息报》，第二章以外章节中提及的《消息报》均指 «Известия»。——译者注

鸣钟》不同。《消息报》根据 1702 年 12 月 16 日彼得一世命令创办。彼得一世改革时期，世俗图书出版发端，开设航海、算术等学校，建立俄罗斯科学院。在彼得一世改革推动下，整个 18 世纪俄罗斯教育、科学和文化蓬勃发展。俄罗斯期刊历史也与此次改革的方方面面有着紧密联系。

彼得一世出版《消息报》旨在面向俄罗斯社会讲述宣传、推广实施他的改革举措。彼得一世改革不仅为俄罗斯生活带来巴黎时装和荷兰小屋设计，而且还创立世俗教育体系，开始出版世俗文学，俄罗斯文学"摆脱"了东正教教规束缚。对信息传播过程的控制和维护也从俄罗斯东正教教会转移到世俗政权手中。

1702 年 12 月 16 日彼得一世下令"出版《自鸣钟》报道有关军事及其他一切事务"，"呈献后（沙皇和近臣过目后）可以适当价格出售给大众"。报纸总是以"消息"字样开头，这个名称由此保留下来。

18 世纪俄语中代指"期刊出版物"的词汇有"自鸣钟"（куранты）"消息"（ведомости）"报纸"（газета）① 以及"杂志"（журнал）。《自鸣钟》是专门报道当下发生事件的报纸。《消息报》是报道政治及其他事件的报纸。上述两词都有"通知、新闻、报道"的意思。《自鸣钟》的出版者和刊登文章的作者被称作 курантарь 或 курантер②。

前两期《消息报》（1702 年 12 月 16 日和 17 日出版）原件没能保存下来，目前存世的是其手抄副本。其中记录了彼得一世击败瑞典后凯旋回到莫斯科受到欢迎的场景，还援引了一则有关沃罗涅日一艘

---

① 发音接近意大利语中小额硬币"格塞塔"一词。——译者注
② 俄语"自鸣钟"一词分别加上后缀 арь 和 ер，表示《自鸣钟》的出版者和作者。——译者注

军舰竣工的简短报道。1703年1月2日出版的第三期（留存至今最早的印刷版本）主要报道攻占诺特堡，印数1000册。在这一期及其他很多期的校对文稿上都留有彼得一世的编校痕迹。他是作者、编辑、校对以及书刊检查员，同时还负责筛选材料和确定具有现实意义的主题。《消息报》制作过程中，外交衙门译员（口译）、印刷厂工人、排字工和校对员（编辑和校对）也都参与进来。报纸印数和出版周期并不固定。例如，报道波尔塔瓦战役的那期印数2500册，而印数最少的一期出现在1724年，仅30册。报纸售价2—8个半戈比硬币不等，相当于1—4戈比。历史学家认为价格非常高，相当于排字工三天工资。直至1711年，莫斯科出版的《消息报》都是在印刷厂厂长波利卡尔波夫领导下完成的。自1711年起，该报改在彼得堡出版，由彼得堡印刷厂厂长阿夫拉莫夫管理。1710年以前，该报一直以古斯拉夫字体印制，1710年2月1日起改为民用字体。但记载重要事件的期次会以西里尔字母和民用字体共同印制。1711年该报在莫斯科和彼得堡两地都有出版，自1722年起又迁回莫斯科出版。

《消息报》创办时，彼得一世遇到以下困难：

• 首先，他本人不能长期关注该报。1725年他去世后，报纸出版日益减少，直至1727年中断出版。

• 没有成立专门机构负责报纸出版。彼得一世曾下令要求官员"提供人民应知的各项重要事务的消息"，但并未被执行。这在叶卡捷琳娜一世1725年诏令中有所记载。

• 无论是世俗图书出版[①]，还是报纸出版都面临翻译、编辑、排版、

---

① 18世纪前25年俄罗斯出版的图书（主要是教科书）超过之前两个世纪的总和。

校对等人才短缺问题。

- 《消息报》印数不固定，取决于当期报道事件的重要程度。
- 尚未建立刊物发行体系。《消息报》在书铺售卖，而当时买家首选则是日历和军事条令。
- 彼得一世未明确报纸受众。只有大臣和部分贵族识字，而世俗教育体系那时才刚开始形成，因此很大一部分报纸无人问津。
- 显然，当时受众还未养成读报习惯，未产生报纸需求。自《消息报》问世后，报刊固定受众历经百年才得以形成。

由此可见，俄罗斯第一份报纸作为宣传彼得大帝改革的国家出版物出现。报纸印数并不取决于其是否可以售罄。尽管在出版过程中遇到很多困难，甚至被迫中断，但是在俄罗斯存在定期出版的报纸这一事实本身就对俄罗斯和俄语刊物发展具有重要意义。

18世纪俄罗斯报纸

俄罗斯期刊历史与世俗教育和文化发展密不可分。彼得大帝一系列改革措施中，不仅包括开办炮兵学校、航海学校等军事学校，还包括创建科学院、大学和中学。但彼得大帝没来得及实现自己的计划。他的继承者逐步建成了俄罗斯教育体系，延续了教育机构下设印刷厂的传统，而正是在这些印刷厂诞生了新的期刊出版物。

1727年责成彼得堡科学院[①]出版《圣彼得堡消息报》。这一决定十分符合情理，因为那里汇聚了报纸定期出版所需的文化水平较高

[①] 又称俄罗斯科学院，成立于1724年，是俄罗斯最早的科学研究机构之一。——译者注

的人才。科学院的教授和学生担任编辑、翻译、记者和校对。此外，积极刊登、发表各类著作在学术氛围传统中占据重要地位：出版学术文集（论文集）、研讨报告以及大量学术成果；教学过程中需要新的教科书和参考资料。吸引最有文化的学生参与印刷厂工作，既可积累有益经验，又获得赚钱机会。

由于当时俄罗斯科学院由德国学者领导，1727年《圣彼得堡消息报》以德语出版，自1728年1月起才开始以俄语出版。

1756年，即莫斯科大学成立一年后，开始出版《莫斯科消息报》。该报由莫斯科大学教授和学生共同创办，被视作彼得大帝创立的《消息报》的延续，因为自1727年至1756年莫斯科未创办自己的报纸。

这样一来，18世纪下半叶俄罗斯帝国仅出版《圣彼得堡消息报》和《莫斯科消息报》两份报纸。俄罗斯科学院和莫斯科大学及其出版的两份报纸都接受国家资助。因此，可以说这些报纸都是亲政府的。

上述两份报纸选题类似。开辟帝国皇宫新闻简讯"宫廷篇章"栏目。信使每周两次为《莫斯科消息报》从圣彼得堡带来上述简讯。国外新闻置于俄罗斯官方消息之后，占报纸内容的70%—80%。国外信息不仅限于西欧，因其内容多样、地域广阔而引人入胜。相反，俄罗斯国内新闻则十分贫乏，主要为来自彼得堡和莫斯科的报道。18世纪俄罗斯帝国的其他城市很少见诸报端，即使出现也往往因为发生了地震、冰雹、火灾等灾难。两份报纸都既为公家也为私人发布广告信息。这是广告市场的肇始。18世纪末以前，报纸每周出版两次。

关于18世纪报纸印数增长情况的信息留存甚少。《圣彼得堡消息报》1728年出版，印数700份，《莫斯科消息报》1756年出版，印数600份，直至18世纪末印数才达到6000份。显然，报纸印数和受众数量增长缓慢。

值得注意的是，直到19世纪下半叶报纸零售才被许可，而此前期刊唯一发行方式为订阅。1756年《莫斯科消息报》年订阅费用4卢布纸币。作为对比，当时罗蒙诺索夫作品两卷本平装版售价2卢布，陆军贵族学校学费每月5卢布，而大学印刷厂校对员年薪100卢布。由此可见，报纸订阅费相当高。

记者兼《莫斯科消息报》历史相关图书（1857年）作者科尔什称该报是"我国早期的政治类定期出版物之一"，俄罗斯人通过这一报纸得以了解地理和当代政治历史。科尔什强调，当时私人不能从事政治出版物的业务，只有政府才能"赐予这类企业生命"。他认为，对事件单纯朴直的叙述符合传媒市场发展水平，对俄罗斯和欧洲情况都有所反映，因为俄罗斯报纸中很多消息是从国外报纸翻译而来的。

1779—1788年在《莫斯科消息报》发展历程中占据重要位置。当时，该报由知名出版人诺维科夫负责管理。他向莫斯科大学租借其下属印刷厂和书铺，合同期限十年，每年支付莫斯科大学4500卢布。一并租借给他的《莫斯科消息报》质量有了很大提高。

诺维科夫致力于扩大报纸选题范围，强化其文化启蒙作用，刊发文学艺术、诗歌和荐书类文章，开辟"俄罗斯新书"栏目。政治新闻译自德国、爱尔兰以及法国报纸。有些文章为专门定制，这在当时可谓创新之举。编辑部要求报告"科学和艺术"领域重大发现和自然现象。而广告则刊登于"各类消息"这一统一标题下。在诺维科夫努力下，报纸印数由600份跃升至4000份。

诺维科夫开始出版《莫斯科消息报》的各类副刊：《经济文萃》、《城市和乡村图书馆》、第一本儿童杂志《儿童心灵智慧阅读》、第一本自然科学杂志《自然界的历史、物理与化学文萃》等。副刊这一创意收效甚佳,以至其后很多报刊都竞相采用。不过,报纸订阅价格也随之大幅提升,但是确实给读者提供了更加多样化的选择。诺维科夫努力培养民众的阅读习惯,在很大程度上超越了当时的时代需求。

尽管18世纪俄罗斯国内教育体系发展速度和受教育阶层人数都上升缓慢,但是世俗教育机构毕业生都养成了阅读报刊的习惯。报纸采用图书开本便于装订、阅读及保存。读者可在一年中任一个月(包括12月)订阅报纸,因为在当时读者不太注重出版物时效性。报纸合订本收藏在图书馆,也可赠送和购买。

整个18世纪《圣彼得堡消息报》和《莫斯科消息报》两份报纸样式几乎未有改变,印数逐渐增加。国家财政拨款成为支撑报纸发展的重要因素,甚至是关键因素。因为报纸广告收入并不多,订阅收入与印数一样上涨缓慢。因此,报纸发展其实主要成了国家项目。因为报纸任务不仅是向社会传递政治信息(如彼得一世创办的《消息报》),而且还应成为"看世界的窗口",培养读者兴趣,拓宽读者眼界。

第一批俄罗斯杂志

彼得堡科学院和莫斯科大学出版了大量杂志。科学、科普和启蒙期刊由此萌芽并得以发展。教授们多样化的学术和创作兴趣不仅催生了专业性极强的杂志,而且还促进创办了涉及各科学领域的综合类杂志。不过此类杂志生命周期往往不长,原因主要在于读者有限,并且出版物对编辑者依赖性较强——合同到期、教授去欧洲或着手撰写科研著作都会导致杂志停刊。

俄罗斯第一本学术杂志是由科学院出版的《圣彼得堡帝国科学院评论》，用拉丁语出版论文（文章）。相应地用俄语出版杂志《科学院述评简述》，介绍用拉丁语出版的文章目录。第一批俄罗斯杂志展示了俄罗斯的科学成就，虽然主要面向学者和大学生这一小众群体，但是无论从与国外大学交流，还是从俄罗斯科学思维发展的角度而言，其意义都十分重大。

罗蒙诺索夫对18世纪俄罗斯期刊发展作出了重要贡献。他不仅推动了俄罗斯标准语的形成，而且还提出了自己对记者这一职业的见解。在《论述关于记者转述旨在保障学术自由的作品时的义务》一文中，罗蒙诺索夫列举了敏锐、文明、不偏不倚这些记者应有的品质。在这位俄罗斯天才学者眼中，记者应符合这些道德标准：对自己作品负责、抵制抄袭剽窃、尊重他人观点、探寻真理与坚持原则。

科普期刊也在科学院背景下发展起来。第一本科普杂志《消息报历史谱系与地理注解月刊》（1728—1742年，以下简称《注解》）以《圣彼得堡消息报》副刊形式出版，对报纸中提及的话题详细展开说明，文章涉及历史、地理、数学、自然科学，刊登的既有翻译文章，也有原创文章。《注解》以德语和俄语出版，印数不大，仅250册。其后，俄罗斯科普期刊达到几十种。

18世纪下半叶第一批私人杂志出现。莫斯科大学（1755年）、俄罗斯公共剧院（1756年）、艺术科学院（1756年）及其他世俗教育机构的建立促进了受教育读者的增加。新杂志在莫斯科大学、陆军军官贵族学校等教育机构中创办并非偶然。上述教育机构鼓励文学创作与翻译，形成了文学爱好者圈子。

1759年当时的著名作家、诗人、俄罗斯第一所公共剧院经理苏马罗科夫获准出版文学杂志《勤劳的蜜蜂》。尽管这本杂志仅出版一年，但是其印数在当时相当可观，高达1200册。俄罗斯第二本私人文学杂志《被合理利用的闲暇时间》在梅利古诺夫带领下由陆军军官贵族学校老师和毕业生共同出版。出版第一年其印数为600册，随后逐渐减少。1760年苏马罗科夫积极与该杂志合作。

第一批私人文学杂志奠定了文学期刊出版传统。围绕杂志形成了文学圈子和读者群体，讨论俄罗斯和外国文学作品，深刻影响了当时的社会舆论。同时，第一批文学杂志也成为俄罗斯新兴知识分子自我表达的载体。

18世纪俄罗斯报刊发展史上最重要的事件当属讽刺期刊的诞生。1769年，在叶卡捷琳娜二世倡议和参与下，俄罗斯第一本讽刺杂志《万花筒》出版。起初印数为1500册，随后缩减。

叶卡捷琳娜二世女皇为孙子们创作剧本和童话（俄罗斯第一批为儿童创作的作品），写作俄罗斯历史札记、喜歌剧和历史剧剧本等。她创作的剧本《骗子》，讲述1779年到访俄罗斯的冒险家卡利奥斯特罗公爵的经历，在俄罗斯和德国上演。她创作的剧本有25部流传至今。此外，她还创作了论战作品《解药》（作为对夏普·德奥特偌什[①]相关著作的回应）和《反荒诞社会的秘密》（反对共济会）。女皇作家认为讽刺作品是教化读者的有效方式，她以"奶奶"（Бабушка）这一笔名与《万花筒》杂志合作。总体来说，叶卡捷琳娜二世在俄罗斯期刊发展史上起到重要作用。

《万花筒》杂志出版后，讽刺杂志如雨后春笋般涌现出来。

---

① 法国神甫，写作《西伯利亚游记》。——译者注

表 2.1 中列出了 18 世纪流行的讽刺杂志。

表 2.1 18 世纪俄罗斯讽刺杂志

名　称	出版时间	出版者
《万花筒》，1770 年更名为《万花筒的盈余》	1769—1770	科济茨基，在叶卡捷琳娜二世参与下
《这这那那》	1769	丘尔科夫
《什么也不是》	1769	鲁班，或与巴希洛夫一起
《日工》	1769	图佐夫
《混合》	1769	未知
《不劳而食者》	1769—1770	诺维科夫
《有益且有趣》	1769	鲁缅采夫和泰利斯
《地狱邮箱，或跛脚恶魔与独眼的书信》	1769	埃明
《饶舌者》	1770	诺维科夫
《帕尔纳斯商贩》	1770	丘尔科夫
《写生画家》	1772—1773	诺维科夫
《钱包》	1774	诺维科夫

资料来源：Русская журналистика в документах. История надзора // Сборник документов / Сост. О. Д. Минаева. М., 2003.

在苏联学术文献中讽刺杂志常被视作与当局抗争的出版物。但这一见解是对期刊乃至社会发展复杂过程的简单化。上表所列杂志出版者通过各类文学体裁反映了广泛的社会问题。

诺维科夫出版的《不劳而食者》《写生画家》《钱包》等杂志在 18 世纪期刊发展中占有特殊地位。他在私下、公开场合与叶卡捷琳娜二世关于讽刺作家应鞭笞哪些陋习、该如何针砭时弊的辩论吸引了研究者的关注。诺维科夫是当时著名的出版人和作家，女皇是其书刊出版项目的资助者，给予其财政扶持。与女皇就讽刺作品展开的公开辩论这一契机本身体现出叶卡捷琳娜二世的自由主义观念和兼容并包的胸怀。此外，众所周知叶卡捷琳娜二世、公爵夫人达什科娃、冯维辛等人都曾与诺维科夫的《写生画家》杂志合作过。

讽刺期刊引发读者关注。讽刺出版物之所以有意义，就在于其承担的启蒙与教化公民的任务。这也正是俄罗斯期刊所肩负的使命。讽刺杂志的蓬勃发展提升了期刊的社会影响力，出版物印数不断增加，选题也更加多样。在此过程中，出版者的商业利益发挥了相当重要的作用。毕竟他们不仅需要启蒙读者，而且还得满足信息和休闲需求。

表2.2中列出了18世纪下半叶各类私人杂志。

表2.2　18世纪下半叶俄罗斯私人杂志

年　份	名　称	出版者	评　述
1759	《勤劳的蜜蜂》	苏马罗科夫	第一本月刊（文学）
1759	《被合理利用的闲暇时间》	梅利古诺夫	第一本周刊（文学）
1769	《五花八门》	科济茨基，在叶卡捷琳娜二世参与下	第一本讽刺杂志
1774	《音乐盛宴》	韦威尔	第一本音乐杂志
1774—1776	《展开的俄罗斯，或俄罗斯帝国各民族服装集合》	格奥尔吉	第一本民族学杂志

续表

年　份	名　称	出版者	评　述
1778—1779	《村民、有益村民的经济刊物》	博洛托夫	第一本农业杂志
1779	《时尚月刊或女士服装文库》	诺维科夫	第一本女性杂志（文学）
1785—1789	《儿童心灵智慧阅读》	诺维科夫（编辑彼得罗夫和卡拉姆津）	第一本儿童杂志
1786	《孤僻的波舍霍尼耶人》	编辑桑科夫斯基	第一本省刊，雅罗斯拉夫尔
1788—1790	《自然界的历史、物理与化学文萃》	诺维科夫（编辑普罗科波维奇—安东斯基）	第一本自然科学杂志
1791	《英法德新潮流文萃》	未知	第一本时尚杂志
1792—1794	《圣彼得堡医疗消息》	格尔斯坚别尔格（编辑乌坚和克莱涅什）	第一本医学杂志

资料来源：Русская журналистика в документах. История надзора // Сборник документов / Сост. О. Д. Минаева. М., 2003.

　　18世纪最后25年，随着出版物数量不断增加，杂志主题日益丰富。出版者力求满足不同读者的需求。作为革新家，诺维科夫于1780年创办《经济文萃，或各类经济消息、经验、发现、集解、指南、札记以及建议相关文集，涉及农耕、畜牧、花园菜园、牧场、森林、池塘、各类农产品、乡村建筑、家庭用药、药材及其他与城乡居民生活息息相关颇有益处的事物》。作家、农学家博洛托夫是该杂志编辑。杂志刊登许多有关农场运营的实践建议和操作方案，如《如何种植蘑菇》《如何使衰老期苹果树复壮》等篇幅不大的文章都深受读者青睐。

1785年诺维科夫出版了第一本儿童杂志《儿童心灵智慧阅读》（《莫斯科消息报》副刊）。杂志由卡拉姆津和彼得罗夫担任编辑，1785—1789年间每周出版一次。卡拉姆津曾写道："儿童阅读……选材新颖别致且题材丰富多样，尽管剧本译作不够成熟，但是依然深受公众喜爱。"[①] 杂志主要包括具有劝谕性质的文学作品译作，也刊载伟大人物生平故事、寓言、童话和诗歌。杂志还致力于启蒙教育，刊登一些与太阳、地球、彗星以及动物等有关的认知类文章。

自1787年起，该杂志充满卡拉姆津的文学翻译作品，旨在为儿童提供内容丰富的俄语阅读材料。出版者曾写道："任何一个热爱祖国的人，在看到你们中许多人更精通法语，而不是俄语时，都会为此感到痛心。"[②]

1788—1790年俄罗斯第一本自然科学杂志《自然界的历史、物理与化学文萃，或材料新文集：包括上述三门科学中重要且有趣的对象及其大量在医药学、经济学、农作学、艺术与美术中的应用》（《莫斯科消息报》副刊）出版。1790年以前，杂志每周出版两次，随后改为每周出版一次。杂志编辑为普罗科波维奇-安东斯基，时任莫斯科大学校长（1818—1826年）、莫斯科书刊检查机关检察官，自1811年起担任俄罗斯文学爱好者协会主席。

杂志刊登了许多有关自然科学、物理以及化学的翻译文章。可以说，每期杂志都是一本独特的科学百科全书，由充满当时流行法语词汇的译作组成。

[①] *Шевырев С. П.* История Императорского Московского университета, написанная к столетнему его юбилею. М., 1998. С. 218.

[②] Там же. С. 261.

18世纪末,俄罗斯期刊涵盖主题十分丰富多样,出版了科学、科普、文学、讽刺、医学、经济、音乐、儿童、女性等杂志。一些杂志存在时间不长,读者兴趣和品位才刚刚开始形成。

印刷类出版物国家监管体系形成。18世纪俄罗斯政府发起创办报刊,对整个过程进行资助和监管,由此形成国家积极参与的局面,国家干预出版活动,严格管控期刊内容。俄罗斯第一份报纸的出版是出于彼得一世洞见社会对公共传播的需求。因此,期刊的发展以及信息空间的形成是"自上而下"进行的,过程缓慢并且贯穿整个18世纪,一直持续到19世纪初。而在觉醒的读者出现前,又经历了很长一段时间,那之后读者出现信息需求,并且意识到阅读的重要性。

随着报纸和杂志品种愈加丰富,对社会舆论的影响日益增强,当局对报刊监管力度也随之加大。

1783年叶卡捷琳娜二世女皇颁布有关"自由成立印刷厂"的诏令称"图书印刷厂与其他工厂、手工作坊无异,人人都可自愿开办上述印刷厂,无需获得许可"[1]。图书出版业不仅是一个国民经济部门,而且也体现了市场利益。从这时起图书出版业就与期刊发展紧密相连。诏令中,叶卡捷琳娜二世责成风化管理部门(警察局)"检查交付出版的图书",禁止出版"有明显诱惑倾向内容"的图书。于是,又向书刊监察机关迈进一步,但并未取消行政监管。

"自由成立印刷厂"诏令产生了一系列影响,其中就包括图书出版的自由发展和拉季舍夫事件。拉季舍夫利用"开办印刷厂"的权利于1789年出版了著名的《从彼得堡到莫斯科旅行记》一书。在叶卡

---

[1] Русская журналистика в документах. История надзора / Сост. О. Д. Минаева. М., 2003. С. 52–53.

捷琳娜二世颁布的对拉季舍夫的惩处令中指出，他"在经过检查后擅自往自己书中添加了许多页"①，"他本人也承认这一欺骗行径"。因此，拉季舍夫被判处死刑，但当时恰逢对瑞典战争的胜利，才得以赦免，改为流放西伯利亚十年。女皇对拉季舍夫的索赔详细清单让人有理由怀疑，监察机关可能忽略书中"充满最有害思想，破坏社会安定，贬损当局……用侮辱性激烈言辞反对权贵和沙皇政权"②的一部分。拉季舍夫事件、关于诺维科夫涉嫌未经世俗和宗教检查机构许可出版图书的调查，都表明即使交由风化管理部门，且还在宗教书刊检查机关参与下，对印刷品监管都相当重要，且并非易事。原先科学院或莫斯科大学的书刊检查都是根据自己的鉴赏力和对监察任务的理解来开展工作的。书刊检查员由国营印刷厂下属机构公职人员担任。显然这一实践并不符合出版自由规则，因此书刊检查被移交至风化管理部门。但实际上，这并不能防止那些动摇国家根基作品的问世。

1796年叶卡捷琳娜二世女皇下令禁止③私人开办印刷厂，因为它们经常被"非法利用"。严禁国营印刷厂出版任何未经圣彼得堡、莫斯科等地书刊检查机构审查通过的印刷品。这样一来，早在18世纪印前检查制度就已奠定基础。尤其是随着期刊出版物数量日益增加和社会政治问题愈发尖锐，当局不得不更加警觉，印前检查制度也随之不断完善与发展。

长期以来，俄罗斯出版业都是一个非常封闭的经营领域。几乎

---

① Русская журналистика в документах. История надзора / Сост. О. Д. Минаева. М., 2003. С. 61.

② Там же.

③ Об ограничении свободы книгопечатания и ввоза иностранных книг. Указ // Русская журналистика в документах. История надзора / Сост. О. Д. Минаева. М., 2003. С. 64–65.

从 18 世纪末一直到 20 世纪初，与印刷厂的结算、编辑和记者的工资经常通过口头协议的方式达成。档案文献中为数不多的案例清晰地展现了当时政府出版物的出版流程。根据莫斯科大学与卡切诺夫斯基教授于 1813 年签订的有关《欧洲导报》杂志编辑工作的合同[①]，他应"仅根据自己的选择"挑选"内容优质的诗歌和散文作品"。每备好一期杂志付给卡切诺夫斯基 100 卢布，同时承诺薪酬随杂志印数增长。

随着期刊出版物数量的增加，18 世纪在俄罗斯关于编辑工作中责任分配的概念开始形成，确立了出版者、编辑和作者的职能。当时报刊出版者、编辑和发行者被称为"газетчик"（办报人）或"газетник"。18 世纪俄语词典中将"журналист"（新闻工作者）一词定义为杂志出版者和作者。

"出版者"（издатель）这一术语也指期刊出版物所有者，即出版费用的承担者和发行收入的收益人。但有时出版者也指编辑，即为每期杂志筛选材料并在出版前对其进行加工处理的人。这些工作常常由文学家（литератор）一人承担。他自筹资金开办杂志，主要刊登自己的作品。18 世纪俄罗斯存在单人杂志这类出版物，即一人兼任新闻工作的全部工种。

19 世纪初，对编辑职责的进一步细分使得编辑、记者先后作为专门的职业分离出来。到 20 世纪初"出版者"这一术语的确还可指出版物的所有者和编辑。

这样一来，在 18 世纪的俄罗斯，期刊作为专门职业领域才开始

---

① ЦИАМ. Ф. 418. Оп. 136. Д. 5. Л. 1–3.

发展，报刊读者群也在形成。毫无疑问，当局者的积极干预对这一进程产生了重要影响。

19 世纪俄罗斯报刊发展

伴随着 19 世纪许多重要历史事件的发生，俄罗斯期刊身处其中，开始发挥积极作用。出版物数量增加，主题更加丰富。仅 19 世纪前 25 年就涌现出 150 余种新的期刊出版物，超过上世纪出版物种数总和。其中，杂志巩固了其领先地位，优先于报纸和丛刊。这一时期社会上爱国主义情绪、自由主义倾向高涨，俄罗斯历史和当代社会政治问题也备受关注。上述情绪和法国大革命思潮引发了后来的十二月党人运动。

19 世纪上半叶报纸发展。1809 年在现有政府报纸《圣彼得堡消息报》和《莫斯科消息报》基础上新增《北方邮报》。1813 年第一份私人报纸《俄罗斯残疾人》问世，随着俄军频繁征战国外，其印数达 800 份。私人报纸和国有报纸品种逐渐增加，主要得益于地方报纸发展。但研究者指出，政府通过行政施压的方式控制地方报纸内容，而不是依靠书刊检查员的警觉。应当注意到报纸类型十分多样：除社会政治类（《莫斯科消息报》和《圣彼得堡消息报》等国有报纸，《俄罗斯残疾人》和《哈尔科夫周报》等私人报纸）外，文学类（《蝴蝶》《文学报纸》）、专业类（贸易、农业、医学、艺术）和参考类（《圣彼得堡价目表》）报纸不断涌现。布尔加林和格列奇创办的报纸《北方蜜蜂》与众不同，在当局许可下，除文学专栏外，还设有时政专栏。

1812年卫国战争引发公众对刊物兴趣的增长，印数不断增加。当时在《莫斯科消息报》刊登从俄军司令部、罗斯托普钦告人民书、莫斯科大主教奥古斯丁谈话等传来的消息。人们在印刷厂附近迫不及待地等待报纸出版：识字者大声朗读，不识字的人聆听。据莫斯科大学教授斯涅吉廖夫回忆，正是那时报纸成为"所有阶层的必需品，走进人们的工作圈子和家庭生活"①。1812年8月31日，在俄军撤离莫斯科前，报纸如期出版（第70期）。斯涅吉廖夫详细描述了1812年9月一系列事件的戏剧性发展过程。据他回忆，9月2日早上正在对下期报纸②进行排版的工人们接到工长巴萨达耶夫的指令，要求立刻停止工作，关停印刷厂。一些人收到他发给的八月份薪水和预付的九月份薪水，另一些人得到计件收入。当晚拿破仑军队鱼贯前进路过印刷厂，殿后部队的掉队士兵抢劫了滞留在被攻陷莫斯科的印刷厂官员和职工。接到上级下达的不离岗命令，印刷厂厂长、《莫斯科消息报》主编及其各自的助手都留在莫斯科。敌军侵入的次日，席卷周围房屋的大火导致印刷厂石制建筑上的木头屋顶起火。印刷厂厂长和报纸主编从火灾和敌人那里成功逃脱，逃离一片火海的莫斯科。敌军在大学印刷厂用法俄双语印制传单，宣传在印刷厂附近被枪毙的（虚构的）莫斯科纵火犯的罪行③。

《莫斯科消息报》于1812年11月23日恢复出版——"作为对莫斯科人的安慰，其后杂志出版。在敌人短暂占领之后，古老的首都

---

① *Снегирев И. М.* О начале «Московских ведомостей» // Императорский Московский университет в газете «Московские ведомости» / Сост. О. Д. Минаева. М., 2005. С.63.

② Московские ведомости. 1812. № 71.

③ Очерк истории типографии Московского университета с 1755 по 1812 год // Императорский Московский университет в газете «Московские ведомости». М., 2005. С. 70–71.

第二章 本国传媒体系发展的历史阶段

似乎恢复了原有秩序。"[1]战争亲历者称，正是报纸和杂志的出版对莫斯科人而言是和平生活的象征，这印证了报刊在人们生活中发挥的重要作用。

历史学家认为，报纸不像杂志那么形式多样、不断变化。自1838年起，陆续出版省城消息报。主要由官方和非官方两部分内容构成，其内容均被严格限定。1847年首次尝试出版城市报纸——《莫斯科小报》，出版时间仅持续一年。19世纪中叶报纸印数不大，并不可观，2000—3000名订阅者见证了报纸辉煌。报纸印数最多时达8000—9000份。其中印数最多的一次在1847年，《莫斯科消息报》印数达9000份。俄罗斯报纸全盛时期在1860年改革之后到来。

19世纪上半叶杂志。在这一时期杂志日益多样化，占领先地位的是博识类杂志。此类杂志最能满足日益增长的读者需求。文学类、社会文学类、行业类、特定主题类（女性、传记、幽默、民族学等类别）、科技类杂志等也十分受欢迎。

出版商和新闻工作者关于期刊的使命形成了自己的见解：诺维科夫认为，最重要的是鞭笞人类的缺点和陋习，卡拉姆津则强调期刊满足读者娱乐需要的必要性，纳杰日金认为期刊的任务是教育启蒙并为社会带来福祉。出版商或编辑都是根据自己见解和读者需求提出出版任务。关于期刊功能的争议表明，该领域已积攒颇多经验，期刊进一步发展符合社会需求，也反映了时代召唤。正是在19世纪初，"新闻工作者""期刊"（журналистика）等术语开始使用，而"报纸"和"杂志"这两个术语在使用中仍被混淆。科尔什在《莫斯科消息报》

---

[1] Очерк истории типографии Московского университета с 1755 по 1812 год // Императорский Московский университет в газете «Московские ведомости». М., 2005. С. 71.

创刊百年纪念（1856年）一书中将该报称为"本国最早的杂志之一"①。期刊出版物经常集报纸和杂志特征（出版周期和开本等）于一身。至于"新闻工作者"这一术语则往往指出版工作者、作者和编辑。《莫斯科电讯》杂志编辑波列伏依首次使用 журналистика 一词，作为当时出版的报纸和杂志的总称。他是将刊物（печать）作为专门研究对象的第一人，并尝试探寻报业发展规律。波列伏依在《对某些俄罗斯杂志和报纸的见解》和《从创办之初至1828年的俄罗斯报纸杂志述评》两篇文章中探讨了杂志的使命和新闻工作者的职责。他将新闻工作者称为"纵队长"，特别强调其启蒙社会并为社会创造福祉的任务。在当时的历史阶段，刊物的启蒙作用最为急需，博识类杂志在19世纪20—30年代俄罗斯刊物中广为流传并非偶然。所谓博识是指丰富多彩的内容和科学严谨的选题规程。

《望远镜》出版人纳杰日金坚信，杂志的使命是"反映生活的当代精神"，并且杂志的方向应当明确："杂志不是朝这个方向，就是朝那个方向发展。"② 在党政时代到来之前，出版人兼编辑立场和观点的表达决定出版物方向。这有助于报刊内容分类。正是反映出版人主张的出版物方向决定作者遴选、栏目划分和独特体裁等方面。

19世纪30年代出现了娱乐性刊物，它首先是作为独立于政治或文学流派之外的盈利企业存在。传统上将布尔加林和格列奇的《北方蜜蜂》和先科夫斯基的《阅读文库》归为"商业"方向。期刊商业化在刊物上引发关于"商业"关系与较高的文学素养和道德标准不相容

---

① *Кузнецов И. В., Минаева О. Д.* Газетный мир Московского университета. М., 2005. C. 13.
② История русской журналистики XVIII–XIX веков: Учебник / Д. А. Бадаян, Л. П. Громова и др. СПБ., 2013. C.198.

的论战。期刊以启蒙、教育读者乃至社会为最高服务准则,很多出版人正是将其视为己任。这与从出版中获取任何利润是极其不协调的。为了获利,出版商乘机利用公众"低俗"品味,无原则地放任其发展。

当时最著名的新闻工作者别林斯基1834—1836年间在《望远镜》杂志及其副刊《传闻》上发表了一系列文章,详细探讨刊物"商业"方向相关争论的本质。他认为,为新闻工作者支付劳动报酬值得给予正面评价。他列举了一些没有贵族特权、封地以及农奴的平民知识分子,他们只能自己挣钱谋生。这种劳动报酬也可看作是对出版物和新闻工作者职业进步的促进因素。

普希金也对这一时期的期刊发展作出重要贡献。他与一些杂志和他朋友杰利维格的《文学报纸》都有合作,撰写抨击文章、批判作品和论战札记。历经长期申请,普希金才被准许出版自己的杂志《现代人》,总共出版了四期。

19世纪30年代不仅出版政治类、文学类杂志,而且还出版参考类、机关类等杂志。博识类杂志《莫斯科电讯》(1825—1834)、《望远镜》(1831—1836)最受欢迎。书商兼出版人斯米尔金的《阅读文库》(1834—1865)出版持续时间最长,聘请东方学家先科夫斯基教授编辑该刊物。该杂志定位于家庭阅读,基于商业目的创办,秉持非政治立场,因此在1825年十二月党人起义和1830年法国大革命爆发后需求量很大。

到19世纪40年代读者兴趣发生转变——俄罗斯知识分子从关注非政治倾向内容,转向热切了解国家下一步发展道路。废除农奴制的斗争使期刊成为公共论坛,对文学思想和政治主张都有一定影响。在俄罗斯社会形成了保守主义、自由主义和民主主义三种主要思潮。宣告官方人民性理论口号为东正教、专制制度、人民性。斯拉夫派和西欧派思想形成，其拥护者在刊物上展开论战。

俄罗斯刊物根据不同思想流派划分成三个阵营。部委及各省机关等国家机关出版物宣扬官方思想，如《北方蜜蜂》报纸。部分出版物变换了阵营，例如《莫斯科人》杂志。该杂志由官方思想机关创办，但1845年新任编辑基列耶夫斯基在一段时间内将其打造成为斯拉夫派出版物。

《祖国纪事》杂志是最具影响力的民主主义报刊，1838年克拉耶夫斯基担任编辑。其竞争对手是《现代人》杂志，自1846年起由涅克拉索夫和帕纳耶夫出版，但其实际领导者为别林斯基。尽管该杂志扉页标有"文学"字样，但是杂志内容涉及许多社会问题。别林斯基作为评论家和编辑开展的活动对俄罗斯期刊发展作出了重要贡献。即使在最为严格的新闻检查监管下，他还对俄罗斯社会关注的迫切问题展开讨论。他撰写的批判文章在研究文学进程的同时，还涉及民生的各个方面。

19世纪上半叶国家刊物监管体系发展。随着期刊出版物种类和印数的增加，国家对内容的监管力度日益增强。整个19世纪国家报刊监管体系不断修正完善。

表2.3中列举了沙皇亚历山大一世和尼古拉一世出台的有关刊物和图书出版的主要文件。

表2.3　19世纪上半叶调控刊物系统的文件

年份	文件	主要内容
1802	《关于废除城市和港口书刊检查机关；允许自由开办印刷厂和交由省长检查新出版图书》命令	允许私人开设印刷厂。书刊检查由城市警察局移交省长管理。违反书刊检查要求的作品被没收，违反者受相应惩处。
1804	《书刊检查条例》	图书、报纸、杂志、乐谱、剧本等所有作品均须进行印前检查。在大学设立书刊检查委员会。书刊检查员不修改手稿，退交作者修改，没收被禁手稿。
1826	《基于书刊检查条例》	成立书刊检查总署。书刊检查员不能身兼多职。书刊检查流程复杂化，限制增多。

资料来源：Русская журналистика в документах. История надзора // Сборник документов / Сост. О. Д. Минаева. М., 2003.

1804年通过的《书刊检查条例》非常详细地规定了对"旨在公共使用"的作品检查流程。检查委员会附属于各大学，且条例规定须快速检查"延后出版将失去新闻价值"的杂志等期刊出版物[1]。

1811年国家机关功能划分如下：教育部负责检查出版的所有图书和期刊出版物，而内务部负责监管书商和印刷厂[2]。

1825年十二月党人起义使新沙皇尼古拉一世受到惊吓。1826年，他出台了新的书刊检查条例，细化监管流程，加强监管体系。他设立了书刊检查总署，莫斯科及其他书刊检查委员会均隶属该署。上述机关公职人员所承担职责"具有挑战性""重要"且"需持续关注"，

---

[1] Русская журналистика в документах. История надзора. С. 99.
[2] Учреждение Министерства полиции. 1811 // Русская журналистика в документах. История надзора. С. 109–110.

因此该项工作不可作为兼职。因此，作为对书刊检查员的特殊责任和"洞察力"的回报，他们的工资和退休金都十分可观。尼古拉一世颁布的系列书刊检查条例被称作"铁的法典"，对细枝末节都加以规范：如规定书刊检查员应使用便于分辨的红色墨水进行批注。

书刊检查总署发放报纸和杂志出版许可，未经允许不得传播（或售卖）出版物。除期刊出版物详细提要外，书刊检查机关还十分关注出版者的"道德诚信度"。要为出版物内容（无论何种不良文章）负责的不仅有书刊检查员，而且还有编辑。

文章署名时，记者和翻译者均不得使用笔名，应使用真实姓名。编辑和书刊检查员应知晓除广告外每篇文章或简讯的作者情况。

至于书刊检查内容方面，1826年《基于书刊检查条例》禁止载有下列内容[①]：

- 攻击君主制；

- 亵渎沙皇、政府的言论；

- 批评当局或对当局不敬；

- 蔑视基督教信仰或国家法律；

- 为反政府叛乱或暴动分子开脱；

- 称蓄意推翻合法政权的人为牺牲者；

- 在期刊上建议实施管理机关或阶级特权改革；

- 借文学影射政治；

- 在批判文章中以影射、嘲笑、讽刺的方式侮辱作者，将论战变成对读者毫无裨益的对骂，等等。

---

① Из Устава о цензуре // Русская журналистика в документах. История надзора. С.116–126.

第二章　本国传媒体系发展的历史阶段

书刊检查规定禁止文章违反"语言或语法"规则。

但书刊检查机关许可下列情形：

- "适当议论"外国政府；
- 用滑稽方式描绘人性弱点（不针对个人）；
- 指出违反正字法现象或"文献差错"等。

书刊检查员不得参与期刊出版物编辑工作。被允许在某一出版物上刊发的文章和简讯，若在另一出版物上再次刊载，须进行书刊检查。而禁载理由往往十分笼统："文章风气不正"、杂志办刊方向"不端"或"间接暗示"。同时，禁止刊物提及严苛的书刊检查或对此进行暗示。

粗略浏览书刊检查禁载条款，就能看出当时对印刷内容的监管多么严厉。文献显示，在尼古拉一世执政时期这种监管愈发严苛。

当局相信新举措能够阻止或预防期刊版面上的社会议论，因此不断完善书刊检查体系。例如，1836年《望远镜》杂志上刊登恰达耶夫《哲学书简》后，经深思熟虑后，提议在实践中对期刊出版物进行双人审查，因为这样比仅依赖一人监管更为可靠。

综上，19世纪上半叶社会文学类杂志首次出现在期刊出版领域，并成为主要类型。文学批评家、政论家超越出版者和编辑，成为出版物的重要人物：正是他决定出版物的出版方向和权威性。别林斯基是无与伦比的批评家，即使在当时严苛的监管下，他也总能在文章中提出所处时代大众关心的问题。刊物也成为斯拉夫派和西欧派论战的阵地。

这一时期，随着读者群范围拓展，刊物数量和种类登上新台阶，刊物开始具备对社会生活的影响力。报刊，尤其是杂志实现了种类细分。这一时期出台的书刊检查相关法令在很大程度上阻碍了刊物的发展。

19世纪下半叶至20世纪初

后改革时期报纸发展。克里米亚战争中俄罗斯战败反映出国家落后,促使沙皇政权改革。得益于刊物发展状况,俄罗斯社会意识到废除农奴制的必要性,围绕农奴解放条件展开论战。

期刊领域主要有保守君主主义、自由主义和民主主义三个流派。上述流派的确立首先是由它们与政治体制和经济制度的关系决定的。保守君主主义出版物以部委机关出版物、各省出版物以及教区出版物等官方刊物为主。同时,该流派也包含那些支持保留专制制度和阶级特权的私人出版物。

俄罗斯自由主义流派在19世纪下半叶分为很多不同的社会派别:西欧派、斯拉夫派和土壤派。它们虽都拥护改革,但对俄罗斯革新模式的见解却相抵触:是采用欧洲模式,还是选择符合本国传统的独特模式?这些分歧导致了上述派别在很多问题上展开论辩。论辩本身尽管不能实际解决社会问题和其他问题,但却对俄罗斯社会舆论的形成产生了积极影响。

尽管存在书刊检查,充当革命改革拥护者论战台的那些杂志是民主主义流派的代表。侨民出版物,尤其是赫尔岑创办的出版物就属于这一流派。

19世纪60年代的改革促进了报业发展。1856—1864年间出版60余种报纸,出版频率也有所增加。1855年之前,俄罗斯的日报屈指可数(《圣彼得堡消息报》《北方蜜蜂》《俄罗斯残疾人》等),而到1870年已有38种日报。随着读者对信息多样性、即时性的需求不断增加，报纸脱颖而出，杂志退居其次。为吸引新读者，出版商不断出版廉价大众出版物。例如，1860年在莫斯科出版了名为《包装纸》的廉价报纸，被商铺老板用于包装商品。全俄和地方报纸市场形成。尽管在不同历史时期影响也有所不同，《圣彼得堡消息报》和《莫斯科消息报》一直出版到1917年。《俄语词汇》《俄罗斯》以及《俄罗斯消息报》等全俄报纸对上述两种报纸构成激烈竞争。其印数不断增加，1902年《俄语词汇》印数达10万份，十分可观。报刊所具有的影响力和发展潜力吸引了许多银行家、企业家等富人投资该行业。通常致力于发展自有期刊的私人出版社，在俄罗斯传媒市场上发挥了重要作用。

在俄罗斯，报纸印数和种类增长直接推动了电讯社（телеграфное агентство）的诞生。世界上第一家电讯社哈瓦斯成立于1835年，沃尔夫和路透社分别成立于1849年和1851年。起初，它们仅靠光学电讯设备（оптический телеграф，仅在天气晴朗时工作）和信鸽工作，通讯手段十分有限。随着电讯设备的普及，俄罗斯第一家通讯社俄国电讯社（Российское телеграфное агентство，简称РТА）于1866年成立。随后在俄罗斯，1872年成立国际电讯社，1882年成立北方电讯社[①]。

俄罗斯第一家通讯社（информационное агентство）俄国电讯社是私有的，其创始人之一为《证券交易消息报》（1860—1875）的编辑特鲁布尼科夫。俄国电讯社获准在俄罗斯境内设立分社。起初，通讯社准备以电报和通报的形式仅发布外国政治和商业新闻，并未打算涉及俄罗斯国内新闻。但随着时间推移，各分社开始向总部报道俄罗

---

① Есин Б. И. Путешествие в прошлое. Газетный мир в XIX веке. М.: Изд-во Моск. ун-та, 1983. С. 27.

斯国内事件。俄国电讯社的电报自收到后48小时内属私有财产，除非每年支付100卢布费用，任何人不得转载。报纸都积极与俄国电讯社合作，后来也与俄罗斯其他通讯社合作。尽管消息时有延迟或存在不准确的情况，但是电讯社依然在俄罗斯报业发展中发挥了积极作用。

1868年伴随警察局监管，在一系列限制条件下，报纸和杂志获准零售。这对刊物尤其是报纸发展至关重要。此前报刊主要通过订阅发行，也可在一些大型书铺、编辑部购买单期。起初，仅莫斯科和圣彼得堡允许报刊零售，随后遍布铁路沿线（报亭建在火车站），然后才推广到各地。但无论是雇佣发行商还是自己售卖都需要履行程序，未经允许私自售卖将被处以罚款。自1869年起，所有送报员均持有发行商雇主发放的专用数字号牌。1870年，圣彼得堡有58名报纸零售商。其中，市民28名，农民19名，商人3名，等等。他们雇佣了360余名送报员，其中一名为女性。报纸开始在热闹的街头、烟草铺以及纸铺售卖。期刊出版商想进一步扩大零售市场，试图在获取销售收入的同时又不与发行商分享利润。

1884年，报纸《新时代》的出版商苏沃林以一万卢布买下两条铁路沿线报刊亭的期刊售卖权。苏沃林这种"承包制"报刊发行模式在俄罗斯还是首次出现。凭借垄断地位，苏沃林不再售卖别家出版物，把售卖期刊价格哄抬至首都售价的1.5—2倍。由于竞争激烈，1907年成立了以"刊物承包"为名的火车站刊物售卖合作社。资料显示，在这一根据莫斯科出版商倡议成立的秘密辛迪加组织由瑟京和苏沃林主导。他们确定出版物定价及其发行条件后签署非公开的卡特尔协

第二章 本国传媒体系发展的历史阶段

约[1]，通过这种方式几乎垄断了整个欧洲铁路的报纸售卖权。这一切标志着期刊出版业已成为高利润行业。

零售首先涉及的就是报纸，报纸零售体系在20世纪初被大大简化。出版商可将最新一期报纸出售给有意愿从事报纸发行的任何人。所有人，只要想挣钱，无论外表是否体面，都可以从出版商处获得一沓报纸——起初必须用现金购买，建立信任后可先拿货再结算。1905年，一份在当时很受欢迎的报纸《俄语词汇》，发行人拿货价为2戈比，以3戈比出售给消费者。也就是说，只要卖出十份报纸，卖报人即可获得10戈比的净利润，这足够支付7戈比（慈善餐厅一顿饭的价格）的午餐和3俄磅[2]的黑面包作为晚餐。据新闻工作者兼文艺学家杜雷林回忆，"每天清晨、下午四五点钟晚报出刊时，莫斯科街上、十字路口、马车、电车、建筑物大门旁都挤满前来卖报的人，既有孩子也有成年人，他们大声喊着当日的爆炸性新闻。通过卖报，他们可以赚到一日三餐和住宿的钱。"[3]

内务部有权无限期禁止期刊零售。这种能够影响出版商经济收益的方法被频繁使用。被禁售时间最长的出版物是《圣彼得堡小报》，禁止期限为5年。这给该报带来严重损失，印数减少，广告收入下降。

1905年10月17日宣言发布后，在俄罗斯出现一批合法党派，例如立宪民主党（立宪民主党人）、十月十七日联盟（十月党人）等。多党并存的局面促使各党派出版物显著增加。1905年后市场上涌现出

---

[1] *Динерштейн Е. А.* А. С. Суворин. Человек, сделавший карьеру. М.: РОССПЭН, 1998. С. 287.

[2] 1俄磅约为400克。

[3] *Дурылин С. Н.* В своем углу. Из старых тетрадей. М., 1991. С. 72.

许多像立宪民主党人领袖米留科夫创办的《传闻》那样的报纸。然而社会主义党派及其出版物仍属不合法,因此国内并未实现真正意义的公共讨论。

19世纪下半叶至20世纪初的杂志。期刊与其所处时代的社会思潮紧密相连,因此社会政治类和文学类杂志在期刊发展过程中扮演的角色尤为重要。1856年私人杂志获准开设政治栏目,促使文学批评类杂志加速向社会文学类杂志转变,而政论家也大大挤占了文学评论家的位置。读者兴趣点逐渐由文学问题转向社会政治问题。上述杂志有构思巧妙的政论栏目、才华横溢的作者再加上独一无二的思想家,成为一代又一代人思想的主宰者,供知识分子阅读。尽管与18世纪相比刊物发展进入全新阶段,但是包括卡特科夫、涅克拉索夫、皮萨列夫、杜勃罗留波夫、萨尔蒂科夫 – 谢德林以及柯罗连科在内的特定人物依然对俄罗斯新闻业发挥独特作用。屠格涅夫、冈察洛夫、奥斯特洛夫斯基、车尔尼雪夫斯基、陀思妥耶夫斯基以及列夫·托尔斯泰等俄罗斯知名作家也在杂志上发表文章。他们是十分受欢迎的政论家,影响了所处时代的新闻业发展。

19世纪六七十年代,随着社会文学类杂志厚度不断增加,开始出现《尼瓦》《世界插图》等插图类周刊,《火花》《汽笛报》以及《闹钟》等幽默讽刺类期刊。

研究者根据杂志内容和任务将其分为综合性和专业性两类。

除主题多样(文学、政治等)和政治立场各异外,综合类杂志还有下列特点:百科全书式的内容和定位广泛的受众。这类杂志包括《现代人》《祖国纪事》《阅读文库》《俄罗斯信使》《尼瓦》等。出版人有意识地选择"适合家庭阅读"的开本样式,使杂志收入稳步增长。

例如，1870年《尼瓦》印数9000册，而到1900年猛增至23.5万册。其出版人马克斯被称为"读者制造商"。

这一时期专业性杂志得到大力发展：有科普类（《环球》《健康》）、戏剧类（《俄罗斯舞台》）、教育类（《教育文集》《老师》）、儿童杂志（《儿童杂志》《趣谈与故事》）等。

就政治立场而言，俄罗斯刊物仍分为三个主要流派：保守君主主义（《俄罗斯信使》《公民》）、自由主义（《欧洲信使》等）以及民主主义（《祖国纪事》《现代人》《事业》等）。《祖国纪事》被认为是后改革时期的最佳杂志[①]。其主编之一萨尔蒂科夫-谢德林以政论家兼讽刺作家身份为杂志供稿。

农奴制的废除促进了资本主义在俄罗斯的发展。这一进程直接影响了报刊行业。远非所有出版人在政治、社会和经济问题的讨论中都视启蒙、发展俄罗斯社会为己任。一般都将新闻业视为经济产业，满足更多读者需求可带来可观收入，从而发财。识字人数的增加使得首都和地方刊物读者显著增多，主要包括小官员、商人、小市民、神职人员、军队低等士兵以及中等教育机构学生。大量"中等"读者的增加推动了不同类型大小报刊的发展，同时也催生了对读者的研究。这一时期报刊出版种数明显增加，类型多样性显著提升：厚重的优质社会文学类杂志与充斥大众文化和小市民气息、迎合低俗口味的杂志并存。出版物选题十分宽泛，都是针对不同读者群体，这些群体之前主要由于年龄和社会地位等因素未被纳入潜在读者之列。于是出现许多按"不同兴趣"划分的出版物：商务报刊，教育和自我教育类、家庭

---

① *Есин Б. И.* История русской журналистики (1703–1917гг.): Учебно-методический комплект. М.: Флинта, 2000. С. 51.

阅读类、科普类、哲学类、宗教类、艺术类、体育类、女性、小众（面向医生、教师、神职人员等）、参考书类、音乐类、图书爱好者杂志，等等。

19世纪60年代至20世纪10年代国家对期刊体系的调控。 农奴制被废除后，开始了一场刊物革命。当局采取了一系列措施，采用行政、司法、经济、书刊检查等多种手段，加强对刊物的监管。

表2.4中列举了沙皇亚历山大二世和亚历山大三世出台的有关刊物和图书出版的主要文件。

表2.4　19世纪下半叶调控刊物系统的文件

年份	文件	主要内容
1858	《号令》	允许在刊物中讨论废除农奴制的条件，但禁止谴责与该问题有关的政府活动或"挑拨农奴与地主间的关系"。
1862	《书刊检查机关改组命令》	期刊出版监管权转交至内务部，且书刊委员会隶属教育部。
1862	《书刊检查临时规定》	禁止在刊物中刊载"社会主义和共产主义的有害学说，动摇或推翻现有制度"，但允许用"恰当语气"讨论（即批评）现有"不完善之处"和"实践中发现的不足"。
1865	《关于给予国内刊物特定优待和便利》命令	愿意接受印后检查的首都报纸、期刊出版物，超过10印张的图书，可免于事前检查。"书刊检查与出版事务管理"交由内务部负责。

续表

年份	文件	主要内容
1865	《对现行书刊检查法令的变更和补充》	明确"定期出版物"的定义。新的期刊出版物须获得内务部许可。选择接受印后检查而非印前检查的出版商应向出版事务管理总局提交保证金。
1866	《关于出版诉讼程序》命令	确立定期出版物诉讼流程。
1868	《关于期刊出版物在街头、广场等其他公共场所和商业建筑内的零售》	内务部发放零售许可，规定可售出版物范围。
1879	《关于书刊检查条例第四章第53条附录的实施》	内务部有权禁止在期刊出版物上发布私人广告，禁止期限为2—8个月。
1882	《关于期刊出版的临时措施》	由内务部、国民教育部、司法部大臣以及圣主教公会首席检察官组成的委员会有权暂停或禁止出版物出版（禁止此后其出版商和编辑管理报纸或杂志）。
1890	《基于书刊检查与出版条例》	扩大禁载内容的问题清单。

资料来源：Русская журналистика в документах. История надзора // Сборник документов / Сост. О. Д. Минаева. М., 2003.

1865 年对出版有关规定进行了修订：对首都出版物，所有政府出版物，科学院、高校、学术团体出版物取消事前检查。此外，任何报纸和杂志的出版商（不仅是首都的）均可申请免除事前检查。但这些新规并不意味着出版自由。相反，从上述文件可以看出对出版内容的监管在持续加强。

1865 年出台的文件从法律角度对期刊出版物定义进行修正。期刊出版物指以单独的"期、印张或册子"形式出版的报纸或杂志，且每年出版频率不少于两次,"可通过订阅或单期单册购买的方式获取"。

同时确立了新报纸或杂志出版的许可程序,出版许可期限一年。若出版物更换编辑,则应重新向内务部履行许可程序。私人出版物申请免除事前检查的,需缴纳 2500—5000 卢布作为支付罚金的保证金,但政府出版物、科学院出版物以及"学术、经济或技术类"出版物除外。若报纸或杂志受到行政或司法处罚(罚款),罚金可直接从保证金中扣除,但同时需补缴保证金。

此外,内务大臣有权对刊载"有害倾向"文章的报纸和杂志进行警告。出版物受到三次警告的,内务大臣可在 6 个月以内暂停其出版。受过三次警告的出版物可被查封。同时对其进行司法制裁,若出现作者身份未知的情况,要追究记者或编辑的责任,印刷厂负责人也难辞其咎。

随着资本主义制度的发展和期刊出版物出版种数和印数的增加,对报刊的行政监管日益严格,书刊检查相关法律也愈发完善。社会对政治问题的兴趣与日俱增,并要求进行广泛的社会和政治改革,而沙皇政府无力阻止。合法禁止所有"有害"题材很难,不过这类尝试经常不断。1890 年在《基于书刊检查与出版条例》中明确规定禁止在刊物中阐述"社会主义和共产主义学说,动摇或推翻现行社会制度,确立无政府主义思想"[①]。该条例反复强调禁止批评法律和官员,且在任何情况下都不得提及沙皇家族重要人物等。刊物中禁止"煽动阶层间的仇恨",侮辱或嘲讽在国家机关任职的群体或官吏。

值得一提的是,俄罗斯帝国的法律具有延续性,即后出台的法律

---

① Русская журналистика в документах. История надзора. С. 207–208.

并非完全取代之前的法律，而是在之前法律的基础上对部分条款进行修订。因此，通过研究可以发现，亚历山大二世、亚历山大三世执政期间对尼古拉一世在位时的书刊检查禁令新增了哪些条款、保证金、罚金及其他经济和行政手段。对刊物所应承担的法律责任也进行了规定，但是诉讼现象并不普遍——行政手段更为有效。1917年以前，俄国刊物系统国家调控的基本方向一直放在加大监管力度，通过各种新的限制措施扼制改革的社会需求（包括经济需求）上面。与此同时，报刊在质量和数量上都大幅提升，吸引了越来越多的企业家和银行参与进来，报刊收入和读者数量也相应增加。

19世纪20世纪之交技术发展实现飞跃，刊物系统也深受其影响。美国莱诺排铸机注册专利，成倍提升印刷速度。在早期留声机的基础上，成熟的留声机很快投入生产，数百万张唱片问世。1895年，卢米埃尔兄弟在巴黎宣告电影时代的开启，这一年也被认为是大众娱乐文化发展的开端。波波夫（1895年）和马可尼（1896年）向公众展示了第一批无线电接收机。摄影技术的发展使面向最为广大受众的图文并茂的报刊数量迅速增长。技术进步使期刊数量和种类都获得了良性发展。

19世纪下半叶至20世纪初，俄罗斯新闻业虽遭到检查制度的压制，但仍经历了一个蓬勃发展的时期。研究者指出，对新闻从业人员的压制激发了其追求精神自由的渴望，迫使其采用更为复杂的体裁，使用富有寓意的语言、暗示等表达思想。

报刊，尤其是报纸的零售改变了出版物收入结构。20世纪初，零售收入与订阅收入持平。伴随经济发展，广告收入也逐渐增加，逐步赶超发行收入（既包括零售收入，也包括订阅收入）。

印刷类出版物的商业化运作促进新闻领域职业大众化，新闻工作分工专业化，出版物数量不断增长。

1903年，俄罗斯第一份报纸《消息报》创刊200周年之际，研究者们回望了俄罗斯刊物的重要发展历程。其中，19世纪六七十年代改革后，俄国期刊出版种数迅速增长。涌现出新的政府出版物、地方出版物以及私人出版物，更重要的是廉价报刊。印数大幅提升（10万份以上），刊物读者群也相应扩大，将原来出版商未列入目标阅读群体的社会阶层纳入进来。当然，给仆人、管家以及农民阅读的出版物尚未达到优质报刊水平。但期刊"有利可图"这一事实还是产生了一定积极影响——精明的商人大大拓展了刊物体系的类型多样性。

但对俄罗斯和欧美国家的期刊出版种数进行对比分析后发现，俄罗斯处于落后状态：幅员辽阔、人口众多的俄罗斯仅有1200种，少于纽约，该市有约2000种报纸和杂志[①]。

1905年10月17日尼古拉二世签署的《整顿国家秩序宣言》并没有达到言论完全自由的预期效果。尽管提及了"信仰、言论、集会、结社自由"[②]，宣言还以最为普遍的形式宣告了政治自由。宣言最终建立了合法的保守党、自由党及其刊物，成立了代表统治阶级利益而非广大群众利益的国家杜马。社会中开始政治对话，但是这一沟通机制是否完善呢？1917年的系列事件表明，爆发革命（二月革命和十月革命）的原因之一就在于权力精英与其他阶层（知识分子、工人、

---

① *Мижуев П. Г.* Несколько слов по поводу статистики периодической печати в России и за границей // Сборник статей по истории и статистике русской периодической печати 1703–1903. М.,1903.

② Русская журналистика в документах. История надзора. С. 214–215.

农民、偏远地区居民）之间缺乏沟通渠道。

正如改革后时期一样，从沙皇当局出台的文件可以反映出其加强了对刊物的管控力度。

表 2.5 列举了尼古拉二世在 1905 年《宣言》出台后通过的出版相关主要文件。

表 2.5　20 世纪初调控刊物系统的文件

年份	文件	主要内容
1905	《定期出版物相关暂行规定》命令	承诺将来颁布专门的出版法。禁止事前检查，取消保证金和行政处罚。根据法院判决查封出版物的某些期或全部出版物，但应由"出版事务负责人"呈请。
1906	《对期刊出版临时规定的修订和补充》命令	阐述印后检查流程，列举惩罚性措施（查封当期出版物、没收当期发行的刊物等）及利用刊物实施犯罪的刑事诉讼类型。
1914	《关于确立战时书刊检查临时条例》命令	确定战时书刊检查流程。

资料来源：Русская журналистика в документах. История надзора // Сборник документов / Сост. О. Д. Минаева. М., 2003.

法律仅取消了事前检查，但对书刊检查内容的规定并不明确。下列行为视为犯罪：煽动工人或官员罢工、学生罢课，散布虚假信息、军事信息，侮辱军队等，将受到罚款或监禁等相应惩处。

1917 年 2 月，俄国爆发革命，改变了现行制度，君主制被推翻。临时政府出台了一系列泛民主主义法律，其中就有《关于出版》的决议，宣布出版自由[①]。书刊检查委员会被解散，所有党派都能合法运营、

---

① Русская журналистика в документах. История надзора. С. 243.

出版自己的报纸。这一系列措施使期刊出版种数增加，引发党派间关于国家命运的自由论战。人民对政治问题的兴趣促进了刊物，尤其是报纸的印数上涨。但遗憾的是，俄罗斯新闻完全自由的时期恰逢国家遭遇严重经济危机、政权危机以及第一次世界大战前线惨败。1917年10月爆发了十月革命。

改革后时期，俄国资本主义快速发展，刊物结构也随之变化。报纸开始逐渐占据主导地位，杂志照例占有重要地位。大众读者群不断扩大。官方刊物逐渐丧失优势地位，在出版种数和印数上都无法与私营报刊相提并论。由此可见，俄国政治和经济改革与期刊品种和类型的变化密切相关。

俄罗斯新闻史上的苏联时期

1917年10月，俄国社会民主工党（布）上台，大大改变了报刊在俄国的地位。包括社会主义政党在内的其他党派出版物、与布尔什维克刊物竞争的私营社会政治类报刊都被视为布尔什维克政府的敌人。苏维埃政府执政前几个月通过的出版相关文件主要以惩戒和禁令为主。

十月革命后，1917年11月9日，人民委员会出台了《关于出版》法令（出台的调控刊物系统的文件见表2.6）。公开煽动对抗工农政府的，通过"诽谤、歪曲事实"的方式制造混乱的出版物，应予查封。该法令被定位为"新秩序尚未确立前"的临时措施。尽管这一文件中并没有使用"书刊检查"（цензура）字眼，但是实际上要求实行政治审查制度。该法令的出台在各政治派别出版物中引发抗议风暴。

以作家为主的知识分子在1917年11月26日出版的一日报《抗议》上，表达了对布尔什维克政府及其举措的否定态度。

表2.6 十月革命后调控刊物系统的文件

年份	文件	主要内容
1917	《关于出版》法令	在局势尚未正常化前，对"各种反革命刊物"采取临时措施——关停一系列"资产阶级报纸"。
1917	《关于对广告实行国家垄断》法令	广告仅能刊登在苏维埃政府或地方委员会的出版物上。
1918	《关于出版革命法庭》法令	成立报刊法庭，可处以罚款，暂停或关停出版物，逮捕"利用报刊犯罪或做出违规行为"的罪犯。
1918	《关于战时书刊检查》章程	对所有刊物、图画、照片、电影、信件以及电报采取印前和印后书刊检查相结合的方式，禁止刊发军事相关信息。
1922	《图书与出版事务管理总局章程》	对出版物进行所有形式的书刊检查。

资料来源：Русская журналистика в документах. История надзора // Сборник документов / Сост. О. Д. Минаева. М., 2003.

由于俄国报刊对十月革命持消极态度，布尔什维克政府宣布查封《俄语》《俄罗斯意志》《新时代》《言论》《戈比》等十大资产阶级报刊，以及其他无党派、立宪民主党的出版物。

《关于对广告实行国家垄断》法令禁止私营出版物印刷广告，宣布广告由国家垄断。事实上，随着大型企业、银行等的国有化，广告市场很快就消失了。该法令的实施还导致非国有刊物的融资渠道关闭。国内战争期间关闭部分非政治性的私营出版物（妇女类、儿童类、科学类、娱乐类等）主要是出于经济考量，而非政治因素。由于城市饥荒、国家分为红白两派，这一时期非布尔什维克刊物失去很大一部分长期读者。

《关于出版革命法庭》法令确立了一党制刊物系统。报刊法庭要求惩治"利用报刊"对人民的犯罪或违规行为。法庭有权处以罚款、搜查、逮捕以及停办出版物。1918年3月《布列斯特条约》的签订引发非布尔什维克报刊的负面评价，因此导致新的停刊潮。一部分非布尔什维克报刊被当局取缔，一部分自己关停。

国内战争结束后，报刊潜在受众的社会构成发生了变化：受教育程度最高的社会精英被清除或驱逐。1922年，最后一批布尔什维克意识形态反对者被"哲学船"和火车带往国外。

苏维埃政党报刊的受众是工人和农民，他们大多不识字或识字程度不高。正是这一主要特点，既给布尔什维克带来了困难，同时又减轻了他们传播共产主义意识形态的任务。

1917—1919年确立了一党制政权和一党制新闻业。但苏联报刊业并非从零开始，始于十月革命前俄国社会民主工党（布）①的刊物，主要是地下出版物。苏维埃政党刊物不仅与布尔什维克党的历史密切相关，而且其本身也是这段历史的一部分。地下出版物的创办经验及其承担的任务影响了苏维埃政党报刊的风格，也明确了其职能：集体组织者、宣传者和鼓动者②。除这些职能外，报纸还承担着培养共产

---

① 俄国社会民主工党于1898年成立；1912年将少数孟什维克驱逐出党后，布尔什维克成为独立的无产阶级政党，称社会民主工党（布）；1918年改称俄国共产党（布尔什维克），简称俄共（布）；1925年改称全联盟共产党（布尔什维克），简称联共（布）；1952年改称为苏联共产党，简称苏共。——译者注

② *Ленин В. И.* С чего начать? // Ленин В. И. Полн. собр. соч. Т. 5. С. 11.

主义新人的重要职能。

尽管国内战争时期困难重重，但布尔什维克开始建立自己的大众传媒体系。在彼得格勒电讯社基础上，新成立了俄罗斯电讯社（简称罗斯塔社，即后来的塔斯社）。它不仅是一家电报社，更是一家大型出版社：不仅发布信息报道，还出版日报、快讯、墙报（单面印刷）——《罗斯塔宣传》或《罗斯塔文学宣传》、海报《罗斯塔之窗》、给地方刊物的《指导页》，后来在此基础上创办了《红色记者》杂志。在国内战争期间，罗斯塔社为宣传轮船和列车提供宣传资料，用于宣传鼓动不识字的居民。

这一时期最重要的事件是语音广播的出现。1921年8月在莫斯科播出了第一个广播节目。

从21：00至23：00，人们围在广场上的扩音器旁，听播音员读市报上的消息。播音员起初由邮电人民委员会的职工担任，后来由莫斯科各剧院的演员负责。

从扬声器中能传出人类说话的声音，令当时收听第一批节目的人们十分兴奋。在20世纪20年代初的文件（包括列宁的书信）中都把通过无线电传输话语的过程称为无线电话技术，以区别于电报通讯传输。后来，它被称为无线电广播。在刊物中，广播也被称为扩音电话。经过一段时间发展，这项技术进入了日常生活。"电报"和"电话"这两个词开始具有了现代意义——即作为普遍的通讯媒介。而无线电广播被认为是言语、音乐和各种声音的传播。

列宁立刻对无线电话技术的前景进行了评估，称其为"不要纸张、没有距离的报纸"，并且"整个俄罗斯都能听到在莫斯科朗读的报纸"①。因此，最早的广播节目又被称为口播报或广播报。其实，这就是一种通过广播朗读的报纸。起初，邮电人民委员会（部）并未专门设立记者岗位，广播朗读的都是报纸刊载内容和罗斯塔社的报道。

自1921年起，随着《罗斯塔口播报》的播送，莫斯科开启了语音广播事业。1924—1926年间，这一节目被《罗斯塔广播报》取代。为创办该报，专门配置了记者团队，要求能够创作简短、生动、有趣的内容。在纸质报纸中摘录的简讯基础上添加一些广播报所特有的素材。起初节目每周播出四次，然后改为每天两次。广播报朗读工作由演员担任，男女皆有。节目中还逐渐添加了音乐、歌曲和民谣等内容。

1921—1932年间，所有的定期广播节目都被称为广播报，共有约300种，含各语种节目。

广播的出现激发了人们的强烈兴趣，1922—1940年间共问世40余种有关无线电广播和无线电技术的专业出版物，涌现出大量无线电爱好者小组。

意识到这种新的大众传播媒介和宣传工具的潜力并不是一蹴而就的。需要花更多时间来掌握广播的一些特殊功能（尤其是与纸质报刊相比）。列宁凭借其快速反应能力预见到广播在向文化水平低和不识字受众宣传布尔什维克思想方面存在巨大潜力。各类估算数据显示，1917年俄国居民的文盲率达85%—90%。此外，远距离也是一大问题。印刷类大众传媒及时送到消费者手中总是很困难。因此，当时十分重视国内无线电技术的发展。

苏维埃国家投入了大量资金发展无线电广播。为管理言语广播事

---

① Ленин В. И. Письмо Н. П. Горбунову //Ленин В. И. Полн. собр. соч. Т. 52. С. 54.

业，1924年成立了全民广播股份公司（后更名为无线电广播）。其股东均为国家机构——邮电人民委员会（部）、生产所有无线电设备的弱电流托拉斯、俄罗斯电讯社（自1925年起更名为塔斯社）。

在短时间内，这家股份制公司就完成了从个别广播节目到按固定时间表播出的过渡。全国范围内建起数十家广播电台，其广播节目也走向差异化：服务于不同受众群体（新闻、为儿童准备的"十月儿童广播"和"少先队员广播"、《农民广播报》、《工人广播报》）。

经过几次改革后，于1933年成立了全苏无线电化与无线电广播委员会。该机构既负责管理无线电网络技术的发展，也负责广播节目的制作。

1918—1920年间，国内战争和经济崩溃未给布尔什维克提供发展报刊的资源。革命前可借鉴的经验不多，也不适用于大众普及刊物（非地下出版物）。十月革命前报刊所达到的高质量水准在1917年后急剧下降。布尔什维克政府不想使用十月革命前刊物的记者，因为他们更看重信仰而非专业素养。这导致苏联时期的报纸缺乏趣味性，充斥着难懂词汇，且以官僚和党政语言为主。1921年国立新闻学院成立，为刊物输送党政人才，以解当务之急。

1922年1月，伴随着向新经济政策的过渡，通过了《关于将所有期刊出版机构转变为经济核算制》的法令，引发了一场十分严重的刊物危机。读者不愿购买布尔什维克出版物，而广告市场不大，不足以为报刊提供稳定收入。私营出版社的出现加剧了这一危机，尽管它们并不出版政治类读物。1922年俄共（布）第11次代表大会决议指出，摆脱危机的办法是给予刊物一定扶持（通过资金支持，或采取发放债券的方式，部分归还国家拨款），并要求所有共产党员必须订阅党刊。

后来，农民也必须按照每十户一份的标准订阅党刊。这种强制受众摊派订阅报刊的做法，在新闻史上从未有过。

20世纪20年代初，苏维埃政党大众传媒体系逐渐形成，其目标是建设社会主义社会、培育共产主义新人。该系统是一个与当局权力机关结构相对应的垂直体系。

十月革命以前俄国社会民主工党（布）主要有两类出版物："指导类"主要面向职业革命家和坚定的马克思主义者；"大众类"则面向未经训练的广大读者。1917年后，布尔什维克恢复出版了上述两大类出版物。

《鼓动与宣传报》《布尔什维克》《女共产党员》《红色刊物》等都是典型的"指导类"出版物，主要发挥组织职能，其目标受众是共产党员和共青团员工作者、鼓动者。随着中央和地方行政部门的组建，这类出版物也逐渐失去意义。20世纪30年代初类似出版物被关停或重新定位为解决党员"政治启蒙"问题。

"大众类"出版物包括所有面向广大读者的报纸和杂志。《真理报》作为党中央委员会机构，按惯例被归为大众类期刊。但准确地说，《真理报》的首要任务是为全联盟共产党（布尔什维克）报道一切有关党的活动消息、当前方针及决策。不过随着时间推移，越来越多的无党派人士阅读该报，希望了解布尔什维克的政策。总而言之，苏维埃政党大众传媒体系的任务是最大程度地影响人民，传播共产主义思想和新价值观。应针对不同年龄段的职业和其他群体受众创办中央级和区域性政治类和专业类出版物。

1920年，俄共（布）中央委员会架构内新增了鼓动宣传部，负责组织和领导党的所有口头与印刷类鼓动宣传工作。20世纪20年代初经常使用"宣传鼓动"（агитпропаганда）这一术语。此外，对刊物的管理也列入该部职责范围。这一时期，由于民众识字率低，视觉宣传（海报、传单、演出）和口头宣传（讲演者和宣传员）也发展起来。

苏联时期的大众传媒之所以被冠以苏维埃政党之名，是因为其是由党政机关和苏维埃权力机关（即苏维埃）创办、资助以及领导的。在该系统中，由最高党政机关或苏维埃权力机关出版并在全国范围内发行的中央级出版物占据最高地位。系统中每一层级都对应不同目标受众，面临特定任务。

除政党和苏维埃出版物外，还出版团员报、少先队员报、行业报（由各部委出版）等。若深究一下这些报纸和杂志的出版者，则不难发现它们背后的资金来源。尽管自20世纪30年代起，最终所有大众传媒实际上均由国家财政资助。

苏维埃政党刊物还可按主题分类：社会政治类、军事类、文学类、讽刺类、妇女类、儿童类、科普类等。

苏维埃政党大众传媒体系的特点在于党直接管理期刊出版物的一整套办法，其中包括：

• 共产党代表大会、全会以及会议决议（《苏联共产党关于大众传媒》汇编）；

• 党政机关对大众传媒的直接指示；

• 出版一般问题、具体专题方向的"指导类"党政出版物；

• 报纸和杂志的主编、主要记者须为苏联共产党党员，隶属各级党组织（中央委员会、共和国中央委员会、地区或区委员会等），参加代表大会和全会；

• 记者须为苏联共产党党员,编辑部须设有党支部,遵守党的纪律,承担共产党员特殊责任等。

除由布尔什维克党直接领导、享受国家财政拨款外,苏联时期大众传媒体系在运行中还具有下列特点:

• "铁幕"的存在,导致苏联被隔离于世界信息空间之外;

• 国家书刊检查机关的存在——图书与出版事务管理总局于1922年6月成立,直至1991年苏联解体。该局对所有期刊出版物、图书、剧本等进行印前和印后检查,还管控图书馆、书刊引进,在实施新经济政策的年代负责向私营出版社发放许可证。

图书与出版事务管理总局是大众传媒内容监管系统中最引人注目的筛查机构。应当注意,主编也会被审查,若记者担心超出许可范围,还会进行自我审查(或对作者的审查)。

苏联官方否认书刊检查制度的存在。实际上,除《图书与出版事务管理总局章程》外,没有其他公开文件可供查阅,且在上述文件中仅概述了禁载范围。1926年图书与出版事务管理总局的一则通告中指出"苏联不存在书刊检查"。因此,使用"书刊检查员"(цензор)和"书刊检查"(цензура)这样过时的术语有失严谨,因为图书与出版事务管理总局下设的地方机构"不是书刊检查机关,而只是监管机关"。

到1940年,苏联已出版1.05万余种期刊出版物(其中报纸8800种),并且其印数不断增加。各共和国共出版约2500种出版物。战前,苏联广播每昼夜平均播音时长达64小时。播音语言既包括俄语和苏联各民族语言,又包括英语、德语、法语以及西班牙语。

伟大卫国战争期间,考虑到军队需求,苏维埃政党大众传媒体系重新进行了调整。1941年6月24日，苏联情报局成立，其任务是为苏联报刊编写战报、外国刊物选编。为全力发展军事刊物，许多民用出版物被关停。39家中央级报纸仅剩18家，剩下的出版物印数和市场总额都有所下降。1942年，报纸由战前的8806种缩减至4561种，单期印数从3840万份降至1800万份。许多记者被征召入伍，为军事刊物工作。

广播在战争期间发挥了特殊作用，它替代了日益缩减的刊物。广播有专门为游击队员服务的，而对被占领土地上的居民则使用俄语、乌克兰语以及白俄罗斯语进行广播。外语广播量加大，语种高达28—30种。

伟大卫国战争结束后，随着大众传媒体系的重组，其结构也发生了质的变化。1951年，莫斯科开始每日电视播放。尽管很多苏联人很愿意阅读纸质报刊，但是毋庸置疑的是电视改变了大众传媒体系。在整个战后时期，大众传媒体系中各类媒介都呈现数量上的增长：出版物种数、印数上涨，广播和电视播放量增加。

20世纪50—70年代，苏联大众传媒体系发展壮大起来。50年代末至60年代初，报纸数量有所增加，跨区报纸和集体农庄、国营农场报纸涌现是原因之一。不过它们存在的时间并不长，很快就被改为地区性报纸。中央级报纸印数稳步增长。杂志出版种数不断变化，有时甚至会减少，但其印数与图书出版印数一样在稳步增加。此外，广播和电视受众不断增加，引起印刷类大众传媒量化指标的变化。晶体管无线电接收机的普及度也影响了无线电广播受众群体的覆盖面。1964年，昼夜播出的音乐资讯广播节目"灯塔"诞生，是第三个全苏广播节目。与此同时，电视广播业也在不断发展，至20世纪60年代苏联已拥有两个全苏电视频道。

表2.7列举了整个苏联时期报纸和杂志出版相关数据。

表2.7　1918—1969年苏联报纸和杂志较1913年、1989年
出版种数和印数情况

年份	出版种数	报纸		杂志	
		出版种数	单期印数（百万册）	出版种数	单期印数（百万册）
1913	2190	859	2.7	1331	-
1918	1637	884	2.7	753	-
1923	2498	889	2.7	1609	67.5
1925	2869	1120	8.1	1749	156.1
1928	3271	1197	9.4	2074	303.1
1932	10080	7536	35.5	2144	317.6
1934	12510	10668	34.7	1862	173.4
1940	10628	8806	38.4	1882	245.4
1945	7112	6455	23.2	657	72.8
1953	9368	7754	44.2	1614	257
1964	10428	6595	87.1	3833	1217.70
1969	14577	9024	134.8	5553	2569.80
1989	10429	8800	230	1629	222000.00

资料来源：作者编制

到20世纪80年代中期，苏联大众传媒体系达成的指标相当可观。期刊出版物出版种数超过1.35万种。其中，报纸8500余种，单期印数达1.8亿份，如《真理报》印数超过1000万份，《消息报》超

过 800 万份；杂志 5000 余种，年印数 35 亿册，如《健康》印数超过 1650 万册，《女工》1600 万册，《农妇》1450 万册。

报刊以苏联各民族 55 种语言和 9 种外语出版。

广播覆盖 95% 的国土，共有 5 个全苏频道，2 个面向国外听众播出的频道。电台广播以苏联各民族 72 种语言、70 种外语播送。

共有 4 个全苏电视频道。15 个加盟共和国都设有自己的电视演播室。全国 85% 的居民收看电视节目。

戈尔巴乔夫改革时期，受众对印刷类大众传媒的兴趣大大增加，其印数也相应增加。《论据与事实》创下 3300 多万份的印数最高纪录。

20 世纪 90 年代初，俄罗斯大众传媒体系开始了艰难而痛苦的转型过程。如今苏维埃政党出版物已经消失了 30 年，但关于苏联往事、苏联时期成长起来的人们的特点和品质仍然是俄罗斯大众传媒史上具有现实意义的题材[①]。在转型过程中起决定性作用的正是出版物。当代大众传媒的受众中很大一部分是在苏联出版物熏陶下成长起来的。当今俄罗斯社会脱胎于苏联，其很多问题的根源也来自苏联。

思考题

1. 彼得大帝在创办俄国第一份报纸时遇到了哪些困难？
2. 18 世纪对期刊出版物的监管方式有哪些？

[①] *Кудрявцева Е*. Человек неменяемый // Огонек. 2011. 17 января. № 1–2. С. 16–20; Нам трудно расстаться с советским прошлым // Psychologies. 2010. № 55. С. 100–104; *Прохорова И*. Тоталитарное сознание и миссия интеллектуала // The New Times. 2013. 27 мая. № 18. С. 8–11; Свобода — это то, что мы не умеем // Огонек. 2013. 2 сентября. № 34. С. 23–25 и др.

3.19 世纪上半叶出现了哪些类型的杂志？

4.19 世纪上半叶《基于书刊检查条例》禁止或允许哪些话题？

5. 俄国报纸的发展始于哪个世纪，因何得以发展？

6.19 世纪下半叶，国家对期刊采取了哪些调控措施？

7. 苏维埃执政初期，出台了哪些文件来调控刊物状况？

8. 语音广播何时在俄罗斯出现的？

9. 指出 20 世纪 20—30 年代形成的苏维埃政党大众传媒体系的主要特点。

10. 在伟大卫国战争期间，苏维埃政党大众传媒体系发生了怎样的变化？

推荐阅读

Есин Б. И. История русской журналистики (1703–1917). М.: Флинта, 2000.

Жирков Г. В. Эпоха Петра Великого: основание русской журналистики. СПб., 2003.

История русской журналистики XVIII-XIX веков: Учебник / Д. А. Бадалян, Л. П. Громова, Г. В. Жирков и др. СПб., 2013.

История русской периодической печати (1703–2003). Библиографический справочник: В 2 т. / Сост. А. А. Грабельников, О. Д. Минаева. М., 2004.

Кузнецов И. В. История отечественной журналистики (1917–2000): Учебный комплект. М., 2002.

Овсепян Р. П. История новейшей отечественной журналистики (февраль 1917–1990 гг.). М., 2005.

Русская журналистика в документах. История надзора // Сборник документов / Сост. О. Д. Минаева. М., 2003.

第三章　大众传媒的法律监管与道德规范

大众传媒领域的法律法规基础：主要阶段

随着"改革""公开性"进程的推进，1990年6月12日《出版与其他大众传媒法》颁布，自此大众传媒进入法律监管时代。该法宣告出版自由，取消书刊检查，从根本上改变了大众传媒的创办条件。除国家机关、政党、社会组织外，劳动集体乃至任何年满18岁的苏联公民都有权创办大众传媒。登记注册后，大众传媒编辑部即获得法人地位，按自定章程运营，独立管理财产、支配收入。

值得注意的是，该法颁布之日适逢俄罗斯苏维埃联邦社会主义共和国发表《国家主权宣言》。一年半后，1991年12月27日，即苏联解体后的第二天，俄罗斯联邦最高苏维埃颁布了《大众传媒法》，至今仍有效。上述两部法律文件的起草者均为巴图林、费多托夫、恩丁三人。后来，费多托夫在讲述法律出台过程时指出两者区别："苏联《出版与其他大众传媒法》既带有民主浪漫主义色彩，又有对原有制度的无奈妥协；而俄罗斯联邦《大众传媒法》对探寻法律对大众传媒组织与活动最优监管模式的尝试，几乎没有遭遇任何政治上的反对。"[1]

---

[1] *Федотов М. А.* Правовые основы журналистики. М., 2002. С. 35.

2004年以前，俄罗斯的部分联邦主体实行大众传媒区域立法机制。2004年对《大众传媒法》第五条进行修订后，俄罗斯联邦大众传媒领域立法"由《大众传媒法》及其相关规范性法律文件构成"。为避免相互矛盾，立法机关就必须以现行《大众传媒法》（时常修订，截至目前累计修订约50次）的概念和规范为基准。尽管该法不断被修订，但是其宗旨始终在于保护舆论自由（即信息的自由搜集、获取、生产与传播；大众传媒的创建与所有），取消书刊检查，阐明记者的权利与义务、妨碍舆论自由所应承担的责任。

立法机关一边承认"言论自由是基本权利，信息是公共利益"，另一边则推出限制措施和禁令以遏制诽谤、滥用舆论自由、散播仇恨言论、煽动不满情绪等。这在下列法律中均有所体现：《俄罗斯联邦民法典》（1994年）、《俄罗斯联邦刑法典》（1996年）、《俄罗斯联邦行政违法法典》（2001年）、《反极端主义活动法》（2002年）、《通讯法》（2003年）、《广告法》（2006年）、《个人数据法》（2006年）、《信息、信息技术与信息保护法》（2006年）、《反恐怖主义法》（2006年）、《关于保障获取国家机关和地方自治机关活动信息的法律》（2009年）、《损害儿童健康和发育相关信息防护法》（2010年）等。上述法律不断补充完善，立法机关力图平衡个人、社会与国家之间的利益：加大对宣扬毒品、诱导自杀、传播虚假公共信息等行为的处罚力度。

联邦通讯、信息技术与大众传媒监管局隶属俄罗斯联邦数字发展、通讯与大众传媒部，负责大众传媒领域的监管。尽管受经济、伦理及其他机构影响，但国家加大对大众传媒领域监管的趋势在俄罗斯仍占主导地位。例证就是联邦通讯、信息技术与大众传媒监管局在2008

年成立之时履行的职能仅有35项,而现在约有150项。

另一个立法趋势是部分行为法律责任的免除(《俄罗斯联邦刑法典》中"煽动仇恨或敌意,以及侮辱人格尊严"条款),免除剽窃行为的刑事责任,以监管过度为由废止2014年通过的《博客法》。

目前,在俄罗斯注册的大众传媒近8万家,这可以说是舆论自由的表现之一。立法变化(这里指的不仅是强化限制,而且还包括减轻处罚)往往是立法机关对信息传播过程中参与者的媒体行为所作出的反应。本章不仅探讨大众媒体的法律调控问题,而且也涉及大众传媒的道德规范问题。如果新闻界能够加强自我规范,遵循基于法律的编辑标准,将有助于减轻法律的过度监管。

大众传媒立法:渊源、限制政策

法律渊源是规范性法律文件,由被授权的国家机构依据章程出台,包含法规。按惯例,法律渊源分为国内和国际两大类。在国内法中,《俄罗斯联邦宪法》至上。在大众传媒领域,法律渊源主要是俄罗斯联邦《大众传媒法》(1991年)。如该法第五条所述,"俄罗斯联邦缔结的国际条约中关于大众传媒组织和活动的规则不同于本法,则适用国际条约规则"。这一条来源于《俄罗斯联邦宪法》第十五条。俄罗斯联邦出台的法律不得同《俄罗斯联邦宪法》相抵触。

国内渊源。《俄罗斯联邦宪法》中公民的权利和自由体现在第二十三条("公民都有私生活、个人和家庭秘密不受侵犯、维护其荣誉和良好声誉的权利。")、第二十四条("未经本人同意不得搜集、保存、利用和扩散有关其私生活材料。")、第四十四条("保障每个人的文学、艺术、科学、技术和其他类别的创作、教授自由。知识产权受法律保护。"）等条款。其中一项权利是自由表达自己的思想、利用合法方式搜集、获取和传播信息。这体现在《俄罗斯联邦宪法》第二十九条中，并且在调整舆论领域关系的法律中得到进一步发展。第二十九条包含下列五款。

第一款："保障公民的思想和言论自由。"

言论是表达思想的方式之一。法治国家应保证在大众传媒上能够自由进行政治及其他讨论、批评以及发言。

第二款："禁止煽动社会、种族、民族或宗教仇恨与敌对的宣传或鼓动，禁止与社会、种族、民族、宗教或语言优越相关的宣传。"

个人自由不能以侵犯他人自由为前提；自由不可能是绝对的，不受任何限制。仇恨言论不仅在道德和伦理层面不可接受，在法律层面上也不被允许，法律禁止任何挑起歧视和暴力的行为。任何挑起侵略的、仇视人类的言论本质上都是极端主义思想作祟，类似行为与言论自由无关，应予禁止。

第三款："不得强迫他人表达或否认自己的意见和信仰。"

自我表达的自由权利指能够自愿表达意愿。若一个人不认为自己有罪，那就不能强迫他认罪。

第四款："公民有以合法方式搜集、获取、转达、生产和传播信息的权利。国家机密由联邦法律规定。"

上述自由只有在个体能够获取、传播信息时才具有现实意义。但这一权利也不是绝对的，因为这里所指的信息必须通过合法方式获取和传播。

第五款："保障舆论自由，禁止新闻检查。"

第三章　大众传媒的法律监管与道德规范

国家保障舆论自由，保证能够自由获取和使用可供不受限制人员群体使用的纸质、音频、视听以及其他种类的消息和材料（《大众传媒法》第二条）。这一目标在没有专门监管和事先审查下才能实现。因此，宪法规定"禁止新闻检查"。新闻检查是指"领导人、国家机关、组织、机构或社会团体要求大众传媒编辑部就播发的信息和材料与之事先协商（领导人本人是作者或受访人的情况除外），以及禁止传播全部或部分信息和材料（《大众传媒法》第三条）"。由此可见，大众信息可自由生产和传播，无需事先许可。

大众传媒活动在下列联邦法律中也有规范：《信息、信息技术与信息保护法》（2006年）、《个人数据法》（2006年）、《关于保障获取国家机关和地方自治机关活动信息的法律》（2009年）等，俄联邦总统令、政府决议以及部门规范性法律文件。

国际渊源。主要的国际渊源有：《世界人权宣言》（1948年）是世界上传播范围最广的文件，被译成501种语言，得到联合国全部193个会员国支持；《公民权利和政治权利国际公约》（1966年通过，1976年生效），《保护人权与基本自由公约》（1953年生效，1998年批准俄罗斯加入）等。上述文件规定了思想、信仰、信念以及舆论自由，人人享有自由表达意见的权利。为保护人权和自由，1953年成立了欧洲人权法院（斯特拉斯堡法院），自1998年起其司法管辖范围涵盖俄罗斯联邦。

上述文件同时也指出，任何自由都不能成为散布仇恨、煽动暴力的理由，即并非任何信息都可以自由生产和传播。俄联邦最高法院全体会议2010年6月15日第16号决议《关于俄罗斯联邦法律〈大众传媒法〉的司法解释》指出："……一方面，必须平衡《俄罗斯联邦宪法》第二十九条中保障的权利、自由，另一方面，必须平衡公民其他权利、自由与《俄罗斯联邦宪法》所捍卫的价值观之间的关系。《大众传媒法》第四条禁止滥用舆论自由：利用大众媒体实施可导致刑事处罚行为（诽谤、威胁、煽动等）；泄露国家机密或其他受法律特别保护的秘密（商业、医疗、个人数据等）；为恐怖主义和极端主义辩护；宣扬暴力，鼓吹残忍；有伤风化的谩骂；传播有关制造、使用毒品的方法以及购买毒品的地点等信息；公布有关自制爆炸物的信息等。尤其注重保护未成年人的权利：禁止传播可识别出未成年受害人身份的有关信息。未经未成年人或其法定代理人同意，禁止披露犯罪或涉嫌犯罪的未成年人有关个人信息。此外，联邦法律《损害儿童健康和发育相关信息防护法》专门保护未成年人权利。联邦通讯、信息技术与大众传媒监管局负责监督大众媒体领域守法情况。

大众传媒活动的组织

大众传媒须先成立和完成注册，方可开始运作。国家机关、组织、公民团体或公民个人均可作为创办人。下列人员不得创办大众传媒：未成年人、法院认定的无行为能力人、在监狱服刑的人、有利用大众传媒或信息通讯网络（包括互联网）犯罪记录的人、有实施极端主义活动犯罪记录的人、其他国家的公民或未在俄罗斯联邦长期居住的无国籍人士。联邦通讯、信息技术与大众传媒监管局根据提交的申请受理大众传媒登记注册，申请中应包含创办人、大众传媒名称、定期发行方式、大致主题以及资金来源等信息（《大众媒体法》第十条）。网站可根据自愿原则注册为大众传媒。

注册后，创办人可在一年内开始出版。如果超过期限，则认定为大众传媒注册失效：因为违反了出版周期，即定期出版物每年应至少出版1次。

大众传媒编辑部活动所依据的主要文件是章程。它规定了创办人、编辑部和主编的相互权利和义务；记者团队的职权；主编任命或选拔程序；大众传媒终止或暂停活动的理由和程序，等等。若编辑部成员少于10人，则可用与创办人的协议来替代章程。章程应在记者（正式职工）全体大会上通过，出席会议人数不得少于全体职工的2/3。职工出席会议半数以上投赞成票，章程即视为通过。章程必须在大众传媒问世后3个月内送达有关注册登记机关。编辑部在职业独立的原则下从事大众传媒生产和出版。

大众传媒活动的终止或暂停只能由其创办人决定或注册登记机关提起的行政诉讼判决决定。这是会对舆论自由产生负面影响的例外措施。如果违法行为可处以罚款，则应驳回有关暂停或终止大众传媒活动的判决；处罚不应过度。《大众传媒法》和联邦法律《反极端主义活动法》对终止大众传媒活动给出了不同理由。《大众传媒法》规定，对于违反本法的行为，首先由联邦通讯、信息技术与大众传媒监管局向创办人或编辑部发出书面警告，若一年内发出两次上述警告，则应向法院提起诉讼。《反极端主义活动法》则规定，针对新的违法事实，不再发出二次警告；若受到一次警告后未向法院提起诉讼，或警告未被法院认定为非法，且在警告规定的时限内未消除违法行为，则大众传媒活动应予终止。若出版物违反《俄罗斯联邦选举和全民公投法》，则会被暂停出版。编辑部有权就作出的警告向法庭提出上诉。

从事电视、广播必须获得专门许可。许可证只能由法人申领。这一规定从"播放者"本身的定义中即可看出。根据《大众传媒法》第二条，播放者是指在拥有电视或广播许可证的基础上，按照既定程序组建电视或广播频道并进行播放的俄罗斯法人。卫星和地面广播是在特定分配的无线电频率上进行的。无线电频率使用许可证由联邦通讯、信息技术与大众传媒监管局根据国家无线电频率委员会决议颁发。一般来说，广播许可证有效期为十年，除非申领者提交申请时要求更短期限。

许可证持有者无权擅自将许可证转让他人，转让须经联邦通讯、信息技术与大众传媒监管局同意，并重新办理许可证。该局全程进行监管。一旦发现违法违规行为，即可通知许可证持有者或向法院提出诉讼，撤销其许可证。若创办人宣告终止其创办的大众传媒的活动，可撤销其许可证。

大众传媒与公民、组织的关系

获取信息的权利。宪法规定公民拥有以合法方式自由搜集、获取、转交、生产和传播信息的权利。在《大众传媒法》《信息、信息技术与信息保护法》《关于保障获取国家机关和地方自治机关活动信息的法律》等法律文件中，该权利得到发展和细化。这些法律规范旨在确保信息公开原则。公民应了解国家机关和领导所做的决议，并通过可靠信息来监督他们的活动。

《大众传媒法》（第三十八条"获得信息的权利"）规定，公民有权通过大众传媒及时获取有关国家机关、地方自治机构、组织、社会团体及其领导活动的准确信息。因此，为履行及时向公民提供准确信息这一职能，大众传媒编辑部应具有及时获取准确信息的权利，而不是一次有效的特权。

编辑部和记者有许多获取信息的途径：出席新闻发布会、行使采访权、使用统计资料等。最有效的方法之一是直接向有关部门询问信息，根据法律规定，国家机关、组织、社会团体的全权代表有义务对此作出回应。在拟定询问内容时，可参考《俄罗斯联邦宪法》第二十九条，《关于保障获取国家机关和地方自治机关活动信息的法律》第四条、第六条、第八条、第十八条以及俄罗斯联邦《大众传媒法》第三十九条、第四十七条。所询问的信息必须由机构、组织、团体的负责人、负责人副职、新闻中心工作人员或其他全权代表在其职权范围内提供。法律未规定编辑部有义务解释其所询问信息的目的。俄罗斯联邦最高法院指出，"询问信息可涉及相关机构、组织、社会团体或负责人活动的任何方面。"

编辑部所询问的信息应在收到询问 7 天内予以提供。若该信息包含受法律保护的机密，或未能在 7 天内准备好相关材料，则允许拒绝或延期提供信息。法律要求在拒绝提供信息告知函中应载明下列内容：1. 被询问信息不能与受法律保护的秘密信息分开提供的原因；2. 拒绝提供信息的负责人；3. 作出拒绝提供信息决定的日期。

在收到书面询问后 3 天内，应向编辑部代表送达关于拒绝或推迟提供信息的告知函。若编辑部有理由认为被非法拒绝或超出延期期限，可向上级机关反映或向法院起诉。编辑部和记者接收和使用信息的权利可受到限制，在某些情况下可完全拒绝向其提供涉及秘密的信息。

大众传媒上的诽谤。被传播的信息并不总是准确可靠的。类似不实信息的公布不仅侵犯公民的名誉和尊严，而且还造成精神损失，损害商业信誉。《大众传媒法》第 43 条至第 46 条（"反驳权""反驳程序""拒绝反驳的理由""答辩权")和《俄罗斯联邦民法典》第152条("保护名誉、尊严和商业信誉")均保障公民免受诽谤。

保护自己免受诽谤的方法之一是反驳大众传媒上传播的不实信息和有损名誉、尊严的信息。公民有权向法院起诉或直接向大众传媒编辑部申请反驳此类信息。任何关于公民实施不诚信、不道德、不正当行为的断言均被视为诽谤。除非具有侮辱性质,评价性见解、意见、主张不是司法保护对象。公民有权自由表达意见。针对公务员和政客的批评,其允许范围可以且应该比私人更宽泛。尽管如此,如若主观意见的表达形式带有侮辱性,损害原告的名誉、尊严或商业信誉,则被告可能承担精神损失赔偿义务,或因侮辱他人而受到行政处罚。

若所传播的消息不能证明其真实性,公民有权向法院起诉进行反驳。反驳必须采用相同的信息传播渠道,即在印刷类大众传媒上遭到诽谤后,必须在同一媒体上刊登反驳辞;若诽谤信息是通过电视节目传播的,必须在之后播出的节目中辟谣。不得要求反驳辞短于一页标准打印纸。若在提交的文本中滥用舆论自由(即包含有伤风化的谩骂、为恐怖主义辩护等)、违反已生效的法院判决或匿名,则应拒绝反驳要求。若反驳辞已在大众传媒上发布过,或被驳斥信息发布超过一年后编辑部才收到反驳要求或反驳辞,则可以拒绝反驳要求。

除反驳有损名誉、尊严、商业信誉的信息外,公民还可以就传播上述信息要求赔偿精神损失。精神损失是指侵犯个人非财产权利的行为所造成的身体或精神上的痛苦。根据法院判决,精神损失可由侵犯人进行经济赔偿。

传播虚假信息不应与诽谤和侮辱混为一谈。诽谤是一种应受刑事处罚的罪行,其本质特点是"蓄意",即故意散布虚假信息以达到诋毁他人名誉、伤害他人尊严、损害他人声誉的目的。而侮辱是指以有失体面的方式贬低他人名誉和尊严。追究诽谤有关责任的法律不应干涉言论自由。正如国际文件中指出，言论自由是民主的基石。

保护公民私生活。根据俄罗斯联邦宪法法院的定义，私生活指的是"在不违反法律的前提下，只与个人有关、只涉及个人、不受社会和国家控制的生活领域"。个人有权决定哪些个人信息为秘密：健康状况、财产情况、家庭关系等。若通过非法、违法途径获取的公民私生活信息，不得将其用于大众传媒。

同时，在某些情况下，公民无权要求不公开有关其私生活的信息。例如，犯罪行为不属于私生活范畴，大众传媒可以自由报道。每天我们都能从大众传媒上了解到一些公民尤其是名人的私生活细节。那么，这是否意味着记者破坏了他们私生活不可侵犯的权利？

第一，在充分尊重公职人员和公众人物私生活的前提下，报刊报道上述人员可能影响重大社会意义事件的行为，不属于蓄意侵犯公民隐私。

第二，因国家、社会和其他公共利益需要，传播公民私生活信息不构成侵权。

第三，若信息之前已众所周知，或由公民本人披露，则可以使用。

第四，公民本人已经同意传播有关其私人信息。法律规定公民私生活在生前和死后均受保护；其子女、父母和在世配偶均享有该权利。公民私生活包括个人数据，根据联邦法律《个人数据法》规定，个人数据指的是与自然人（个人数据的主体）有关的任何信息。该法第六条规定，记者因从事职业活动、合法的大众传媒活动、科学、文学或其他创造性活动所必须，且在不侵犯个人数据主体的合法权益前提下，可对其个人数据进行加工处理。

未经个人允许，非法收集或传播包含其个人或家庭秘密的私生活信息、在公开演讲中或大众传媒上传播此类信息，将受到刑事处罚。

侵犯公民的信函、通话、邮件、电报或其他通信隐私也属于侵犯公民的宪法权利和个人自由。编辑部收到来信的情况除外，因为这些来信包含的信息，被约定俗成地认为已征得作者同意，可合法使用。因此，只要不歪曲信件意思，编辑部就可以在其大众传媒上的消息和材料中使用信件内容。

在家庭成员不知情的情况下，披露家庭秘密（如收养秘密），也是对私生活的侵犯。法院可要求违背养父母意愿披露收养信息的人员对所造成的精神损失承担经济赔偿义务。在大众传媒上阐释私生活时不允许泄露医疗秘密，或传播用隐蔽录音设备记录的材料等。

私生活信息还包括公民肖像。《俄罗斯联邦民法典》规定，"只有在征得公民同意的情况下，才允许公布并进一步使用公民肖像（包括其照片、视频或以其为创作对象的造型艺术作品）。公民去世后，只有在征得其子女和在世配偶同意后方可使用其肖像，若上述亲属不在，则需征得其父母同意。下列情况无需征得同意：（1）因国家、社会和其他公共利益需要，使用公民肖像；（2）影像是在露天场所或公共活动（会议、大会、研讨会、音乐会、演出、体育赛事等活动）中拍摄的，影像作为主要使用对象的除外；（3）公民作为模特收取费用。"

根据俄联邦最高法院的解释，出于国家利益指的是以保护法律秩序和国家安全为目的（例如，搜寻公民，包括失踪人口、违法行为的参与者或目击者）；出于公共利益指的是公众人物（在国家机关或市政府任职，在政治、经济、艺术、体育等领域的社会生活中发挥重要作用）的照片被用于政治或社会讨论。但是，若使用公民肖像的唯一目的是为满足消费者对其私生活的兴趣，或为了盈利，则必须征得同意。社会利益指的"不是受众表达的任何兴趣，而是在发现和揭露对民主法治国家、公民社会、社会安全、周围环境的潜在威胁过程中的社会需求"。

记者的权利与义务

记者的权利。鉴于记者的职业活动首先与信息相关联，记者权利的提出旨在保障向社会提供及时可靠的信息这一主要职能的实现。《大众传媒法》第四十七条中所列举的记者权利建立在《俄罗斯联邦宪法》第二十九条的基础上，尤其是基于公民有以合法方式搜集、获取、转达、生产和传播信息的权利。

然而，鉴于公众通过大众传媒获得有关国家机构、社会组织和领导活动的信息，记者作为大众传媒的代表在获取信息方面理应比普通公民拥有更大的权利。这一点在《大众传媒法》第四十七条第一款中有所体现，即记者有权询问信息。尽管公民都有询问信息的权利，但记者以编辑部名义询问的信息量更大，提供反馈信息的期限更短。

记者还有权访问国家机关和组织、企业和机构、社会团体机构或其新闻中心，在记者询问信息时由上述组织负责人接待。上述权利不仅可以在不能确保获取所需信息的访问情况下，而且还可在访问国家机关行使采访权利的情况下行使。至于记者由负责人接待的权利，实践表明，这一权利常常很难行使，因为缺乏相应机制确保这一权利。

记者拥有文件和材料的获取途径后，伴随而来的是复制、出版、宣布以及以其他方式再现上述文件和材料的权利。然而，这一权利受《大众传媒法》第四十二条第一款的限制：在使用作品时，编辑部必须遵守著作权、出版权和其他知识产权有关法规。也就是说，相关权利人可就供编辑部使用作品的条件和性质做出特别规定。例如，作者可要求以笔名或匿名方式发表其作品。

《大众传媒法》赋予记者进行录音的权利，包括使用音频、视频技术，进行摄像、拍照，但其他法律不允许的情况除外。例如，经常报道体育赛事的记者都知道，若未提前获得采访资格，体育赛事组织者根据《俄罗斯联邦体育文化与运动法》（2007年）可能禁止其对比赛进行拍照和摄像。限制清单中还包括拍摄剥夺人身自由、正在服刑的罪犯照片。这里的限制是指在某些情况下，应事先获得相关负责人许可方能拍照。

记者有权亲临发生自然灾害、事故灾难、大规模骚乱、公民大规模集会等被保护的事发现场，或紧急状态实施区；到游行和示威现场对正在发生的事件进行报道。

记者有权在以其署名的消息和材料中发表个人见解和评价。这是受《俄罗斯联邦宪法》保障的思想和言论自由。

同时，若记者认为消息和素材的内容在编辑过程中被曲解，其有权撤销署名。记者被赋予了更为广泛的信息获取权利，以便其更好地维护公民和社会的利益。

记者的义务。记者有义务遵守与其有劳动关系的编辑部章程。同意任职于某一大众传媒就等同于其接受并认同编辑部章程中规定的业务方向、目标和任务。有些章程中不仅明确规定了记者的权利和义务，而且还规定了对其在此类大众传媒工作的限制。例如，"莫斯科回声"大众传媒编辑部章程中禁止其在职记者"未经主编许可在其他大众传媒上从事职业活动"。因此，该要求被自动纳入签订劳动合同的雇员所应承担的义务中。

记者有责任对自己所报道信息的真实性进行核查。记者有权核实从他人处获取信息的真实性，同时也应核实自己所报道信息的准确性。记者这么做不仅是为自身声誉负责，而且也是遵守法律的要求。相当一部分与保护名誉、尊严和商业信誉有关的诉讼都是由于记者不重视上述义务，且在法庭上无法证实其所传播的有关公民或组织的信息符合实际情况。

记者职责还包括对信息及其来源保密。这一要求也适用于所有道德准则中，且得到业界一致认可。

记者有义务满足信息提供者有关注明来源的要求，若援引的陈述为首次公开，还应得到授权声明。这是因为所披露的信息可能是独家的，对报道者具有特殊价值。

记者有义务在征得公民本人或其法律代表同意后（为保护社会利益所必需的情况除外）在大众传媒上传播公民私生活信息。

在从公民和有关负责人处获取信息时，记者有义务告知对方正在进行录音、录像、摄像、摄影。这里并不是指传播通过隐蔽拍摄获取的材料，而是指在获取信息时使用某些技术手段而不告知对方。若这一情况被证明属实，记者将被追究责任。

记者有义务告知主编传播其采编的报道或材料的潜在诉讼风险，其他法律规定的有关要求。否则，编辑部将有可能被强制反驳所传播的信息、为公民提供答辩权或根据所触犯法律承担相应责任（泄露个人数据和未成年人身份信息、未经允许使用公民肖像等）。

记者在开展职业活动时有义务尊重、维护公民和组织的权利、合法利益、名誉与尊严。

编辑部和记者责任的免除

新闻工作本身的性质决定了大众传媒有时可能会传播一些事后才发现与事实不符的信息。出现这种情况的原因有很多：信息来源有误、通讯社信息不准确、直播时受访者发表了不得体的言论，等等。毫无疑问，记者应核查其所传播信息的真实性，但实际情况并不总是允许这么做。例如，一位政府部门领导在官方会议上首次公布某些信息，由于时间紧迫记者无法及时核查信息的准确性和真实性。并且也没必要这样做，因为记者信任发言人。但如果之后发现，记者被发言人误导，那么这并不意味着其有意欺诈读者。在一系列情况下，法律免除编辑部、主编和记者对传播不实信息的责任。这些免责情况在《大众传媒法》第五十七条中都有规定，并且在俄联邦最高法院全体会议 2010 年 6 月 15 日第 16 号决议《关于俄罗斯联邦法律〈大众传媒法〉的司法解释》第二十三款中得到进一步阐释。

第一，信息是必须发布的消息（国家机关作为创办人发布的官方报道；要求在特定大众传媒上公布的法院判决；国家大众传媒按联邦法律《国家大众传媒报道国家权力机关活动程序》规定刊登国家权力机关和联邦主体国家权力机关的材料；国有联邦视听大众传媒有义务确保俄联邦总统、联邦委员会、国家杜马、俄联邦政府的宣言和声明等法律规定的广播电视节目完整播出；根据《政党法》《技术调节法》《关

第三章 大众传媒的法律监管与道德规范

于选举权和参加全民公投权的基本保障》和《关于保障议会党派通过国家公共广播电视频道平等发布党派活动》等联邦法律，大众传媒有义务刊发的材料；有关宣布进入紧急状态的信息等），则大众传媒责任免除。《大众传媒法》第三十五条对必须发布的消息作了详细规定。

第二，信息是从通讯社获得的，则编辑部、主编和记者无需对信息的传播负责，但必须指明信息的来源机构。遵守这一规定也必须符合著作权规范。数以百计的报纸、电视和广播电台援引通讯社的消息发布新闻，正是基于对上述新闻真实性的确信。但通讯社，尤其是地区通讯社也很难避免信息空间"造假"。在这种情况下，援引来源就能说明很多问题。即使由于某些原因在新闻中未注明援引自通讯社，但只要编辑、主编和记者能够证明其所传播的信息来自特定通讯社，则他们仍可被免除责任。

第三，如果发布的消息来自询问信息得到的答复，或来自国家机关、组织、机构、企业以及社会团体机构的新闻中心材料，可免除责任。国家权力机关和地方自治机构、国家和市政组织、机构、企业、社会团体机构的负责人或其新闻中心官方代表在接受采访时提及的消息也属对询问信息的答复。

第四，如果记者传播的信息为逐一复述人民代表在代表大会和人民代表苏维埃会议上的发言片段，社会团体代表在大会、会议、全体会议上的发言，以及国家机关、组织、社会团体负责人的正式讲话，则无需承担责任。在这种情况下，重要的是要确定发言是否具有官方性质，且负责人是否在履行职责。正式活动，通常指那些有计划的、在务实氛围中进行的、符合公开信息主题的活动。

第五，如果在直播的署名节目（并非事先录制）中出现了不实信息，可免除责任。这一规定是基于记者不能够而且也没有义务来核实嘉宾在演播室进行直播时所传达的信息。需要注意的是此规定仅针对未事先录制的直播节目。免责规定也适用于《大众传媒法》第三十五条("必须发布的消息")规定的不须编辑的材料。

第六,编辑部不对逐一复制的其他大众传媒传播的消息、材料或其片段承担责任,而这些大众传媒可能会被调查并追究责任。但该规定不适用于传播遭受非法行为侵害的未成年人的信息。此外,未经注册的出版物传播复制的信息,根据法律规定不属于大众传媒,也不适用这一规定。

大众传媒的道德规范

对大众传媒活动的道德规范(自主调节)是基于对社会、新闻界和受众的职业责任感;基于对职业道德规范的遵守;基于对道德标准作为调节器的认可。遵循法律规范的义务由国家来保障履行,即通过各种强制机制执行,而对道德准则的遵守则是基于一种责任感,基于对规则的自愿遵守,违反规则将引来同行的指责,导致个人名誉受损。尽管作用机制各不相同,但是每个机制的目的都在于保护道德价值观,界定许可范围。

如果将上述法规和各种新闻工作者职业道德准则进行比较,可以发现它们都包含相同的原则:言论自由、消息真实、正当的信息获取途径、杜绝诽谤、谴责侮辱中伤剽窃等。边沁的思想证实了这一点。他在《道义学或道德科学》中提到的:"私人伦理与立法艺术是相辅相成的。"更早之前孔子也描述过这一现象,他认为"道德和法律是社会不可或缺的两个规范"。他得出结论，畏惧法律的人只会感到恐惧，而不是羞耻，但只有羞耻才能够教化人民，而不是恐惧。① 实践表明，当行业团体无法独立监督记者在媒体领域的行为时，往往会使用法律规范。因此，新闻工作者们建立了自主调节机构，基于职业道德准则和宣言处理信息纠纷和冲突。

罗蒙诺索夫早在其作品《论述关于记者转述支持哲学自由的作品时的义务》中就阐述了俄罗斯新闻工作者道德准则，至今仍具有现实意义：新闻工作者应该具备善用经核实信息的能力；忠于职守、不抱成见；尊重他人观点；不剽窃他人思想和见解，等等。

这些规定同样存在于数以百计的国际和国家职业道德文件中，其中就包括国际新闻工作者联合会《记者行为原则宣言》（1954年国际新闻工作者联合会第二次代表大会通过，1986年修订）；俄罗斯新闻工作者协会《俄罗斯新闻工作者职业道德准则》（1994年俄罗斯新闻工作者大会通过）；《职业新闻工作者协会道德规范》（1996年）；《莫斯科新闻工作者宪章》（1994年）；《新闻工作者报道恐怖主义行径与反恐行动的职业行为道德准则》（2001年俄罗斯新闻工作者协会联邦委员会通过）等。

上述文件都规定新闻工作者应尊重真相和公众了解真相的权利；只传播确信真实的信息；对信息来源保密；将恶意歪曲事实、中伤、剽窃视为严重的职业犯罪；不采取欺诈、非法或不正当手段获取信息；纠正所犯的虚假陈述错误；抵制极端主义和因下列任何特征限制公民权利，包括性别、种族、语言、宗教、政治或其他见解、社会出身和

---

① 《论语·为证》中"道之以政，齐之以刑，民免而无耻；道之以德，齐之以礼，有耻且格。"——译者注

民族成分等；尊重其职业关注对象的名誉和尊严；避免使用可能损害身心健康的侮辱性言论；只有当以维护社会利益为目的时才进行可能会干涉公民私生活的新闻调查等。上述规范也反映了记者与读者、记者与出版物主人公、记者与同行、记者与当局、记者与消息来源等之间的关系。在解决职业问题时，记者认同向对其具有管辖权的读者和同行根据自愿原则汇报工作。

俄罗斯的自主调节机构类似于仲裁法庭，在不同时期有：俄联邦总统直属信息争议问题司法院（1994—2000），俄罗斯新闻工作者协会大陪审团（1998—2005）；目前这一独特的媒体自主调节机构为媒体投诉公会。这是一个超企业的独立组织，其成员每五年选举一次。该组织2005年由80余家大众传媒之间达成协议而成立，主要实施舆论领域自主调节；由媒体共同体和媒体受众共同体（各25人）两个部门组成。其主要目标是形成专业和廉洁的新闻工作氛围；恢复和加强对大众传媒的信任，加强保障俄罗斯新闻自由[①]。媒体投诉公会根据自然人和法人在诉讼程序以外的投诉，负责解决因违反新闻道德而产生的冲突。大多数情况下，收到的投诉与诽谤、大众传媒不愿发表反驳辞有关。俄罗斯新闻工作者协会大陪审团的管辖权得到约400家大众传媒认可，在其活跃期已裁决约50起信息争议纠纷，而媒体投诉公会则裁决超过200起相关纠纷。做出的每一项决议都在公会官方网站、社团报刊等媒体上公之于众。

公会的另一成就是其制定的《媒体伦理标准》。这是一套规范和价值导向汇编，包括八项具体原则：（1）确保公民知情权，（2）记

---

① Устав Общественной коллегии по жалобам на прессу. [Электронный ресурс]. — Режим доступа: presscouncil.ru/kollegiya/dokumenty.

者的职业和社会责任，（3）尽职报道是记者的职责，（4）记者的职业操守，（5）尊重他人私生活和尊严，（6）区分社会利益和公众好奇心，（7）尊重和保护多元文化，（8）保护言论自由权。

上述标准运用到实际中，解决职业道德冲突时，国家媒体自主调节机构希望记者和大众传媒遵守这些规范和原则，"这将大大减少产生信息争议的风险，加强大众传媒自由和民众对大众传媒的信任，也符合俄罗斯公民和社会的整体利益"。①

思考题

1. 对比国际和国内有关舆论自由立法的渊源，并说明出现同样准则的原因。

2. 编辑部章程确立的程序是怎样的？

3. 指出哪些违法行为可成为法院终止大众传媒活动的理由。

4. 在什么情况下，公民会被剥夺发表反驳辞的权利？

5. 诽谤与干涉公民私生活有何不同？

6. 列举未经公民同意可使用其肖像的情况。

7. 用自己的话给"社会利益"这一概念下定义，并举出具体事例。

8. 列举记者和编辑部可免除责任的情况。

9. 对比罗蒙诺索夫的《论述关于记者转述支持哲学自由的作品时的义务》和《媒体伦理标准》内容，指出其普遍原则，并说明其现实意义。

---

① Медиаэтический стандарт Общественной коллегии по жалобам на прессу. [Электронный ресурс]. — Режим доступа: presscouncil.ru/index.php/teoriya-i-praktika/dokumenty/4756.

10. 行业自主调节机构活动以什么为基础？

推荐阅读

Авраамов Д. С. Профессиональная этика журналиста. М.: Изд-во Моск. ун-та, 2003.

Вартанова Е. Л. К вопросу о важности теоретического осмысления профессиональной этики // Медиаальманах. 2019. № 6. С. 8–13.

Лазутина Г. В. Профессиональная этика журналиста. М.: Юрайт, 2018.

Медиаэтический стандарт Общественной коллегии по жалобам на прессу. [Электронный ресурс]. – Режим доступа:presscouncil.ru/teoriya-i-praktika/dokumenty/4756-mediaeticheskij-standart–2015.

Панкеев И. А. Правовое регулирование СМИ. М.: Аспект Пресс, 2019.

Панкеев И. А., Тимофеев А. А. Правовые основы фотожурналистики. Б. м.: Издательские решения, 2019.

Постановление Пленума Верховного суда РФ от 15 июня 2010 г. № 16 «О практике применения судами Закона Российской Федерации "О средствах массовой информации"». [Электронный ресурс]. – Режим доступа: consultant.ru/cons/cgi/online.cgi?req=doc&base=LAW&n=125973&fld=-1&dst=4294967295,0&rnd=0.7160310399252556#03308274049668156.

Рихтер А. Г. Правовые основы журналистики: Учебник. Б. м.:

Издательские решения, 2016.

Спорные тексты СМИ и судебные иски: Публикации. Документы. Экспертизы. Комментарии лингвистов / Сост. Ю. А. Бельчиков, Е. И. Галяшина, Е. С. Кара-Мурза и др. / Под ред. проф. М. В. Горбаневского. М.: Престиж, 2005.

Суходолов А. П., Рачков М. П., Бычкова А. М. Запретительная политика государства в сфере средств массовой информации: анализ законодательства и правоприменительной практики. М.: Издательский дом «Аргументы недели», 2018.

Федотов М. А. Право массовой информации в Российской Федерации. М.: Международные отношения, 2002.

Цена слова: новые грани диффамации / Г. Ю. Арапова, С. И. Кузеванова, М. А. Ледовских. Воронеж: ООО фирма «Элист», 2013.

网络资源

Информационно-правовой портал «Гарант.ру». [Электронный ресурс]. – Режим доступа: garant.ru/.

Справочная правовая система «КонсультантПлюс». [Электронный ресурс]. – Режим доступа: consultant.ru/.

Федеральная служба по надзору в сфере связи, информационных технологий и массовых коммуникаций (Роскомнадзор). [Электронный ресурс]. – Режим доступа: rkn.gov.ru/.

Гильдия лингвистов-экспертов по документационным и

информационным спорам. [Электронный ресурс]. – Режим доступа: rusexpert.ru/.

Общественная коллегия по жалобам на прессу. [Электронный ресурс]. – Режим доступа: presscouncil.ru/.

第四章　印刷类大众传媒

当代印刷类大众传媒形成的主要阶段

俄罗斯当代印刷类大众传媒体系是在一系列国内外因素综合影响下形成的。社会政治变革、地理和人口特征（幅员辽阔、人口密度低、人口老龄化趋势）、交通特征（交通基础设施特点、道路和交通欠发达等）、文化特征（人口的多民族性和多宗教信仰性、教育水平等）及其他特征业已并且将持续对印刷类定期出版物发展产生决定性影响。

俄罗斯印刷类大众传媒发展与世界性进程密不可分。全球经济因素（如2008—2009年金融危机）、技术革命（互联网和移动技术的普及、社交媒体的发展等）、文化转型（如阅读素养普遍降低、世界对传统大众传媒的兴趣下降）等进程都对其产生切实影响。

近几十年来，社会政治因素对俄罗斯印刷类大众传媒体系形成产生了重要影响。值得一提的是，上世纪俄罗斯印刷类报刊蓬勃发展——20世纪致力于成为世界上最爱阅读的国度之一。诚然，苏联时期，报刊出版被共产党和政府所垄断，报刊主要作为宣传和动员工具。当时，报刊在大众传媒体系中占据主导地位，且拥有严格的垂直组织形式：金字塔最上层是《真理报》《消息报》及其他全国性报刊，次一级是各共和国报刊，即苏联各加盟共和国党中央的出版物，下一级是各州、区、市的报刊。在这一原则基础上形成了面向不同受众群体和针对不同主题的出版物体系。值得注意的是，这一时期读者阅读积极性较高：整个 20 世纪报刊印数巨大且主要通过订阅发行，按惯例每个家庭会订阅 2—3 种报纸和杂志。例如，数据显示，1975 年《女工》杂志印数达 1300 万册，《农妇》达 650 万册，科普类杂志印数也十分可观[①]。社会政治类报纸和杂志（《消息报》《星火》）、文学类杂志（《新世界》《十月》《外国文学》）、不同目标受众的杂志（面向妇女、儿童、各类职业群体等）都广受欢迎。

20 世纪 80 年代末至 90 年代初的激进改革时期，报刊处于自由经济市场运作、新闻审查缺失的全新环境中。经济模式彻底改变：数十年来依赖国家经费支持的报纸和杂志转向自负盈亏的运作模式。印刷类大众传媒开始形成一种横向发展体系，影响其发展的首要因素则是受众对新型出版物的需求。这为报刊品种和印数的粗放式增长创造了条件——1991—2001 年间，报纸和杂志出版种数增加了数倍。这一时期，市场上涌现出一批新时期俄罗斯新闻业的标志性出版物，如《生意人报》（1989）、《绝密》（1989）、《独立报》（1990）、《俄罗斯报》（1990）、《周刊》（即后来的《政权》杂志，1992）、《居家》杂志（1993）、《新日报》（即后来的《新报》，1993）、《生意人－货币》周刊（1994）、《大都会》杂志（1994）、《专家》周刊（1995）等。印刷类大众传媒出版种数在 20 世纪 90 年代呈总体上涨态势。

自苏联时期发展而来的报纸和杂志往往彻底颠覆以往的模式，以适应新环境。对印刷类出版物的高需求量使《共青团真理报》（1990

---

① Большая советская энциклопедия. СССР. Печать. М., 1977.

年2190万份）、《论据与事实》（1990年3350万份）等刊物得以大量发行。上述刊物作为世界上发行量最大的出版物入选《吉尼斯世界纪录大全》。此外，《劳动报》《消息报》和《真理报》印数也高达数百万。然而，颇受欢迎的报刊很快遭遇危机：经济改革导致通货膨胀、居民支付能力锐减、纸张、印刷服务等价格也不断上涨。1992年，40种大众出版物中33种出现了读者流失。《劳动报》印数减少了近600万份，《共青团真理报》印数减少近500万份。①

对读者而言，以全国性报刊为首的各类出版物价格急剧上涨，在很大程度上是邮政和运输服务的垄断政策导致的。具体而言，1995年邮政服务费用在报刊订阅价格中所占比重超过38%，1993—1995年间报纸运输费用增加了268倍，由此导致报刊平均订阅价格在3年内增加了112倍②。

当然，也存在一些保障期刊出版物发展的积极因素，如报刊广告市场快速发展，取消对外国公司控制俄罗斯印刷类大众传媒的限制，国际出版物进入俄罗斯市场。上述变化促使市场对高质量刊物的需求增加，印刷业作为俄罗斯报刊业主要运营基础得到发展。同样值得注意的是，俄罗斯报刊自20世纪90年代初以来面临的技术挑战，一方面增加了行业发展的难度（就技术层面而言，不可避免地与新媒体竞争），另一方面为行业开辟了新的前景和发展方向（融合发展资源、多平台发布等）。首个拥有网站的俄语印刷类大众传媒是《教师报》，

---

① *Овсепян Р. П.* История новейшей отечественной журналистики: февраль 1917 – начало XXI в.: Учеб. пособие. 3-е изд., М.: Изд-во Моск. Уни-та, 2005. C. 251.

② *Ворошилов. В. В.* Журналистика и рынок: проблемы маркетинга и менеджмента средств массовой информации. СПб., 1997. C. 19.

其网页 ug.ru 创建于 1995 年。但 1999—2004 年才是印刷类报刊转向新兴平台的活跃期，当时传统和新兴大众传媒之间才开始出现真正的竞争。例如，1999 年《独立报》成为俄罗斯首家可在互联网上自由访问其内容的优质报纸，随后《消息报》《共青团真理报》《商业报》等相继推出网络版。2007 年，一些出版社开始组建网络编辑部。网络出版物不再简单复制纸质版，而演变成为将传统出版物专业性和新兴技术手段结合起来的独立项目。在线版《共青团真理报》kp.ru、《论据与事实》aif.ru、《俄罗斯商务咨询日报》rbcdaily.ru、《生意人报》kommersant.ru、《俄罗斯报》rg.ru 均获得积极发展。

2008 年和 2014 年世界金融危机对俄罗斯报刊极具破坏性影响，同时加剧了印刷类大众传媒业已形成的集中化趋势。为抢占新兴地理市场或新媒体平台，难以独自应对经济挑战的出版物，或是试图并入实力更为雄厚的市场参与者的控股公司，或是竭力创建其子刊系统。

2018 年，受众人数领先的俄罗斯报社包括共青团真理报社（《共青团真理报》《苏维埃体育报》等）、论据与事实出版社（《论据与事实》《论据与事实-健康》《论据与事实-居家》）、鲍尔传媒（《明星秘闻》《女性万物》《777》等）、莫斯科共青团员报社（《莫斯科共青团员报-星期日》《莫斯科共青团员报-星光大道》）、地铁出版社（《莫斯科地铁报》）、即刻-莫斯科出版社（《手递手》）等。

截至 2018 年 12 月中旬，《全俄大众传媒统一名录》中已注册印刷类定期出版物 48180 种，其中报纸 18125 种。

报纸类定期出版物的主要特点

在开发数字空间的背景下，大众传媒的主要任务仍是专业化地满足目标受众的信息需求，能够高质量筛选、处理和构建信息，并通过各种渠道将信息传达出去。尽管面临纸质报刊品牌大力推进数字化、纸质版所占份额持续下降的趋势，纸质报刊不仅仍是最重要的传统媒体平台，而且还是其他媒体平台编辑部的专业风向标。

因此，印刷类大众传媒的诸多特征仍有实际意义，在当代能够将其分门别类。上述特征包括：

• 受众特征——受众范围；受众性质（按人口特征分为性别、年龄；按社会文化特征分为教育、职业、种族、宗教；按出版物语言分为俄语、俄罗斯各民族语言、各民族流散人口语言、世界其他语言等）；

• 内容特征——主题倾向（综合类、专业类、社会政治类、商务类、体育类等）；出版物功能特性（资讯类、资讯分析类、分析类、娱乐类、科普类、广告类、实用类、教育类等）；呈现性质和内容质量（大众出版物、优质出版物、低俗报刊/黄色报刊）；

• 技术特征——多平台性（现有互联网网页、移动版、社交网络账号和即时通讯工具等）、周期、开本、印数、篇幅；纸张质量、印刷质量等；

• 地理和行政区划特征——出版地；出版物内容和发行地区（国际、全俄/联邦、区域/跨区域、地方）；行政归属（共和国/边疆区/州/市/区）；

• 经济和法律组织特征——所有制形式（国有、私有、股份制等）；付费/免费发行；投资性质（国家资金或私人/赞助资金、广告收入、出版物销售收入等）；创办者、出版商、所有者性质；法律组织形式等。

优质出版物、大众出版物和低俗/黄色出版物。优质报刊是期刊出版物体系中最重要（但并非最庞大）的类别。优质出版物面向受过教育、社会积极性高、有意愿讨论重要社会问题的受众，包括分析性报纸、社会政治类杂志，以及受教育受众群体感兴趣的专题出版物（如商务类、文化类出版物等）。在俄罗斯，优质报刊依旧在信息方面对议程的形成产生重大影响。目前，当代俄罗斯优质出版物市场已经饱和。生意人出版社旗下所有产品、《商业报》、《独立报》、《俄罗斯报》、《俄罗斯商务咨询日报》、《专家》杂志及其他一系列出版物均为优质报刊。

毫无疑问，艺术类出版物可被列为优质专题报刊，如《文化报》（1991年前为《苏联文化报》）就是探讨本国和世界文化问题的联邦级出版物。

大众出版物发行范围广泛，涵盖不同社会群体受众。例如，《共青团真理报》在俄罗斯85个地区的450座城市、大多数原苏联加盟共和国、独联体境内、西欧、美国、以色列均有发行。大众出版物还具备其他特征：综合类主题、信息娱乐化倾向、分析性材料比重下降、对受众来说语言极其简单易懂、插图和标题引人注目、插图数量众多（不低于文本量）等。大众出版物通常为小报式A3开本，十分便于在交通工具等场合阅读。

上述大众报纸模式为当代俄罗斯大部分出版物所固有，但出版物都各自具有一定特色。如《莫斯科共青团员报》结合了优质分析性报刊（追求独特性、严肃话题、新闻调查等）和大众报刊（丑闻话题、轰动性消息、诱导式标题等）的本质特征。

被称作黄色或低俗报刊的那部分大众出版物，内容和装帧质量低劣。低俗出版物在 20 世纪 90 年代就印数极大。1993 年，共青团真理报社旗下《快报》正式宣称为"俄罗斯首家小报"。该报往往刊登未经证实的新闻和轰动性消息，体现出小报的特有理念。1992 年，《对话者》周报（自 1984 年起出版）转型为低俗小报，是苏联首份彩色报纸，因"与读者亲切对话"的风格，在 20 世纪 80 年代颇受欢迎。近年来，《对话者》试图摆脱低俗小报的烙印，恢复以往作为社会政治类出版物的声望。为强调上述意图的严肃性，对话者出版社确实出版了一份《黄色报纸》（现以《黄色报纸－点燃》一名刊行），刊登电影明星生活、政治、文化与体育资讯、犯罪话题以及私密主题等。目前，该报主要在各地区发行。

大众兴趣类出版物：日报。大众兴趣类出版物依旧是日报类期刊体系中最重要的类别——面向所有人，涉及所有事。该类报纸可被认定为无特定主题（如《共青团真理报》）或有社会政治倾向（如《莫斯科共青团员报》《消息报》《俄罗斯报》）的混合型出版物。

《地铁报》是平均每期受众人数处于领先地位的日报，其主要特点是在两座大型城市出版，免费发行（最主要在地铁站），且仅凭广告盈利。《地铁报》（日报）是国际免费报纸《国际地铁报》的俄罗斯版，据《吉尼斯世界纪录大全》记载为世界上发行量最大的报纸。该报在 23 个国家的 120 座城市出版，每日受众超过 1500 万人。在俄罗斯，《地铁报》首先于 2005 年在圣彼得堡出版，随后于 2009 年在莫斯科出版。该报在莫斯科的发行被认为是《国际地铁报》历史上最成功的实践之一。《莫斯科地铁报》在设计方面与《国际地铁报》一致，其内容也按照统一原则编写。《莫斯科地铁报》印数达 30 万份，据Mediascope统计，每期报纸约有100万首都居民阅读，据该报统计，其网站每日独立访客达290万人。该报还在各主要社交网络和即时通讯工具上运营账号。

受众人数领先的其他出版物具有全俄/联邦级地位，并在俄罗斯全境或大部分地区发行，如国家官方出版物《俄罗斯报》，一些大众兴趣类商业报纸（《莫斯科共青团员报》《消息报》《劳动报》），两种流行体育类出版物（《苏维埃体育报》和《体育快报》）以及两种优质商务类出版物（《生意人报》和《商业报》）。（见表4.1）

鉴于《共青团真理报》未参与测算，因此统计数据不含该报。《共青团真理报》出版数据显示，该报平均每期受众人数为228.9万人，每周"周末版"平均每期受众为523.1万人。

表4.1 俄罗斯平均每期受众人数领先的日报

出版物	2017 受众人数（千人）	2017 所占比重（%）	2018 受众人数（千人）	2018 所占比重（%）
《地铁报》（日报）	1551.2	2.5	1497.8	2.5
《俄罗斯报》	687.2	1.1	737.8	1.2
《莫斯科共青团员报》	526.4	0.9	690.7	1.1
《体育快报》	318.8	0.5	446.6	0.7
《消息报》	330.3	0.5	436.5	0.7
《俄罗斯商务咨询报》	180.5	0.3	230.1	0.4
《生意人报》	207.3	0.3	197.8	0.3
《商业报》	132.4	0.2	186.8	0.3

AIR——平均每期受众人数，统计数据不含未参与测算的《共青团

真理报》。

资料来源：特恩斯市场研究公司俄罗斯分公司（简称 TNS 俄罗斯，TNS Россия）、Mediascope、全国读者调查（NRS）

社会政治类出版物（《莫斯科共青团员报》《俄罗斯报》《消息报》）在日报类期刊体系中始终占据重要地位。

俄罗斯联邦政府出版物《俄罗斯报》是位居前列的全国性社会政治类报刊之一。该报自 1990 年起出版，具有法律官方发布者地位，国家文件和法令登报后即为生效。该报由俄罗斯联邦预算拨款，在 44 座城市刊印，其刊物还附带地区插页和专题副刊。除日刊外，还出版《俄罗斯报 – 周报》。《俄罗斯报》常刊登许多独家分析性材料、专家评论等。当代《俄罗斯报》是一个大型多媒体平台，其品牌在互联网上诸如社交网络、Yandex、Zen、谷歌新闻等新闻平台上广为人知。据媒体学公司统计，该报在社交网络中链接数量排名第二，在被引用次数最多的俄罗斯报纸排行榜上居首位。《俄罗斯报》正积极开展专题项目，如 2018 年 8 月该报网站推出了"养老金问题库"项目，同年又与"文学年"门户网站共同开展"阅读屠格涅夫"项目[1]。该报聘请了具备较高职业素养的记者和评论员，其中知名人士包括奥夫钦尼科夫、斯涅吉廖夫、多尔戈波洛夫、维茹托维奇、巴辛斯基等。拉济霍夫斯基、什维德科伊、德马尔斯基、博戈莫洛夫、巴辛斯基、丹尼尔金等均为《俄罗斯报》专栏作家。

以 MK 这一简称更为人所知的《莫斯科共青团员报》，其受众人数位列第三，数十年来一直处于俄罗斯日报的领先行列。该报自 1919

---

[1] 150 余名演员、作家、电视节目主持人、音乐家、运动员朗诵屠格涅夫中篇小说《阿霞》。

年起成为莫斯科全俄列宁共产主义青年团委员会的机关报，在苏联后期因报道非正式青年运动、摇滚音乐、西方电影等而颇受欢迎。如今，该报为私营报纸，20世纪90年代中期在该报基础上创建了传媒控股公司，旗下还有其他出版物。多多列夫、季布罗夫、霍洛多夫、谢科奇欣等俄罗斯知名记者曾在该报工作。

《莫斯科共青团员报》当代作家中知名人士包括：长期以来在"致总统的信"专栏中用书信体裁撰写政论文的评论员明金，开设于1975年的著名音乐专栏"声道"的主要作者和思想启蒙者、音乐评论员加斯帕良，时政记者亚什拉夫斯基等。《莫斯科共青团员报》记者梅尔卡切娃因撰写惩戒制度问题相关材料而广为人知。现在，该报专门刊登尖锐的社会政治材料、经济评论、城市新闻以及名人新闻，还以其独特风格、诱导式标题、常引发强烈反响的独家材料而著称。该报座右铭为"即时性和真实性并非口号，而是生存法则"。其纸质版在俄罗斯59个地区和世界上13个国家发行。《莫斯科共青团员报》以其海外项目闻名，尤其是《莫斯科共青团员报－拉脱维亚》，据凯度特恩斯市场研究公司统计，2018年在拉脱维亚所有印刷类出版物中位居第一。《莫斯科共青团员报》积极开发数字化平台版本，特别是面向地区受众的版本。截至2018年，其网站已覆盖58个地区（不含11个海外的互联网编辑部），在俄罗斯互联网大众传媒中名列前茅。此外，在社交网络等平台推广的《莫斯科共青团员报》跨媒体项目也颇有成效。2018年，与Invitro公司联合开展的"按千克裁员"项目赫赫有名。该报纸质版和包括社交网络账号在内的数字版都对上述项目进行了资讯追踪。

《消息报》是最负盛名和历史悠久的社会政治类日报之一，1917

年创刊，后在1992年私有化进程中改组为《消息报》编辑部开放式股份公司。在该报历史上，斯克沃尔佐夫-斯捷潘诺夫、布哈林、阿朱别伊等众多知名人士曾任主编。苏联时期，该报因高水准的政论文章和才华横溢的作者而被争相阅读。本国新闻工作者先驱吉利亚罗夫斯基、阿格拉诺夫斯基、泰丝、帕尔霍莫夫斯基、鲍文、孔德拉绍夫以及俄罗斯新闻摄影家先驱巴尔特曼茨、阿赫洛莫夫、斯米尔诺夫、马克西米申等都曾在《消息报》任职。

与众多其他联邦级出版物一样，《消息报》多媒体信息中心为刊物、互联网、电视、音频等所有媒介制作和传播资讯内容。例如，《消息报》全天候资讯频道通过有线和卫星运营商网络、互联网门户网站IZ.ru 在俄罗斯全境播出。

值得一提的还有《共青团真理报》。该报自1925年起出版，1992年完成私有化，保留其历史名称，彻底改变理念，转型成为俄罗斯规模最大的小报之一，不再像以往那样以社会政治类话题为主，娱乐性话题开始占据上风。如今，该报将自身定位为俄罗斯主要的全国性出版物。其地区版约三分之一版面专用于刊登与本地区相关的话题。阿格拉诺夫斯基、罗斯特、佩斯科夫、戈洛瓦诺夫、谢科奇欣、鲁坚科等知名记者曾经或正在该报工作。在《共青团真理报》悠久发行史上，阿朱别伊、潘金、谢列兹尼奥夫等众多知名人士曾担任主编。该报现任主编为孙戈尔金，力图通过举办各类活动留住读者。如2018年开展的"有益的报纸"项目颇有成效——读者可从该报合作伙伴处获得独家折扣和优惠券，吸引了一批新读者。《共青团真理报》被誉为俄罗斯最先进的多平台推广出版物，除该报网站和电台外，还在所有社交网络和即时通讯工具上开设了账号。据Mediascope公司统计，

2018年《共青团真理报》电台覆盖205座城市、5800万听众，被视为发展最为迅猛的联邦级谈话资讯类广播电台。

大众兴趣类出版物：周报和月报。近年来，俄罗斯日报所占份额显著下降，而周报和月报的作用日益凸显。周报和月报类期刊数据揭示出其中的领军刊物：大众兴趣类周报《论据与事实》和《共青团真理报》（周报），填字游戏类周报《777》，流行电视指南《电视节目》及其他出版物。（见表4.2）

表4.2　2017—2018年俄罗斯平均每期受众人数领先的周报和月报

出版物	2017		2018	
	受众人数（千人）	所占比重（%）	受众人数（千人）	所占比重（%）
《论据与事实》	4561.6	7.5	4531.7	7.4
《共青团真理报》（周报）	3301.2	5.4	2892.3	4.7
《777》	2622.3	4.3	2605.7	4.3
《电视节目》	2969.2	4.9	2126.2	3.5
《我的家庭》	1239.2	2.0	1220.2	2.0
《1000个秘密》	1004.0	1.6	1029.0	1.7
《莫斯科共青团员报-地区》	1007.8	1.7	962.5	1.6
《莫斯科共青团员报》《莫斯科共青团员报+TV》	948.2	1.6	929.8	1.5
《预言家》	1179.7	1.9	929.1	1.5
《汽车观察》	856.2	1.4	730.2	1.2

资料来源：Mediascope、全国读者调查

《论据与事实》长期以来一直是俄罗斯最受欢迎的大众需求类周

报。该报自1978年起由全苏知识协会下设的知识出版社出版，作为演说家、宣传工作者、时政宣传员、宣传鼓动员的每月公报。该报自1982年以来以周报形式出版，现为综合类主题出版物，面向拥有泛泛兴趣和信息需求的广大受众。为保持自身全俄性出版物地位，《论据与事实》继续积极开发包括数字版在内的地区副刊。该报理念在于依靠固定受众，较吸引新受众，更致力于维护固定受众。《论据与事实》也是海外最受欢迎的俄罗斯出版物之一：通过订阅和零售在世界60余个国家发行。论据与事实出版社正积极开发多平台形式。其新闻中心推出的项目尤其成功，嘉宾常为部长、州长、演员、学者等知名人士。具体而言，2018年该项目电视援引率排名第一：《论据与事实》举办的会议在电视上被提及133次。

《共青团真理报》日报增刊——周五出版的多页版《共青团真理报－周末版》是俄罗斯周报中的另一绝对领先者。根据主要栏目即可判断出该娱乐资讯类周报的内容，如"共青团真理报－对话""共青团真理报－愚弄""俱乐部外套""反广告""自然之窗""高端生活"等。该周报印数远高于每期日报印数，达227万份。还应指出的是，《共青团真理报－北欧》是目前唯一在波罗的海国家和斯堪的纳维亚国家同时以纸质版和电子版发行的俄语周报，在上述地区受众达10万—13万人。

娱乐性出版物正蓬勃发展是值得关注的一个重要趋势。该类娱乐性报纸，通常售价低廉、开本不大，便于在公共交通工具上阅读，其内容轻松、便于传播，包括笑话、名人八卦、超自然事件故事、填字游戏、广告等。例如，预测类月报《预言家》印数达34.3万份，周刊《这就是故事！》达21.5万册，周报《新闻世界》达57.9万份，周刊《全明星》超过10万册。近年来，纵横字谜游戏类出版物人气高涨。其主要内容包括填字游戏、益智游戏、逻辑推理等。此外，该类刊物通常还刊载兼具娱乐性和知识性的信息，如趣味史实、格言警句、趣闻笑话、实用建议等。《777》是俄罗斯首家斯堪的纳维亚填字游戏类周报，现为俄罗斯印数最多的娱乐类出版物。

特定主题、特定受众类报纸：并非面向所有人、涉及所有事。 商务类报刊是特定主题、特定受众类出版物中最重要的部分。俄罗斯商务类出版物的蓬勃发展与20世纪90年代初社会经济转型、向市场经济过渡密切相关。仅1993年底，在俄罗斯就注册超过200种各类商务报纸、杂志和简报。20世纪90年代末，商务期刊分支体系业已形成。生意人出版社仍是最大的商务报刊出版商：自1992年开始出版《生意人报–日报》，最初只面向商务类目标受众，聚焦金融经济类主题。1997年，该出版物转变发展理念，在很大程度上接近优质大众兴趣类出版物模式，同时又保留了大量商务资讯板块。《生意人报–日报》印数达10万—11万份，在各主要地区均有发行。《生意人报》网站所有内容均能公开访问，该社旗下《政权》《货币》《星火》等杂志内容部分免费。

《商业报》创刊于1999年，是另一家规模较大的商务报纸。自创刊以来，该报秉持为商务类目标受众出版专业出版物的理念。2018年，该报纸质版改版。每期印刷出版后，网站上随即更新一期，网页版优势在于具备检索、收藏、打印文章等功用。该报不仅为读者提供付费访问，还提供小部分可免费访问的文章，但其主要内容仍需通过订阅获取。

《俄罗斯商务咨询日报》是俄罗斯第三大全国性商务报纸。该报纸质版以俄罗斯商务咨询互联网出版物为基础。目前，俄罗斯商务咨询旗下有日报、月刊、电视频道各1家以及3个主要互联网门户网站。

区域性商务类报刊网络仍在继续形成，其中成功案例就有《彼得堡商务报》。

行业类出版物。面向小范围受众群体的出版物依然占有重要地位，这就包括职业类出版物，即所谓面向各行业工人、教师、医务工作者等群体的行业类出版物。历史最悠久的行业类报纸《汽笛报》是此类出版物中最著名的代表之一。该报于1917年作为苏联交通部的机关报出版，20世纪20年代因其第四版刊登伊利夫、彼得罗夫、布尔加科夫、卡塔耶夫、奥廖沙、保斯托夫斯基、佐先科等著名作家的讽刺作品而闻名；每周出版5期，每期8版，印数超过36.7万份。作为俄罗斯最大的铁路企业出版物，该报在25座城市印刷出版。

知名职业类出版物还包括全俄性教育类周报《教师报》，1995年成为俄罗斯首家创建网络版的大众传媒。同样出类拔萃的还有自1893年起出版的《医学报》。军事类期刊中赫赫有名的是俄联邦武装力量的官方日报《红星》，自1923年起出版。

大众兴趣类特定主题报纸：面向所有受众，但有固定主题。满足广大受众不同兴趣和需求的报刊，在出版种数和受众范围方面仍为最大类别。其中，最有发展前景的为体育类期刊，面向汽车、文学以及各类艺术爱好者、游客、旅行家等群体的出版物。

体育类报纸是面向广大受众的专题出版物中最重要的板块。俄罗斯受众人数领先的综合体育主题报纸主要有：日报《苏维埃体育报》及其每周增刊《苏维埃体育-足球》、日报《体育-快报》（印数达22万—24万份）。《苏维埃体育报》（印数约14.8万份）创刊于

1924 年，是现今俄罗斯历史最悠久的体育类期刊出版物。该报网站 sovsport.ru 是最大的体育门户网站之一。与其旗鼓相当的竞争对手是《体育－快报》，1991 年由从《苏维埃体育报》离职的记者团队创立。在俄罗斯，体育类专题出版物数量庞大，但转向互联网却是其主要趋势。

最受汽车爱好者喜爱的出版物主要有：以杂志开本出版的报纸《汽车观察》，印数 10 万份；以铜版纸印刷的面向汽车专业人士和爱好者的资讯类报纸《喇叭》，印数 9.8 万份；著名杂志《驾车》印数十分可观，达 32 万册。

当代杂志类定期出版物

2018 年数据显示，就俄罗斯期刊出版种数而言，杂志明显多于报纸：官方注册数据显示存在近 2.7 万种杂志。20 世纪 90 年代，俄罗斯杂志发展状况不亚于报纸，甚至比报纸更为活跃。这与受众对早先缺失的报刊类别产生需求有关。正是在这一时期出现了一批豪华出版物：女性杂志和男性杂志；名人杂志；生活方式类杂志（时尚类、建筑类、景观类），等等。如果说 20 世纪 90 年代社会政治类和商务类主题分析性杂志方兴未艾，那么 21 世纪前 10 年娱乐类杂志和实用类杂志则成为发展重点。从近期总体趋势来看，发展态势良好的有女性杂志（综合类和专题类）、电视指南类杂志、设计、烹饪等相关实用类杂志。同时也正是在这一时期，以往拥有大批受众的文学艺术类杂志（《新世界》《十月》《我们现代人》等）和科普类杂志（《科学与生活》《青年技术》等）等走向衰落。儿童杂志发展也开始遇到很大困难。

根据俄罗斯当代杂志的主要特征，可将其分为以下主要类别：周刊、月刊以及周期更长的杂志（直至年刊）；大众兴趣类杂志和面向特定受众群体（面向女性和男性、各类职业群体、利益群体等）的细分型杂志；综合类杂志和专题类杂志（社会政治类、商务类、体育类、烹饪类等）；优质杂志、大众杂志、低俗或黄色出版物；分析性杂志、娱乐类杂志、广告参考类杂志以及其他种类杂志；根据插图比例和质量分类的杂志；昂贵豪华杂志和廉价大众杂志；付费杂志和免费杂志等。上述杂志类别涵盖国际性、全俄性和区域性出版物。

当然，随着网络媒体发展，纸质杂志跟报纸一样，也遇到很大困难。为经受住竞争考验，杂志积极向多媒体、多平台方向发展，通过开发网站、社交网络和即时通讯工具社群，实施各类项目和活动、网络购物等方式维持受众。实践表明，许多将纸质版和数字版进行资源整合的杂志品牌，与纯粹的在线出版物相比，通常能与读者进行更加积极有效的互动。此外，在信息流不断增长的环境中，受众对内容的质量过滤与专业化产生需求。杂志势必着眼谋划读者无法在互联网上获得的优质和独家资讯。这样一来，杂志愈发关注受众个性化需求。因此，大众需求类杂志经受住竞争考验的可能性越来越小，而面向细分受众的细分型杂志类定期出版物发展则更加顺利。专题出版物，为手工、烹饪、装修、园艺、保健等爱好或生活方式提出建议和具体意见，就是例证。博达传媒集团的出版物，有效利用多平台途径，成为该类杂志稳步发展的典范。2018年，该集团杂志和数字产品受众超过3800万人。该集团不仅在移动应用、网络购物等线上空间得到发展，而且还开展晚会、典礼、竞赛等各种线下项目和活动。2018年独立传媒集团在《大都会》《时尚芭莎》《红秀》《时尚先生》《家园》等旗下杂志网站上推出在线购物功能，一些知名杂志品牌将这一功能发扬光大。《美食家》杂志正积极制作外包内容（广告策划活动、为食品制造商制定配料单、拍照与摄像等）。

从出刊周期来看，近期发生了显著变化：杂志刊期变得越来越长。在对政治和经济资讯分析有迫切需求的时期，相对较晚出现的周刊（20世纪90年代初以前俄罗斯未有该种刊期的杂志）在社会舆论形成方面发挥了重要作用。但近段时间周刊几乎从传媒体系中消失，且受危机严重影响：《俄罗斯新闻周刊》、《总结》杂志、《新时代》分别自2010年、2014年、2017年起停刊。传媒专家认为，上述杂志停刊不仅是出于经济原因，而且还在于每周政治和经济资讯分析这一形式已失去现实意义。自1899年开始出版的《星火》仍是地位显著的社会政治类周刊。据Mediascope统计，该刊平均每期受众62.9万人，是2018年唯一进入平均受众数量前20榜单的周刊。社会政治类周刊《生意人-政权》和商务类周刊《专家》也值得关注。

在大众周刊中，面向电视观众、开本介于报纸和杂志之间的印刷类大众传媒——电视指南占据着重要位置。《电视乐园》杂志在1994—2013年间出版，是（继1973年苏联报纸《莫斯科在播放》出版后）俄罗斯首份电视指南。该杂志在很长一段时间内是俄罗斯和莫斯科最受欢迎的周刊之一，在20世纪90年代末位列受欢迎电视指南排行榜首位，印数达45万份。目前，该领域领先者为自1994年起出版的《天线-一周电视》杂志。除电视节目外，该杂志还刊登明星生活类新闻、填字游戏、家务建议等。据Mediascope俄罗斯全国读者调查统计，《天线-一周电视》平均每期受众人数超600万。

该杂志在俄罗斯62座城市、独联体及波罗的海国家的4座城市发行。之前在周刊中占有重要位置的海报类杂志几乎全部转为线上（《超时莫斯科》继续以纸质版形式出版）。填字游戏类出版物和明星杂志（下文将详细阐述）在周刊前20榜单上占据重要地位。

月刊。据TNS俄罗斯统计，截至2018年，在月刊中受众人数位居前列的有：面向汽车爱好者的《驾车》杂志、流行的旅游类杂志《环球》、国际女性杂志《大都会》、名人杂志《故事大篷车》以及大量实用类杂志（《博达》《健康》《我爱下厨》《度假季》等）。具体情况见表4.3。

表4.3 2017—2018年俄罗斯平均每期受众人数排名前20位的月刊

出版物	2017		2018	
	受众人数（千人）	所占比重（%）	受众人数（千人）	所占比重（%）
《驾车》	4645.3	7.6	4257.9	7.0
《环球》	3151.7	5.2	3165.6	5.2
《大都会》	3175.8	5.2	3010.1	4.9
《故事大篷车》	2594.7	4.3	2322.3	3.8
《斯堪的纳维亚填字游戏"纸吹龙+"》	1938.0	3.2	2249.5	3.7
《俄罗斯国家地理》	1986.5	3.3	2026.4	3.3
《博达》	1749.0	2.9	1754.8	2.9
《健康》	1881.1	3.1	1720.8	2.8
《马克西姆》	1496.9	2.5	1668.7	2.7
《我爱下厨》	1992.2	3.3	1659.7	2.7

续表

出版物	2017 受众人数（千人）	2017 所占比重（%）	2018 受众人数（千人）	2018 所占比重（%）
《"巨人"数独集》	1351.5	2.2	1621.0	2.7
《探索》	1219.5	2.0	1321.3	2.2
《装修+设计》	722.8	1.2	1155.7	1.9
《魅力》	1205.0	2.0	1142.0	1.9
《家园》	1239.8	2.0	1137.3	1.9
《故事大篷车》	1223.2	2.0	1094.6	1.8
《度假季》	890.7	1.5	1049.8	1.7
《俄罗斯商务咨询》（杂志）	1135.9	1.9	1039.8	1.7
《丽莎－祖母的糖煮水果》	1014.8	1.7	995.5	1.6
《丽莎－指引》	990.2	1.6	975.2	1.6

来源：Mediascope、全国读者调查

对明星生活类杂志和实用类出版物的关注与日俱增是近期重要趋势之一。前者如《明星秘闻》《好！》《你好！》；后者刊登日常生活有益资讯，覆盖面广——从烹饪到健康、健康生活方式皆有涉及，其主题涵盖 DIY、住所、园艺、缝纫等。面向大众的廉价杂志发展最为成功，尤其是博达出版社的《丽莎》《我爱下厨》等项目。

《驾车》杂志在汽车爱好者出版物领域多年来一直胜出，其受众超过 400 万人。积极推进多平台发展是该杂志一大特点：驾车杂志出版社推出《驾车》《摩托》《航线》杂志 iPad 版以及支持安卓设备、采用增强现实技术的《摩托》数字版。健康及健康生活方式类杂志热

度未减，其中的领军者是在俄罗斯拥有悠久历史的《健康》杂志。《环球》《国家地理》等旅游类杂志在兼具知识和娱乐功能的出版物中处于领先行列。《环球》还出版俄语版大型旅行指南系列（《环球》全球定位指南）、图书和有声书。

豪华杂志是印刷类定期出版物中值得特别关注的类别。严格来说，豪华杂志是我们根据技术特征进行的分类，因其优质纸张和印刷是主要特征。然而随着时间推移，印刷特征已不再是理解这一现象的关键点。时至今日，豪华杂志主要面向关注生活质量的中高收入人群，通过建议和指导来满足上述群体需求。20世纪90年代，以往社会在资讯方面与西方生活标准脱节，俄罗斯豪华杂志之所以获得成功，在很大程度上是受到这一影响。豪华杂志纸张昂贵、印刷精良、全彩插图量大，必然能给未见过如此阵仗的俄罗斯受众留下深刻印象。事实上，读者从豪华杂志中见识了与新时代相符的效仿款式，上述款式在该类杂志中也获得了不遗余力的推广（如《大都会时尚女孩》）。1994年，《大都会》成为俄罗斯首本经典豪华杂志，开始公开报道两性关系话题。

在西方豪华杂志影响下，《女工》《农妇》《环球》等俄罗斯杂志品牌也逐渐转型。现今俄罗斯多数豪华杂志为《大都会》《世界时装之苑》《嘉人》《智族》等大型国际品牌的俄罗斯版，其内容既有在所有国家刊登的通用稿件，又有为俄罗斯出版物专门策划的文章。

如上所述，豪华杂志注重结合读者认知、文化、审美、生活、身体等层面的各种业余兴趣，发挥杂志的娱乐和认知功能。豪华杂志还面向不同性别群体的读者。从这一角度而言，女性杂志是当代豪华杂志中最大的类别。女性杂志本身又分为大众需求类杂志（如《大都会》）和高端杂志（《巴黎时装公报》《时尚》等），前者更侧重生活实践方面，提供许多生活建议，后者关注生活美学方面，提供的内容视觉材料多于文本。法国著名高端杂志《巴黎时装公报》于1997—2011年间与俄罗斯合作出版，此后放弃俄罗斯市场，自2013年起再度登陆俄罗斯，每年出版10期，每期250页中有一半译自法语版，其余内容由俄罗斯编辑部策划。一些杂志很难明确划归到上述类别中，处于中间地带，时常变换开本和理念（如《世界时装之苑》《嘉人》）。

生活方式类杂志方兴未艾，涉及家居、家庭、健康、儿童及其他生活方面。俄罗斯首本该类杂志为《居家》，随后出现了《家园》及其他出版物。具体而言，女性健康类豪华杂志不仅包括《心理月刊》这类国外杂志的俄罗斯版，而且还有本土原创出版物。这一板块还包括许多实用类出版物，如美食烹饪类豪华杂志。《美食家》杂志每年出版10期，印数达10万册，且与数字受众积极互动。

故事类杂志在生活方式类出版物中独树一帜。此类带有彩色插图的出版物常刊登包括历史人物在内的名人故事或名人访谈，其文本质量相当高。七天出版社旗下项目《故事大篷车》杂志处于领先地位。该社招牌之一是优质独家插图，如罗日杰斯特文斯卡娅的摄影作品。

男性豪华杂志也同样重要，但目前其规模没那么大。20世纪，女性杂志虽受到意识形态方面的校正，但仍能存在，而男性基本上没有自己的出版物。因此，20世纪90年代男性豪华杂志的横空出世成为标志性事件。继《花花公子》杂志问世后，在俄罗斯出现了一系列娱乐资讯类出版物，主要关注私生活方面（如 XXL 杂志）。《马克西姆》杂志作为俄罗斯首本该类出版物最受欢迎，平均每期受众先是突破100万份，而后突破200万人大关。

21世纪前10年，俄罗斯出现了优质豪华杂志，或所谓的智识类豪华杂志，面向男性受众，除彩色插图外，还刊载严肃社会问题和社会政治问题相关文章。国际杂志《智族》（康泰纳仕集团旗下杂志）和《时尚先生》（时尚出版社旗下杂志）都是俄罗斯智识类豪华杂志的成功案例。《时尚先生》俄罗斯版自2005年起出版，通常刊登采访、分析以及新闻调查，其封面人物以中年男性替代裸露的姑娘，从而改变了俄罗斯国内对男性豪华杂志的认知。

豪华杂志在当代正遭遇巨大困难，但与此同时其指数还是较为可观。例如，据俄罗斯发行稽核局统计，赫斯特·什库列夫出版社旗下杂志2018年第4季度平均印数如下：《世界时装之苑》为13万册，《爱尔甜心》为12万册，《马克西姆》为13万1667册，《嘉人》为10万6667册，《心理月刊》为13万6167册，《幸福父母》为9万7333册。

豪华杂志之所以能够维持受众，得益于以下多种因素的结合：保证纸质出版物内容的高质量和独家性，积极打造与受众的在线交流运营平台，以及推出各种合作伙伴项目和活动。例如，2018年《大都会》网站与社交网络"链接"联合推出以"数字"为主题的特刊，相关材料可通过社交网络"链接"和杂志页面二维码获取。在《时尚－俄罗斯》杂志支持下举办了一些重要展览：为迎接足球世界杯，在特列季雅科夫画廊举办"不止足球"展览，为支持俄罗斯设计师在中央百货商店举办"俄罗斯季"展览等。

总体而言，俄罗斯杂志市场存在实用类杂志、填字游戏类杂志等大量廉价杂志是其一大特点。其中，鲍尔传媒集团专注娱乐类和实用类杂志出版，2018年集团旗下盈利最多的正是《777》《女婿》《纸吹龙》等填字游戏类出版物。

杂志类定期出版物的新形式。在竞争日益激烈、受众兴趣不断细分的情况下，持续探索杂志类定期出版物的新形式。近十年来，最引人注目的创新便是丛刊①。

丛刊或成套出版物在西欧国家已有 50 余年历史。俄罗斯首套丛刊是 2002 年英国马歇尔·卡文迪什出版社推出的百科全书《知识树》，随后意大利奥古斯汀出版社、英国盖·法布里出版社各自推出"美术馆""与沃利一起发现世界"项目。NG-主角是俄罗斯首家丛刊出版社，出版了《魔力毛线》《知晓自我命运》《去钓鱼》《室内植物》等系列出版物。为吸引受众，一些出版商做好在推广新型出版物之初有所亏损的准备。例如，共青团真理报社将最初出版的丛刊作为某期报纸的副刊免费发行。其中，《伟大的艺术家》试行本售出 250 万份，《伟大的作家》售出 110 万份。成套出版物在俄罗斯颇受欢迎，目前已推出 50 余种。俄罗斯丛刊的外国出版商包括奥古斯汀、阿歇特、雏鹰收藏，本国出版商包括共青团真理报社、莫斯科共青团员报社、论据与事实出版社等。其中，2018 年出版的丛刊包括《传奇的苏联汽车》《东正教修道院》《绘画大家》《苏联勋章》（论据与事实出版社）等。

另一种颇有前景的杂志发展形式是所谓的图书型杂志②——即集图书和杂志特点为一身的专刊。图书型杂志出版周期较长（通常为两月 1 次）或完全没有固定周期，刊登精选自杂志的文章。图书型杂志主要分两类：（1）纪念日刊物（明星生活、历史事件等）；（2）主

---

① 丛刊是具有娱乐认知功能的专门性期刊出版物，在一定时期内（通常为 1—2 年）每 1—2 周出版 1 次。丛刊的重要特征是其收藏性：该出版物首期附有一个可以把全部刊物、DVD 或 CD 光盘、组装模型等收入其中的文件夹。总体而言，丛刊是细分主题类迷你百科全书。

② 图书型杂志（буказин / bookazine），由英文 book 和 magazine 构成的合成术语。

题刊物（宠物、烹饪、园艺等）。与世界范围内传统期刊零售日益缩减，图书型杂志需求量不断上涨，因而推动了新型专刊的问世。《故事大篷车》《美食家》《心爱之屋》等俄罗斯杂志正积极推出专刊。例如，《美食家》和《园丁》杂志每年至少打造 6 期图书型杂志，印数达 10 万至 12 万册。

区域性报刊、市级报刊、区级报刊

近年来，报刊区域化进程仍在持续，全国性／联邦级出版物作用日益弱化。社会政治类区域性和地方性期刊依旧发挥着重要作用，各自面向或大或小地域范围的受众（民族共和国和州一级出版物为地区性出版物，地方性出版物包括市级和区级出版物）。尤其是对地方性报纸而言，该类报纸旨在向民众通报地方问题，吸引公民社会参与讨论并寻找解决问题的办法。因此，地方性出版物具有凝聚民心、发展基础设施、开发市区经济和社会文化潜力的功能，并推动解决市区居民的具体问题。

尽管面临重重困难，区域性、市级、区级地方性报刊仍在继续发展。2017—2018 年，《莫斯科真理报》《基洛夫真理报》《利佩茨克报》《下诺夫哥罗德真理报》《鞑靼斯坦共和国报》《苏联楚瓦什报》及诸多其他俄罗斯报纸庆祝创刊百年，受众对其纸质版和数字版依然存在需求。

一些区级报纸网络版发展优于"双轨并行"时代，在与地方层面社交网络的竞争中已完全胜出。

可以说，区域性和地方性大众传媒比联邦级大众传媒更成功地生存下来，一方面有赖地方受众需求和对本地资讯关注度上升，另一方面得益于联邦和地方财政预算扶持。与此同时，地方性报纸在经济和人才方面继续面临巨大困难，还遭遇配送问题。在激烈竞争环境中存活下来的出版物不愿完全转为线上，而是推动两个平台合理互利发展。印刷类出版物同时全面致力于革新自身设计，使其更为现代化。报纸还积极推出能为受众提供新资源、支持区域/市/区发展的合作项目。区域性、地方性报刊在社交网络中都有呈现。俄罗斯各区域社交网络受众人数和移动设备信息需求飞速增长。在此背景下，创建和运营上述社交网络平台正是与地方社群沟通协调、吸引新受众（首先是年轻受众）最为有效的手段。

目前，市级报纸在地方大众传媒体系中地位稳定，因为该类报纸不仅报道地方资讯，与社交媒体相比，除发布新闻内容外，还可刊登严肃分析性材料，而采写此类材料则需与各领域专家和作为信息来源的民众进行长期合作。地方性报纸展现出的城市生活景象，不仅来自新闻，而且还来自对经济、政治以及文化生活中最重要趋势和进程的分析。一份采编专业的报纸能够援引专家评估意见，针对地方问题为受众提供相当深入系统的分析，论证批判负面现象，提出解决现实问题的建议。同时，报纸可作为城市中稳定自治的手段，成为居民与政府机构间定期互动的组织者。

区级和市级报纸受众范围远超一般联邦级报刊。带有地区插页的全俄性日报或周报作为联邦区域性出版物，继续与区域性报刊形成一定的竞争。规模最大的联邦级报纸继续出版地区副刊。在各区域，发展最稳定的是大众兴趣类报纸，如《论据与事实》《俄罗斯报》《莫斯科共青团员报》《共青团真理报》。

专家认为，尤其是在各地区受众对纸质报刊的喜爱度相当高。现在，每个大型边疆区、州或共和国中心都存在一些相互构成竞争的出版物。同时，正如上文所强调的，区域性和地方性印刷类出版物境况仍很复杂。一些出版物有时无法根据客观变化和受众新兴趣做出改变，难以经受住激烈竞争的考验。近年来，《车里雅宾斯克工人报》《加里宁格勒真理报》等报纸相继倒闭，《莫斯科时报》《号召报》（弗拉基米尔州历史最悠久的报纸）等报纸也不再以纸质版出版。《车里雅宾斯克工人报》主编基尔申承认，该报"……早前花了不少力气以获取财富，却沦为了财富的人质"。[①]许多报纸正在寻找折衷方案。如《乌拉尔工人报》开始以4页黑白插页的形式在《叶卡捷琳堡共青团真理周报》上出版。

但与此同时在各地区也有不少报刊蓬勃发展的案例。阿尔泰新闻出版社出版的周报《自由航向》是近25年主要的边疆区级分析性报纸。该报秉持优质报刊标准，是俄罗斯最佳区域性出版物之一。跨区域性大众兴趣类报纸《我的》（自由新闻出版社，沃罗涅日）在俄罗斯中央黑土区出版，正积极开拓网络空间，并将其作为一种更便于受众访问的内容发行方式，但并未放弃发行纸质版。2018年，该社推出付费数字平台《我的+》，同时保留了免费网站《我的！在线》。

苏联西伯利亚出版社及其同名报纸《苏联西伯利亚报》以其无法在互联网上获得的独家资讯著称。该报拥有最灵活的内容开发形式和受众互动方式。每篇文章都附有专家评论。该社还出版《西伯利亚晚报》等10多种区级报纸。

---

① [Электронный ресурс]. – Режим доступа: novayagazeta.ru/articles/2017/06/09/72754-zhizn-i-smert-svobodnoy-chelyabki.

周报《斯洛博达》在图拉市乃至整个图拉州都颇受欢迎。据俄罗斯发行稽核局统计，2018 年年中该报印数超过 5 万份，受众总数超过 19 万人。该出版物将自身定位为以"人民新闻工作"为运营原则的多媒体大众传媒。该报网站"我的斯洛博达"积极与受众互动，并邀请其用户成为内容创作者："从儿童早场戏到陨石坠落，您是否是这些有趣事件的目击者？一定要写信来！您是否有难题？讲述出来，发送照片或视频。我们会帮您搞清楚，并与相关人员取得联系，查明如何为您提供帮助。"①

斯维尔德洛夫斯克州的《州报》也是成功适应新环境的案例。在其网站运营 15 年间，时长超过 1 分钟的月访问量增至 50 万人次。该报在链接、脸书、推特、同班同学、照片墙、塔姆塔姆以及电报等主要社交网络上都有活跃账号。同时，其纸质版印数达 7 万册。自 2017 年起，该报推出了"一起"项目：由斯维尔德洛夫斯克州 94 个行政主体之一的区级或市级报纸编辑部策划一个版面，每周在该报上出版。

当然，区域性报纸受众受地域范围限制且有时人数不多，其主要面临的仍是资金问题。为在困境中生存下来，该类报纸会减少发行频率、将两种或多种出版物合为一种、变换开本等。但也存在例外情况：如《商务关注报》（彼尔姆边疆区）不仅保留了纸质版，而且其印数增长了 30%。该报自 2011 年起出版，每周出版 1 次，每次共 8 版，印数达 6000 份；不仅为读者报道新闻，而且还发布时事经济评论，刊登与本区域和本国企业家活动、彼尔姆生产企业事务、立法变化、政府扶持项目相关的分析性材料，以满足其目标受众（主要是当地企

---

① [Электронный ресурс]. – Режим доступа:myslo.ru/club/blog/narodniy-zhurnalist.

业家）的需求；同时并不局限于商业问题，还有很多内容涉及文化、体育、教育、慈善等领域；对推动区域整体发展的事件和活动予以积极关注、报道阐释，是该报的一大特点。

在市预算支持下成功运营的案例当属领先首都报纸市场的《莫斯科晚报》。据 Mediascope 统计，2018 年该报受众为 159.5 万人，占莫斯科报纸阅读者总数的 43%。莫斯科晚报社旗下还包括《莫斯科晚报》周刊与商务日报、面向莫斯科打工一族的刊物《晚间莫斯科》（在地铁中发行）、一些其他出版物以及多媒体资讯门户网站 vm.ru。莫斯科晚报社媒体中心的工作也值得关注，政治学家、片区民警、教师俱乐部等以该中心为基础发挥作用。此种与读者的互动方式能够吸引并拓展受众。

在中小城市，只有那些当地受众需求十分稳定的报纸才能得以生存乃至发展。地方性出版物平均印数为 3000—5000 份，其出版周期为每周 1 次。例如，古比雪夫区的《劳动生活报》稳定印数达 6000 份，《别尔茨克新闻报》（别尔茨克市）和《库伦达处女地报》（库伦达区）印数达 4000 份。自 2018 年起，《别尔茨克新闻报》根据读者调查对装帧、内容、呈现的有关意见，以更现代化的全新设计出版。

区级报纸也在新环境中不断发展。例如，在国家项目框架内，《季霍列茨克消息报》（克拉斯诺达尔边疆区季霍列茨克市）开展了一个卓有成效的项目——"养老金领取者？不，开拓者！"，旨在提供系列对读者有益的出版物，其中养老基金工作人员就如何通过电话计算养老金、养老金领取者如何就业、怎样做可以使家庭受益等问题进行了解答。为吸引年轻受众，该报社曾出版《中学纪念册》系列，记录每位应届毕业生及其规划与梦想。该报的订阅广告"赠予智慧且自信的女性、母亲、妻子或情人的最佳礼物——订阅《季霍列茨克消息报》"，已广泛成为该地区以外的模因①。该报印数超过4000份，其网站平均每天有2000位访问者，且在各种社交网络上设有账号。

《布拉戈瓦尔消息报》（巴什科尔托斯坦共和国布拉戈瓦尔区亚济科沃村）的尝试也十分有趣。该出版物印数1800份，村民阅读起来兴致盎然，但存在报纸成本高、配送困难等问题。编辑部为克服上述困难做出诸如举办邮递员竞赛等很多努力。主编加法罗娃认为，该报在地方政府与公民社会的合作中发挥着重要作用，能够促进当地资源的有效利用，缓解社会紧张氛围。

印刷类大众传媒发展趋势

现代背景下，印刷类大众传媒继续发挥巩固信息议程的功能，仍是切合现实的信息来源，是绝大部分受众社会生活的重要标志。

证据与事实出版社总经理诺维科夫认为，尽管数字时代信息来源数量和信息量变得巨大，但人本身并未发生改变，人无法消化数千兆字节对自己有用的新闻。最终95%在互联网上浏览的内容都毫无用处。正因如此，在诺维科夫看来，许多人会选择报纸作为信息来源。"原因很简单——报纸能展现记者为受众收集的1天或1周内世界上各种事件的全景。阅读1份报纸需要半小时，而沉浸在互联网电子信息海洋中平均每天需要2.5小时，并且还无法掌握时事全貌。更何况人们

---

① 在《牛津英语词典》中，模因被定义为"文化的基本单位，通过非遗传的方式，特别是模仿而得到传递"。——译者注

越来越珍惜自己的时间。"①

据世界报业和新闻出版协会统计，全球有40%的成年人口坚持每天读报。

同时，印刷类大众传媒数字化发展战略作为多平台融合传播的前提，仍是当前最为重要的趋势。某些报纸融合型编辑部确保1周7天、每天24小时进行内容制作，印刷类报纸直接从自身网站获取新闻，在这一链条上记者的任务则是开发上述新闻、分析及评论事件。同时，积极发展数字平台并不一定要摒弃较其他平台更具诸多优势的传统纸质版，而知识需要用新工具对其进行补充。

当代印刷类大众传媒的主要任务是进一步适应数字化环境。事实上，纸质报纸和杂志作为数个世纪以来社会的重要信息来源，正在全球化、数字化、信息化世界中找寻属于自己的一席之地。世界报业和新闻出版协会专家认为，当今印刷类大众传媒编辑部应建立一种价值体系：任何平台上的内容都能够传达给受众。基于上述策略，传统印刷类大众传媒正在印刷类出版物、网站、社交网络、即时通讯工具等平台上创建综合且专业的内容。这样一来，印刷类大众传媒在保留其传统专业价值和专业技术的同时，成功跨越了印刷平台的边界，实现了活动现代化，拓展了受众范围，具备了新特征和品质，收获了崭新资源。一些研究人员将上述现象定义为印刷类大众传媒的双元能力（即无差别使用左右手的能力）。报纸能在保留纸质版优势和开发新型数字版的愿望之间保持平衡，亦能巧妙且有效地协同利用自身传统经验和数字化创新，助力其未来发展。报刊因此能够重整旗鼓，在激烈的

---

① Отраслевой доклад за 2018 г. (ФАПМК), С. 8.

媒体竞争环境中优化内容、规格、设计等，从而获得成功。专家认为，大型报纸和杂志品牌正由传统大众传媒转型为特点鲜明的内容工厂，同为重要信息资源的印刷类大众传媒、在线大众传媒都是该工厂的重要组成部分。

* * *

2017年欧洲报业大会指出，一些读者倾向于使用社交网络、即时通讯工具以及其他来源的可疑信息，而优质报刊出版商正在完成一项极其重要的任务，即与读者上述"不良习惯"作斗争。专家认为，信息质量和信息来源的可靠性是报刊的主要竞争优势。但同时，要想成为热门出版物，就必须对周围环境做出反应。这既涉及为数字化环境生产内容的印刷类大众传媒，又包括在虚假新闻时代为争取读者而历经困难的优质在线出版物。

的确，正如研究人员所强调的，"由于传统大众传媒、新闻业及广大受众的数字化转型，现代传媒体系正呈现新情况"[①]。纸质报纸和杂志鉴于与其他大众传媒相比，在最大程度上关注公共利益，在其很长一段发展过程中是新闻业的基础。最初供多渠道发布的内容，而今在媒体中的创建方式却发生着变化，今后争夺受众的竞争只会愈加激烈。在此背景下，印刷类定期出版物在优质内容采编方面拥有300多年的经验，在未来可能至关重要。

---

① *Вартанова Е. Л.* Теория медиа: отечественный дискурс. М.: Факультет журналистики МГУ; Изд-во Моск. ун-та, 2019. С. 155.

思考题

1. 俄罗斯印刷类大众传媒形成的主要影响因素有哪些？

2. 媒体数字化对国内印刷类大众传媒的发展有何影响？

3. 说出当代印刷类大众传媒分类的主要特征。

4. 当代印刷类大众传媒的发展趋势是什么？

5. 说出主要的大众需求类印刷出版物。

6. 列举报纸类定期出版物的主要发展趋势。

7. 描述杂志类定期出版物的主要发展趋势。

8. 说出豪华杂志的主要特点。

9. 区域性杂志、市级杂志、地方性杂志是如何发展的？面临哪些困难？

10. 俄罗斯和世界的印刷类大众传媒有何发展前景？

推荐阅读

Вартанова Е. Л. Постсоветские трансформации российских СМИ и журналистики. М.: МедиаМир, 2013.

Вартанова Е. Л. Теория медиа: отечественный дискурс. М.: Факультет журналистики МГУ, Изд-во Моск.ун-та, 2019.

Российская периодическая печать. Состояние, тенденции и перспективы развития: Отраслевой доклад. М.: ФАПМК, 2018, 2019.

Свитич Л. Г. Современная периодика: поле понятий и терминов // Вестн. Моск.ун-та.Сер.10.Журналистика.2014. № 1.

Смирнов С. С. Медиахолдинги России: национальный опыт концентрации СМИ.М.: МедиаМир,2014.

Шкондин М. В. Печать в условиях трансформации медиасистемы // Вестник Московского университета. Серия 10. Журналистика. 2013. № 6.

Энциклопедия мировой индустрии СМИ / Под ред. Е. Л. Вартановой. М.: Аспект Пресс, 2019.

Интернет-СМИ: теория и практика / Под ред. М. М. Лукиной. М.: Аспект Пресс, 2011. С. 175–195.

Приходина М., Сорокина А. Почему падающий рынок печатных изданий не утащил за собой партворки? [Электронный ресурс]. – Режим доступа: rbcdaily.ru/magazine/trends/562949991975106.

Отраслевой доклад за 2018 г. (ФАПМК). С. 36.

第五章 通讯社

俄罗斯通讯社：历史概况

通讯社（информационное агентство，简称 ИА）在世界大众传媒实践中有近 200 年历史，是全球媒体空间持续变化的鲜明例证。通讯社向来是最早响应通讯技术革新的第一批大众传媒，由此在传媒体系中保持领先地位。在俄罗斯，长期以来只有一家国有通讯社，拥有众多分支机构。现代社会政治和信息技术环境开创了新局面：通讯社数量超过千家且持续增长（据联邦通讯、信息技术与大众传媒监管局统计，截至 2019 年 4 月共注册 1301 家通讯社）。

俄罗斯通讯社近百年发展历程从整体上反映出国内传媒体系的动态变化和大众传媒转型的主要趋势。其间，三大主要通讯社——塔斯社（俄通社–塔斯社）、"今日俄罗斯"国际通讯社（新闻社、俄新社）、国际文传电讯社的成立分别见证俄罗斯传媒体系步入历史新阶段。

俄罗斯最早一批通讯机构出现于 19 世纪下半叶，但并非独立机构，在德国沃尔夫通讯社庇护下运营。俄罗斯经济彼时正向资本主义生产关系过渡并试图融入世界体系，因此获得与世界市场状况和政治局势相关的及时、可靠信息势在必行。在新闻检查的环境中，报纸无法直接接收政治内容相关电报，但 1866 年亚历山大二世下令成立本国新闻通讯机构——俄国电讯社（Российское телеграфное агентство，简称 РТА）。基于接收来自国外且经过新闻检查的电报，该社编写的电讯稿每日 2—3 次以电报方式传至用户。很快，俄国电讯社开始收集国内信息，并将其传播至国外。

德国沃尔夫通讯社对俄罗斯新闻创作、传播的"保护"并非出于自愿，因此当局决定创建独立的俄国通讯社。该倡议和决定均出自俄国当局，因为当局意识到有必要及时向世界传达具有俄罗斯立场的信息。由此便创立了俄罗斯首家独立通讯社——由国家出资、政府管控的圣彼得堡电讯社（Санкт-Петербургское телеграфное агентство，简称 СПТА）。通常认为该社诞生之日是 1904 年 9 月 1 日。1914 年，圣彼得堡更名为彼得格勒，该社也更名为彼得格勒电讯社（Петроградское телеграфное агентство，简称 ПТА）。

俄罗斯通讯社下一历史阶段始于 1917 年十月革命期间对电报局、火车站、桥梁及其他交通工具，还有彼得格勒电讯社的占领。短时间内，首都和地方的所有通讯机构和国外记者站被合并为统一的新闻通讯机构——俄罗斯电讯社（Российское телеграфное агентство，简称 РОСТА），其活动受到严格管控。关于转发何事、传播何种信息，该社都接受直接指示。各家报纸和杂志也有义务刊发此类材料。

此后，苏联通讯社的活动屡次变革，其名称也随之变更（自 1925 年起更名为苏联电讯社[①]、塔斯社；自 1992 年起更名为俄通社-塔斯社；2014 年，该社恢复其历史名称——塔斯社）。长期以来，塔斯社一直是官方信息的唯一来源，也是保障苏联大众传媒同步运营的新闻

---

① Телеграфное агентство Советского Союза

机构。该社活动受到政府严格管控，且总体上依从于宣传任务——当时的国家信息学说即是如此。战后，塔斯社成为世界上最大的通讯社，为世界五大通讯社之一。1993年，有5000人为该社工作。尽管塔斯社充当苏联政府的传声筒，通过本国官方代表与世界其他国家进行对话，但是该社在世界市场上仍拥有较高地位。由于国有政府性通讯社需以宣传任务为前提，宣传任务经常与新闻要求不符，这一属性限制了塔斯社的信息能力。国外研究人员认为，这种双重地位的矛盾致使塔斯社一直不能与西方大型通讯社相抗衡。然而，这并不意味着曾在苏联新闻通讯机构工作的记者不具备高水准的职业技能。塔斯社经验得到高度评价，造就了不止一代记者。

1961年解冻时期，一些社会组织在苏联情报局基础上成立了另一家通讯社——新闻社（Агентство печати «Новости»，简称АПН），就地位而言为社会性通讯社，但也受到国家管控。新闻社专门面向海外用户传播苏联相关信息。其活动目标旨在海外树立苏联正面形象。塔斯社已被赋予报道即时新闻资讯的职责。新闻社则着力于采访、报道、特写，并出版了大量通报——占据主导地位的主要是文化活动。

20世纪90年代初，公开性政策和社会环境改革引发了信息爆炸，通讯社无法置身事外。新通讯社的建立打破了国家对信息传播的垄断，成为国有通讯社以外的另一选择。彼时正是通讯社飞速发展和激烈竞争的时期。有时，一些看似无足轻重的情况可能会决定通讯社命运。例如，1989年，莫斯科总共仅有80份传真。国际文传电讯社拥有上述传真清单（且其中许多传真位于海外使馆和记者站）和几乎唯一一台可以同时发送传真消息的机器，因而处于有利地位。这家如今在世界上享有盛誉的规模最大的私营通讯社正是如此创建起来的。塔斯社和新闻社的垄断很快被打破：新通讯社一旦对信息市场的现实需求做出反应，对信息的需求便与日俱增。

国际文传电讯社先于其他传媒企业认识到财务稳定的重要性。该社以及其他较为成功的通讯社效仿英国路透社，把向企业客户出售金融信息作为其主要战略。其专业简报刊载油气、金融、冶金等俄罗斯重点行业资讯。国际文传电讯社之所以保持了稳固的地位，得益于其进入世界市场并与主要财经类资讯生产者建立伙伴关系。

20世纪90年代，同业间的激烈竞争使俄罗斯通讯社得以快速发展，其产品质量也不断提高。通讯社仅靠自身活动经费生存，致力于扩大用户范围。俄罗斯私营通讯社利用市场机制实现了经济独立，努力推行独立的信息政策。其中许多通讯社出于不同原因（主要是经济原因）后来不复存在，但新闻市场业已建立，国家对其的垄断已被打破。到2000年初，在俄罗斯已形成全国性通讯社体系；建立了商业化经营模式；引入了新技术并采用了当代全球新闻业的新闻标准；形成了区域市场和跨区域交流——总之，达成了稳定均势。

世纪之交，通讯社发展进入新阶段。在此过程中，电信网络的演进和数字化服务的发展发挥了重要作用。通讯社进入了开放信息空间，面向直接消费者和广大受众。21世纪，国内通讯社体系正沿着全新轨道发展。

作为大众传媒的通讯社

通讯社曾经且目前仍为国家大众传媒的中心环节和"神经系统"，并决定其议程。此外，通讯社在其发展历程中，几乎与广大受众并无直接联系。仅在近几十年中，随着互联网上免费新闻内容出现、移动电话和其他数字化服务取得发展，许多通讯社产品方才面向广大受众。通讯社首先会对媒体环境和政治气候的任一变化、技术革新、市场行情或消费者的信息需求做出灵敏反应。当客观必然性酝酿成熟时，通讯社也最先改变了行业标准。因此，通讯社的运营正是评估传媒体系状态的特殊指标，在某种意义上甚至可以说是整个社会的指标。

反之，由地缘政治、经济意识形态、社会文化因素决定的传媒体系类型和信息通信环境特征直接影响新闻通讯机构的存在、构成、运营状态和特征。从历史维度来看，国家发展转型时期对通讯社活动产生了决定性影响。

为更好地理解作为大众传媒的通讯社特点，需考虑其类型特征，即通讯社划归大众传媒独立类别和媒体系统组成部分所依据的标准。不久前，受众特征——其他大众传媒和各种组织结构、机关、部门所具有的产品消费者的独特特点，被认为是区分通讯社与其他大众传媒的主要类型学特征。在数字时代到来前的传统出版时代，通讯社以其"基础设施性"特征，即在信息来源与信息消费者之间处于中间位置，正是这一位置存在非公开的付费信息流且决定整个通讯社技术链。通讯社进入开放信息空间后，从根本上改变了这一境况：部分通讯社继续按传统方式运作，即拥有用户并向其发送非公开的产品，但与此同时也通过网站公开面向广大受众。同时，另一部分奉行通讯社基本运营原则的新闻通讯机构，仅直接在网站上运作。正是在这些公司的自我认同及其注册成为通讯社过程中尽显通讯社的传统特征：社会政治类资讯的针对性、独家性、及时性及其庞大数量，以寻找独家新闻为导向的独特生产过程，文本产品的通用性及其特殊法律地位（作者匿名）。通讯社早前形成的特点也存在于其活动和数字化环境中，并随着通讯社运营拓展，被赋予下列新特征：面向广大受众，拓宽主题，运用不同以往的非典型体裁，产品从整体上趋向多媒体化，营销方式的质变以及由此出现的受众反馈。上述革新引发对通讯社类型属性的重新审视。

在最新研究中，通讯社被称为"内容生产部门"。到21世纪，在俄罗斯业已形成全国性传媒产业体系，其中通讯社占据关键位置：通过保障内容生产和供应，通讯社已成为汇聚大量信息流和凝聚信息产业的部门。如果说早前这一凝聚力依靠意识形态因素和党派集体领导来实现，那么现在产生效力的则是传媒公司和受众的信息需求、市场需求这一自然调节机制。当然，全球新闻行业标准适用于俄罗斯传媒体系、国际联合企业进入俄罗斯传媒市场、世界传媒品牌取得发展过程中也发挥了重要作用。按世界信息标准重新定位文本已成为新兴行业文化发展最重要的趋势。

由通讯社提供的新闻和信息产品，面向所有消费者群体，是其日常生活的基础。对统一信息空间尤为重要的议程设置功能成为通讯社分类的依据。正是通讯社决定着"每日/每小时新闻"的内容，实际上为专业媒体和广大受众设定了信息优先事项。

通讯社是一类特殊的大众传媒，其服务的受众群体几乎不受限制。通讯社产品的接收者是最广大的受众以及俄罗斯国内外大众传媒。上述两种大众传媒坚持各不相同且往往对立的政治观点，面向各类受众，他们在年龄、性别、物质条件、社会地位、民族、宗教、居住地、教育及文化水平、信息需求深度及特点等方面都各有特色。因此，通讯社在实践中必须遵守一些特定原则。最重要的原则之一便是多方针对性，即需要同时面向国内外大众传媒的所有受众，要求尽可能广泛地涵盖现实，且无需根据某些特定需求调整信息流。通讯社活动的主要原则为客观性（中立性、公正性）、准确性（可靠性、纪实性）、完整性以及多方针对性，上述原则适用于来描述通讯社产品的功能特点。通讯社主要生产新闻——与各种事件和观点相关的全新且前所未知的消息。因此，其所有活动都旨在搜索和传播新信息。同时，进入网络空间后，通讯社需要改变自身活动方式，并兼顾吸引新受众。通讯社的融合实践体现在下列方面：内容模式特点发生变化、与受众的新交流方式获得发展、各种体裁模式运用更加广泛、转向多媒体语言、向外拓展和创建融合型产品。新闻作为信息产品的一部分送达消费者。

信息产品是一种特殊的大规模信息流，由通讯社和其他大众传媒通过自有渠道进行传播。该类产品在主题（综合新闻类和专业类：政治类、经济类、体育类、国际关系类）、篇幅、周期、传播方式、形式、风格、针对性等方面有所区别。任何一家通讯社的信息产品在数量和特点上并非一成不变，会根据消费者需求定期变化。专家分析部门和营销部门是多数大型通讯社的固有结构单位，致力于研究和确定通讯社信息政策的优先事项。

俄罗斯通讯社的分类

俄罗斯传媒体系在 1991 年后形成并持续快速发展，通讯社在该系统中获得全新地位，发挥崭新作用，与世界新闻市场相互影响。通讯社分类相关问题应运而生。通讯社的类型划分及其类型内部的层级分类成为迫切问题。

如今，分析表明，当代俄罗斯传媒体系具有复杂的树状特征，同时描绘了通讯社运营环境，因为分类"单位"在某种程度上是通讯社产品的消费者。还应指出的是，在通讯社系统化的尝试过程中，技术特征、经济特征、受众特征、编辑特征、信息类型、特定用途、组织特征等一些共性指标因特定大众传媒的独特之处而具有一定特点。上述特征为通讯社划归独立的大众传媒类别提供了依据，但通讯社内部环境却不尽相同。

在完全符合上述标准的当代俄罗斯通讯社中，可以发现其特定类型内部存在显著差异，诠释出通讯社的类型特征。通讯社可按照下列方面加以区分：

- 特定用途
- 所有制类型
- 传播和影响范围

此处的特定用途是指通讯社的主题偏好和由通讯社自身决定的主题维度。两大主要类型包括综合性通讯社和专业性通讯社。下文将详细分析这两类通讯社。

综合性通讯社。俄罗斯所有大型通讯社——塔斯社、"今日俄罗斯"国际通讯社、国际文传电讯社均属综合性通讯社，因为在其网站和信息流上发布的信息涵盖大众传媒所能报道的全部主题：经济与金融、政治与社会问题、事故与犯罪、文化与体育、社会名流生活等。综合性通讯社主题范围的拓宽也得益于其专业信息流、相关网站以及专题网络项目。专业性通讯社往往选择1—2个主题领域，对上述领域进行详细分析或报道最为重要的新闻，并针对目标受众着重关注某些方向。专业性通讯社的信息规模（单日简讯数量）远低于综合性通讯社：

专业性通讯社通常发布30—100条新闻，而大型通讯社的消息数量则以成百上千计。

塔斯社（俄罗斯通讯社[①]，itar-tass.com）凭借最大型的记者网络、一系列独家权利以及极其丰富的档案库，在政治类资讯传播领域构建起主要新闻流轮廓。在认识到时代挑战后，该社员工开展了一项重大工作，对其整个产品线进行现代化改造，引入全新的主题和方向。塔斯社用6种语言发布100多种信息产品，涵盖国内外政治、经济、社会、文化以及体育生活。该社单日传播信息规模共计300个报纸版面。塔斯社网站正在有效运营，是同类中技术含量最高的网站之一。网站每日发布数百条新闻消息、数十则照片与视频材料以及现代化信息图表。塔斯社–新闻摄影是俄罗斯和独联体国家历史最悠久的专门发布图片新闻的机构。作为国内规模最大的照片档案库，库内存有数百万张照片和底片，每年新增数十万张数码照片。

数十年来，塔斯社将国内新闻传统与海外大众传媒成果融洽结合起来。其记者网络在俄罗斯所有通讯社中独一无二，在世界63个国家设有68个海外办事处，在俄罗斯设有70个区域中心和记者站。该社超过1500名员工实时创建全球正在发生的事件全景。塔斯社独有的信息咨讯库成立于1918年，库内包含700多万份文件，能够在几秒钟内为任何一则新闻附上具有现实意义的史实。自2014年9月1日（塔斯社创办日）起，这一主要的国有通讯社品牌发生了变化：恢复"塔斯社"这一历史名称。作为俄罗斯历史最悠久的通讯社，其新名称被视为专业化、力求实现团队自我发展、意在保留并发扬其优良

[①] Информационное агентство России，简称"俄通社"。——译者注

传统的象征。

"今日俄罗斯"国际通讯社（2014年前为俄罗斯"新闻"通讯社[①]，rian.ru，其网站保留2014年前的这一名称）在苏联解体后发生了极大变化，历经数次重组，此前该社曾创立自己的有效理念并占据特定的新闻通讯领域。此项任务十分艰巨：俄通社－塔斯社这一国有全国性通讯社已然存在，另一家在理念上与之对立、实际上也是全国性通讯社的国际文传电讯社则已成为主要的商业经济类资讯供应商。短时间内，俄新社成功找到了第三条路——积极利用新兴信息技术收集和传播新闻。信息活动的标准是及时性、客观性、可靠性以及见地；主要关注点在于引入多媒体技术、融合并掌握当代新闻业实践经验。该社编辑部不断在新闻形式上做出尝试。近年来，俄新社已成为俄罗斯领先的多媒体通讯社。其现代化的新闻编辑部在俄罗斯独一无二，创立于2008年1月。最先进的新闻资讯收集、处理和发布技术在这里得以展现。其多媒体网站是俄语互联网上访问量最大的新闻资源之一。"今日俄罗斯"国际通讯社的外语网站在专门报道俄罗斯事件的新闻资源中位居前列。该社还在移动内容产品生产方面遥遥领先。其经验表明，国有地位并非当今活跃高效活动的阻碍。2013—2014年，俄新社重组，取而代之的是"今日俄罗斯"国际通讯社，其主要目标是在兼顾俄罗斯地缘政治观点的同时，为俄罗斯和其他国家制定国际事件的本国新闻议程，保持独家性，深耕选题。新组建的通讯社使所有海外意向方能够直接获取与莫斯科当局立场和利益相关的一手资讯，而非仅仅来自外国同行的阐释。该社在俄罗斯国内市场上也十分

[①] РИА «Новости»，简称"俄新社"。——译者注

活跃。

"今日俄罗斯"（Russia Today，russian.rt.com）是其同名国际通讯社旗下的新闻电视频道，其活动原则接近通讯社运营特点，尤其是考虑到当代通讯机构的多渠道性及其功能的综合性时尤为如此。今日俄罗斯电视网包括：3个电视频道，用英语、阿拉伯语和西班牙语从莫斯科向世界100多个国家全天候播送资讯；"今日俄罗斯－美国"和"今日俄罗斯－英国"频道，由位于华盛顿和伦敦的自有工作室播送；今日俄罗斯纪录片频道；视频新闻通讯社RUPTLY，为世界各地电视频道提供独家材料。今日俄罗斯频道在全球拥有7亿观众。今日俄罗斯是YouTube视频托管平台上的领先新闻类电视频道，是该平台上首个创下10亿次观看纪录的新闻类电视频道，所有账号总浏览量超过20亿次。2012年，"今日俄罗斯"推出俄语信息门户网站、全天候知识普及类俄语电视频道"今日俄罗斯－纪录片"，可通过卫星、付费电视网以及互联网收看。今日俄罗斯俄语频道在社交媒体中处于领先地位。

国际文传电讯社（Интерфакс，"国际文传电讯社"国际资讯集团，interfax.ru）是一家综合性通讯社，其近20年来业务优先方向为专业财经类资讯。在全球化进程和技术进步背景下，随着俄罗斯和独联体国家的经济发展，外国投资者对上述国家关注度不断增强，促使国际文传电讯社开创出超越国内市场影响的产品。自20世纪90年代初以来，该社成为国际社会获取俄罗斯和独联体即时资讯的主要来源，在外国刊物中该区域相关消息援引量方面排名领先。近年来，国际文传电讯社还赢得了欧洲新兴市场和中国政治类、金融类新闻主要供应商的地位。

该社架构包括数十个部门，提供新闻、分析服务、市场数据、基础信息，制定议程方案，开发数据库。国际文传电讯社引以为豪的项目有 SPARK 和 SCAN 数据库、征信所、评级机构、涵盖金融市场和其他经济部门的主要细分领域有关信息服务。该社合作伙伴包括路透社、穆迪、邓白氏、益百利、美国商业资讯以及律商联讯等全球商业的主要代表。国际文传电讯社是首家被列入全球专业金融类资讯市场年度回顾《内部市场数据参考》的俄罗斯通讯社。目前，国际文传电讯社在为客户提供新型产品和服务的同时，继续集约化发展。该社已成为独联体最大的多元化私营资讯集团，是俄罗斯商业类大众传媒领域信息市场公认的领导者。

除"三巨头"外，以网络通讯社为主的其他通讯社也获得集约化发展——它们发展路径十分复杂，加剧了大型通讯社之间的传统竞争，引发了新问题，使通讯社发展整体进程日益多样化。

从概念上看，领军通讯社的主要信息产品较为相似，包括头条类信息流、摘要版本、打包资讯、专题类信息流、通报和电讯稿、多媒体和移动产品——但是，新闻呈现形式、传播方式、编排、组合特点、针对性、完整性、及时性都不尽相同，与通讯社的市场定位息息相关。信息策略作为通讯社竞争的基础，保障其产品在大众传媒上援引量所决定的通讯社排名。表 5.1 相关数据展示了国家通讯社产品的内容特征（由网站专栏反映出）。由此可见，信息流的主体部分是相似的，但其主题具有不同的优先等级。

表 5.1 国家通讯社的内容模式

通讯社	共性信息流/专栏	优先主题
俄新社	政治、社会、经济、世界、体育、科学、文化	事故、不动产、宗教、旅游
国际文传电讯社	要闻、俄罗斯、世界、经济、体育、文化	莫斯科
塔斯社	国内、政治、国际全景、经济与商务、社会、事故、体育、文化	国家项目、不动产、小生意、军队和国防工业综合体、太空、区域专栏

资料来源：各通讯社网站

若对国家通讯社网站进行分析，则可看出其相似性（见表5.2）。

统计结果首先表明，各通讯社平均单日发布的新闻数量不同。国际文传电讯社在网站更新频率上低于俄新社和塔斯社，平均每11—12分钟发布一则新闻；而塔斯社平均每分钟发布一则新闻，俄新社平均每3分钟发布一则新闻。通讯社材料在大众传媒和社交网络上的援引数据同样令人十分感兴趣（见表5.3和表5.4）。

表 5.2 通讯社网站上的新闻主题专栏情况

（日均值，%，N——网站上的单日新闻数量）

通讯社	政治	社会	经济	国际生活	文化	科学	事故	体育	其他（不动产、宗教、旅游、区域等）
俄新社（N=662）	6.1	17.5	9.1	23.4	2.4	3.9	13.4	13.0	11.2
塔斯社（N=1017）	6.9	16.7	20.5	12.0	2.3	3.7	9.3	11.5	17.5

续表

通讯社	政治	社会	经济	国际生活	文化	科学	事故	体育	其他（不动产、宗教、旅游、区域等）
国际文传电讯社（N=131）	19.3	15.8	14.5	29.0	4.6	–	–	9.9	7.6
平均值	10.8	16.7	14.7	21.5	3.1	2.5	7.6	11.5	12.1

资料来源：作者自制、各通讯社网站

表5.3　2018年大众传媒上援引量排名前三位的通讯社

大众传媒	援引指数
俄新社	156 122.1
塔斯社	150 394.2
国际文传电讯社	65 436.8

资料来源：媒体学、mlg.ru

表5.4　2018年社交媒体上援引量排名前三位的通讯社

大众传媒	超链接数量
俄新社（ria.ru）	14 808 073
塔斯社（tass.ru）	3 886 677
Ura.ru（ura.ru）[①]	2 122 990

资料来源：媒体学、mlg.ru

上述数据表明，通讯社是最受欢迎的媒体资源。通过比较俄罗斯主要通讯社的地位，可以断定，它们已成功解决全球性与国家性两者间的矛盾。尽管发展方向不同，且具有不同的经营模式和内容模式，但是上述通讯社都能在市场上发挥自身的竞争优势。具体而言，塔斯

---

① 成立于2006年，专门报道乌拉尔联邦区和彼尔姆边疆区新闻，号称乌拉尔地区最大的在线大众媒体，其中央编辑部位于叶卡捷琳堡。——译者注

社利用了独特的基础设施、档案库、数据库以及新闻摄影;"今日俄罗斯"国际通讯社专注于多媒体技术,且在该领域处于领先地位;国际文传电讯社自创立之初就作为商业公司发展,在不断壮大的市场中首先认识到商务类资讯具备传播潜力。尽管存在种种差异,"三巨头"均依靠现代化新闻技术努力跟随信息服务发展的世界趋势。它们每年都会为市场提供一些高新科技产品,其竞争实则有利于消费者。

专业性通讯社。此类通讯社聚焦于一种(或相关)主题议程,且通常面向特定消费者群体。其专业化水平取决于具体理念。如今,绝大多数专业性通讯社在网络上运营。例如,俄罗斯商务咨询(РосБизнесКонсалтинг,简称РБК)和社会资讯社(Агентство социальной информации,简称АСИ)等通讯社是俄罗斯传媒空间相互对立的板块,并吸引着构成和数量截然不同的受众群体。市场关系的发展催生巨大且不断增长的财经类资讯需求。20世纪90年代初,俄罗斯市场上出现了数十家以财经类新闻为代表的通讯社。

俄罗斯商务咨询("俄罗斯商务咨询"信息系统,rbc.ru)作为俄罗斯首家专门提供商务类资讯的通讯社起家。随后其所有项目均成为重大事件:首家在俄网上创建自有服务器的通讯社(1995年),俄罗斯首家转播国内交易平台交易过程的在线信息系统(1996年),俄网上访问人数排名第一(1998年),俄罗斯首家进行首次公开募股的传媒公司(2002年),俄罗斯首个商业电视台(2003年),首个在CNBC[①]欧洲频道转播旗下周播商务类节目的俄罗斯电视频道,首个

[①] 美国消费者新闻与商业频道(Consumer News and Business Channel)。根据百度百科,1991年前使用美国消费者新闻与商业频道的全名为频道名称,之后只使用CNBC缩写,且不赋予该缩写任何全文意义。——译者注

为 CNN[①] 世界报道栏目定期提供素材的俄罗斯电视频道。

如今俄罗斯商务咨询是在大众传媒不同领域运营的公司集团，涵盖通讯社、商业电视频道"俄罗斯商务咨询－电视"、电子报纸、印刷类大众传媒以及营销传播。俄罗斯商务咨询宣称其主要目标是通过引进高端技术以推动俄罗斯融入世界信息和经济共同体，其在2008—2009年金融危机期间经受住了严峻考验，成为俄罗斯传媒业务适应后工业化经济模式的生动说明。

专门收集和传播文化类资讯，尤其是社会类资讯的通讯社实际上较少。若就财经类新闻通讯机构数量而言，独立财经类通讯社（如俄罗斯商务咨询、Prime、金融监控—新闻）、大型综合性通讯社旗下专门的财经类通讯机构、区域性财经类通讯社共计数十家，而社会文化新闻专长的通讯社总共仅有几家，且通常为非营利组织项目。

对社会文化类倡议的信息支持和持续推进、公民教育、社会团结皆为必要事务，但此类资讯商业潜力不大。这类通讯社生产的产品有其独特之处。在这些产品中，记者试图关注社会上正在发生的事件和俄罗斯知识、创作、社会环境状况。在后转型时期，此类资讯关注度提升，该类通讯社地位得以巩固，但对其而言资金问题经常亟待解决。

社会资讯社（asi.org.ru）是该板块无可争议的领先者。该社每天发布社会重大事件、非营利组织活动、人物命运相关新闻，不含政治与商业、丑闻与犯罪话题新闻。在一些慈善基金会倡议下，社会资讯社于1994年成立，并于独立社会团体在俄罗斯蓄力伊始，对其形成产生了重大影响。社会资讯社顺利发展，且在俄罗斯数十个城市设有

---

① 美国有线电视新闻网（Cable News Network）——译者注

大型记者网络，免费发布可自由访问的新闻，并对其进行实时更新。不同于其他新闻机构，社会资讯社不仅报道本领域消息，而且还积极参与组织活动；发起诸多项目和行动，开展信息教育类运动，以联欢节、会议、圆桌讨论、展览的形式推动社会倡议；制作社会型广告。

此类专业性通讯社的运营差异在其融合实践中尤其明显，这一实践超出了单纯的网站工作范畴。这里指的是在不同的"外部"拓展中使用信息资源。（见表 5.5）

表 5.5 专业性通讯社的融合发展方向

通讯社	专门项目	相关网站	外部扩展
俄罗斯商务咨询	绿色经济、俄罗斯商务咨询+合作项目，等等	BCS 经纪人、汽车、不动产，等等	报纸、杂志、电视频道
社会资讯社	媒体中心、信息图表、资助与竞赛，等等	企业的社会责任、我们的孩子，等等	印刷品（图书、通报）；俄罗斯公共电视台的"活跃人物"项目；组织活动、联欢节、竞赛等

资料来源：作者自制

上述数据表明，各通讯社为自己设定了不同目标：俄罗斯商务咨询致力于为受众提供主题领域广泛的资讯，以多渠道、多方面和大体量来赢得受众，并最大限度满足其信息需求。社会资讯社并未朝此方向努力，而是依靠其他可利用的信息服务；其主要任务是参与公民社会建设，通过传播公民组织状况相关详细信息等方式拓展到非媒体实践中去。

根据所有权性质，通讯社分为国有和私营两类。塔斯社和"今日俄罗斯"国际通讯社属于国有通讯社，国际文传电讯社和俄罗斯商务咨询则为私营通讯社。上述两类通讯社在内容方面并无原则性差别。不可违背的客观性要求适用于所有通讯社。

另一个十分显著的类型差异在于传播力和影响力，这与俄罗斯通讯社试图凸显自身在世界市场中的重要性尤其相关。由此可区分出世界通讯社、国家通讯社以及区域通讯社。我们所谓的跨国通讯社和跨区域通讯社也发挥着一定作用。

世界通讯社能够实现信息流通，即能在世界范围内收集和传播信息。路透社（英国）、法新社（法国）、美联社（美国）均属于此类通讯社。路透社总部位于伦敦，法新社总部位于巴黎，但其发布的来自世界不同区域的消息在几乎所有国家均可读到。如今，上述通讯社已非国家通讯社，而是世界性新闻通讯机构。事实上，世界各地的新闻生产和传播皆由一些最大的跨国公司控制。所有这些公司几乎都由以法国哈瓦斯通讯社（1835年）为起点的早期新闻通讯机构发展而来。

世界通讯社具有国家通讯社和区域通讯社几乎难以企及的竞争力，其主要特点有：活动全球性，信息收集、加工、发布速度快，对技术革新反应迅速，广泛全覆盖的通讯记者和办事处网络，财力雄厚。事实上，近二三十年间，整个信息市场历经全球性变化，而正是世界通讯社决定其主要发展方向。不同的世界通讯社根据信息消费者类型进行了市场划分，因此其业务模式整体上发生了改变。一部分通讯社（美联社、法新社）优先面向其他综合性媒体生产产品；另一部分通讯社（路透社、道琼斯通讯社、彭博社）则将财经机构作为其主要消费者。这种划分主要反映在通讯社信息产品的特点和类型、信息获取和供应技术的运用以及通讯社与客户的关系等方面。

第五章 通讯社

若谈及世界领先新闻生产商的作用及其对各层面信息空间的影响，就不得不提到在全球信息市场上颇有影响力的新闻类电视频道：CNN 国际台、BBC[①] 国际新闻资讯电视频道、欧洲新闻电视台、半岛电视台、CNBC 以及彭博电视频道。如今，上述频道是世界传媒市场上的主要新闻供应商，且经常决定着政治活动家的议程。2015 年前后，今日俄罗斯频道成为全球舞台上颇具影响力的市场参与者，并通过卫星和网络提供可供选择的信息议程。尽管电视网产品直接面向广大受众，但是全球电视网所具备的实时新闻播报这一特点使其更接近通讯社。

在卫星、有线、计算机系统等通讯技术影响下，统一信息空间分阶段形成和发展——国际通讯社在一个半世纪以来发挥了主导作用，后来新闻广播机构的作用有所增强，到上世纪末全球电视网已处于领先地位。如今，上述所有通讯社皆为主要的新闻供应商，旗下的新闻类报纸和杂志等国际出版物包括：《金融时报》《国际先驱论坛报》《华尔街日报》《新闻周刊》《经济学人》。全球电子新闻空间使从媒体系统任一组成部分获取信息成为可能，而上述出版物恰能对该空间进行补充。新闻全球化已成为国际社会生活各领域一体化进程的催化剂；脱离统一新闻空间，任一实质问题都将无法解决。

国家通讯社活动具有显著的国家特征：许多国家都对其信息存在需求，但这种需求主要涉及通讯社"所在国"生活相关的新闻。位于本国的通讯社用户能够获取来自世界不同地区的资讯。据此标准，俄罗斯三大主要通讯社均可被称作国家通讯社。然而在某些情况下，国

[①] 英国广播公司（British Broadcasting Corporation）——译者注

家通讯社影响力超出了本国范围且覆盖更广大地区。例如，俄罗斯"三巨头"塔斯社、"今日俄罗斯"国际通讯社、国际文传电讯社所生产的原苏联地域相关信息就不仅仅在俄罗斯有需求。尽管上述通讯社总部均设在莫斯科，但是白俄罗斯明斯克或摩尔多瓦基什尼奥夫的居民能频繁从其消息中了解到哈萨克斯坦所发生的事件，乌兹别克斯坦塔什干和亚美尼亚埃里温的新闻消费者亦能知晓乌克兰所发生的事件。这意味着上述通讯社的新闻传播已超出一国范围，覆盖大部分原苏联地域。在西班牙埃菲社、德国德新社或中国新华社的活动中也可看到类似特征。根据传播分布地区这一标准，考虑到区域内跨国通讯的建立，可将此类通讯社归为跨国新闻通讯机构。事实上，这类通讯社较为成功，因此具有广大需求，但尚未达到国家通讯社的全球性地位。

最后还有一类通讯社——区域通讯社和地方通讯社。传媒市场区域化是俄罗斯新传媒体系的主要发展趋势之一。于俄罗斯而言，区域议程的重要性不亚于世界议程和联邦议程。俄罗斯传媒空间中新闻市场面临严重失衡问题：无论是通讯社，还是其他大众传媒都偏重于首都和各大城市的新闻及其他即时资讯。外省地域广阔，居住有数百万俄罗斯人，其生活在很大程度上仍不为人知。在俄罗斯，不同区域的自然条件、经济发展水平、民族文化特色各有差异，新联邦制传统刚刚形成，而地方自治还不够发达，且对垂直式和水平式信息通讯需求极大。近几十年来，这方面的活动十分活跃。区域通讯社陆续出现，信息收集、发布、流通的区域不超出2—3个相邻的州（边疆区），甚至是1个州、市或区。在许多大型城市，现今已有多达20—25家面向不同订阅群体、提供不同主题类型信息等的通讯社和新闻机构。小型城市的通讯社数量也在增加。事实上，州、市、区的居民对地方资讯的关注正是此类通讯社出现的原因及其存在的基础。但所有这些新闻通讯机构至今难以满足首都大型传媒公司对"边远地区"资讯的需求,尤其是区域消费者对"水平式"信息的需求。小型独立区域通讯社存在资金匮乏、专业技能水平低下以及地方管理层对其施加政治压力等问题。

区域通讯社正蓬勃发展,并迅速进入地方社区信息中心的角色,同时力图让受众参与到区域变革中来。区域通讯社特点业已形成且不断强化:流通区域明确;内容模式特点表现为不排除联邦议程存在的同时,地方资讯占据明显优势;体裁繁多服务于宽泛主题的资讯;插图特点鲜明;受众能够以作者身份出现;与地方消费市场紧密联系;受众在业余时间从属性参与该行业;互动服务成熟;社会组织调动积极性。区域通讯社构成相当多元化。传统新闻通讯机构的硬性标准遭到破坏,从而推动着城市信息门户网站各种新模式的形成,并导致网站间的竞争。这一年轻市场尚处于形成阶段,"繁殖"过程仍将继续;通讯社作为信息来源,其资源基础也将不断扩大。

例如,在最著名的几家区域通讯社中,阿尔泰新闻出版社旗下的altapress.ru值得关注——这是一家具有不断更新的在线新闻信息流的信息门户网站。"阿尔泰新闻现象"使人们注意到,即使在远离中心区域且资源有限的环境中,也依然可能实现现代化专业媒体管理。记者和管理者们顺利创建了这家成功运营的区域性传媒控股公司,并且吸引了必要资源用于公司发展。

在俄罗斯及其邻国市场,从某些区域收集信息的跨区域通讯社也发挥着显著作用,如俄罗斯波罗的海通讯社、俄新社"新区域"、Regions.ru、西伯利亚新闻通讯社等。尽管上述通讯社产品需求量大,但是区域通讯社却不易跻身主要信息流。尽管如此，对其产品的关注度确有增加。

这样一来，到21世纪20年代初，俄罗斯运营着数百家号称通讯社的各种机构。激烈竞争决定了许多通讯社拥有下列共同的优先发展业务：

• 开发多媒体信息产品并利用现代化手段向消费者（编辑部和受众）提供新闻；

• 通过掌握新兴信息传输技术手段和开发整个技术链，提升消息时效性；

• 调查信息领域并明确受众需求，从而在专题、受众、技术等特点方面进一步提升专业化水平；

• 通过强化营销研究和专家分析性机构业务、不断更新信息产品，进一步了解自身消费者；实现产品多样化；拓宽产品供应方式；

• 通过提高专业技能和技术检索水平，增加消息的可靠性和可信度；巩固和发展当代新闻实践和新闻工作的世界标准；

• 开发可供选择的商业模式，消除免费互联网内容传播所带来的后果。

新兴信息技术发展环境下的俄罗斯通讯社

通信手段及其快速发展对通讯社活动产生了最为直接的影响。如今很难想象，首批通讯社使用信鸽作为最可靠及时的通信手段，即便是在上世纪，塔斯社在某亚洲国家新设的办事处还要求拨款购买驴骡，以加快运输速度。尽可能及时地向消费者传达信息的意愿推动了大众传媒中新技术发明的应用，正是通讯社最先开始使用光导电报（оптический телеграф，使用手旗字母的视觉通讯系统）和电报（通过电线或无线电传输电信号——直到20世纪末，通讯社仍被称为电讯社，这并非巧合）。电报实际上还决定了通讯社新闻处理相关操作流程。

通讯社最早作为印刷机构出现，并以纸质形式传播其产品。随着电报机和电传打字电报机的出现，"信息流"（лента）这一概念产生。该词最初的字面意义是用于接收消息的纸卷。在通讯社实践中，该概念被保留下来，被积极沿用至今，用来命名其主要产品。20世纪70—80年代，电子通信手段开始发展，但其真正革命发生在20世纪90年代。表5.6展现了通讯社使用全新资讯转发方式的进展。

表5.6 通讯社网络化的阶段划分

阶段	融合发展进程的主要内容	通讯社网络活动的特点
第一阶段（1994—1998年）	首批报纸和广播电台网络化；首批纯网络出版物出现。	1994年——综合性资讯频道"国家新闻服务"；1995年——通讯社网站"俄罗斯商务咨询"。
第二阶段（1999—2004年）	多媒体新闻业务获得发展；传统媒体和新媒体之间形成竞争。	2001年——俄新社；包括区域通讯社在内的通讯社大批进入网络化阶段；俄网上出现新闻聚合器。
第三阶段（2005—2008年）	互联网大众传媒受众不断增加且黏性增强；互联网大众传媒主题覆盖面拓展；首批移动版报纸出现；可视化内容形式得到普及；博客圈取得发展，公民媒体开始活跃。	没有传统离线"母平台"的专业性新闻通讯机构开始拓展；领军通讯社成为主要网络新闻供应商；转向用户内容。

续表

阶段	融合发展进程的主要内容	通讯社网络活动的特点
第四阶段（2009年至今）	多媒体形式繁荣发展；"电视政治"；新闻初创公司；新型体裁飞速发展。	直接面向广大受众的多种形式和体裁继续发展；互动性；专门项目；控股公司旗下平台融合发展；内容再利用。

资料来源：*Полынов В. А.* Информационные агентства в сетевом пространстве: системные характеристики // Социально-гуманитарные знания. 2018. № 8. С. 130.

如今，通讯社利用一切可供使用的通讯种类，不断完善采编、传递方式以及消费者接收消息的形式。现代通讯技术简化了通讯社内部生产流程，并最大限度提高了新闻供应效率。

通讯社网站明显改变了新闻市场的整体格局。实质上，传统上通讯社被定义为不直接向广大受众提供产品的特殊大众传媒，是"基础设施型"大众传媒（«инфраструктурные» СМИ），这一定义需被重新认识。当前具有现实意义的是以下定义：通讯社是将自身与"通讯社"这一概念相等同的传媒企业，主要生产独家新闻内容，且拥有双重类型属性——吸引公众，并为其他大众传媒保留自身的基础设施性作用。

由于技术变革，几乎所有俄罗斯通讯社都实现了网络化。通讯社网站的不同模式也已形成。其中一些网站能够提供极其广泛的信息选择，且最大限度地拓展了通讯社的传统潜力——"今日俄罗斯"国际通讯社的网站即是鲜活例证；国际文传电讯社等其他网站则在利用新兴技术资源的同时，力图保留该类通讯社的专长。

2004—2013年间，"俄罗斯'新闻'通讯社"集团成为俄罗斯国内领先的多媒体控股公司之一。俄新社旗下有涉及 22 种语言的 40 多种互联网资源和 6 家通讯社。俄新社所有互联网资源受众总计超过 2000 万人次，社交网络及服务受众达 600 万用户。该社创建了信息图表工作室和视频资讯编辑部各 1 个，聚焦于照片带和视频题材、信息图表、全景视频、互动视频、直播等多媒体形式。该社发起了一些教育项目，在此框架内举办了以新闻中心为基础的主题活动和比赛，还启动了社交互联网项目。俄新社是多个专家平台的发起者和活动组织者，其中主要平台有"瓦尔代"国际辩论俱乐部、"未来媒体"年度国际论坛以及"未来智慧城市"论坛。

同时，国际文传电讯社网站则力图保有通讯社特点：设专栏、延伸报道、采访、评论、新闻发布会报告、评论，即就体裁而言，该网站比通讯社的传统信息产品更加广泛，但新闻仍占据主要地位。

如今，创新型技术体现在媒体生产的主要环节——内容创作方面。俄罗斯主要通讯社紧跟世界通讯社步伐，正在开发自动化技术；通讯社率先采用人工智能程序。类型化和自动化是其两大开发方向。前者是指能够自动形成信息流，即根据相应领域发布新闻。文本生成主要集中在商务资讯领域：离散数值型 / 表格型数据的处理——货币汇率、预算执行报告以及（交易所买卖的）数据流报告。自动化程序由记者进行操作。国际文传电讯社也正积极开发自动化消息生成；该社附属网站上有不少带标记消息。可以预见，通讯社未来仍将走在技术革新研发的最前沿。

以通讯社为首的大众传媒为快速传播自身内容，在大众传媒社交网络出现伊始便开始利用这一平台。为使该渠道有效运作，这些大众传媒对某些网络受众进行了社会学调查，在考虑受众需求的同时，深入研究了材料呈现形式。因此,近五年来,大众传媒编辑部一直积极发展社交媒体营销(SMM[①])部门,其主要任务是提升读者对社交网络社群中所发布材料的关注度。

通讯社网络化带来新的发展机遇,对通讯社活动产生多方面影响。一方面,带来十分明显的积极变化。通讯社网站被划分为独立的结构单位,互联网上免费新闻内容开始传播,移动电话服务获得发展,在此背景下通讯社的某些产品开始直接面向广大受众,这使得新闻质量在内容和形式方面均得到显著提高。另一方面,产品易于获取导致复制粘贴无处不在,信息渠道阻塞不通,互联网环境中垃圾信息不受控制地成倍增加。传统通讯社以特殊商业模式得以生存,而照搬内容则严重破坏了它们赖以生存的经济基础。由此可见,新媒体环境为通讯社带来了不少挑战。如今改写现象——即在借鉴其他资源的基础上创作新闻消息,十分普遍。在改写基础上运营的新闻机构有 Lenta.ru 和 NEWSru.com。

总之,2010—2020 年间俄罗斯通讯社最重要的发展成果就是建立国家通讯社体系,根据世界专业标准生产新闻产品。2008—2009 年金融危机期间,俄罗斯最大的几家通讯社有赖过去几十年间的积累,呈现出一定的抗压性。上述通讯社采取的行动展现出其对现代媒体市场需求的理解和发展战略效能。俄罗斯通讯社发展的主要方向如下:

• 发展现代多媒体技术,生产移动内容;

• 在新闻创作与理解上融合世界专业标准与国家特色;

• 在世界、联邦和区域议程之间,在政治、商务资讯、社会文化

---

① SMM 是 Social Media Marketing 的简称。——译者注

新闻以及娱乐资讯等主题领域之间，寻求平衡；

• 积极开发文本自动生成技术和其他人工智能系统利用形式（自动化）；

• 解决商业模式各部分之间的矛盾，开发新模式；

• 探寻免费内容的问题解决方案、与搜索引擎的竞争优势；

• 巩固自身在世界信息市场中的地位。

俄罗斯通讯社体系经历根本变革，正蓬勃发展。时至今日，该体系成功解决了一系列十分复杂的问题，积累了专业经验，提升了安全系数。秉持技术与专业革新策略，通讯社必将解决其他问题，同时保持自身在本国信息市场中的领先地位。

思考题

1. 俄罗斯首家通讯社诞生于何时？
2. 当前通讯社发展有哪些主要趋势？
3. 通讯社活动有哪些特点？近十年来，这些特点发生了何种变化？
4. 为何很多通讯社产品的名称中会出现"信息流"一词？
5. 何种因素决定着世界通讯社的运营特点？
6. 何种标准决定着通讯社的内部差异？
7. 哪些俄罗斯通讯社属于"三巨头"？
8. 综合性通讯社和专业性通讯社有何区别？
9. 跨区域通讯社的活动有何特点？
10. 进入网络空间后，通讯社运营发生了何种变化？

推荐阅读

Бойд-Барретт О., Рантанен Т. Агентства новостей. Глобальные и национальные агентства новостей: возможности и проблемы в век Интернета//Медиа / Под ред. А. Бриггза, П. Кобли; пер. с англ. Ю. В. Никуличева. М.: Юнити-Дана, 2005. С. 66–81.

Вартанова Е. Л., Вирен Г. В., Фролова Т. И. Типология информационных агентств//Вестн. Моск.ун-та. Сер. 10. Журналистика. 2013. № 3.

Вирен Г. В., Фролова Т. И. Информационные агентства. Как создаются новости. М.: Аспект Пресс, 2015.

Лащук О. Р. Рерайтерские новостные сообщения: создание и редактирование. М.: МедиаМир, 2013.

Полынов В. А. Информационные агентства в сетевом пространстве: системные характеристики // Социально-гуманитарные знания. 2018. № 8. С. 128–140.

Рантанен Т. Глобальное и национальное. Массмедиа и коммуникации в посткоммунистической России: монография / Отв. ред. Е. Л. Вартанова. М.: Изд-во Моск. ун-та, 2004.

Сапунов В. И. Зарубежные информационные агентства. СПб.: Изд-во Михайлова В. А., 2006.

Фролова Т. И. Гуманитарные контент-модели в практике российских информационных агентств // Медиаскоп. 2014. Вып. 2.

Vartanova E., Frolova T. News agencies in Russia: Challenging old traditions and new media// News Agencies in the Turbulent Era of the Internet / Ed. by O. Boyd-Barrett. Government of Catalonia, Catalan News Agency Barcelona, 2010. P. 259–282.

Vartanova E., Vyrkovsky A. Between the state and the market: An analysis TASS' fall and rise // Journalism. 2020. P. 1–17.

第六章 广　播

俄罗斯当代广播业的形成

俄罗斯社会转型进程，及由其引发的改革后期大众传媒领域国家垄断的消亡，成为俄罗斯当代广播业形成的共同驱动力。苏联《出版与其他大众传媒法》（1990年）和后来的俄联邦《大众传媒法》（1991年）的出台保障了首批独立广播公司的出现。1990年4月30日，两家苏法广播电台——中波广播"怀旧－莫斯科"（后来的俄罗斯怀旧广播）、超短波和中波广播"欧洲＋莫斯科"（后来的欧洲＋）在莫斯科开播。这一天是俄罗斯商业广播电台的正式诞生之日。1990年8月22日，M广播电台（后来的莫斯科回声）在中波波段开播。1991年，斯塔斯·纳敏中心作为第四家私立电台成立，开始转播包括英国广播公司在内的广播节目。1990年12月，俄罗斯苏维埃联邦社会主义共和国的主要国有电台——俄罗斯广播（第一号键）成立，并加入全俄国家广播电视公司。

1990—1995年间，仅在莫斯科就出现了30多家播出内容各异的电台，且以音乐类商业电台为主，其中包括法国M广播、摇滚广播、极限、商务浪潮、101广播、声望广播、俄美英语项目"第七广播"（后来的七丘上的第七广播）、2×2开放广播、首家女性广播电台"希望"、汽车广播、谈话类电台"全景"和"缩影"、文艺类电台"艺术广播"等。彼时俄罗斯的超短波调频广播开始蓬勃发展。1995年,音乐谈话类广播电台"银雨"和音乐电台"罗斯广播"创办,提高了国产音乐在电台中的播放量。以金融工业集团为中心的大众传媒合并逐渐拉开帷幕。1994年,古辛斯基的桥集团成为莫斯科回声广播电台的所有者。1995年以前,在国有广播播放领域与全俄国家广播电视公司(旗下有俄罗斯广播)并存的还有奥斯坦基诺广播电视公司(旗下有第一广播——后来的文化广播、灯塔、青春以及俄耳甫斯)。

1996—1998年,资讯类控股公司继续蓬勃发展。"欧洲+"广播电台于1996年开设了复古广播,为欧洲媒体集团未来成为广播市场巨头奠定了基础。同年,罗斯广播创立了经典广播,俄罗斯媒体集团广播控股公司由此起步。1997年,古辛斯基创建了桥-媒体私营控股公司,除莫斯科回声外,随后其旗下还纳入了Do广播、商务浪潮以及体育调频。

1998年,别列佐夫斯基与默多克共同创办了洛戈瓦兹新闻集团,其首个项目为"我们的电台"。与此同时,国家广播业显著呈现集中化态势。根据俄联邦总统令《关于组建国家电子类大众传媒统一生产技术综合体》(1998年),俄罗斯广播、灯塔、青春、文化广播等在全俄国家广播电视公司基础上进行合并。此前一年,俄罗斯内务部也成立了自己的广播电台"民警浪潮"(旗下包括斯拉夫妇女广播)。

2000年,作曲家克鲁托伊(ARS集团公司所有者)创办广播电台"爱广播",由此开创了克鲁托伊媒体控股公司。同年,俄罗斯媒体集团开始强势崛起:设立了蒙特·卡罗电台、女性电台"探戈"以及第二罗斯电台,收购了极限和热曲调频电台。俄罗斯媒体集团还将101电

第六章 广 播

台重组为青年流行音乐电台"高燃"（后为舞蹈调频）。

2001年，由于桥－媒体控股公司被清算，其所有广播电台均转由新的所有者"俄气－媒体"（俄罗斯天然气工业股份公司，以下简称"俄气"，后为"俄气银行"）旗下。该公司在现有频率基础上推出了两个新电台——第一流行广播和三套车。同年，经典广播和爵士广播创办，作为乌瓦罗夫的阿诺德一流集团控股公司组成部分，而摇滚电台则将频率让给了新的市场参与者香颂广播。

2003年，在波塔宁的专业媒体控股公司架构下成立了专业媒体广播公司，联合汽车广播、探戈（后为能量，此后为国家青年电台[①]）、新闻在线（后为迪斯科，此后为幽默调频）、俄罗斯歌曲（后为阿拉，此后为罗曼蒂克）等一系列电台。此种形式更迭的趋势也涉及国有板块——广播电台"灯塔"和"青春"（后为青春调频）进行了重组，2004年成立了俄罗斯广播－文化。

2006年，欧洲媒体集团收购了七丘上的第七广播和旋律电台，后者取代了谈话类电台"自鸣钟"。自2004年以来，该控股公司的唯一所有者均为法国传媒公司"拉加代尔"。但拉加代尔在俄罗斯的广播业务于2011年被西伯利亚商务联盟公司收购，之后又于2016年被乌拉尔矿业冶金公司收购。

2005—2009年，在音乐电台过剩存在"克隆"现象的背景下，资讯谈话类广播发展迅猛。俄罗斯媒体集团（主要投资者为卢克石油集团旗下机构）此前已把第二罗斯电台改组为俄罗斯新闻服务，创办了隶属俄罗斯联邦国防部的国有谈话类广播电台"星"（后为星调频）。

[①] NRJ，National Radio de Jeunes的简称，为法国知名广播电台。——译者注

2006 年，"大广播"开播（由英国广播公司俄语分部和俄罗斯之声共同播送节目），一年后该频率被另一家谈话类广播"Finam 调频"占用。2006 年，俄气－媒体推出了都市谈话类广播电台"城市调频"和"轻松调频"项目，而 2007 年该控股公司又创办了儿童广播。2007 年，在盖达马克的联合媒体控股公司架构下，阿森纳电台（莫斯科回声的子项目）改组为商业类电台"商务调频"，而欧洲媒体集团开设了凯克斯调频。2008 年，乌斯马诺夫（USM 集团所有者）创办了学生电台"牛顿调频"（后为生意人调频）。面向这一受众群体的还有清新广播（隶属欧洲媒体集团）和教育文化类电台"长柄眼镜"。2008 年，全俄国家广播电视公司开设了资讯类电台"消息调频"，与此同时，共青团真理报社（隶属 ESN 集团公司）开设了共青团真理广播。

在整合"我们的广播"、"最佳调频广播"、"摇滚调频"以及"我的家庭"基础上，博格丹诺夫的多媒体控股公司于 2010 年组建。已隶属于利辛（新利佩茨克冶金联合企业所有者）的联合媒体控股公司（后为俄媒体）创立了巧克力广播，从而取代了电影调频/98 热曲。2012 年，俄气－媒体创立了喜剧广播，而莫斯科媒体控股公司（隶属莫斯科市政府）开设了一家由今日俄罗斯－莫斯科调频（后为首都调频）团队提供内容的英语电台。

2012 年，古采里耶夫（罗斯石油、萨夫马尔所有者）旗下机构从列别杰夫（国家储备公司所有者）手中收购了电台业务，由此创办了春天调频和东方调频。2013 年，古采里耶夫还收购了克鲁托伊媒体控股公司（旗下包括避暑屋电台、爱广播以及出租车调频）、Finam 调频以及 RU.FM 电台，此后又在 2015 年将香颂广播纳入麾下。2014 年，莫斯科播报电台开始在 RU.FM 的频率上播放，而先前取代 Finam 调

第六章 广 播

频的首都调频电台最终被改组为俄罗斯热曲，由一些俄罗斯演艺明星共同所有。

2013年，根据俄联邦总统令，撤销俄罗斯之声广播公司。该公司前身是苏联部长会议国家广播电视委员会下设的对外广播。一年后，卫星国际电台在此基础上成立，目前隶属"今日俄罗斯"国际通讯社控股公司。

2014年最引人注目的事件莫过于俄气-媒体收购了专业媒体广播公司的所有资产。为了管理庞大的广播业务，该控股公司组建了单独的部门"俄气-媒体广播"。很快，资讯谈话类的城市调频广播改组为喜爱调频。同年，欧洲媒体集团收购了路途广播，并推出了自有项目"体育调频"，有一些赞助者出资在原"经典"电台频率上创建了"信仰广播"项目，而爵士广播则被多媒体控股公司收购。

2015年，俄罗斯媒体集团所有者变更以丑闻和法庭审理告终：以IFD资本为代表的卢克石油将其控股部分出售给国家演出公司。此次交易未考虑该业务其他共同所有者（科热夫尼科夫）的利益，且改变电台内容倾向的计划引发了许多音乐界人士的负面反响。同年，全新文学类项目"图书广播"（在拉斯托尔古耶夫制作中心支持下）开播。

2018年，欧洲媒体集团决定将体育调频广播电台改组为21工作室项目，最佳调频广播电台被阿加拉罗夫收购，取而代之的是火热调频。

总之，截至目前，俄罗斯广播市场中已形成7家领先的控股公司，包括一系列所谓的广播电台网（见表6.1）。与此同时，一些广播公司（银雨、信仰广播、大都会调频等）则保持独立。在区域性（跨区域性）联合电台中，塔夫林名下的快选广播集团和格拉霍夫名下的C广播控股公司值得关注。

表 6.1 2018 年俄罗斯全国性广播控股公司结构

控股公司	广播电台
欧洲媒体集团	欧洲+、复古调频、路途广播、第七广播、21 工作室/体育调频、新广播
GPM 广播	莫斯科回声、汽车广播、幽默调频、国家青年电台、罗曼蒂克、喜爱调频、喜剧广播、轻松调频、儿童广播
全俄国家广播电视公司	俄罗斯广播、灯塔、消息调频、俄罗斯广播-文化
俄罗斯媒体集团	罗斯广播、极限、热曲调频、舞蹈调频、蒙特·卡罗
克鲁托伊媒体	避暑屋、出租车调频、爱广播、东方调频、春天调频、俄罗斯热曲
多媒体控股公司	我们的广播、摇滚调频、爵士广播
俄媒体	商务调频、巧克力广播

资料来源：各公司资料

广播系统主要细分领域

联邦通讯、信息技术与大众传媒监管局官方登记数据显示，截至 2018 年底，俄罗斯已颁发近 3200 张广播经营许可证。这一事实从总体上表明，该领域已十分饱和。但与传媒体系其他任何部分一样，国内广播业也是从事各类业务的相关参与者的复杂集合。各参与者都在价值链中发挥自身作用，并对其协作方产生一定影响。总体来说，广播系统可分为 5 个主要环节。

广播电台。广播电台无疑是该领域的关键环节，原因在于，其一方面生产和包装有声内容，持有广播经营许可证并与听众互动，另一方面又通过投放广告和接受其他类型资助来充当货币化中心。此处需要注意的是，并非每家广播电台都像银雨隶属银雨广播电台有限责任公司一样，一定是独立的组织。一个商业实体完全可以同时支持多家广播公司业务（如消息调频、灯塔、俄罗斯广播以及俄罗斯广播－文化均隶属联邦国家单一制企业全俄国家广播电视公司）。同时，广播电台播放品牌并非总是与法人官方名称一致，但电子类大众传媒创办者和广播经营许可证持有者通常为同一机构。

全俄电台主要按照网络化原则发展，与国内不同区域的电台一同构成常设广播联合体。欧洲＋、罗斯广播、汽车广播等构成了包含数十家参与者在内的庞大网络。主要（首都）广播机构及其区域合作伙伴通常由特许经营关系（许可协议）联系起来。一些区域性电视台同样按照该网络化原则运作（参见第七章《电视》）。与电视业一样，此种广播组织体系对参与者而言是互惠互利的：可以用全国性广播品牌和节目产品换取地方听众和广告商。

俄罗斯尚未在全国层面形成广播内容（即广播节目）制作者这一独立细分领域。如果拥有自己的原创广播产品，则广播公司主要独立对其进行制作，因而需雇用成熟的编辑团队。在个别情况下，一家大型广播公司框架下会划分出一个专业部门，为管理电台的整个团队提供节目产品（如多媒体控股公司下设的国家新闻服务部）。

通讯运营商。在俄罗斯，大多数情况下由国有专营者联邦国家单一制企业俄罗斯广播电视网向听众收音机实施无线电信号的技术传输，广播电视传输中心天线杆设施上的2700多台发射器皆由该企业管辖。对广播公司而言，信号传输服务需付费，其资费取决于地理覆盖范围、频率波段等诸多转播参数。最初，俄罗斯广播电台至少局部地使用过全部可用的广播波段。但时至今日，长波、中波以及短波频段实际上已不再转播（其中最后一批停止使用以上波段的为全俄国家广播电视公司旗下广播电台）。目前，广播电台仅在超短波频段上运营。而且仅为部分超短波调频频段，也就是最为常用的国际无线电咨询委员会调频（频率为87.5—108.0 MHz）和极少使用的国际广播电视组织调频（频率为65.9—74.0 MHz）。地面无线广播也以类似形式运营。（见表6.2）

表6.2　2018年莫斯科资讯谈话类广播电台转播体系

广播电台品牌	广播公司	使用波段/多路传输	占用频率/频道
商务调频	新闻媒体有限责任公司	超短波	87.5 MHz
消息调频	联邦国家单一制企业全俄国家广播电视公司	超短波，第一数字多路传输器	97.6 MHz，第三广播频道
生意人调频	生意人股份公司	超短波	93.6 MHz
共青团真理	共青团真理报社股份公司	超短波	97.2 MHz
灯塔	联邦国家单一制企业全俄国家广播电视公司	超短波，第一数字多路传输器	103.4 MHz，第二广播频道
星广播	俄联邦武装力量广播电视公司"星"开放式股份公司	超短波	95.6 MHz
俄罗斯广播	联邦国家单一制企业全俄国家广播电视公司	超短波，第一数字多路传输器	66.44 MHz，第一广播频道
银雨	银雨广播电台有限责任公司	超短波	100.1 MHz

续表

广播电台品牌	广播公司	使用波段/多路传输	占用频率/频道
体育调频/21工作室	体育媒体有限责任公司	超短波	93.2 MHz
莫斯科回声	莫斯科回声封闭式股份公司	超短波	91.2 MHz

资料来源：联邦通讯、信息技术与大众传媒监管局，各公司资料

除无线广播外，个别广播电台仍使用有线传输方式（在一些居民点，俄罗斯广播、灯塔以及其他一些广播公司隶属俄罗斯广播与预警网络的广播网）。此外，俄罗斯广播、灯塔以及消息调频拥有专有技术地位。原因在于，根据 2009 年 6 月 24 日第 715 号俄联邦总统令《关于义务性大众广播电视频道》，上述电台属于第一数字多路传输器。整个俄罗斯广播业（以 DRM 形式）向数字信号无线传输的转型，尚未得到业界及俄联邦数字发展、通讯与大众传媒部的合理化认可。

音乐著作权管理组织。对音乐作品著作权及邻接权进行集体管理的专门化组织是广播业"生态系统"中的重要环节。在俄罗斯，上述组织主要包括俄罗斯著作权协会和全俄知识产权组织，均为受俄罗斯联邦文化部委托的非营利性社会组织。其主要职责是保护版权并从音乐发行商（包括广播公司）处收取版税，从而维护录音制品表演者和生产者的利益。上述协会、组织与俄罗斯国内外权利人签订的许可协议数以千计。广播电台也需与他们就必要的音乐作品（专辑、目录）签订许可协议，并通过"一站式"系统从收益中扣费。其资费取决于电台播出地域、音轨类型、轮播量等因素。通常情况下，权利人正是

从俄罗斯著作权协会和全俄知识产权组织处获得报酬。有时也可依照"广播公司—权利人"这一流程直接签订协议。电台未经法律正式授权使用音乐作品为非法行为，可能导致诉讼。

广告代理商。与传媒体系其他细分领域一样，广播电台的广告投放通常是在中介帮助下，即通过广告代理商实现的。为广告主客户筹办业务的采购代理商达数十家，其中既有超大型企业（哈瓦斯传媒、极致传媒、伟视捷等），也有十分小型的机构。售卖广告资源（库存）的电台销售代理商数量则更加有限。通常，每家大型广播控股公司都有自己的销售部门（欧洲媒体集团旗下的媒体＋、俄罗斯媒体集团旗下的俄罗斯媒体集团服务、多媒体控股公司旗下的杰姆等），在总体广播项目框架内销售隶属不同网络的电台广告资源。在国家广告联盟这一组织的领导下，广播广告销售甚至呈现出整合化趋势。

听众评测机构。媒体视野（Mediascope）公司一直以来垄断俄罗斯广播听众评测体系（早前为 TNS 俄罗斯）。自 2000 年起实施的广播指数项目框架下，目前在全俄范围内和单独在 25 个大城市中面向 12 岁以上人群开展听众偏好研究。该评测根据次日广告回忆法，对受访者进行电话调查。因此，作为 Mediascope 商业客户，广播公司和广告代理商收到广播主要媒体评估指标（一刻平均听众数、一刻平均占有率、收听时间、收听率）有关统计数据后，据此进行电台节目编排、广告活动规划与评估。上述统计数据由社会学家进行收集和整理。（见图 6.1）

单位：%

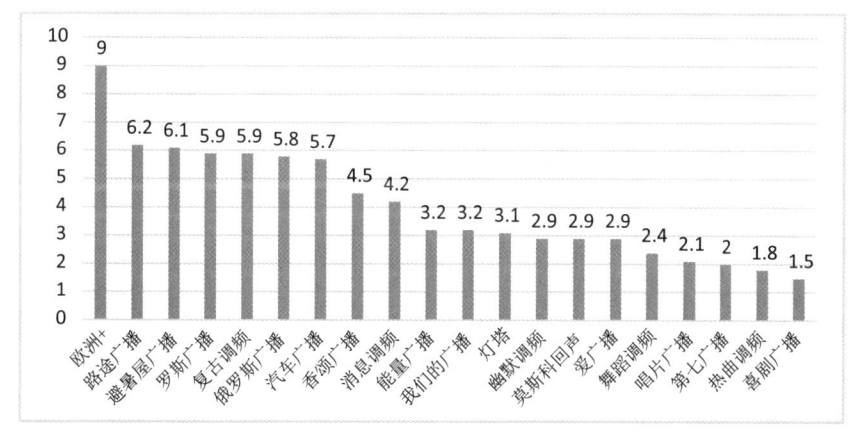

图 6.1 2018年年均收听率排名前二十位的广播电台
（俄罗斯12岁以上人群一刻平均占有率）

资料来源：Mediascope

俄罗斯广播业的影响因素

国内广播业在各种因素影响下存续并发展：一些因素具有全球性特征，其他因素则与俄罗斯国家与社会特征息息相关。

国家调控。同电视业一样，俄罗斯广播业应受到由数字发展、通讯与大众传媒部领导的独立行政部门的专门管理。其监管机构为联邦出版与大众传媒署，协调机构为联邦通讯、信息技术与大众传媒监管局，该局下属的联邦广播电视竞拍委员会发挥相应职能。广播广告市场一般由联邦反垄断局管理。构成广播领域法律框架的主要法规包括《大众传媒法》（1991年）、《广告法》（2006年）以及《信息、信息技术与信息保护法》（2006年）。《信息、信息技术与信息保护法》

更为全面，对网络环境活动进行了规范。总体而言，由于商业类音乐电台在广播系统中占据数量优势，可以说俄罗斯广播业对国家调控的依赖性相对较小。仅少数资讯谈话类广播公司获得来自各级预算的经济扶持。俄罗斯广播学会是协调国内广播企业的主要行业组织。

广告市场。俄罗斯国内广播业在经济上极其依赖广告收支：在商业电台收入中，广告投放收入占商业电台收入的 90% 及以上。广播广告中，汽车、不动产、金融服务、医药、通讯以及零售为所占比重最大的商品类别。广告主将广播作为与听众交流的渠道，他们一般多为中小企业，对区域性和地方性电台来说尤其如此。广播广告市场总态势反映着国家宏观经济发展状况。近五年来，传媒行业中的广播板块经历了显性危机，在恢复往日体量后实际上停止了增长（见图6.2）。

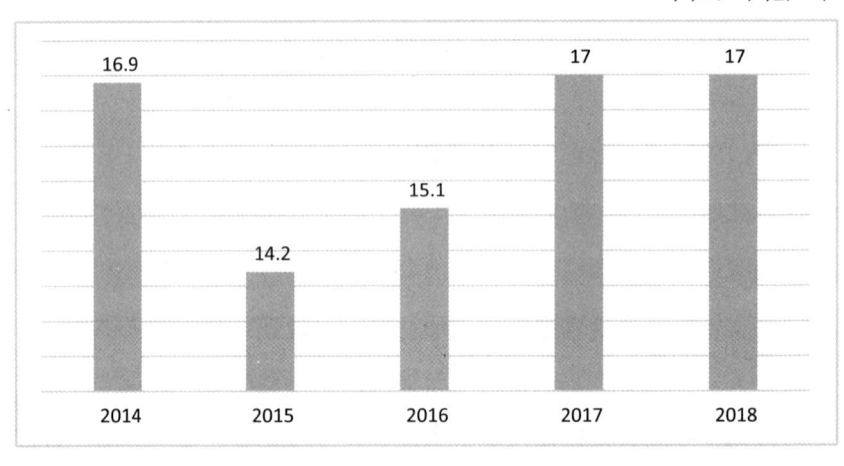

单位：十亿卢布

年份	2014	2015	2016	2017	2018
金额	16.9	14.2	15.1	17	17

图 6.2　2014—2018 年俄罗斯广播广告市场态势（不含增值税）

资料来源：俄罗斯通讯机构联合会（AKAP）

第六章 广 播

广播在俄罗斯广告市场所占份额稳定在 4% 左右。此外，全国性和区域性广播公司间的广告总量几乎持平。首都电台关注其特许经营商业务的开展，而特许经营商也同样对广播网络主要合作伙伴尽责，并支付特许权使用费。

所有者。鉴于俄罗斯广播业系统中大多数电台为音乐电台，国家作为所有者所发挥的作用并不显著。多数大型广播控股公司都为实力强大的跨行业公司（乌拉尔矿业冶金公司、俄气银行、萨夫马尔、新利佩茨克冶金联合企业）所有。总的来说，这一业已形成的"非专业所有者 – 专业化管理"模式体现了国内广播市场的稳定性。同时，国家总体经济形势变化或某一商业集团的地位变化随时都可能导致整个广播控股公司或某些电台的转手。私营音乐广播公司经常进行重组和品牌重塑。其原因在于，该类公司被定义为商业项目，在亏损情况下不会引起任何所有者的兴趣。

音乐产业。跟全世界其他国家一样，俄罗斯广播业很大程度上取决于全球及国家音乐市场发展趋势。长期以来，广播公司本身难以确定某些风格和体裁能否流行，而必须紧随其听众的既定偏好。正因如此，一些电台类型可以长久且成功地维持听众，而另一些则突然出现又迅速消失。海内外唱片公司（华纳音乐集团、索尼音乐娱乐、环球音乐集团、联盟、嘉年华唱片、旋律等）作为音乐行业的主要参与者，正不断扩大其曲目总数并构建庞大的唱片目录。然而，任何有意向者皆可在不同情况下获取新旧作品，这实际上使广播中的音乐内容不再具有独家性。俄罗斯著作权协会和全俄知识产权组织的资费政策亦对广播公司产生影响。

听众动态。广播仍是一种广受欢迎的大众传媒——据 Mediascope

统计，俄罗斯总人口昼夜平均收听时间超过 160 分钟。由于信号在技术上易于接收，人们无论身处何地都可以全天收听广播。总体来看，男性听众收听广播略多于女性听众。最活跃的听众群体集中在 30—39 岁年龄段。在俄罗斯，约 60% 的广播听众接受过高等教育。

同时，俄罗斯广播听众动态反映了该国人口总趋势——听众普遍"正在变老"。与此同时，最年轻的听众越发倾向于有声内容（音乐）的替代品。在此情况下，电台在转型时要考虑到经典广播忠实听众的利益。（见图 6.3）

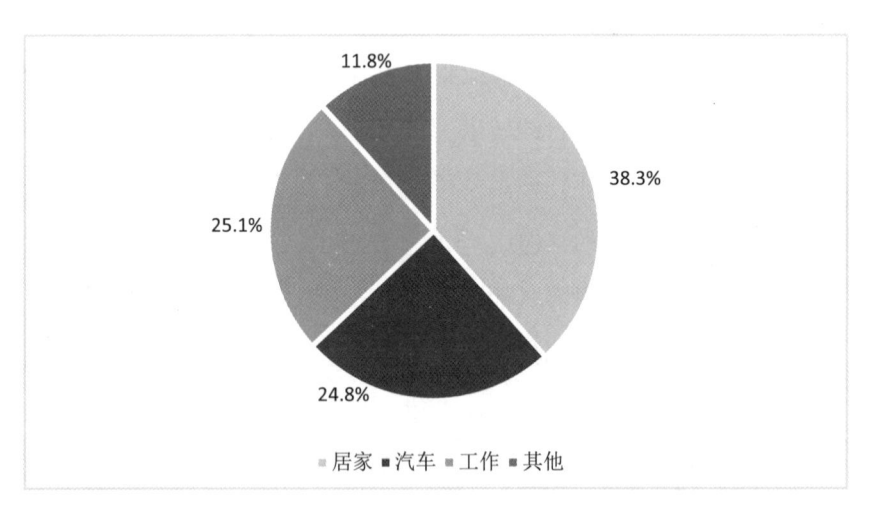

图 6.3　2018 年俄罗斯按不同收听地点统计的广播收听时长所占比重分布情况（12 岁以上群体）

资料来源：Mediascope

新兴技术。数字通讯技术的发展为俄罗斯广播公司带来新机遇和新挑战。一方面，如今任何一家电台都有能力发展自己的在线服务，包括以音频流模式实现互联网播报。另一方面，由于全球网络中存在多种音频流，广播公司正在流失自己的听众。对于音乐电台来说，这一问题尤其严重,因为苹果音乐、声田、Yandex 音乐、Zvuk.com、Boom.ru 等流媒体音频服务是其直接竞争对手。广播公司也因盗版网站上非法发布音乐作品而遭受损失,因为听众转而收听盗版音乐,而非传统广播。

广播电台的类别与类型

"类型"(формат)这一广播业专业概念于 20 世纪 50 年代起源于海外。研究者基特认为,世界上存在 100 多种类型和子类型(подформат),但其大多是基本类型的派生。基本类型可分为音乐类和谈话类。研究者沃伦还指出,在创建新电台时,创办人通常会复制时下最为流行、"热门"的形式。若忽略资讯内容和广播播出等要素,而认为音乐就是广播电台的类型,是不正确的。

在根据类别(тип)对广播电台进行单独分类时,"类型"这一概念常常与其相混淆(见表 6.3)。按类别进行广播分类时,资讯与音乐的播放比例可作为依据。如今,很难按类型对电台进行严格划分,更何况广播电台本身往往没有明确规定自身类型,而是宣称诸如正是由他们掌握着"优质音乐"或娱乐资讯类电台。几乎所有广播电台(除极少数外)都以混合类型运营。几乎所有正在运营的国内广播电台都基于 2—3 种最受欢迎的类型:当代热曲广播——当代热门歌曲,成人时代——成人当代音乐、黄金复古——热门怀旧金曲。

表 6.3　2018 年俄罗斯全国性广播电台类别和类型情况

广播类别	类型	广播电台
资讯类广播 （新闻/谈话）①	仅播出新闻	商务调频、生意人调频、IZ.ru
	新闻和各种脱口秀	消息调频、莫斯科回声、灯塔、莫斯科播报、卫星
	脱口秀、各类问题讨论、交互式调查等	共青团真理、信仰广播
	仅播出体育类节目	体育调频/21 工作室
音乐类广播（音乐）②	轻快、舒缓的乐曲/轻音乐、背景音乐	轻松调频
	轻快、舒缓的乐曲/轻柔爵士乐	爵士广播
	轻快、舒缓的乐曲/经久不衰的旋律	蒙特·卡罗
	昔日热门歌曲	复古调频
	当代热门歌曲	欧洲+
	大多为流行歌曲风格的乐曲	巧克力广播
	当代热门舞曲	舞蹈调频、喜爱调频、新广播、国家青年电台
	当代摇滚与流行摇滚风格的乐曲	极限
	面向成人的当代音乐/轻音乐	七丘上的第七广播、罗曼蒂克广播

① 广播时音乐缩减到最短，重点放在资讯（谈话）部分。
② 音乐占 80%—90%，专题和新闻不超过播放内容的 10%—20%。

续表

广播类别	类型	广播电台
	面向成人的以当代旋律为主的音乐	春天调频、避暑屋
	面向成人且以舒缓的抒情歌曲为主的当代轻音乐	出租车调频
	东方音乐	东方调频
	经典摇滚	我们的广播
	民族音乐、原创歌曲、俄罗斯民歌	罗斯广播、香颂
	50首最受欢迎乐曲	俄罗斯热曲
资讯音乐类广播（新闻/谈话/音乐）①	音乐主题：面向成人的以老旋律为主的音乐	银雨
	仅播出喜剧表演	喜剧广播、幽默调频
音乐资讯类广播（音乐/新闻/谈话）②	音乐主题：面向成人的当代音乐	汽车广播
		爱广播
	音乐主题：古典音乐	俄耳甫斯
综合类节目③	面向所有群体的广播	俄罗斯广播、文化广播
		星调频、图书广播
		儿童广播

资料来源：作者自制

除传统广播调频波段外，俄罗斯广播还在积极开发移动应用、电

---

① 60%—70%为资讯、谈话类节目，30%—40%为音乐。
② 60%—70%为音乐，30%—40%为资讯。
③ 涉猎面广，包含资讯、科普、艺术等内容。

台网站、社交网络以及即时通讯工具等业务。随着数字信息技术的发展，现有互联网音频可分为四大类：

第一类是互联网离线广播电台的简易转播（通过网站、应用程序以及专业化服务）。例如，几乎所有广播电台（罗斯电台、灯塔、商务调频等）的在线广播均为录播。

第二类是仅在网络上播放、仅面向互联网听众的电台广播。该类别被称作在线广播，而此类电台被称作在线电台或网络电台（如101.ru 门户网站）。

第三类是使用音频记录技术的服务（如 Yandex 广播）。该技术能够分析用户音乐偏好，并据此为客户提供个性化音轨流。Afisha.ru 和 Imho.net 等资源积极推广该项技术，在分析用户偏好基础上为其推荐可供收听、阅读或浏览的资讯。

第四类是播客[①]（来源于英文 iPod 和 broadcasting）。该技术允许几乎任何用户将个人音频文件上传至网络，其他用户则可使用 RSS 技术将文件快速下载。播客融合了语音信息传输的私密性、博客平台的交互性以及可下载、播放音频文件的便携式设备的便利性。早在21世纪前10年，俄罗斯就已经出现了创建播客平台的首次尝试。2017年，网络出版物 Meduza 创建的播客引领了向该方向发展的兴趣浪潮。如今，最受欢迎的播客服务包括 iTunes、链接、Castbox、Sound Cloud 等。

---

① подкастинг，英文为 podcasting，英文全称 Personal Optional Digital Casting，直译为个性化的可自由选择的数字化广播，一般译作播客。——译者注

思考题

1. 列举俄罗斯首批商业广播电台。

2. 说出俄罗斯大型广播控股公司及其所有者。

3. 描述俄罗斯广播系统主要细分领域。

4. 描述俄罗斯广播信号传输体系。

5. 说明俄罗斯广播网络是如何构建的。

6. 说出影响俄罗斯广播系统发展最重要的因素。

7. 描述俄罗斯广播广告市场的发展趋势。

8. 列举俄罗斯音乐类和资讯谈话类广播电台具有代表性的主要类型。

9. 描述互联网广播的存在形式。

10. 列举俄罗斯最受欢迎的播客服务。

推荐阅读

Бубукин А. В. Эфирные тайны. Новосибирск: *FM*-реклама, 2003.

Вартанова Е. Л., Вырковский А. В., Макеенко М. И., Смирнов С. С. Индустрия российских медиа: цифровое будущее. М.: МедиаМир, 2017.

Кийт М. Радиостанция. М.: Мир, 2001.

Круглова Л. А. Особенности и актуальные проблемы российского подкастинга в 2017 году: функции, тематика и аудитория // Экранные коммуникации как фактор социализации медиапространства / Под ред.

С. Л. Уразовой. М.: Академия медиаиндустрии, 2019.

Маккой К. Вещание без помех. М.: Фонд независимого радиовещания, 2001.

Радио: музыкальное, новостное, общественное / Под ред. В. А. Сухаревой, А. А. Аллахвердова. М.: Фонд независимого радиовещания, 2001.

Радиовещание в России в 2018 году. Состояние, тенденции и перспективы развития. Отраслевой доклад. М.: ФАПМК, 2019.

Радиожурналистика / Под ред. А. А. Шереля. М.: Изд-во Моск. ун-та, 2000.

Распопова С. С., Саблина Т. А. Подкастинг: учебное пособие для вузов. М.: Аспект Пресс, 2018.

Смирнов В. В. Формы вещания: функции, типология, структуры радиопрограмм. М.: Аспект Пресс, 2002.

Федутинов Ю. Ю. Независимое радиовещание: уроки успеха. М., 1997.

Энциклопедия мировой индустрии СМИ / Отв. ред. Е. Л. Вартанова. М.: Аспект Пресс, 2019.

第七章 电　视

俄罗斯现代电视业的形成

在俄罗斯，与世界上许多国家一样，电视依然是最重要的、覆盖面最广、受众需求最大的传媒体系板块。21世纪前10年，只有将全部互联网资源整合起来，在上述指标方面才能与电视相媲美。

俄罗斯联邦成为独立国家之前，即1992年之前俄罗斯电视播送非常单一。俄罗斯从全苏国家广播电视公司（前身为苏联部长会议国家广播电视委员会）继承下来的是一整套复杂的技术基础设施来保障信号传输，但同时所拥有的波段资源并未充分使用。按照居住地不同，俄罗斯电视观众收视节目单中一般仅能收看若干全国电视频道：奥斯坦基诺（原中央一套节目）、俄罗斯广播电视台（原中央二套节目）、俄罗斯大学（原中央教育节目）以及各类区域频道，如莫斯科电视频道，承袭了中央三套节目。作为国家级广播电视公司，上述电视频道均由联邦或者区域行政机关创办。

1989年俄罗斯推出第一个私营频道"2×2"，是苏联时期唯一打破电视国家垄断的事件。电视业大规模商业化始于1993年，当年推出了两家新的电视频道，第一家商业社会政治频道独立电视台，第二家商业娱乐频道第六电视台，奠定了俄罗斯现代电视市场形成的基础。

1994年奥斯坦基诺频道进行了机构改革，改革后，1995年俄罗斯公共电视台①开始运营，后来更名为第一频道。国家保留对电视台的监管，但是允许私人投资者参与经营。20世纪90年代后半段，各类商业电视频道开始逐年增加：1995年创办M1（后更名为家庭频道），1996年创办电视台网络和音乐电视（"尤"频道），1997年创办REN TV，1998年创办你的新电视②、第三电视台以及俄罗斯MTV（现为"星期五！"），1999年创办达利亚尔电视台（后更名为"辣椒"，又更名为"切！"），2000年创办第七电视台（迪士尼）。同时，20世纪90年代私营频道在俄罗斯各地区也大规模发展起来，例如第一百电视台（圣彼得堡）、第四频道（叶卡捷琳堡）、伏尔加（下诺夫哥罗德），等等。在首都与各地区电视台合作中催生了20世纪90年代首批全俄电视网。

作为电视市场的参与者，国家本身也促进了电视台多频道扩张。1997年文化频道（俄罗斯国家电视台文化频道），2003年"体育"（俄罗斯国家电视台2频道、赛事频道），2006年"消息"（俄罗斯国家电视台24频道）以及"比比孔"（"旋转木马"）等陆续加入俄罗斯广播电视台（现为俄罗斯国家电视台1频道）。自2003年起跨国频道"和平"开播，自2005年起由俄罗斯国防部指导的星频道开播。地区当局也开始关注电视发展。特别是在莫斯科市政府支持下，1997年推出电视中心频道。21世纪前10年，得益于良好的经济形势，商业电视也得到进一步发展。比如，2003年创办俄罗斯商务咨询电视台，2006年圣彼得堡的第五频道成为全国性电视台。因此，21世纪前10

---

① Общественное российское телевидение (ОРТ)
② Твоё Новое Телевидение (ТНТ)

年末，俄罗斯大型城市的电视观众已经可以收看近20个不同方向的公共电视频道。

由于地面广播频率资源的局限，俄罗斯国内开始发展有线电视和卫星电视。首批开始启动的付费非无线电视运营商（例如，宇宙电视台、独立电视台+）开始于20世纪90年代后半段，但是该领域真正获得飞速发展是在21世纪前10年。正是在这一时期，数百万俄罗斯家庭成为下列电视服务提供商的用户：国家有线网络（俄罗斯电信公司）、俄罗斯移动通信系统公司电视台、埃尔电信、阿卡多、Beeline电视台、三色旗电视台、猎户－特快，等等。得益于有线电视和卫星电视运营商的发展，俄罗斯观众可以收看到许多国外付费频道，比如探索、动物星球、国家地理、Nickloden、Viasat History、Eurosport①、学习频道②、环球影剧频道③、BBC国际新闻资讯电视频道、CNN等。与此同时，2000年俄罗斯国内付费频道开始发展，包括我的星球、科学2.0、电影之家、电视咖啡馆、俄罗斯电影院、狩猎与钓鱼、庄园、斯帕斯、雨等。21世纪前10年末，俄罗斯境内在所有技术环境下播出的电视频道总数已超过400家。

21世纪10年代，俄罗斯电视业朝不同方向发展。电视节目接收和观看资源的拓展促使电视内容数量和规模普遍增长。传统的所谓线性电视频道（即根据播出时间表按照一定顺序排好的节目）数量逐渐增加。这些频道可通过无线电视台，也可借助有线电视运营商、

---

① Eurosport是欧洲大型卫星和有线电视体育频道。——译者注
② TLC，为The Learning Channel的缩写。——译者注
③ Universal Channel，为美国NBC环球公司旗下的全球性电视频道，前身为USA Network，2003年更名为现名，播出多种类型的好莱坞热门影剧。——译者注

定向卫星播放和交互式网络电视（IPTV）运营商的付费电视技术，此外还可通过公开的互联网进行播放。另一方面，电视频道数量不断增加，通过传统付费电视运营商，或在专门的互联网服务平台上、移动软件上、互联网服务提供商和移动运营商的项目上，借助视频点播系统，可按照非预先设定的方式自由收看电视节目。观众兴趣之所以得到满足还得益于视频内容观看设备数量的增加。这些设备被称为"屏"，除电视外，还包括电脑、智能手机、平板电脑等其他设备（见表7.1）。

表7.1 2018年电视信号接收与电视内容获取基本技术及其在俄罗斯的覆盖范围情况[①]

单位：百万人

接入和收看技术	总人数
可收看无线数字电视的俄罗斯联邦居民	145
付费电视运营商用户	44
家庭宽带用户	33
智能电视家庭用户	15
移动通信用户	122
移动通信用户，按合同数量（SIM卡）	259
移动互联网用户，按合同数量（SIM卡）	140
每日电视观众	93
每周电视观众	122
互联网用户	92

---

① 俄罗斯联邦居民为1.47亿，家庭用户数量5500万。

续表

接入和收看技术	总人数
移动互联网用户	82
在线影院观众	49

资料来源：新服务公司分析中心、Mediascope、社会舆论基金会、电信媒体技术咨询公司、杰森合作咨询公司、ComScore、Cisco、联邦国家统计局

根据新服务公司分析中心和媒体评测机构Mediascope评估，2018年在超过10万居民的城市中平均每户拥有电视接收设备1.8台，农村地区每户平均拥有1.3—1.4台。社会舆论基金会民意调查数据显示，2018年63%的俄罗斯人几乎每天收看电视节目，而83%的俄罗斯人每周至少收看一次电视节目。据Mediascope统计，俄罗斯收视时长平均为3小时50分钟（峰值在2016年，最高收视时长为4小时8分钟）。老一辈观众收视时间更长，如年龄在55岁以上的观众每昼夜平均收视时长已达6小时。

法国国际电视数据中心/欧洲电视数据公司2018年进行的"年度全球电视"国际调查结果显示，世界平均电视收看时间为每昼夜2小时55分钟。俄罗斯电视观众是世界上活跃度最高的群体之一，尽管也有收视时间更长的国家，如美国平均电视收看时间为每昼夜4小时5分钟。由于可以通过其他方式和在其他平台上收看视频内容，现代电视消费的主要趋势体现在利用社交网络、视频分享网站、搜索引擎等社交媒体观看，传统线性电视频道收看时间不断减少。

俄罗斯电视业的影响因素

俄罗斯电视系统发展和运营受到不同因素的影响。其中影响最大的因素都具有明显的俄罗斯特色。

1. **领土结构**。俄罗斯是世界上领土面积最大的国家，人口密集度不大且分布不均，按欧美标准居民点平均间隔距离太远（尤其是欧洲部分以外——在远东地区达 300 公里），包括道路、电信在内的通讯基础设施不够发达。上述因素导致俄罗斯境内电视业技术类基础设施发展不平衡。

2. **种族和文化地域差异**。俄罗斯国内仅正式登记的民族和种族就超过 180 个，俄罗斯是世界上文化和民族最多元化的国家之一。俄罗斯传媒体系以分散性著称。总体而言，俄罗斯电视业拥有强大的地区分支机构，具有明显的地区乃至地方特色。

3. **国家角色**。在俄罗斯，国家是电视系统内存在的最重要的行业外因素，国家依法调控各方面问题，也可变更传媒体系细分领域工作规范。在电视业的经费中，国家拨款（国有电视公司和基础设施开发的预算支出、补贴、资助、广告）占据重要地位，并在规模上可与商业广告相媲美。

除上述本国特色外，分析电视业时还应考虑到任一国家电视系统中都存在的综合因素的影响。

1. **调控**。所有国家的政府和立法者都认为，必须对电视业基础设施及其运营进行周密调控或监管。为推动电视系统的成立和运作，需要利用包括由国家监管的公共财产在内的一些资源和技术。无线频率作为有限的资源，既是无线电视（包括模拟电视、数字电视）运营，也是敷设电信（电视或互联网）电缆通讯所必需的。正是国家机关发放无线电视台许可证，批准成立有线电视运营商、互联网服务提供商、定向卫星播放运营商。国家还关注其所授权的电信资源使用情况，从而保证经营者活动符合社会利益，电视节目遵循已发放许可证的要求。

调控的主要工具是法律。俄罗斯广播电视业最重要的法律文件如下：

• 俄联邦法律第 2124-I 号《大众传媒法》（1991 年 12 月 27 日）；

• 联邦法律第 126-ФЗ 号《通讯法》（2003 年 7 月 7 日）；

• 联邦法律第 38-ФЗ 号《广告法》（2006 年 3 月 13 日）；

• 联邦法律第 149-ФЗ 号《信息、信息技术与信息保护法》（2006 年 7 月 27 日）；

• 俄联邦政府决议第 1025 号《广播电视许可法》（2011 年 12 月 8 日）。

上述法律定期修改和补充，尤其是在 21 世纪 10 年代积极进行了一些修订。21 世纪 10 年代《2009—2015 年俄罗斯联邦广播电视发展目标纲要》是对俄罗斯电视系统，甚至对整个传媒体系都产生影响的文件。该纲要 2018—2020 年间才正式完成（见"电视信号和电视节目向接收设备的传输"部分）。

直接监管电视业国家政策执行情况的国家机关如下：

• 俄罗斯联邦数字发展、通讯与大众传媒部；

• 联邦出版与大众传媒署；

• 联邦通讯署；

• 联邦通讯、信息技术与大众传媒监管局；

• 联邦反垄断局。

电视市场的直接参与者以行业协会和社会组织的形式团结起来，在与国家机关和其他相关方面联系中代表行业或细分板块的利益。俄罗斯电视系统较著名的协会组织如下：

- 国家广播电视联合会；
- 城市广播电视联合会；
- 俄罗斯有线电视联合会；
- 地区通讯运营商联合会"俄罗斯电视网"；
- 影视制片人联合会；
- 俄罗斯通讯机构联合会；
- 地区广告联盟；
- 俄罗斯电子通讯联合会；
- 媒体通讯协会。

2. **经济**。在俄罗斯电视经济中广告是最重要的收入来源。与许多发达国家相比，在俄罗斯，广告对电视业来说具有更重要的意义。重要的其他收入来源还有非无线电视运营商用户服务费（见表7.2）和国家拨款。有别于英国或德国等许多欧洲国家，在俄罗斯通过收取电视广播接收器服务费为公共电视融资的方式，目前尚未发展起来。实际上也不存在类似美国那样资助非商业媒体公司的实践。在此背景下，在俄罗斯电视业运营中，直接预算拨款、资助、信息服务协议及其他资助方式，在国家为电视公司和电视频道拨款中占据重要地位。仅2018年联邦和地区预算为电视业拨款超过600亿卢布。

表 7.2 2010—2018 年俄罗斯电视业商业活动主要业务收入

单位：十亿卢布

收入项目	2010	2013	2015	2018
无线电视广告：	109.2	152.2	134.2	179.7
其中全国性	85.1	118	113.2	153.7
其中区域性/地方性	24.1	34.2	21.0	26.0
有线–卫星频道广告	1.8	4	2.5	7.3
付费电视订阅	33.7	54	67.2	99.3
共计	144.7	210.2	203.9	286.3

资料来源：俄罗斯通讯机构联合会、新服务公司分析中心、iKS 咨询公司、电信媒体技术咨询公司

3. 广告代理公司和媒体评测机构。一方面，广告代理公司应归入广告业（见第十二章《广告》），但另一方面，许多公司在电视上做广告、为电视台开展广告业务，应被视为电视业的组成部分。电视台、运营商和电视频道可出售自身广告时间，但是他们通常倾向于求助专业代理公司。那些根据客户需求购买广告时间的公司被称为媒体投放代理公司。俄罗斯在该领域最大的代理公司包括星传媒体、浩腾媒体、实力传播、凯络、汉威士媒体、媒体本能等，均为国际顶级传播集团。

自 20 世纪 90 年代起，视频国际曾是俄罗斯媒体销售商（即出售广告时间的机构）中毋庸置疑的领军者。但是 2016 年俄罗斯国内出现了绝对的垄断者国家广告联盟。该联盟是在视频国际基础上成立的，第一频道、全俄国家广播电视公司、俄气–媒体控股公司、国家媒体集团等参与其中，并控制着俄罗斯全部主流电视频道。自 2016 年起，国家广告联盟开始出售所有大型全国广播电视公司和数十个有线–卫

星电视频道的广告资源，而与该联盟和俄气－媒体控股公司相关联的国家服务公司掌握着它们在地区无线播放和互联网上可观的广告销售份额。

为使电视市场参与者们知晓，某个电视频道在国内或市内、在全部观众或目标观众中所占据的位置，媒体评测系统测算出专门指标——节目/频道排行榜及其观众占有率。排行榜是收看具体节目或频道的电视在全国/整个地区电视接收器中所占比重。观众占有率是在某一时段收看具体节目或频道的电视在所有电视接收器中所占比重。

二十多年来，俄罗斯电视市场上主要的媒体评测机构一直是媒体视野公司（Mediascope，之前为盖洛普媒体，其后至2016年前，全俄社会舆论研究中心成为所有者后，更名为TNS）。几乎所有的频道和代理机构都使用该公司数据。推选公认的电视评测机构的竞赛由俄联邦通讯、信息技术与大众传媒监管局举办。长期以来，时段指数作为主要的调查指标，覆盖了76个人口超过10万的城市，其中29个大型城市（自荐城市）是调查的基础，使用最多的测量仪器是个人收视记录仪。但在21世纪10年代后半段，Mediascope积极拓展调查对象，并且不断增加评测观众类别，将小城市、村镇、林场纳入调查，增加了大收视率数据（即通过无线播放和互联网收看电视节目的一体化指标）。

俄罗斯电视业可分为三个主要领域。其一是关于如何向电视观众传播和传输电视信号；其二是电视内容生产商；其三是电视频道和视频服务供应商，是处于内容生产商和观众之间的主要中介，主要从事播放内容的整合和编排，并且借助信号传输将上述内容呈现给观众。

电视信号和电视节目向接收设备的传输

21世纪10年代中期前，电视系统在技术上很大程度承袭自苏联时期的各类设施：为联邦播放服务的转播站、位于各地区中心的播放综合体、位于大型城市的模拟有线基础设施。当然，除旧有基础设施外，还建设了新的基础设施，旧有基础设施也逐步实现了现代化。尽管如此，苏联时期的技术基础依然十分重要。

电视信号传输系统由（地面）无线电视和非无线电视两个基本技术板块构成。电视业最重要的变革与上述板块的数字化进程密切相关，21世纪10年代是变革的主要阶段。

电视台作为无线电视的主要素，借助特定无线电波段（或仅是波段）上的无线电波传输电视信号，信号通过独立或组合天线（常见于多居室住房）接收到电视上。

波段是有限的资源，在国际上国家间的波段由国际电信联盟进行分配，在国内则由专业机构进行分配。在俄罗斯使用某个波段需依照联邦广播电视竞拍委员会决议，获得联邦通讯、信息技术与大众传媒监管局颁发的许可证。许可证的发放有明确条件和期限（需定时延期）以及具体使用地域。在俄罗斯，具体使用地区一般为联邦主体（地区－州、共和国、边疆区）或城市以及其他居民点。

通过发射机（整个俄罗斯境内设置了1.4万余个模拟发射机）和转播站等技术基础设施，可在某些地域进行播放。上述基础设施隶属联邦国家单一制企业俄罗斯广播电视网。该企业地区分支机构称作地区无线电视转播中心，几乎遍布所有联邦主体。俄罗斯广播电视网向电视台收取服务费，费用金额取决于覆盖地域大小。

在发放许可证的每一地域，可使用的波段在法律上和技术上都受到一定的限制。在俄罗斯模拟广播主要使用米波段和分米波段。在莫斯科、圣彼得堡、叶卡捷琳堡、新西伯利亚等俄罗斯大型城市，无线电视空间充斥18—20个电视台的信号。在稍小规模的城市中，波段资源的使用不太活跃。尚未有关于已发放、正在生效的无线许可证数量的准确数据。

已获得许可证的波段，通常由电视台用来转播有特定内容的电视频道。电视频道可以是地方性的或区域性的，即播出节目首先是供城市或区域收看的。但是许多地方性或区域性电视台和发射机也被用来转播在特定区域未获得播放许可的中央电视频道信号。

为在俄罗斯全境传输信号，目前使用电视卫星通讯系统，可将电视节目传输数千公里。苏联时期第一个通讯卫星于1965年开始转播，1967年苏联成为第一个建立完整的电视卫星网络的国家，该网络命名为轨道。目前，在俄罗斯有一些卫星通讯运营商，其中最大的是联邦国家单一制企业"宇宙通讯"。由于距离遥远（2018年俄罗斯分为9个时区），俄罗斯全国范围转播划分为5个播放区域：А区（堪察加、楚科奇），Б区（远东、东西伯利亚），В区（中西伯利亚），Г区（西西伯利亚），М区（俄罗斯中部）。

传统无线电视使用模拟技术，但是目前模拟播放被认为已经过时，整个系统在建成数字无线播放基础设施后实现了现代化。对信号进行数字压缩，在转播大量高画质电视频道节目时，可大大减少波段资源的使用，还可成倍降低转播能耗。

第七章　电　视

从模拟无线电视向数字无线电视的过渡是世界上所有国家传媒体系经历的最重要进程之一。在大多数发达国家，电视业数字化完成于 21 世纪前 10 年至 10 年代初，关闭模拟信号。俄罗斯数字化进程始于 21 世纪 10 年代，2009 年《2009—2015 年俄罗斯联邦广播电视发展目标纲要》获得批准之后。纲要规定在 2019 年底前建成新的覆盖全国的数字播放基础设施。数字播放波段按照"日内瓦-2006"国际计划分配，选用欧洲 DVB-T2 播放标准，按联邦区重新划分播放区域，分为远东联邦区、西伯利亚联邦区、乌拉尔联邦区、西北联邦区、中央联邦区、伏尔加联邦区、南部联邦区以及北高加索联邦区。

2018 年年底前，在实施无线电视数字化规划框架下，建成新的播放基础设施，包括 5040 个发射站（天线，所谓的通讯设备），以及 10080 个由俄罗斯广播电视网（数字多路传输器-1）和俄罗斯广播电视网-2（数字多路传输器-2）管理的发射机。同时还建立了地区多路传输器编组中心，接收通过卫星从莫斯科转播的联邦多路传输器（由联邦多路传输器编组中心收集）信号，形成可开通地区节目的当地多路传输器。数字化的主要成果是，对超过 98% 的国内居民来说，在拥有数字电视或数字附加装置的情况下可接收 20 个无线电视频道，而此前在 2010 年近 45% 的居民仅可接收 4 个以下的无线频道。

2019 年秋冬，数字化过渡分阶段实施。期间模拟播放并不关闭，至少要持续到 2020 年夏末。至于未进入多路传输器的全国性首都电视频道和大多数地区电视台，模拟无线环境仍然支持其节目的播出。

与大多数国家一样，俄罗斯无线数字电视的基础是数字多路传输器，一揽子电视频道的组合。在联邦目标纲要实施最初阶段，曾计划设立 3 个数字多路传输器，但是在 21 世纪 10 年代中期前，最终确定只保留 2 个多路传输器。每个多路传输器连接由国家遴选的 10 个电视频道（详见"电视频道"部分）。进入第一多路传输器的电视频道可免费播出，第二多路传输器则向参与者收取服务费。

无线电视是最早的、也是迄今为止最重要的信号传播与传输技术。但是，近几十年来在包括俄罗斯在内的许多国家，在一些技术平台上运营的非无线电视日益受欢迎。其中最重要的包括有线电视、定向卫星播放以及交互式网络电视（IPTV）。表 7.3 中展示出俄罗斯上述技术间的相互关系。

表 7.3　2010—2018 年俄罗斯非无线电视系统主要类型用户数量

非无线电视系统类型	用户数量（百万人）			
	2010	2013	2015	2018
有线电视	16.4	18.3	18.1	18.6
定向卫星播放	6.6	13.1	15.8	17.2
交互式网络电视	0.5	3.7	5.5	8.4
共计	23.5	35.1	39.4	44.2

资料来源：杰森合作咨询公司、电信媒体技术咨询公司

电信媒体技术咨询公司数据显示，2018 年以家庭户为单位的非无线电视覆盖率超过 78%（2013 年为 64%），即超过 2/3 的家庭使用的并非无线电视，而是利用其他技术途径收看电视。这一指标非常高，超过许多发达国家水平。

最主要、最古老的电视技术当属有线电视。美国早在 20 世纪 40 年代就已开始使用有线电视转播无线信号。截至 20 世纪 80 年代末，包括苏联在内的许多国家已大规模建设有线电视基础设施。20 世纪 90 年代初，苏联首批播放盗版视频借助的正是有线电视基础设施。当

时推出了地区有线频道，以盗版方式播出国外电影。有线电视的原理是通过电缆将来自联合中心的电视信号传输入户，而联合中心传输的信号则是通过卫星、互联网等各种方式获得的。

20世纪90年代，尤其是21世纪前10年初，俄罗斯积极兴建新的有线网络，覆盖了所有大型城市和许多中型城市，甚至小型城市。21世纪10年代中期，俄罗斯国内有近1400个有线运营商。在50万以上人口和超过100万人口的大型城市竞争十分激烈：在各地区都有2—3家，甚至为数更多的运营商在争夺用户。同时，有线电视收费相对不高，2018年付费电视用户每月平均费用低于250卢布。

21世纪10年代，有线电视发展缓慢，有线用户数量几乎停止增长。这一阶段，集约化趋势增强，大型运营商或吞并较小的运营商，或迫使它们退出市场。因此，运营商总数在逐步减少，首要原因就在于小型地区公司的没落。在俄罗斯不同地区和许多大型城市中，表现突出的主流运营商有俄罗斯电信公司和埃尔电信。

有线电视最为现代的直接竞争对手是IPTV，即通过网际互联协议（IP协议）传送电视信号的技术。大多数情况下，使用该技术的是电信公司，其主要业务是电话通信服务或互联网接入服务。运营商经常将IPTV与其他服务一起组成套餐出售，但也可根据用户需要单独提供。

与世界上其他国家一样，作为电视系统的新兴板块，IPTV在俄罗斯发展速度非常快。2010年在俄罗斯其用户占非无线电视用户总量不到3%，而2018年统计结果显示，IPTV已覆盖近20%的非无线电视订户。

俄罗斯最大的IPTV用户拥有者是电信巨头俄罗斯电信公司、信号旗通讯以及俄罗斯移动通信系统公司。

  在覆盖率方面，与有线电视相媲美的是定向卫星播放，或称卫星电视。早在20世纪60年代，已开始利用人造地球卫星传输包括电视信号在内的信息。20世纪70年代出现成立卫星电视商业运营商的契机，可将信号传输到个人"接收盘"[①]，直接连接住房或公寓内的电视。20世纪90年代卫星电视迅猛发展，俄罗斯首批大型卫星电视运营商包括1991年成立的宇宙电视台和1996年成立的独立电视台+。

  像许多其他国家一样，对俄罗斯来说，卫星电视的重要性还在于帮助小型城市和农村地区接通非无线电视，因为在这些地方几乎不存在有线运营商和交互式网络电视供应商。21世纪10年代，在数字多路传输器启用之前，对许多观众来说，卫星电视甚至成了收看公共电视频道的唯一途径，因为在21世纪10年代初许多家庭仅能接收3—4个无线频道信号。在所有非无线电视技术中卫星电视最容易受盗版侵扰，国内有大量未注册、未经许可的"接收盘"，尤其是在别墅和村庄，因此实际用户数量可能比表7.3中标明的要超出数百万。

  目前大多数国家都有2—3家大型卫星电视运营商。运营商"三色旗"是俄罗斯卫星电视乃至整个非无线电视系统的绝对领军者。21世纪10年代，除商业付费用户（见表7.4），三色旗还拥有数百万"社会"用户，仅支付最低使用费，收看所谓的必备电视频道（见"电视频道"部分）。在俄罗斯卫星电视领域发挥显著作用的还有猎户－特快和俄罗斯移动通信系统公司。

  与无线电视一样，有线电视和卫星电视长期以来都使用模拟信号，

[①] 卫星锅——译者注

而今非无线电视正处于数字化转型中。总之，IPTV 按照定义本来就是数字服务。目前，俄罗斯卫星电视运营商基本上已全部数字化，但是国内有线电视基础设施暂时仍是混合使用的，2018 年有近 64% 的用户通过模拟电缆接收信号。

在俄罗斯非无线电视系统中占主导地位的是五大运营商（见表 7.4），而其他运营商仅拥有近 1/4 的用户。而且俄罗斯电信公司和俄罗斯移动通信系统公司等大型公司都同时在不同电视市场上运营，如俄罗斯移动通信系统公司兼营有线电视、卫星电视以及 IPTV。

表 7.4 2018 年俄罗斯大型非无线电视运营商用户情况

运营商	用户数量（百万人）	所占比重（%）
三色旗电视台	12.2	28
俄罗斯电信公司	10.2	23
埃尔电信	3.8	8
俄罗斯移动通信系统公司	3.6	8
猎户－特快	3.1	7

资料来源：电信媒体技术咨询公司

非无线电视运营商负责转播所谓的有线－卫星频道（详见"电视频道"部分），同时也转播无线电视台信号。无线电视频道节目需求量巨大。直至今天，无线电视节目几乎被所有运营商纳入自身套餐中。

除转播电视频道外，数字运营商还提供视频点播、按次付费观看等其他方式来接收电视内容。此外，现在数字内容可借助数字视频录像机存储下来，这也是运营商最常提供的方式。这种收看方式是非线性的，观众可自主选择收看内容、时间和数量，因此需求量日益增加。

未来几年，非线性电视收看的增速将会进一步提高。

不同于无线播放，有线电视、卫星电视以及 IPTV 运营商所提供的服务几乎都是付费的，因此非无线电视（неэфирное телевидение）被称为付费电视，上述两个术语作为同义词使用。来自不同渠道的估算显示，2018 年非无线电视用户支付 930 亿—990 亿卢布费用，其中 600 亿—650 亿卢布归运营商所有，剩余部分转交权利人，即内容提供者。

21 世纪 10 年代，随着固定宽带和移动宽带互联网的接入，视频观看（包括电视内容）在媒体消费中占据越发显著位置。正如表 7.1 所示，2018 年俄罗斯有 3300 万住户为宽带用户，占全国住户的 60% 强。同时，约 1.4 亿张 SIM 卡已被激活，可连接移动互联网。固定宽带最大的供应商也正是主导有线电视和 IPTV 市场的那些公司——俄罗斯电信公司、埃尔电信、俄罗斯移动通信系统公司、信号旗通讯、运通公司。最大的移动互联网运营商是俄罗斯移动通信系统公司、信号旗通讯、扩音器以及俄罗斯电信公司（通过 Tele2）。

若未像付费电视一样与运营商签订专门协议，可使用 OTT 服务[①]直接播放视频。2018 年，根据新服务公司分析中心评估，超过 80% 的全国城市住户均拥有可接收视频信号的各类电脑设备（屏幕）。15% 的俄罗斯城市居民家庭都拥有智能手机（观看在线视频等最普遍的上网设备）、平板电脑、笔记本电脑以及台式电脑。目前，收看互联网视频时也越来越多地使用其他设备，如智能电视机（2018 年

---

① OTT-сервис，英文全称 over-the-top-service。OTT 服务通常指内容或服务建构在基础电信服务之上从而不需要网络运营商额外的支持。该概念早期特指音频和视频内容的分发，后来逐渐包含各种基于互联网的内容和服务。——译者注

25%—30%的城市住户拥有，其中75%已联网）或视频游戏机。

非无线电视运营商情况也是如此，通过互联网既可以实现线性收看（转播电视频道信号），也可以实现非线性收看（视频点播）。并且观众通过互联网收看电视节目时更倾向于选择非线性方式。有理由预测，鉴于数字无线电视（大多传统电视观众只关注进入多路传输器的大型频道）和OTT服务为观众提供收看机会增多，未来几年付费电视用户基数增量将达到最低值。

电视内容的制作

通过所有可能渠道传送给观众的内容可分为三大类。

新闻、信息分析节目以及解读当前时事的其他节目属于第一大类。大多数情况下，电视新闻是由新闻播发频道中的专门机构采用不同"信息播放编辑"模式制作的。2018年，在俄罗斯制作新闻且拥有相应机构的有：9个全国性无线综合频道（第一频道、俄罗斯国家电视台1频道、独立电视台、REN TV、第五频道、星、电视中心、和平、俄罗斯公共电视台[①]），4个专门的新闻有线－卫星频道（俄罗斯国家电视台24频道、俄罗斯商业咨询公司、IZ.RU、今日俄罗斯），以及80多个地区级国家广播电视公司（全俄国家广播电视公司分支机构）、近200个位于各地区各城市的无线和有线电视频道（市第 频道、莫斯科市电视台24频道、伏尔加等）。

---

① Общественное телевидение России（ОТР），不同于前文的Общественное российское телевидение（ОРТ），该公共电视台2003年更名为第一频道。下文涉及的"俄罗斯公共电视台"均指ОТР。——译者注

第二大类电视节目是国内外体育赛事转播。这在电视内容中占很大部分，其转播权属于不同的专业体育联盟（俄罗斯足球超级联赛、俄罗斯外贸银行篮球统一联赛、大陆冰球联赛）或联合会（国际奥林匹克委员会、国际足球联合会）。电视频道与上述组织或其中介签署定期协议，期间获得播放权，并参加转播相关技术组织。鉴于该电视内容板块所有者和实际制作者不属于电视系统，本书对该板块涉及较少。

从研究角度来说，电视系统中最重要的是第三大类，即娱乐类和知识类节目，从电影、连续剧和纪录片，到真人秀和答题游戏。电视台也可自行制作诸如纪录片或脱口秀等某些体裁范围的内容。此类节目内容每年在联邦和专题电视频道播出几千小时，在第一频道、俄罗斯国家电视台1频道以及独立电视台中尤为突出。除电视频道外，在第三大类节目制作中也开始出现一些专业公司，被称作内容制作方，成为电视系统有重要意义的组成部分。

内容制作公司包括电影制片厂、电视演播室、制片人公司以及其他更为专业化的公司，在俄罗斯市场上经常统称为"制作公司"（来自英语的"production"一词）。这些机构形形色色，其中既有每年拍摄和出售数百甚至数千小时节目的大型制作公司，也有每季不断出现和关闭的大量中小型制作公司，但是它们可能只与一个或几个项目有关联。有别于电视台、有线电视运营商或电视频道，制作公司无需注册、发放许可证，因此要跟踪它们某个时期在市场上的数量几乎是不可能的。21世纪10年代中期，在俄罗斯类似公司约有500家。

主流内容制作公司主要与联邦级大型无线综合电视频道合作。其中，20—25家顶级制作公司包揽排名前十电视频道的主要节目量。如

第七章 电 视

2018年20家主要制作公司拍摄了全国近50%的电视连续剧，在17个电视频道播出，且这些频道主要播放连续剧。

关于电视制作总量，俄罗斯尚未有准确统计，但是新服务公司分析中心搜集了一些为大型电视频道服务的制作公司信息（见表7.5、表7.6）。

正如许多其他内容制作相关传媒体系板块（电影、录音、游戏、图书等），电视制作领域也不是一成不变的，因此业绩优良公司名单经常变化，市场参与者排名也很容易上下浮动。

通过表7.5、表7.6可以看出，21世纪10年代中期，一些电视频道与制作公司进行了整合，目前成为大量娱乐类节目和知识类节目的制片方。而电视连续剧制作依然由专业制作公司实施。

相当一部分制作公司隶属电视频道，或者与某些频道具有共同所有者（如你的新电视与喜剧俱乐部制作公司的关系），并制作其大部分内容。对那些独立工作的公司而言，长期以来的重要业务活动便是与1—2个主要客户相互协作，与这些客户或紧密合作，或在所有者或管理者层面上相关联（21世纪10年代，这种相互关系最著名的例证便是第一频道与红方格的联盟）。但是随着时间流逝，临近21世纪10年代末，主流制作公司客户名单不断扩充，并且日益成为显著趋势。

电视经济包括首播权销售收入，向某些电视频道大量重复销售播放权的收入，以及节目模式权转让、衍生产品（比如电视剧制作公司的玩具）许可等收入。正因如此，内容数据库或权利数据库在俄罗斯电视板块具有独特作用。制作公司在电视市场上的地位不仅取决于其首播时长，而且还取决于播放量或收入，因为很大一部分利润正是通过数据库获得的。例如，阿米迪亚公司凭借其庞大的数据库确立了自身稳固的较高排名。其电视剧在许多全国性电视频道和地区电视台网络中重复播放。

表7.5 2016—2018年俄罗斯主流电视内容制作公司年度首播节目时长

单位：小时

制作公司	各频道总时长*		
	2018	2017	2016
REN TV	3248	3214	3114
喜剧俱乐部制作公司	2901	2500	1894
第一频道	2549	2184	1935
全俄国家广播电视公司	1453	1506	1662
独立电视台	1304	1275	1032
中央电视台制作室	732	669	373
MB group	693	653	444
消息报多媒体信息中心	509	287	0
红方格	455	660	685
电视媒体国际	418	303	83

＊所收集的数据来自下列频道：第一频道、俄罗斯国家电视台1频道、独立电视台、你的新电视、电视台网络、第五频道、REN TV

资料来源：新服务公司分析中心

表7.6 2016—2018年俄罗斯主流电视剧制作公司年度播出内容时长

单位：小时

制作公司	各频道总时长*		
	2018	2017	2016
电视联盟	2407	2240	1801
阿米迪亚	1896	1443	965
科斯塔电影	1124	3219	3915
喜剧俱乐部制作公司	845	1034	655
黄黑白集团	777	791	782
3X媒体集团	727	451	184
艺术电影制片厂	664	154	271
DIXI-TV	636	200	230
好故事媒体	627	895	756
莫斯科电视电影公司	607	424	354

*所收集的数据来自下列频道：第一频道、俄罗斯国家电视台1频道、独立电视台、你的新电视、电视台网络、第五频道、REN TV、家庭频道、第三电视台、"星期五！"、"切！"、尤、电视台中心、旋转木马、迪士尼、星、电视台网络–爱

资料来源：新服务公司分析中心

电视内容在首播后通过许多其他电视频道，主要是小型电视频道重复播出。这一电视节目辛迪加模式在俄罗斯发展缓慢。2018年仅有2家大型的所谓电视辛迪加，即国家电视辛迪加和STP Kontent，保障地区电视频道的内容供应。

非无线电视频道内容制作是俄罗斯电视业另一重要板块，上述内容稍后通过有线电视、卫星电视或IPTV运营商播出。国外有线–卫

星频道仅借助中介公司（如 Telco Media，2018 年前在俄罗斯代理国家地理和福克斯系列频道）在俄罗斯转售节目内容。除上述国外频道，创立国产电视频道的制作公司主要分为三类。

第一类是拥有共同所有者、法律协议或甚至非正式关系，通过付费电视运营商关联起来的制作公司。这类公司包括斯特里姆（2018 年与俄罗斯移动通信系统公司在所有者层面上有关联）、新媒体（与猎户－特快关联）、第一高清频道（与三色旗电视运营商有关联）。

第二类是与大型电视公司有关联的制作公司。这首先包括俄气－媒体控股公司的红色媒体、全俄国家广播电视公司（与俄罗斯电信公司合作，兼有第一类和第二类公司特点）的数字电视。此外还有第一频道－全球网，是第一频道、数字电视之家的创办者。

第三类是独立制作公司。这些公司和创作团体为一个或几个频道制作内容，且与电视台和运营商均未有明显关联。这类公司有桥－媒体、创意生产企业视频－电影－电视、雨，等等。

独立制作公司为市场上可收看的近一半电视频道提供内容，然而由于未获得财政扶持，它们在经济上最不堪一击。而与电视频道或运营商等电视业其他板块的关联则可获得财政扶持。

在线视频领域的内容制作，目前规模不大，但很有前景，是电视系统的另一个组成部分。除纯粹业余的、非职业的内容外，在网上还出现了一些高度专业化的小型公司制作的节目。目前尚未有此类统计数据，但是有个别成功项目的案例。这一领域首个典型代表是 Caramba TV，不仅制作一些通过互联网播放的节目，而且还与电视网"切！"合作。

电视频道

电视频道是电视系统内最显而易见的组成部分。电视频道是俄罗斯电视业的一部分,负责组织内容,并以特定频率在提前设定的时间段内将电视内容传送给观众。线性观看就是以这种内容组织方式为基础,即电视节目按设定次序在指定时间段播出,且收看时间和电视频道节目表不受观众影响。近年来,尤其是随着 IPTV 和 OTT 在俄罗斯的普及,观众可自行选择观看的内容和时间,因此非线性电视视频观看逐渐增加。但是,线性观看电视频道节目依然是占绝对主导地位的媒体消费形式。

电视频道根据不同标准可分为不同类型。按照信号接收技术,电视频道可分为无线频道和非无线频道。无线电视频道最初依靠模拟、数字无线发射机、电视站以及转播站接收信号。2018 年,全国性无线电视频道本身也分为中央电视频道(信号通过转播系统覆盖所有传播地域,如第一频道)和电视网。电视网在不同地区需通过合作电视台将信号传送给当地观众。此外,无线频道可借助于所有非无线传输技术进行转播。

第二类是完全依赖有线网络、卫星电视或 IPTV 运营商的非无线频道。离开上述运营商,观众就无法收看。

随着向数字电视过渡,建立 2 个无线多路传输器,电视网模式基本上已消失。因为在数字化条件下,所有进入多路传输器的电视频道都以同样方式播出(见"电视信号和电视节目向接收设备的传输"),地区和地方合作伙伴已没有存在必要。

此外,在各种技术暂时共存的 21 世纪 10 年代末,电视频道可分为模拟频道和数字频道。其中，有些频道画质各有不同，有高清和超高清转播等。

根据信号传播地域，电视频道分为全国性/联邦级、地区级和市政频道（城市频道或在较小居民点播放的频道）。这些频道不仅可以直接通过传播地域区分，而且还可以通过专题甚至风格来区分。

按照所有制形式和所解决问题，电视频道可分为国有频道、公共频道以及私营频道。尽管在电视业发展史上的俄罗斯阶段[①]，一些电视频道名称中都使用过"公共"（общественное）一词，但是在俄罗斯暂未形成稳定的公共电视模式。但在2013年成立了俄罗斯公共电视台。该频道声称将自觉承担电视节目的公共服务责任，且主要由国家拨款。

在俄罗斯还存在另一种情况，就是电视频道由两种类型的所有者共同持有，即国有和私人投资者作为共同所有人。

根据融资模式，电视频道可分为商业频道和非商业频道。在俄罗斯非商业电视频道是罕见现象，因为对那些直接获得国家财政拨款的电视频道来说，可以不受限制地从事广告销售等商业运作。国有频道通常兼有两种资金来源：既得到联邦或地区的财政扶持，同时又可以出售广告时间。非商业频道的一个绝无仅有的例子便是"俄罗斯国家电视台文化频道"。除广告销售外，商业活动还包括一项重要收入来源：非无线电视订户服务费。该费用由运营商收取，并与电视频道进行分配。

按照最常见的内容类型，电视频道可分为综合类频道（包含不同体裁和专题）和专题频道（节目仅限于旅游等专题或电影类体裁）。

---

① 即苏联解体后——译者注

基于上述分类方法,可将第一频道归为无线频道、中央频道、全国性频道、国有频道(有私人共同持有者)、商业频道(广告)以及综合类频道。而下诺夫哥罗德的市第一频道则为非无线频道、市政频道、私营频道、商业频道(广告,可能还有用户服务费)以及综合类电视频道。

根据国家广播电视联合会数据,21世纪10年代中期在俄罗斯有超过1050个电视频道在运营中(尚未有准确的较新统计数据),其中近一半是无线频道,而其他频道则借助于有线运营商和卫星运营商播出。这些数据从整体上如实反映了现状,但主要还是作为评估数据使用。

表7.7中列出了无线电视频道的4大主要类别,但是如果按照补充标准,还可将其分为一些小类。

表7.7 2010—2018年俄罗斯主要电视频道观众占有率*

单位:%

电视频道类型	2010	2018
俄罗斯国家电视台1频道、第一频道、独立电视台	49.3	34.0
无线电视网(16个电视频道)	41.4	43.3
非无线电视频道	7.8	20.9
地区电视频道	不详	3.3

* 由于莫斯科和地方市场统计结果的不对称性,以及"二次收看"的影响,观众占有率总计可能超过100%。

资料来源:Mediascope

俄罗斯国家电视台1频道、第一频道、独立电视台仍然是俄罗斯电视频道"三巨头"。2010年,约一半国内电视观众收看上述频道,观众占有率2013年接近40%,2018年约为1/3。它们拥有最为包罗万象的内容、几乎任一电视季统计中最受欢迎的电视节目。绝大多数新闻节目观众收看的正是它们所播放的新闻。

2018—2020 年之前（向数字电视过渡的结束期限），其他无线电视频道则按照商业电视网的原则运作。该原则最初用于广播，之后用于美国电视业。电视网模式进入俄罗斯的同时也伴随着美国投资者和合作伙伴的参与（第六频道；CTC，其全称为"电视台联盟或网络"）。无线电视网在每个必要的地区或城市拥有当地合作电视台（附属机构），通过本地频率获得播放电视网节目的时段，从而实现全境（或任何其他必要地域）覆盖。地区电视台通过这种方式获得转播电视网中昂贵的高收视率节目的机会，而电视网内的频道则获得了地方观众。附属机构也可隶属电视网，或与其签署合作协议。

20 世纪 90 年代，非无线电视尚未发展起来，而在俄罗斯许多大型城市出现了大量无线电视台，电视网模式迅速成为热门。最终在 21 世纪前 10 年中期前，在国内市场上出现了大量联邦级无线电视网－频道，频道数量超过任何大型国外电视系统。2018 年，该系统内有 16 个私营和国有电视网频道。国内几乎所有的地方无线电视台都是电视网其中一个频道的合作伙伴——每个电视网可以有数十个附属机构。

21 世纪前 10 年，电视网中也出现了领先者。多年来，电视台网络、你的新电视、REN TV 一直是商业电视网中最突出的代表。21 世纪前 10 年中期正是它们逐渐分流了"三巨头"的观众，2004—2006 年、2008—2009 年，其观众占有率已超过 20%。这些电视网长期以来取得成功的原因正在于其更注重娱乐内容和较年轻观众。

但是在 21 世纪 10 年代中后期，一些电视频道因确立了更小众但很受欢迎的娱乐形式，指标增长速度更为快速。其中表现突出的有第五频道、REN TV、"星期五！"、第三电视台、家庭频道。有些频道选择了特定的专业化方向，如神秘与恐怖、女性或男性专题与娱乐、儿童与青年等方向，甚至可以称为专题频道（тематические каналы）。上述频道观众占有率出现增长。（见表7.8）

表7.8 2005—2018年俄罗斯联邦/全国电视频道和电视网观众占有率

单位：%

电视频道	2005	2010	2018
第一频道	23.0	17.9	11.8
俄罗斯国家电视台1频道	22.5	16.2	12.9
独立电视台	11.2	15.2	9.3
你的新电视	6.6	7.1	4.9
电视台网络	10.3	8.4	4.9
第五频道	–	1.9	6.3
REN TV	4.9	4.3	5.3
电视中心	2.5	3.3	3.0
第三电视台	1.9	2.4	2.9
家庭频道	1.0	2.2	3.1
俄罗斯国家电视台2频道/赛事频道	1.8	1.9	1.9
星	–	1.7	2.5
DTV/辣椒/"切！"	1.5	1.9	0.9
迪士尼（2012年前为Семерка）	–	–	1.5
俄罗斯国家电视台文化频道	2.5	1.8	1.1
俄罗斯国家电视台24频道	–	0.8	1.8
MTV/"星期五！"（自2013年起）	–	0.9	1.8

续表

电视频道	2005	2010	2018
音乐电视/尤（自2012年起）	1.0	0.9	0.8
2×2	–	0.7	0.5

资料来源：TNS TV Index/Mediascope

预计，向数字电视过渡将会改变面向全国观众的频道构成和受欢迎度。联邦广播电视竞拍委员会于2013年批准了2个数字多路传输器的名单。（见表7.9）第一数字多路传输器是按照俄罗斯联邦总统命令组建的，而第二数字多路传输器则是根据联邦广播电视竞拍委员会招标结果确定的。进入多路传输器的还有一些频道，它们此前并未获得联邦频道地位，不属于全国电视网甚至是非无线频道。同时还形成了另外一类无线电视频道，它们并未进入多路传输器（"切！"、"星期五！"、2×2、尤、迪士尼），并且在技术上丧失了全国无线播放能力。因此，2020年后电视系统细分构成、无线和非无线电视频道分类都可能发生变化。全国无线频道很可能仅包括数字多路传输器内的频道。而这些频道则获得了必备公共电视频道的地位。因此，任一非无线电视运营商都必须将上述频道纳入自身基础套餐的前20个按键内。

表7.9 数字多路传输器的构成情况

第一数字多路传输器电视频道	第二数字多路传输器电视频道
第一频道	REN TV
俄罗斯国家电视台1频道	斯帕斯*
赛事	电视台网络

续表

第一数字多路传输器电视频道	第二数字多路传输器电视频道
独立电视台	家庭频道
第五频道	第三电视台
俄罗斯国家电视台文化频道	"星期五！"
俄罗斯国家电视台 24 频道	星
旋转木马	和平 *
俄罗斯公共电视台 *	你的新电视
电视中心	音乐电视 *

* 标出的电视频道未获得联邦频道地位。

资料来源：联邦反垄断局，联邦通讯、信息技术与大众传媒监管局

俄罗斯无线电视领域还有一个重要板块就是地区电视频道。2019 年前，俄罗斯国内超过 90% 的所有城市和地区电视台均按照电视网合作模式运作。同时，许多地区电视台根本没有新闻、采访、脱口秀等地方内容，只是进行转播。大多数电视台每天通过自己的波段向地方频道转播 1—4 小时不等。总之，俄罗斯有数百个地区无线频道，大多是拥有约 2 小时自有节目的小型电视公司。只有数十个地区电视台能够建立所谓的全播放电视频道，不依赖电视网提供内容，平均 18—24 小时播出自有节目或独家购买的节目。21 世纪 10 年代中期约有 35 家此类电视公司。其中，最著名的有克拉斯诺达尔边疆区的 9 频道、喀山的鞑靼斯坦新世纪、叶卡捷琳堡的符拉迪沃斯托克公共电视台（国有）、基洛夫的市第一频道、下诺夫哥罗德的"伏尔加"（私营）。地区和城市主流电视频道观众占有率情况见表 7.10。

表 7.10 2018 年地区和城市主流电视频道观众占有率

单位：%

电视频道	城市	观众占有率
省	哈巴罗夫斯克	3.9
伏尔加	下诺夫哥罗德	1.8
直播	喀山	1.6
Rifey TV	彼尔姆	1.4
克拉斯诺亚尔斯克电视台	克拉斯诺亚尔斯克	1.3
莫斯科-信任	莫斯科	1.3
78 电视台	圣彼得堡	1.0
巴什基尔卫星电视台	乌法	1.0
莫斯科市电视台 24 频道	莫斯科	0.9
符拉迪沃斯托克公共电视台	叶卡捷琳堡	0.8

资料来源：Mediascope

自 2016 年起，术语"第 21 号键"（21-я кнопка）对地区播放具有现实意义。俄联邦总统特别命令批准了决议，每个地区应选出一个电视频道（即播出覆盖范围不低于所在共和国、边疆区或州地域 75% 的地区电视频道），该频道将获得特定地位，即在所有非无线电视运营商中排名第 21 的位置。2018 年年底前，85 个联邦主体中有 81 个已选出这类电视频道。其中，几乎所有频道都为全播放频道，大大增加了此类频道数量。

与此同时，行业内也就市政电视频道的未来进行讨论，2019 年签署了关于第 22 号键的总统令，该按键播放市政电视频道，它们同样是通过招标选拔出来的。

随着无线频道和非无线频道的大量出现，电视观众在规模和结构上也发生了改变。最初观众是从"三巨头"频道转移到主流商业电视网，然后是电视网领军者让位给受众面窄的更小竞争对手。近年来，越来越多的电视频道排名和所占比重指标渐趋平衡，可相提并论。这同样也表明，电视业更趋于分散，即拥有较多观众的电视频道数量有所增加，观众在频道间分布更加均衡。

非无线电视频道所占比重增加，2018年这一指标已超过20%，成为专题电视日益受欢迎的例证之一。与此同时，在俄罗斯非无线电视观众依然不多，首先是因为20世纪90年代至21世纪前10年全国无线电视频道数量庞大。甚至国外有线卫星电视领域的领军者，像MTV（2013年前）或迪士尼这样的西方电视频道，借助于无线电视网模式在俄罗斯开始运营。

21世纪10年代，非无线电视频道数量不断增加，质量不断优化，用户基数增长。根据新服务公司分析中心数据，在中等城市家庭户中可接收频道数量从2000年7个增至2018年72个，主要依赖非无线频道市场参与者。

与无线频道一样，非无线频道分为全国性频道、地区级频道/城市频道。在俄罗斯目前尚未有关于上述频道的准确统计。研究全国性有线卫星电视频道，最为适用的是专业化互联网出版物《有线电视》数据库。据该出版物统计，2018年俄罗斯运营商转播了约500个俄罗斯和国际非无线电视频道，并且其数量增长不是以年度计，而是按月度计，主要增长依赖国产频道实现。

表7.11列出了2018年最受欢迎的非无线电视频道，除前十名之外，还有国家地理、尼克国际儿童频道、TLC、动物星球、派拉蒙喜剧等

著名国际电视频道（总共约占 1/4），但是占据稳固核心地位的是俄罗斯频道。在大城市之外，比较流行的还有类似"狩猎与钓鱼"等小众专题电视频道。

非无线频道经常被称为专题频道，因为它们中几乎没有综合频道，并且所有频道都或多或少地具有小众专题方向或体裁风格（见表7.12）。

表 7.11　2018 年主流非无线电视频道观众占有率

单位：%

电视频道	观众占有率
电影之家	1.6
动漫	1.3
俄罗斯爱情	0.9
俄罗斯公共电视台	0.7
你的新电视 4	0.7
音乐电视	0.6
TV1000－俄罗斯电影	0.5
电视台网络－爱	0.5
TV1000	0.4
TV1000 Action	0.4

资料来源：Mediascope TV Index

表 7.12　2018 年俄罗斯非无线电视频道主要专题类型

专题	电视频道数量
娱乐类	101
电影与电视连续剧	80
知识类	69

续表

专题	电视频道数量
兴趣爱好类	37
儿童类	34
体育类	27
新闻类	17

资料来源：莫斯科大学新闻系专家统计

除套餐中销售的电视频道，在俄罗斯也有一些在普通套餐之外可单独订购的频道。最著名的订购电视频道是 AMEDIA Premium。

非无线电视频道的经济状况不是很乐观。与无线频道相比，2018年有线卫星电视频道广告收入不多，总共 70 亿卢布。收入大部分用于运营商许可证费用支出，据专家估计，可达 300 亿—350 亿卢布。

除上述播放方式外，电视内容还可通过互联网播出。每个制作公司和权利人都会有自己的网络内容经营策略。可以利用节目或电视剧网站、频道或制作公司网站、电信运营商网站，以及社交网络、视频分享网站（类似于 RuTube）、在线影院等方式推广节目。绝大多数情况下，还会同时利用几乎一切可能的资源，以便覆盖最大范围的观众。

在互联网视频资源的所有类型中，可直接归入电视系统的是一些专业化网站。这类网站清理了用户原创内容和盗版内容，提供电视电影内容的合法链接——这就是所谓的在线影院。

2018 年，在线影院市场最重要的参与者有 ivi、Okko、梅戈戈、Amediateka 等平台。这些公司成立于 21 世纪 10 年代中前期，并且在近几年内有序发展。但是，2017—2018 年间同时启动了一些与大型电视公司、电视频道以及电视制作公司相关的项目，如 Premier（俄气 - 媒体控股公司）、Start（黄黑白制作公司）、More.TV（电视台网络 - 媒体和国家媒体集团）等。

传统电视业代表对这一领域兴趣日益增加，纷纷在线上推出了自己的主要内容，并且制作了越来越多供网络播放的连续剧和节目。可以断定，未来几年，在线影院将成为俄罗斯电视系统发展最为迅猛的板块。

* * *

俄罗斯联邦电视业是一个复杂的动态系统，在政治、社会、人口、经济、文化、技术等诸多因素影响下不断发展。

一系列客观原因的存在使得俄罗斯电视系统虽非独一无二但也独具特色：国家幅员辽阔、苏联时期电视业发展历史悠久，以及与其相应地，过渡时期情况复杂；俄罗斯联邦所特有的民族、宗教、地区多样化。上述因素交相作用，加之苏联解体后国家电视业发展特色共同造就了该行业的鲜明特点：比如，无线电视在俄罗斯长期以来一直发挥非常重要的作用。

尽管如此，俄罗斯电视业所面临的主要挑战正是全世界传媒体系需要面对的共同趋势。因此，完全有理由将俄罗斯电视业作为全球化语境下的一个现象来探讨。其中，向数字播放的转型，与在线内容传输方式（OTT）的竞争是最重要的趋势。显然，在不久的将来，数字信息通信技术将成为国家电视业变革的主要动力。

思考题

1. 说出并描述俄罗斯电视系统主要组成板块。

2. 说出并分析影响俄罗斯电视系统的最重要因素。

3. 描述俄罗斯地面（无线）信号传输技术系统。

4. 描述俄罗斯电视信号付费传输系统。

5. 描述俄罗斯电视内容制作系统。

6. 说出并描述俄罗斯电视频道主要类型和种群。

7. 描述俄罗斯电视系统中电视频道"三巨头"的作用和地位。

8. 给出"电视网"概念的定义，并描述其在俄罗斯电视系统中的作用、地位以及命运。

9. 描述俄罗斯电视系统中非无线电视频道的作用和地位。

10. 说出互联网对俄罗斯电视系统的主要影响领域。

推荐阅读

Вартанова Е.Л., Вырковский А.В., Смирнов С.С., Макеенко М.И. Индустрия российских медиа: цифровое будущее. М.: МедиаМир, 2017.

Вырковский А.В., Макеенко М.И. Региональное телевидение России на пороге цифровой эпохи. М.: МедиаМир, 2014.

Ершов Ю.М. Телевидение регионов в поиске моделей развития. М.: Изд-во Моск. ун-та, 2012.

Российское телевидение: индустрия и бизнес/Под ред.

В.П.Коломийца, И.А.Полуэхтовой. М.: ООО «НИПКЦ Восход-А», 2010.

Смирнов С.С. Медиахолдинг России: национальный опыт концентрации СМИ. М.: МедиаМир, 2014.

Телевидение в России. Состояние, тенденции и перспективы развития. Отраслевой доклад. М.: ФАПМК, 2019 (2018, 2017, 2016, 2015, 2014, 2013, 2012, 2011).

Телевидение глазами телезрителей / Под ред. И. А. Полуэхтовой. М.: ООО «НИПКЦ Восход-А», 2012.

Энциклопедия мировой индустрии СМИ / Под ред. Е.Л. Вартановой. М.: Аспект Пресс, 2013.

第八章　在线大众传媒

在线大众传媒形成的技术前提

如今，俄罗斯互联网板块（俄网）拥有自己的平台、搜索与地图服务、社交媒体以及电子商务行业参与者，是一个完善的生态系统。据联邦出版与大众传媒署统计，2018年俄网受众数量达9300万人，占本国人口总数的76%，且年增长量占本国人口总数的6%。俄网受众在本国人口中所占比重数值高于全球互联网用户在世界总人口中所占比重（67%），而其受众增长量在本国人口中所占比重则与全球互联网用户增长量在世界总人口中所占比重（6%）相持平。俄网多年来的存在已经证明，该网上的自有媒体和项目能够在互联网经济重要板块中保持领先地位[①]。

目前，智能手机被认为是用于访问互联网的主要设备，俄网受众的增长主要依靠移动端受众和智能手机用户来实现。近三年来，智能手机普及率提升了22%，国内有61%的居民使用智能手机——此为当前的主导趋势。相比之下，52%的民众偏好台式电脑，而此类用户同期增长率仅为3%。此外，各年龄段人群通过移动设备上网的时长

[①] Интернет в России в 2018 г. Состояние, тенденции и перспективы развития. Отраслевой доклад. [Электронный ресурс]. – Режим доступа: fapmc.ru/rospechat/activities/reports.

等于使用台式电脑和笔记本电脑上网的时长总和。通常，使用智能手机上网是通过 Wi-Fi 而非移动运营商实现的。使用智能手机上网的用户比重为 66%，其数量在三年内增长了 22%。

民众如此积极地使用数字与移动技术无疑会导致国家与地区层面传媒体系的常规结构发生变化，亦会催生以多渠道发布、多平台制作、多媒体内容为特点的新型大众传媒。在线大众传媒也称作网络大众传媒、互联网大众传媒，偶尔也称作屏性大众传媒，已成为俄罗斯传媒体系不可或缺的组成部分。

作为俄罗斯传媒体系的细分领域，在线大众传媒的发展无疑得益于国家项目"数字经济"的实施和为消除数字鸿沟所做出的努力[①]。上述措施使高速有线、无线与移动访问技术得到顺利推广，更多用户与各类设备接入了互联网，由此还出现了可替代信息源，使用全新的内容发布渠道（社交网络、网络托管、即时通讯软件等）和受众互动方式（包括精准的受众把控能力与广告定向能力）的生产商之间形成了竞争。

在线大众传媒同电视一样，正逐渐成为国民的主要信息源之一，并且作为一种信息中介，其发挥的作用愈发显著，在年轻受众中尤其如此。社会调查显示，近年来在线大众传媒作为人们了解本国与世界新闻的信息源，在使用频率上一直位列前三，仅次于电视和社交网络。该调查 2018 年统计结果如下：就使用频率而言，电视为 63%，社交

---

① Интернет в России в 2018 г. Состояние, тенденции и перспективы развития. Отраслевой доклад. [Электронный ресурс]. – Режим доступа: fapmc.ru/rospechat/activities/reports.

第八章 在线大众传媒

网络为46%，网络出版物为43%[①]。

另一家社会调查公司开展的研究证实了上述结论：2018年，48%的俄罗斯受访者"最近一个月内在互联网上阅读或收看过新闻或资讯消息"，而从未阅读或收看过的受访者仅占19%；总体而言，各年龄段"最常了解新闻与资讯的渠道"为电视端，占受访者的65%；互联网新闻类网站这一渠道，则占受访者的42%[②]。

上述两项研究表明，更常从新闻类网站和社交网络上获取资讯的多为年轻人。正是最为年轻的受访者群体（18—24岁年龄段）对新闻的需求变化尤为明显。作为新闻来源，电视让位于社交网络和互联网大众传媒，退居第三位。据全俄社会舆论研究中心统计，就获取资讯的主要来源而言，该年龄段中79%的受访者选择社交网络和博客；59%的受访者选择互联网新闻类、分析类以及官方网站，这一来源位列第二；仅28%的受访者选择电视。

在线大众传媒的分类

经过25年发展，俄罗斯互联网媒体细分领域已从业余爱好者创建的单一站点发展为结构复杂且分支多样的服务池[③]，以及面向不同受众群体、可供各种管理模式与货币化方式使用的不同类型与类别的

[①] Доверяй, но проверяй! Или об особенностях современного медиапотребления в России. [Электронный ресурс]. – Режим доступа: wciom.ru/fileadmin/file/reports_conferences/2018/2018-10-24_Media.pdf.

[②] Источники информации: Интернет. Сайты и соцсети как источник новостей. [Электронный ресурс]. – Режим доступа: fom.ru/SMI-i-internet/14340.

[③] пул сервисов，英文为 service pool。——译者注

出版物数据库。

联邦通讯、信息技术与大众传媒监管局的统计报告显示，2018年俄罗斯国内共有6686种网络出版物[①]。根据该局术语规范，网络出版物是指按照《大众传媒法》作为一种大众传媒进行注册的网站，也是一种在线大众传媒。该类网站拥有被列入注册大众传媒名录的二级域名，并作为大众传媒进行注册。在这种情况下，此类网站的注册具有自愿性质，根据现行法律，其并非需要履行强制注册程序的大众传媒。应当注意的是，未按要求进行注册的网站无法成为大众传媒。

在科学分类中，根据与传统媒体的关系，通常可以将俄罗斯传媒体系中网络大众传媒或在线大众传媒这一细分领域分为两大部类。20世纪90年代中期，作为对互联网发展的回应，第一部类的出现是传统大众传媒演变的结果。当时，一些报纸和广播电台推出了网站。在大众传媒中，报纸最早推出在线版。《教师报》（1995年）就是其中的先驱。101广播（1996年）是最先在互联网上开播的电台。第二部类为原创在线大众传媒，仅在互联网技术的基础上出现，只在线上环境中运营，没有相应的离线出版物。包括创办于20世纪90年代末的俄罗斯报纸网（Gazeta.ru）、俄罗斯纽带网（Lenta.ru）等知名出版物。

在线大众传媒的第一部类拥有相应的离线出版物（报纸、杂志、广播节目以及电视节目等）。它们通常遵循其母刊形成的内容模式，且其母刊会为自己选择某种在互联网上的存续方案。研究者通常将该部类划分如下：

[①] Роскомнадзор. Статистическая информация. [Электронный ресурс]. – Режим доступа: rkn.gov.ru/mass-communications/smi-registation/p885/.

第八章 在线大众传媒

• 名片网站①或编辑部在互联网上的"官方代表"是传统大众传媒转向在线形式的初尝试，如今在媒体实践中十分少见。

• 传统大众传媒的对应副本，也称仿制版、克隆版。此类在线版内容是其母刊的镜像呈现。例如，在俄罗斯许多地区，中小城市的综合类报纸坚持以下策略：2018年的一项研究结果表明，28%的报纸在互联网上发布独立内容、纸质版的PDF格式和过刊，34%的报纸仅发布纸质版的PDF格式和过刊，36%的各类报纸拥有较为完善的网络版。

• 传统大众传媒的改良在线版或在其离线版原型基础上出现的"混合版"，但其并非离线版的复制品，而是通过推行自身信息策略来扩大受众，如构思新专栏，积极使用超文本、多媒体元素以及交互式选项。在延伸渠道与平台方面，此种在线大众传媒拥有不同于母刊的发布方式，但同时仍处于全文以纸质版刊发的自有品牌类型框架内，其中不乏一些广为人知的品牌（如《俄罗斯报》与rg.ru，《共青团真理报》与kp.ru，《莫斯科共青团员报》与mk.ru，《论据与事实》与aif.ru等）。上述在线大众传媒实际上均为独立出版物，拥有自己的专栏以及在线内容更新节奏，且使用通常与其母刊没有关联的多媒体与交互式方案。

除主要平台外，各编辑部还打造多样化的内容发布与推广渠道和平台。为此，它们使用社交网络、即时通讯软件和网络托管，并为制作"综合性"内容而推行融合型方案，且记者按照可为不同媒体平台创建文本的"全能兵"原则来创作上述内容。例如，《生意人报》和《共青团真理报》就是如此运营的。除纸质版和网站外，两者还在调频波

---

① 通常由一个网页构成的小型网站，包含有关组织、个人、公司、商品与服务、价目表、联系方式等基本信息。适用于不想投入大量成本创建单独网站的公司。——译者注

段和互联网上拥有资讯谈话类电台。除广播外，莫斯科回声电台还拥有自己的 YouTube 频道。

塔斯社、"今日俄罗斯"国际通讯社以及《生意人报》等俄罗斯大型传媒公司与控股公司下设数字、特殊项目与实验室部，即制作技术难度大的部门，常为实验性多媒体项目部。该现象反映了全球媒体发展趋势，也证实了未来编辑部个体乃至整个行业都需要掌握的前瞻性方向。相关技术包括新闻算法生成方法、虚拟现实与增强现实效果等。

在线大众传媒的第二部类为没有离线版的出版物。专家将该部类划分如下：

• 在互联网上出现且没有离线版的网络报纸和杂志（俄罗斯报纸网——Gazeta.ru）。

• 通讯社（俄罗斯波罗的海通讯社——Rosbalt.ru）。

• 搜索与邮件服务中的新闻聚合器（如 Yandex.ru.news、News.mail.ru 等）。

• 社交网络、即时通讯软件以及网络托管中的公众账号与频道（链接、同班同学、脸书、电报、YouTube、照片墙等）。

最后两种类型在广大受众中日益普及，且作为信息源，开始大幅超越传统互联网大众传媒。具体而言，2018 年 1 月的一项社会调查显示，受访互联网用户对"您通常使用哪些资源阅读和收看互联网上的新闻与资讯消息？"对这一问题的回答如下：

• 通过搜索引擎（Yandex、Mail.ru、漫步者、谷歌等）或其提供的关联链接阅读新闻——36%。

• 通过社交网络、博客、论坛（推特、脸书、链接、同班同学等）或其提供的关联链接阅读新闻——17%。

第八章　在线大众传媒

- 阅读新闻类网络资源与互联网大众传媒——9%。
- 其他网站——1%。
- 难以回答——0%。[①]

考虑到在线大众传媒原生且独有的特征使其可被划分为一个独立部类，在线大众传媒及其系统的性质可根据传统与经典大众传媒的类型形成模式来进行描述。借助此种描述，可将在线大众传媒与大批其他非专业媒体的网站、渠道以及公众账号区分开来。在线媒体的特征包括：

- 将出版物定位为专业的信息生产者（一是借助指示出版物的大众传媒基本属性的关键词标签，如"报纸""通讯社""编辑部"等；二是借助"身份"形式参数、出版数据以及编辑部形式要件，如"关于我们""关于编辑部""关于出版物"等专栏）。
- 创始人和出版者信息（隶属于国家机关、媒体或商业集团、政党、经济实体等）。
- 合法化信息，即根据赋予信息传播组织者法律地位的第 97 号联邦法律，注册为大众传媒或被列入联邦通讯、信息技术与大众传媒监管局名录。
- 出版物的社会针对性及其受众面、社会人口特征以及信息行为特征。
- 信息更新频率及其发布的及时性、速度、节奏。
- 信息传播范围、跨境化与超本地化，即按照不同兴趣、地域、交流语言散布的小型社会群体的可及性。

---

① Источники информации: Интернет. Сайты и соцсети как источник новостей. [Электронный ресурс]. – Режим доступа: fom.ru/SMI-i-internet/14340.

- 包括传统大众传媒固有的所有领域在内的信息关注、所关注领域的多样化、综合性与细分主题专业化相结合。
- 内容特征及其重点功能（如信息时效、信息阐释、信息娱乐、文化教育等功能）；专栏、题材以及体裁。
- 内容的原生特点——超文本、多媒体性、交互性。
- 在线大众传媒的商业模式（如广告模式、订阅与付费模式、俱乐部模式、混合模式、国家或私人融资模式、企业模式等）。

在线大众传媒的消费特点与受众

尽管电视多年来一直是俄罗斯公民的主要信息源，但是近年来媒体消费的比例发生了变化，互联网和社交网络所占比重增加，研究者称之为"媒体消费的网络转向"[①]。表8.1显示了国内事件相关新闻的主要来源。全俄社会舆论研究中心2014—2018年开展的调查指标变化趋势表明，电视的作用逐渐减小，互联网、社交网络以及博客的作用在增强，新闻类、分析类以及官方网站指标先略有下降，随后趋于稳定。

5年间，电视产品的消费有所缩减，从2014年占受访者人数的60%降至2018年的53%。其间，受众对社交网络和博客上的新闻消费兴趣稳步提升（2015年占受访者人数的6%，2018年占受访者人数的14%）。人们对从报纸、广播以及杂志等传统大众传媒上获取新闻

---

① Доверяй, но проверяй! Или об особенностях современного медиапотребления в России. [Электронный ресурс]. – Режим доступа: wciom.ru/fileadmin/file/reports_conferences/2018/2018-10-24_Media.pdf.

兴趣不大，该趋势在此背景下尤其明显[①]。

表8.1 您获取国内事件相关新闻的主要来源是什么？

来源	2014	2015	2016	2017	2018
电视	60%	62%	57%	52%	53%
互联网：新闻类、分析类以及官方网站	23%	16%	16%	18%	18%
互联网：社交网络和博客	–	6%	11%	14%	14%
与他人交谈	4%	5%	6%	8%	7%
报纸	7%	3%	3%	4%	3%
广播	5%	4%	1%	3%	3%
杂志	0%	0%	1%	0%	0%

资料来源：全俄社会舆论研究中心

研究者揭示了受访者对各信息源的偏好程度，其间还对印刷类出版物及其电子版进行了比较。对受访者的提问措辞如下："想象一下，下周将发表一篇您感兴趣的文章。其形式既有报纸或杂志纸质版，又有互联网电子版。您更偏好哪种形式？"表8.2显示了2013—2018年对上述偏好进行4次调查所得的变化趋势。如果说2013年偏好纸质版的受访者占据明显优势（58%的受访者选择了纸质版，29%的受访者选择了电子版），那么5年后收集的数据则显示出向数字消费的重大转变（44%的受访者选择了纸质版，51%的受访者选择了电子版）。此外，难以作答的受访者约为此前的1/3，这表明受访者做出选择的坚定程度。

---

① Доверяй, но проверяй! Или об особенностях современного медиапотребления в России. [Электронный ресурс]. – Режим доступа: wciom.ru/fileadmin/file/reports_conferences/2018/2018-10-24_Media.pdf.

表 8.2 您阅读感兴趣的文章时更偏好哪种形式：报纸或杂志的纸质版还是互联网电子版？

选项	2013	2014	2017	2018
在纸质版报纸或杂志上阅读文章	58%	51%	46%	44%
在互联网电子版报纸或杂志上阅读文章	29%	34%	47%	51%
难以作答	13%	15%	7%	5%

资料来源：全俄社会舆论研究中心

社会调查展示了受众对互联网（在线大众传媒、官方网站）和传统大众传媒信任指数的变化。表 8.3 显示了 2013—2018 年受众对不同信息源的信任度数据。具体而言，据全俄社会舆论研究中心统计，受众对电视的信任度逐年下降：从 2013 年的 60% 降至 2018 年的 45%。自 2013 年起，受众对互联网大众传媒（新闻类、分析类以及官方网站）的信任度先从 2013 年的 22% 降至 2015 年的 13%，而自 2016 年起则一直稳定在 15%—17% 之间。受众对社交网络和博客的信任度有所波动：2015—2017 年分别为 5%、7%、10%，而 2018 年指数又降至 8%。与之相似的是受众对"与他人交谈"的信任度。受众对报纸和广播的信任度较低，且保持得相当稳定[①]。

表 8.3 如果以不同形式谈论同一事件，您更信任哪种来源？

来源	2013	2015	2016	2017	2018
电视	60%	55%	53%	46%	45%
互联网：新闻类、分析类以及官方网站	22%	13%	15%	15%	17%

---

① Доверяй, но проверяй! Или об особенностях современного медиапотребления в России. [Электронный ресурс]. – Режим доступа: wciom.ru/fileadmin/file/reports_conferences/2018/2018-10-24_Media.pdf.

续表

来源	2013	2015	2016	2017	2018
互联网：社交网络和博客	–	5%	7%	10%	8%
与他人交谈	–	8%	7%	11%	9%
报纸	6%	4%	3%	2%	7%
广播	4%	3%	2%	2%	3%
杂志	1%	1%	0%	0%	0%
难以回答	7%	11%	13%	14%	6%

资料来源：全俄社会舆论研究中心

在线大众传媒的内容

数字化信息通讯技术的发展对受众媒体消费的变化产生了重大影响，其中包括受众要求媒体内容应能不间断更新，在不同媒介上呈现，依照不同配置进行制作，在不同媒体平台上传播，具备用户互动参与的开放性和可获取性。因此，许多全俄与地区层面的出版物开始整合其离线与在线编辑部，改变空间工效学，并在开放式新闻编辑部中工作。为满足受众对全天候在线信息更新的要求，落实7×24工作原则（每周7天，每天24小时），各大众传媒采用了不同的编辑方案，包括改变工作节奏、与隶属同一控股公司的编辑部签订协议、与通讯社建立合作伙伴关系以及转载新闻。

描述在线大众传媒的内容时需要注意，在线大众传媒展现了所关注领域的多样性，且整体上兼顾了综合性和细分专业性。其主题广泛而多样，涵盖传统大众传媒涉及的所有领域——既有综合性出版物，即大众兴趣类出版物，又有按主题、地点、兴趣分类的专业性出版物。

在线大众传媒既面向广大受众，不受距离与国界限制，又面向局部受众，遍布全球各角落。这一特点无疑是在国家计划《2011—2020年信息化社会》的推动下形成的。该计划主要目标为发展信息通信基础设施、消除数字鸿沟、增加接入互联网的家庭比重等。尽管互联网在大城市与工业中心正得到更好的发展和应用，但是如今在网络中出现了一批新受众——这些公民具有早先在线消费者不具备的社会人口参数（包括收入、教育水平、社会地位）。区域性和地方性媒体部门不断拓展不同类别与类型的在线大众传媒、更加完整的"信息组合"以及全新的新闻传播与获取渠道（除国家电视台和地方报纸外，还包括社交网络与即时通讯工具团队和视频托管渠道）。

在线大众传媒的功能性特点导致其对自身内容较为重视。在此情况下，最为常见的是时效信息类、信息阐释类、娱乐类以及文化教育类出版物，在第一部类传统大众传媒在线版和第二部类原创在线出版物中均可见到上述类型。此处需要再次提到"俄罗斯商务咨询网""俄罗斯报纸网""俄罗斯纽带网"等著名时效信息类网站。大众传媒及其不同版本、原创在线大众传媒（如 Meduza）以及在线服务（如 Yandex.Q）的信息阐释功能得到发展。在文化教育领域中有"阿尔扎马斯""高尔基"等众多趣味性在线大众传媒。"那些事儿"等在线大众传媒则积极开拓人文社科类主题。

但在线大众传媒的主要特征在于其超文本、多媒体、交互性等原生特点。上述特质在互联网新闻学相关教科书中得到详细描述，并总结出下列媒体文本创建的主要新方法：

• 扩大内容篇幅并增加其多样性、非线性消费的可能性（深度阅读、场景与专题消费）；

•借助不同符号系统（语言、视觉、视听、信息图表等）来表达内容涵义；

•利用各种传播形式和发布平台与受众互动；

•吸引用户参与内容创建，并利用回复、讨论、投票、鉴定、内容生成能力等用户互动潜能。

在线大众传媒要求重新审视材料的组织与导航，并为新、旧的类型与体裁的出现或发展提供了前提条件。其内容的组织形式不同于传统大众传媒。首先，由于信息可能出现过度供给的情况，其总量从理论上来说是无穷的，因此应对分区和专栏中的材料进行细致构建。根据具体某种大众传媒的理念，专栏可分为主题类（经济、政治、文化、体育）、体裁类（新闻、报道、参考、卡片、历史、信息图表）、服务类（"关于公司""关于编辑部""我们的服务"等）、辅助类（天气、汇率）。专栏还可按标签、日历、地理或编年原则进行构建，并可包含目录和档案文献。其次，多层次阅读组织原则不同于惯常的水平式原则，因此，不超过3步/次点击这一最佳浏览深度相关问题显现。导航可以按照如下方式建构：主页–专栏–子专栏（如体育–足球–阿尔沙文）。尽管大众传媒有着约定俗成的常规分栏体系，但是线上材料灵活归属于各专栏，可在不同专栏中检索到同一篇文章。如著名运动员的婚礼这一简讯既可划归"体育"专栏，也可归入"名流生活"专栏。

在线大众传媒中，组织内容时践行题材原则。其中，题材是由不同专栏中关于一个事件、一位英雄或一个问题的某些材料构成的。题材涉及发展中事件的系列素材，包括历史参考、传记、档案材料、专家观点、信息图表、专题视频或幻灯片。如此多样化的题材构成使读者在信息流中能更好地各取所需。包括事件年表、标签式材料组织形式以及音频与视频播放列表在内的所谓时间线也旨在实现上述目标。文章点击率筛选原则可动态呈现最为流行、阅读量最多、转发量最大、引用量最多的文本，是一种非常有效的资料推广方式。

在线大众传媒运用了简讯、报道、采访、特写、专栏等所有经典体裁，此外还拓展了旧特征，形成了新特征。例如，得益于倒金字塔结构法则，新闻简讯较容易适应新环境，读者可以从中迅速获取主要信息，从而节省时间。分级排列的文本及其标题、首段（导语）与其他结构要素被广泛用于网页材料排版，也是导航的必要组成部分。

信息的在线传播能力使报道获得了全新意义，在报道中可以引入在线视频与文字转播。新的文本体裁还应包括社交网络中的文章、帖文、故事、创作者的博客，目前正被在线大众传媒及其创作者所使用。采访也可以不同方式进行：记者与被授权的读者可进行互动式提问（莫斯科回声网站）。

当使用文本、照片、视频、音频或图表其中一种选定的符号系统时，除单媒体体裁方案外，在线大众传媒还会积极采用双媒体体裁（两种符号系统，如文本与照片、文本与视频）方案、多媒体体裁方案以及综合体裁方案（见表8.4）。

表8.4 在线大众传媒中的单媒体体裁、双媒体体裁、

多媒体体裁与综合体裁

单媒体体裁	双媒体体裁	多媒体与综合体裁方案
新闻简讯	带照片的新闻简讯	多媒体简讯

续表

单媒体体裁	双媒体体裁	多媒体与综合体裁方案
文字转播	带照片或声音的文字转播	多媒体转播（可由一名记者或由一个记者团队与用户一起从不同地点进行转播，如体育或文化活动、事故发生地）
文字报道	带照片的报道、转播	带融合型照片、音频与视频题材且有同期声的多媒体报道
照片、照片带	幻灯片	有声幻灯片（可拥有脚本序列，且可包含交互式内容）
视频转播	带评论的视频转播	带融合型导航要素的视频转播（多脚本）、交互式视频
静态图片/数据图与示意图	信息图表	交互式信息图表、动画
静态地图	交互式地图/路线图	带嵌入式控件、地理坐标的交互式地图/路线图
单媒体故事/文章	双媒体故事/文章	带有研究性内容的多媒体故事/文章，其中会使用到文本、照片、视频、信息图表、评论、参考信息

创作多媒体文章是融合型编辑部的一项重要成果，其创作并非记者一人工作所得，而是创作团队集体工作的结晶。这一团队因技术复杂且资源密集的专业项目而组建。多媒体文章（如塔斯社、俄新社、《生意人报》网站等在线大众传媒）结合了文本、照片、视听内容，包含大量可以图示的参考与背景信息，如果呈现的是发展中的事件，还会配有时间线。上述所有要素通常具有相同的语义负载量，且皆为事件中表意相同的部分，而高质量的口头文本将各要素连接起来。多媒体文章根据自身规则创作、具有研究性要素且涉及严肃场景材料，需用

心且非快速阅读,该方式通常被称作"长时间阅读"①。

用户进行信息消费,可使用电脑屏幕,还能借助平板电脑、智能手机等不同媒介。这一新习惯促使编辑部为移动设备开发了更多版本与应用程序。需要注意的是,大多数全俄在线大众传媒至少向数种媒介提供内容,除纸媒、电视、广播等传统大众传媒外,还面向台式电脑和移动设备(平板电脑、智能手机)。大众传媒凭借此类多元化发布模式,能够掌控所有内容交付平台,并尽可能使其变现,同时保持并增加使用不同媒介的消费者数量。现代化内容交付模式及其间接变现是通过在社交网络、网络托管、即时通讯工具、博客、邮件与短信发送服务、聚合网站、浏览器等其他平台进行内容推广来实现的。

此外,新闻与编辑资源库的多样化在很大程度上是借助社交网络、视频托管网站中的频道、博客、照片与视频集合网站实现的。该库目前吸引了众多用户原创内容②,既有专为大众传媒制作的,也有从公开资源处获取或从非专业制作者、业余爱好者处获得的。

在线大众传媒积极在自身网站和其他平台上采用交互式受众反馈方法,包括分享、讨论、评论、投票、评级调查、参与众筹、建议或提问的形式(如在线采访或新闻发布会)、贴标签、形成一揽子延时消费、创建额外的利基渠道等。

大众传媒和社交网络间相互作用的相关研究表明,大众传媒利用不同的社交网络来增加流量、形成忠实的受众群体、推广自身出版物品牌,而目前占据主导地位的无疑是链接和脸书。大众传媒社区的信息流通常包含两类文章:一类根据纸质版与在线版的编辑方案进行创

---

① 来源于英文 long read。
② UGC,来源于英文 user generated content。

建；另一类则专门面向社交网络受众，从而涵盖尽可能多的用户，并使其参与互动交流。

积极使用社交网络来推广内容、形成忠实受众以及吸引新受众的做法，催生了状态、帖文、故事、投票等这些专门用于发布社交网络的固定文本类型。为吸引受众，大众传媒正积极使用交互式认知调查、竞赛、问答比赛、游戏等娱乐与游戏体裁。

在线大众传媒的商业模式

在线大众传媒的绩效是由一套指标构成的，可通过访问量、受众范围、专有用户数量等量化指标进行衡量。受众的定性特征同样重要：除数量外，还有忠诚度、恒定性（核心指标）、地理范围、切入点、在资源上耗费的时间、资源内的操作量、被查看与被下载的页面、浏览深度。此外，引用率、专业竞争者间评级排名以及各类业务盈利率也很重要。

一直以来，盈利率、商业变现以及寻求有效的商业模式都是俄罗斯互联网领域中在线大众传媒所面临的主要问题。目前，在线大众传媒所使用的商业模式可分为：广告模式、订阅或付费模式、上述两者混合模式、国家或私人融资模式、企业媒体模式。

广告模式，以广告争夺消费者注意力为基础，也许是离线与在线大众传媒在实际操作中最常见的商业模式之一。广告收入主要受到广告主所关注的受众访问量、质量以及恒定性的影响。此类收入还包括出版物本身可独立制作的原生广告所产生的收入。并非所有大众传媒都使用纯粹的广告模式，但该模式无疑在传统大众传媒的在线版中占据主导地位。

在线大众传媒下的大众传媒离线版和原创网络版两大部类所涵盖的出版物正推行付费或订阅模式（收费墙）。这一模式主要为高质量出版物所采用，且诸如《商业报》网站、《势力》杂志、电视频道"雨"等的消费者愿意为自己信任的媒体内容付费。该模式在俄罗斯较少被大规模使用，因为愿意为内容付费的用户并不多。此外，专家预测，鉴于新冠疫情预计产生的负面影响，付费受众比重仍会下降。订阅者俱乐部体系是对许多在线大众传媒付费模式的补充。上述订阅者因统一的价值观、同专家和新闻人物圈子在"贝尔""福布斯"等组织的非公开会面与新闻发布会上交流等机会汇聚起来。

此外，俄罗斯传媒公司还使用复合或混合商业模式，涵盖广告收入、订阅、在线销售服务与商品、发展合作伙伴关系、平台多样化以及在不同媒介上发布信息等方面。

在线大众传媒积极采用众筹模式[①]，即在自愿出资的基础上以发展媒体项目为目的筹集资金。该模式首先在博客圈和那些无法实现直接变现的社区中肇始并流行起来，随后在文化教育类（Colta.ru）、人文社科类（"那些事儿""社会资讯社"）、宗教类（"东正教世界"）等某些在线大众传媒中发展起来。

企业型在线大众传媒也是大众传媒商业模式的一种类型，融资是实现其主要功能（即推广公司、理念、产品以及利益相关人）的保障。需要指出的是，一些科技公司、银行、金融集团以及航空公司旗下的企业报纸、杂志、博客、社交媒体渠道正制作着十分优质的媒体产品。

---

① модель краудфандинга，英文为 crowd funding，来源于英文 crowd（群众）和 funding（出资）。——译者注

第八章　在线大众传媒

在线大众传媒的发展前景

近十年来，俄罗斯传媒体系业已形成完善的在线大众传媒细分领域。该细分领域不仅具有大众传媒的所有经典特征，而且还具有其独特的固有特性，可将出版物分支池划分为结构不同的部类和种类。在线大众传媒也称作网络大众传媒、互联网大众传媒，具有较高的出版活跃度。其引用指数表明，在线大众传媒具有与传统大众传媒相媲美的权威性和知名度。

在线大众传媒是俄罗斯传媒体系动态发展中的细分领域。该领域不断发生着改变，充分响应媒体消费变化，满足受众在适宜时间从移动设备等不同平台与媒介上获取内容的需求，展现了内容在组织、包装、发布与推广方面的创新型实践，见证着旧体裁的复苏与新体裁的兴起。

技术创新、媒体消费转型、媒体机构与发布平台部类和种类层面发生的系统性变化、内容更迭与传媒产业参与者职业行为的变革，这一系列变化的趋势与迹象已经在俄罗斯和海外传媒实践中得到体现。

总体而言，传媒业主要发展趋势无一例外地涉及公司将业务重心放到在线空间，并向数字化转型。媒体公司深知自身主要优势在于制作独家内容，因此积极掌握在延伸平台等各平台上直接发布信息的各种方法与手段，形成自身忠实受众。

发展创作者视频博客。除本章描述的在线大众传媒的种类和部类外，俄罗斯传媒体系中正逐渐形成一个新的细分领域，可能成为一种新的大众传媒，即创作者频道、职业记者团队网站或频道，制作互联网演出、视频博客、纪录片、播客及其他类型，进行采访并开展新闻调查（如"跟随杜季""帕特农神庙""仍为匿名"等）。其中一些团队成功运作着商业模式，一般为混合商业模式，涵盖广告、订阅、赞助、筹款以及衍生产品销售。上述频道的创作者与发起者通常是专业制作人和媒体经理，正是他们决定创建自身媒体频道，其发言人议事日程不同于传统大众传媒。

面向移动端用户。受众越来越多地使用智能手机、平板电脑这类移动媒介访问互联网，进行新闻消费。据媒体分析机构统计，移动网络流量在总流量中所占比重不断提升，移动媒介作为一种媒体消费手段稳居个人电脑前列，在年轻人中尤其如此。移动端内容的发展已形成显著趋势，而俄罗斯大众传媒在移动应用程序领域也涌现出塔斯社、国际文传电讯社、Sports.ru 等一些优秀案例。

使用人工智能。人工智能和物联网使接入网络的设备能够分析和处理具体某个人媒体消费偏好与特征相关的大数据（包括个人感兴趣的话题、喜欢的频道与体裁、偏好的收看时间、信息接收设备类型、地理位置甚至收看时的情绪与脉搏），为每位消费者提供个人媒体菜单。这种个人内容设置借助了基于个性化偏好分析的算法，已被 Yandex、谷歌、YouTube、奈飞及其他传媒巨头使用。

Afisha.ru、Lenta.ru 等网站开始开发以人工智能为基础的推荐系统。

采用内容自动生成。创建新闻文本，借助文本单元之间的语义链机器人程序实现的算法处理，该方式取代了记者对特定主题与情形的文本（如金融与股票预测、汇率、体育比赛结果、对天气与自然异常监测、路况）所进行的常规加工。自动生成的简讯，使用定量数据与统计数据，是在国际文传电讯社、塔斯社、Sports.ru 及其他出版物基础上创建的。

流媒体和播客的流行。互联网上电视和广播的存在形式正在转型。在传媒业与娱乐音乐业的许多细分领域以及电影、连续剧与体育转播领域中，付费收看文化得到推广，合法流媒体服务与 OTT 平台数量正在增长。国内颇具前景的流媒体服务中，值得关注的有 Yandex 音乐、Mail.Ru 直播，此外 Spotify 等平台也已进入市场。尽管传统广播市场只是略有萎缩，但是在线广播正在取而代之，同时，播客开始广受欢迎，可在任意适宜时间收听，以音频格式播出。播客是在各式各样的媒体项目框架内创建的，其中既有俄新社、塔斯社等新闻巨头，又有在线大众传媒和主持人个人项目。

互联网广告。该类广告市场总额已超过电视，2018 年达 31 亿美元。移动互联网广告细分领域市场份额越来越大，且"口袋里的屏幕"正成为发展的主要驱动力。广告呈现出最大程度个性化转型，同时，桌面上的内容关联广告仍是其最大的细分领域。

虚拟现实。大型资讯公司和媒体集团已开始尝试虚拟现实，更准确地说是结合虚拟现实技术与增强现实技术的扩展现实，从而吸引受众注意力。尽管上述技术尚未广泛应用于媒体，但是其创意方案的前景与潜力吸引了传媒业大型参与者注意力。这些参与者正在科学、创意产业以及社会部门的交叉领域创建与推行高科技项目（"今日俄罗斯"国际通讯社）。

思考题

1. 描述在线大众传媒形成的技术前提。
2. 给出"在线大众传媒"的定义，并描述该细分领域在俄罗斯传媒体系中的地位。
3. 本国媒体研究者如何对在线大众传媒进行分类？说出其主要部类和种类。
4. 选择任意一种在线大众传媒进行分析。该在线大众传媒属于哪一部类和种类？
5. 在推出技术复杂且具有实验性质的多媒体项目方面，列举您所知道的传媒公司。
6. 说出近期出现的媒体内容发布新渠道。
7. 媒体消费如何影响在线大众传媒内容？
8. 您知道哪些在线大众传媒所使用的多媒体体裁？
9. 描述在线大众传媒的主要商业模式并举例。
10. 举例说明在线大众传媒实践中所使用的前瞻性技术。

推荐阅读

Амзин А. Интернет-журналистика. Как писать хорошие тексты, привлекать аудиторию и зарабатывать на этом. М.: АСТ, 2020.

Вартанова Е. Л. Постсоветские трансформации российских СМИ и журналистики. М.: МедиаМир, 2013.

Вартанов С. А., Свитич Л. Г., Смирнова О. В. Медиасистема в контексте развития региона: эконометрический анализ // Вестн. Моск. ун-та. Сер. 10. Журналистика. 2018. № 6. С. 18.

Доктор К. Ньюсономика: двенадцать трендов, которые изменят новости. М.: Время, 2013.

Дьяченко О. Российские СМИ в социальных сетях Facebook и в «ВКонтакте»: практики взаимодействия. [Электронный ресурс]. – Режим доступа: mediascope.ru/1615#18.

Индустрия российских медиа: цифровое будущее. М.: МедиаМир, 2017.

Интернет-СМИ: теория и практика / Под ред. М. М. Лукиной. М.: Аспект Пресс, 2010.

Как новые медиа изменили журналистику / Под ред. С. Балмаевой, М. Лукиной. Екатеринбург, 2016. [Электронный ресурс]. – Режим доступа: newmedia2016.digital-books.ru.

Основы медиабизнеса / Под ред. Е. Л. Вартановой. М.: Аспект Пресс, 2009.

Медиаиндустрия в 2019–2023 гг. Обзор мировой и российской индустрии развлечений и медиа. [Электронный ресурс]. – Режим доступа: pwc.ru/media-outlook-2019.

第九章　社交媒体

社交媒体：概述

信息通讯技术的快速发展始于20世纪下半叶，受众可获取的信息与服务量呈爆炸式增长。这一时期，人们认识到，文明进程在很大程度上取决于技术发展，主要是信息通讯技术的发展。正是这些技术跟交通和能源网络一起，成为连接整个社会的基础设施，不仅促进了社会通讯联络的加强，而且极大地拓展了社会活动场所和社会交流空间[1]。

这一发展趋势催生了信息社会、网络社会、知识社会等新的理论概念，并推动数字信息技术蓬勃发展所产生的新媒体成为社会发展的先锋[2]。20世纪21世纪之交，社会传播是碎片化的，同时又具有全方位、多媒体、融合性、多渠道、多平台等特征，其技术决定性和媒

---

[1] *Bell D.* The End of the Ideology. N.Y.: Free Press; *Вартанова Е.Л.* Финская модель на рубеже столетий: информационное общество и СМИ Финляндии в европейской перспективе. М.: Изд-во Моск. ун-та, 1999.

[2] *Кастельс М.* Информационная эпоха: экономика, общество и культура. М.: ИД ГУВШЭ, 2000; *Узбстер Ф.* Теории информационного общества / Под ред. Е.Л.Вартановой. М.: Аспект Пресс, 2004; *Мелюхин И.С.* Инфомрмационное общество: истоки, проблемы, тенденции развития. М.: Изд-во Моск. ун-та, 1999.

体中介性的变化进程变得尤为明显。① 数字化作为其中最重要的进程，成为传媒体系转型的基础，不仅包括传播服务与内容向"数字"的转变，而且还意味着数字电信网络在经济、政治、社会与文化进程中的广泛应用。这确保了信息作为关键公共资源（含经济资源）的职能，以及数字与媒体这一现代人新生态环境的形成。

社会的数字化转型并未将大众传播进程（尤其是大众传媒）搁置一旁。它们既是现代社会的重要制度，也是独立的产业。世界各国传媒体系开始在技术、结构以及功能上发生改变，而其数字化进程所引发的改变不仅对媒体环境，而且对整个社会实践都产生了影响。在传媒体系内部形成了新的板块，其活动以数字信息通讯技术为基础，包括互联网大众传媒、网站、论坛、多功能门户网站、博客平台、维基项目、搜索引擎、社交网络、音视频托管、即时通讯软件、服务应用程序等。需要强调的是，在这一板块可获取不同类型的内容。既有代表传统文化产业（电影、音乐、大众文化）的职业记者与作家创作的内容，也有广告内容、推广性内容以及用户原创内容。

上述板块尽管在现代传媒体系框架内显著存在，且发展迅猛，但是仍未得到充分研究，尚未获得通用名称以及全球研究界和业界所认可的统一术语表。

20 世纪八九十年代之交，为描述信息与计算机技术飞速发展所催生的新现象，一些研究人员开始使用"新媒体"（новые медиа）这一术语。近 30 年来，该术语的语义内容得到扩展，甚至发生了变化，

---

① *Кастельс М.* Власть коммуникации. М.: ИД ГУ ВЩЭ, 2016; *Доктор К.* Ньюсономика. Двенадцать трендов, которые изменят новости. М.: Время, 2013; Интернет-СМИ: Теория и практика / Под ред. М. М. Лукиной. М.: Аспект Пресс, 2010.

第九章 社交媒体

且术语本身也引发了争议与批评。目前，这个集合概念描述的是那些专业与非专业的数字交互媒体，在功能上不同于制度上稳定下来的"旧的"、传统的大众传媒，需借助固定互联网或移动互联网进行访问。

21世纪前10年，由于互联网接入的增加、数据交换速度的提升，以及各种技术平台的发展，上述板块的术语表也继续拓展。"社交媒体"（социальные медиа）这类概念已习以为常，这一概括性术语基于"社交网络""技术平台""用户原创内容"这些广泛传播的概念。同时使用的还有"数字媒体"（цифровые медиа）这一概念，强调内容收集、创造、传播与保存的数字化特点；还有"媒体传播"（медиакоммуникация）这一术语，表示借助于现代数字化媒体技术进行传播的过程[1]。上述术语关注的不是传播的规模，如人际、群体、大众规模（这种情况在原则上无关紧要），而是传播与信息活动、信息交流的技术决定性和媒体中介性等特点。并且，上述所有概念都要求满足下列前提：在数字媒体环境中大量非专业的用户原创内容的存在、创作者与消费者通讯的交互性以及受众在内容制作与传播过程中的积极作用。

目前究竟应该如何定义传媒体系中的这一新板块呢？为找到这一问题的答案，需要求助于权威的来源。比如，英国最古老的百科全书《不列颠百科全书》指出，"社交媒体"术语范围非常广泛，涉及那些允许人们参与"一对一""一对多""多对多"交际的技术、平台与服务[2]。同时，韦伯斯特词典将社交网络定义为电子通讯的某些形式（如

---

[1] Отечественная теория медиа: основные понятия. Словарь / Под ред. Е. Л. Вартановой. М.: Факультет журналистики, МГУ; Изд-во Моск.ун-та, 2019. С. 125–127.
[2] britannica.com/topic/social-media.

社交网络与微博网站），用户通过它们创造在线社区，用来交流信息、想法、个人讯息以及其他内容（如视频）[1]。

在国外媒体研究者的著作中，对社交媒体有下列见解。比如，卡普兰和海因莱因认为："社交网络媒体（социальные сетевые медиа）是基于Web 2.0概念原理与技术方法的互联网应用程序组合，内容创作与交流正是藉由Web 2.0[2]。"伯杰斯和佩尔强调："社交媒体技术指的是围绕内容共享、公共传播以及人际传播技术的融合而构建的数字化平台、服务以及应用程序。"[3] 在麦基和关哈斯的著作中包含以下定义："社交网络是一种网络服务，允许个人、团体以及机构合作、连接、互动并且加入共同的团体，以便共同创作、修改、交流并使用可轻松获取的用户原创内容。"[4] 米勒和科斯塔这样描述社交媒体："首先社交媒体不应被视为人们发表作品的平台，而是在这些平台上投放的内容。这可以追溯到强调社会性作为看待文本的角度，其前提是所有互动都是介导的。因此，关注环境（环境是互动的中介）较互动内容（象征性、实用性内容）而言占第二位。"[5]

最后，俄罗斯研究者舍斯捷尔金娜和博尔琴科将这一概念定义如下："新社交媒体是交互式数字化信息传递方式，是一种交际手段，

---

[1] merriam-webster.com/dictionary/social%20meidia.
[2] *Kaplan A.M., Haenlein M.* Users of the world, unite! The challenges and opportunities of social media // Business Horizons. 2010. Vol.53. Issue 1. P.59–68.
[3] *Burgess J., Poell T.* (eds.). The Sage Handbook of Social media. London: Sage, 2017.
[4] *McCay-Peet L. Quan-Haase A.* What is Social media and What Questions Can Social Media Research Help Us Answer? In: The SAGE Handbook of Social Media Research Methods. Eds L. Sloan & A. Quan-Haase. ProQuest Ebook Central, 2017.
[5] *Miller D., Costa E., Haynes N., et al.* 2016. How the World Changed Social Media. London: UCL Press (available on-line: https://www.ucl.ac.uk/ucl-press/browse-books/how-world-changed-social-media)

第九章 社交媒体

其主要传播来源为互联网。其中包括社交网络、博客、播客、网站、互联网论坛、维基、视频托管、印刷品、在线以及移动产品……新社交媒体的主要特征是信息的数字化处理方式、信息通讯系统要素的信息共享、交际的互动性，这一切使得新社交媒体在终端用户的可访问性和信息获取方式上有所不同。"[1]

考虑到术语领域尚不稳定这一复杂性，本文将使用"社交媒体"来描述传媒体系的新板块。看来，目前正是该术语尚且能够最为准确地界定种概念，并体现该种类的共性特征：

- 使用互联网、数字平台、服务与应用程序等工具；
- 文本具有多媒体形式；
- 用户可轻松获取大量信息；
- 交际的互动性；
- 内容共享技术的融合；
- 公共传播与人际传播的同时性；
- 移动性。

网站、社交网络、搜索引擎、视频托管、即时通讯软件、博客等本身为具有共性特征（通常是技术、软件、协议）的不同社交媒体类型。

作为传媒体系的板块之一，社交媒体的形成在世界各国不仅极大地影响了国家传媒体系，而且还影响了劳动力市场，由此产生了对新技能人才的需求。它们对传媒产业的影响也同样重要，因为新平台和模式吸引了那些惯常流向纸质报刊、广播电视的大量广告收入。为保

---

[1] *Шестеркина Л. П. и Борченко И. Д.* Основные характеристики новых социальных медиа // Учёные записки Забайкальского государственного университета. 2014. No. 2 (55). C. 107–111.

留受众，传统媒体公司开始积极投身互联网空间，创办网站、建立社交网络账户，在即时通讯软件上设立聊天室与频道（见第八章《在线大众传媒》）。尽管如此，社交媒体是凭借大量的用户原创内容、非媒体经济领域信息产品与服务的参与而发展起来的。社交媒体广告预算稳步增长，也证实了它在包括俄罗斯在内的世界媒体空间中的现实意义。

随着社交媒体的发展，在受众结构、行为以及媒体消费方面也发生了巨大变化，受众信息与交际需求也随之改变。许多研究者开始谈及普通受众的"终结"、碎片化，甚至"扩散"。关于"活跃"受众的形成，受众不仅被吸引到媒体内容的传播进程中，而且其自身也成为不同类型与格式的数字内容的创作者。如果说20世纪创作新闻和时事分析是记者的专属特权，而负责制作媒体娱乐内容的是电影、音乐与电视行业的专业人员，那么由于数字媒体在社会中的广泛传播，21世纪非职业作者的地位得到提高。"活跃受众""用户原创内容""博主"等术语的出现，反映出在线环境中媒体内容制作商、发行商与消费者的新型关系。

Web 2.0时代，技术平台作为一种多功能在线服务，对于交际具有特殊意义，能够确保受众提供"以个性化方式传播、创作以及讨论（交际）个人信息与具有社会意义的信息"[①]的机会。这类平台的鲜明例证便是社交网络，为用户提供了广泛的互联网交际与媒体消费机会。

当前，俄罗斯社交媒体的发展直接取决于媒体交际环境的现状。数字技术和虚拟环境并未取代传统媒体和固有体裁，但是却明显改变

---

① Отечественная теория медиа: основные понятия. Словарь / Под ред. Е. Л. Вартановой. М.: Изд-во Моск. ун-та, 2019. С.176.

数字媒体交际空间之外已不复存在的旧媒体（见《印刷类大众传媒》《广播》《电视》《在线大众传媒》等章），同时创造了大量竞争性的媒体产品和媒体服务。

俄网发展特征

俄网是互联网的俄语板块，自20世纪90年代诞生之日起就被称为俄罗斯新奇迹。鉴于其普及率和受欢迎程度的提升，这也不足为奇。在俄罗斯，互联网自1993年起快速发展，其受众在1997年前迅猛增长，同时每年用户数量翻一番。自21世纪前10年初，用户数量持续增长，俄罗斯互联网受众实际上每年都在增长。互联网的普及分布极不均衡，首先普及的是大型工业中心，尤其是莫斯科与圣彼得堡。无论是从网络访问方面，还是从不同受众范围的网络使用技巧方面而言，这都体现出俄罗斯业已形成的地区间数字化发展失衡[①]。20年来，就地域而言，首都和百万人口城市在互联网普及率方面一直领先。

然而，随着时间推移，由于国家采取措施消除数字化发展失衡，并发展电信基础设施，地区间互联网访问不均衡现象开始减少。目前，莫斯科和圣彼得堡使用网络的居民占全国居民的1/3以下。例如，2016年，莫斯科至少每月上网一次的居民为849.6万，占本市居民总数的79%，圣彼得堡这一指标为356万人（78%），新西伯利亚为102.7万人（76%），叶卡捷琳堡为92.8万人（75%）。根据TNS的数据，截至21世纪10年代初，在人口超过10万的城镇用户中有

---

① *Ragnedda M., Muschert G. W.* (ed.). The Digital Divide: The Internet and Social Inequality in International Perspective. N. Y.: Routledge, 2013.

92%家里可以联网,且其中70%的用户为高速宽带接入。

俄罗斯互联网受众日益增长。2011年夏,受众规模估算为6000万人,其中有2200万俄罗斯人使用移动互联网;2016年10月—2017年3月俄网受众为8700万人,2018年已超过9100万人。

根据2018年12月的数据,按每月覆盖率,俄罗斯互联网最受欢迎的网站为搜索引擎Yandex(4140万人)、谷歌(ru+com,4100万人)、Mail.ru(3300万人)、YouTube视频托管(3980万人)以及俄罗斯社交网络"链接"(3690万人)。(见图9.1)

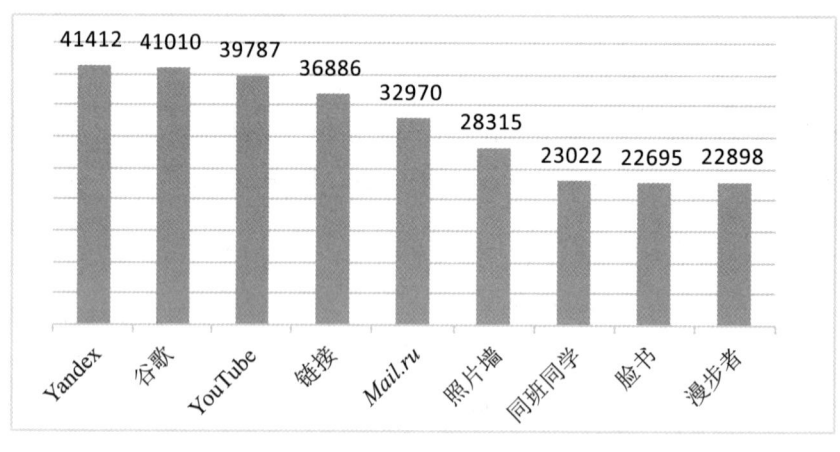

单位:千人

Yandex	谷歌	YouTube	链接	Mail.ru	照片墙	同班同学	脸书	漫步者
41412	41010	39787	36886	32970	28315	23022	22695	22898

图9.1 俄罗斯社交媒体每月受众覆盖情况

资料来源:Mediascope WEB-Index: mediascope.net/data/, 2018年12月

自2010年年中起,社交媒体板块中即时通讯软件受欢迎程度呈增长态势。据统计,截至2018年年底,一些世界品牌的每月受众覆盖情况如下:WhatsApp为3080万人,Viber为2150万人,Telegram为930万人,Skype为520万人。

社交网络运行特点

自 21 世纪 10 年代初,开启了俄罗斯互联网发展的新阶段。俄罗斯年轻人积极使用社交网络,其影响力进一步增强。彼时,用户使用社交网络平均为每月 13 个小时,即每天约 26 分钟。至 21 世纪 10 年代末,在所有用户中,该指标增至每天 43 分钟,而在 12—24 岁群体中为每天 76 分钟。

目前,社交网络已成为媒体交际环境中最受欢迎的板块。俄罗斯社交网络普及率为 47%,有 6780 万人拥有社交网络账户。鉴于 21 世纪 10 年代中期,使用社交媒体的年轻受众已接近最大值,因此,21 世纪 10 年代下半叶起,社交网络受众的增长主要依赖 45 岁以上年长者群体来实现。

为分析社交媒体的受欢迎度、普及水平或某个社交网络的受众覆盖情况,研究公司使用不同的评价指标与标准。比如,从每月受众量来看,2018 年位列前三位的有 YouTube、链接以及照片墙(见图 9.2)。从社交网络在俄罗斯的普及率来看,2018 年前三名分别是 YouTube、链接以及同班同学(见图 9.3)。

单位：百万人

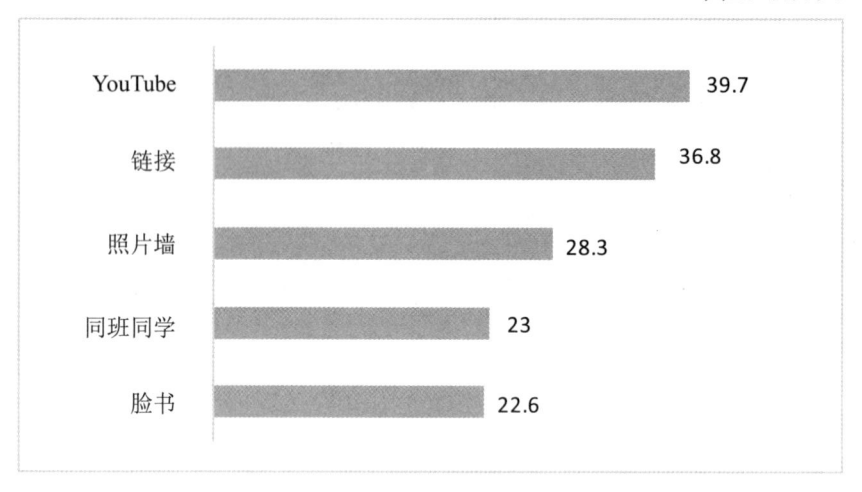

社交网络	百万人
YouTube	39.7
链接	36.8
照片墙	28.3
同班同学	23
脸书	22.6

图 9.2　俄罗斯社交网络每月受众情况

资料来源：Web-Index Mediascope 数据，2018 年 12 月

近年来，在用户不断增长的条件下，活跃作者数量成为社交网络受欢迎程度的有效指标之一。他们定期在社交网络中发布帖子、评论以及转帖等个人公开信息，且近年间数量可观的活跃作者保留在社交网络"链接"中。（见图 9.4）

社交网络"链接"（国际名称 VK）是俄罗斯社交网络的领军者。VK 由帕维尔·杜罗夫及其兄弟于 2006 年创办，作为社交网络"脸书"的俄语替代版。至今，这两个网络在功能、内容乃至界面颜色上都十分类似。链接的首批注册用户是圣彼得堡和莫斯科的大学生，随后用户居住城市名单快速增长。2007 年，该网站访问量在俄罗斯位居前三，仅次于搜索引擎 Mail.ru 和 Yandex。

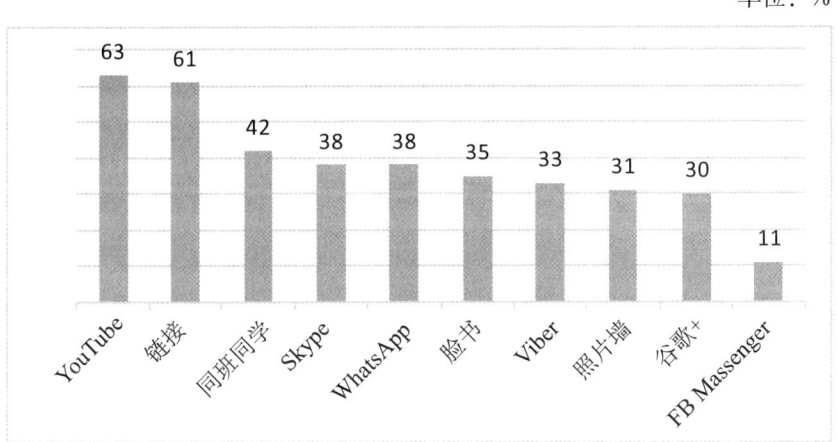

单位：%

图 9.3 俄罗斯社交网络普及率情况

资料来源：Statista 数据，2018 年

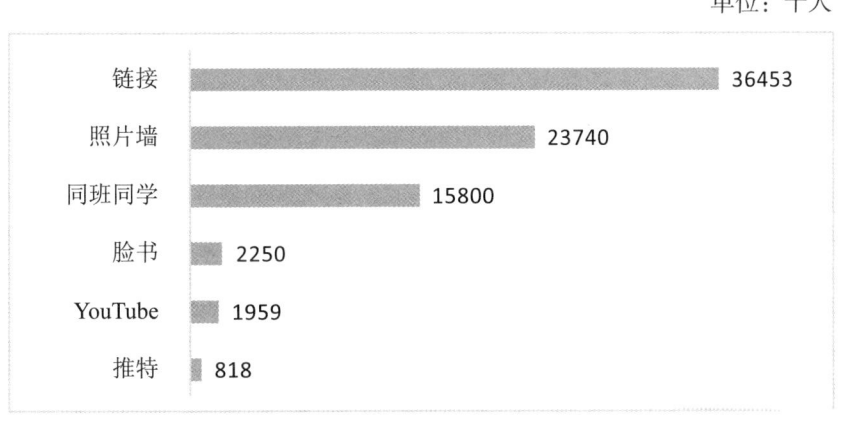

单位：千人

- 链接 36453
- 照片墙 23740
- 同班同学 15800
- 脸书 2250
- YouTube 1959
- 推特 818

图 9.4 俄罗斯社交网络活跃作者情况

资料来源：Brand Analytics 数据，2018 年 10 月

截至 2011 年，链接每月已拥有 3000 多万专有访问者（脸书在俄罗斯为 1500 万）。而且当时在"链接"网络中已注册用户 5500 万人，而脸书仅为 600 万人。这或许是因为链接早在 2008 年之前就已培养

出自身受众，这实际上延缓了脸书在俄罗斯的传播。

2018年，链接依然是俄罗斯头号社交网络。21%的居民加入该社交网络，每月活跃作者超过3000万人。它在16—35岁受众中很受欢迎，其中52%为女性，48%为男性。该社交网络在俄罗斯历史故土范围内拥有强势地位，在圣彼得堡的普及率为53.9%，位列第二的是摩尔曼斯克州（37.6%），排名第三的是卡累利阿共和国（37.6%），而莫斯科仅占据第十一位（31%）。

"链接"用户可使用社交网络的标准服务，包括发布个人介绍、传播不同格式的用户原创内容、发布公开与私密信息。该社交网络的独特之处在于音乐服务。链接是一系列全俄项目的创立者和组织者，包括Start Fellows（技术项目的补贴资助）、VK Cup（编程锦标赛）、VK Fellowship（教师奖学金计划）、VK Fest（年度音乐节）以及VK Music Awards（音乐奖）。2018年9月，链接开放了用于发布与收听播客的专属免费平台。自2014年起，总部位于圣彼得堡的Mail.ru集团成为该社交网络的唯一持有人。

在俄罗斯，按作者数量排名第二位的社交网络是照片墙（刚过2000万）。它最初是一款用于共享照片和视频录像的移动软件，2010年在美国成立。

随着进一步发展，照片墙具有了社交网络的特征，用户不仅可以发布自己的照片和视频内容，而且还可以互相联络，选择可分享内容的订阅者。2012年，该社交网络被脸书公司收购。其重要的新举措之一便是2016年推出Instagram Stories，发布的照片和视频录像，24小时后可自动从用户账号中删除。2018年，推出了IGTV功能，允许上传时长60分钟以内的视频录像。继照片墙之后，脸书、WhatsApp、链接等其他社交媒体也开始为录制 Stories 格式短视频积极提供便利。

近年来，照片墙在俄罗斯用户中受欢迎度持续增长。根据照片墙和脸书在俄罗斯的官方代理商 Aitarget 公司的数据，2018 年俄罗斯照片墙活跃用户数量在世界上排名第六，在欧洲位居第一。该网络在俄罗斯年轻受众（16—24 岁年龄组）中最受欢迎，就普及率而言位列第二：19% 的俄罗斯居民是其活跃用户。尽管近年来照片墙受众增长主要依靠男性，但是该社交网络中，女性仍占据多数，为 77%，男性为 23%。

进入俄罗斯最受欢迎社交网络前三名的还有同班同学（创办于 2006 年），2018 年有 1580 万活跃作者发表了 1.2 亿条消息。2008 年同班同学实行付费注册，致使大多数互联网用户转移到竞争对手链接那里。

2010 年，为制订有效打击垃圾邮件发送者的新方法，同班同学取消了付费注册。2018 年，该社交网络每月用户可达 7100 万。其最重要的业务指标有：每昼夜视频收看 7 亿次、拥有内容创作者平台、住宅公用事业支付功能、工业品网上商店等。随着时间推移，同班同学成为名副其实的娱乐平台，用户可在此收听并下载音乐、收看视频并成为视频博主、共享信息、进行视频通话、玩游戏等。社交网络在 55 岁及以上的年长者群体中也依然很受欢迎。目前，同班同学隶属于 Mail.ru 集团。

除了本国项目，在俄罗斯还活跃着全球性社交网络。首先要提及的是世界大型社交网络平台之一——脸书，其由马克·扎克伯格于 2004 年为哈佛大学的大学生创办。2006 年起，脸书对所有互联网用户开放，自 2008 年起在全球推出包括俄语在内的 20 种语言版本。脸书在俄罗斯受欢迎程度远低于美国、英国以及其他国家。原因在于俄罗斯国内社交网络中链接、同班同学需求量较高,也更受欢迎。2018年,俄语版脸书的活跃作者仅为脸书的1/18,为225万人。脸书在25—45岁受众中最受欢迎,且在活跃作者中,女性占60%,男性占40%。在脸书中,莫斯科的脸书用户较其他城市用户更为活跃,其普及率为8.9%,而在圣彼得堡则为3.7%。

俄罗斯社交媒体板块另一有影响力的市场参与者还有YouTube。它是世界上最大的视频托管中心,于2005年2月成立,自2006年起纳入Google/Alphabet麾下。2007年起,俄罗斯用户可访问其俄语版。2014年推出YouTube Premium付费服务,可向用户提供跳过广告的视频录像、授权电影以及音乐剪辑。2018年,YouTube每月受众覆盖达4000万用户,活跃作者数量为190万人,其中多数为男性(55%),有别于女性受众占多数的其他社交网络。近年来,视频托管成为俄罗斯最受欢迎的社交媒体之一,既拓展了55岁及以上的传统受众,也吸引了较年轻的用户。

推特是用于分享短信息(140个字符以下)的社交网络,成立于2006年,是Odeo公司(美国)的项目,于2011年推出了俄语界面。2017年,该社交网络单篇推文的字符数翻倍,至280字符。推特成为首个推广使用主题标签(方便使用关键词按主题检索推文)的社交网络。21世纪10年代下半叶,推特在与其他网络的竞争中失利,2018年前仅有不足100万活跃作者。推特在俄罗斯首都地区居民中最受欢迎,在莫斯科普及率为1.48%,在圣彼得堡其微博平台普及率为1.74%。

对俄罗斯受众的最新调研表明,社交网络在俄罗斯已成为进入媒体交际环境的新"切入点",且能体现出不同年代人的媒体消费差距。

年轻人使用社交网络的动机各不相同。比如,链接和照片墙用来交际和自我实现,YouTube 用来娱乐。年长一代、大型城市上班族越发活跃地使用社交网络"脸书",与外国同事、朋友交流;继续在起初为年轻受众所喜爱的平台"照片墙"注册;继续在 YouTube 上收看包括流行访谈在内的各种内容。社交网络"同班同学"尽管曾尝试通过各种途径吸引年轻受众,但是其受众依然主要集中在 55 岁以上群体。

搜索引擎与即时通讯软件

近年来,搜索引擎在俄罗斯日渐受欢迎,已超越了单纯的检索所需信息的功能,升级为新的媒体交际集成工具,向用户提供广泛的数字化服务和各类不同格式的内容。根据 2018 年度数据,就覆盖面而言,俄罗斯互联网上最受欢迎的搜索引擎是隶属于美国媒体巨头 Alphabet、在全球范围内都很受欢迎的谷歌,还有俄罗斯搜索引擎 Yandex。

搜索引擎最初为互联网中特定信息检索提供专门服务。这些服务通常旨在检索新闻、分析、参考信息、娱乐内容以及网上商店服务。某一搜索引擎的受欢迎度取决于用户所获得的结果是否符合其需求。搜索引擎运行的基础在于通过专业机器人程序自动收集信息,并定期研究互联网所包含的全部资源,但是尚未有搜索引擎能够索引整个互联网。此外,不同搜索引擎的数据库及其所提供的结果也不尽相同。尽管如此,最成功的搜索引擎依然致力于尽可能覆盖全球网络的全部空间,并且很多搜索引擎几乎都有世界上全部语种的版本。

该板块的另一特征是,在 20 世纪 90 年代至 21 世纪前 10 年之交,许多大国都致力于创办自己的搜索引擎,不过并非所有搜索引擎在与全球搜索引擎谷歌的竞争中都能存活下来。21世纪10年代中期之前，几乎70%的互联网受众将谷歌作为主要的搜索引擎。但在世界上依然有一些国家的本国搜索引擎在其国内市场上与谷歌竞争胜出。除中国、韩国以及捷克外，上述国家中还有俄罗斯在列。而且在俄罗斯可以与谷歌竞争的，除Yandex系统这一明显领军者外，漫步者和Mail.ru也负有盛名（见图9.5）。

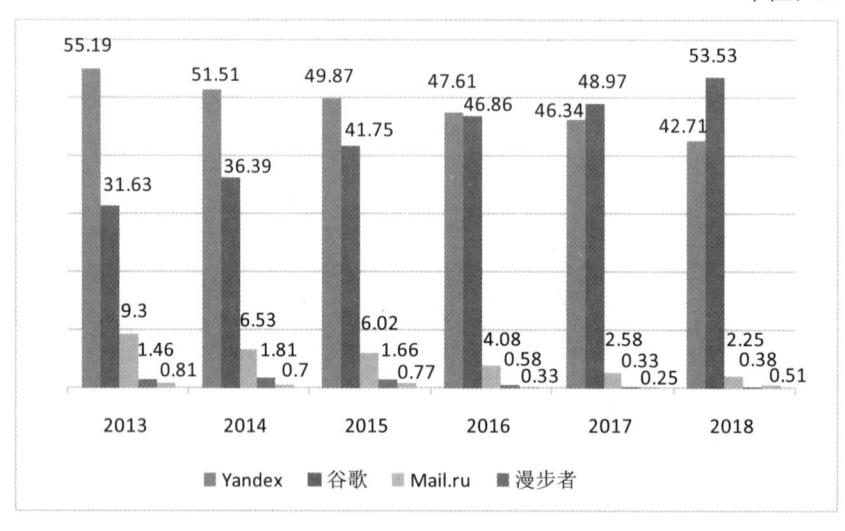

单位：%

图9.5 2013—2018年在俄罗斯较受欢迎的搜索引擎情况*

*搜索引擎受欢迎度排行榜评估的是某个搜索引擎在俄网中生成的搜索流量所占份额。

资料来源：SEO-AUDITOR https://gs.seo-auditor.com.ru/sep/2018/.

Yandex是目前最受欢迎的俄罗斯搜索引擎。Яndex（搜索引擎的名称最初就是这样写的，第一个字母是俄语的）公司由伊亚·谢加洛维奇和阿尔卡季·沃洛日创建于1997年。该搜索引擎几乎立刻流行起来，2000年出现了"电子邮箱""新闻""书签""明信片"等一系列服务，后来合并为 Yandex 市场。同年注册了 Yandex 公司，其创办人为康姆泰克股东。ru–Net Holdings 基金会向公司投资了 500 多万美金，其所占份额约为 36%。其股东还包括搜索引擎的管理层和主要开发人员。

2001 年，Yandex 成为互联网俄语板块访问量最高的网站，2002 年之前访问该网站的俄罗斯人已达 880 万人。至 2002 年夏，Yandex 已开始自负盈亏，并且在第二年投资者们获得了首批红利。此时，谷歌开始对俄罗斯 IT 公司感兴趣，期望进入俄罗斯市场。但是谷歌进入俄罗斯变得很复杂，因为美国搜索引擎不适用于俄语词法。Yandex 领导者拒绝了这项交易。而几年后，谷歌携自己的俄语版本独立进入俄罗斯[1]。

Yandex 的成就与公司非常成功的经济战略相关，不仅在国内市场上积极发展，而且于 2005 年进入周边国家。作为历史上最成功的技术公司之一，2011 年其股票首次在纳斯达克上市。同年，Yandex 跨出原苏联地域，在土耳其创立了门户网站 Yandex.com.tr。

目前，Yandex 已成为在荷兰注册的跨国公司，拥有大量外国股东。它在白俄罗斯、哈萨克斯坦以及土耳其都很受欢迎，成为全世界排名前十发展最快的 IT 公司，就处理查询数量而言，在全世界也名列前茅。公司不断发展现有项目，研发新的应用与服务。目前 Yandex 所有应用程序不胜枚举。近年来，Yandex 的十、Yandex 地图、Yandex 导航、Yandex 派送、Yandex 健康等服务尤其受欢迎。

2017 年，Yandex 面向俄罗斯受众的首款基于神经网络的语音助

---

[1] История «Яндекса» // Секрет фирмы [Электронный ресурс].Режим доступа: secretmag.ru/technologies/ot-piva-do-samoi-dorogoi-kompanii-runeta-istoriya-yandeksa.htm.

手"阿利萨"投放市场。2018年，Yandex生态系统又添加了Yandex云、Yandex对话、Yandex+、Yandex驾驶等服务。2018年2月，在俄罗斯及其5个邻国，Yandex的士与Uber的合并交易完成。同年，Yandex无人驾驶汽车从试验转向投产：公司开辟了2个可以进行无人驾驶的测试区。第一个这样的区域出现在因诺波利斯，另一个在斯科尔科沃。在因诺波利斯，汽车按既定路线行驶；而在斯科尔科沃，可通过"的士"应用程序叫车。据《福布斯》杂志评估，2018年Yandex成为俄网最值钱的公司[1]。

美国搜索引擎谷歌成立于1998年，其创始人是拉里·佩奇和谢尔盖·布林，2004年开始在俄罗斯运营。谷歌是目前世界上最受欢迎的搜索引擎。其特别之处在于通过分析其他资源对该资源的援引情况来确定文件相关度的技术。某页面在其他页面上被援引得越多，在谷歌上的受欢迎排行就越靠前。该公司在俄罗斯乃至全世界的热门平台有：YouTube视频托管（于2006年被谷歌公司收购）、Gmail免费电子邮箱服务、谷歌搜索以及谷歌地图和谷歌文档应用程序。搜索引擎成功的前提在于搜索栏自动填充功能的实现。谷歌融合进最为流行的社交网络。但是，公司在一个领域尚未获得成功，这就是它创办的GoogleTalk（Chat）、Google+、Hangouts、Dio、Allo等自有聊天工具。

2015年，谷歌公司内部进行了大规模重组，之后公司被称作Alphabet。谷歌是其主要部分，但并非唯一部分。在个别部门推出了自动驾驶汽车生产等非互联网相关业务。Alphabet几乎所有的营业额都来自谷歌。搜索引擎的广告收入约占公司总收入的84%，其他部分

---

[1] 20 самых дорогих компаний Рунета – 2018. Рейтинг Forbes forbes. ru / tehnologii-photogallery/357559-20-samyh-dorogih-kompaniy-runeta-2018-reyting-forbes?photo=2.

则来自应用程序、云服务的销售收入，以及一些部门通过提供互联网接入服务获得的收入。

Mail.ru 作为同名电子邮箱服务创立于 1998 年，在俄罗斯国内受欢迎的搜索引擎中占有重要地位。2001 年，完成互联网项目与邮箱服务的联合兼并，被视作公司的正式成立日期。尽管 Mail.ru 在搜索引擎板块所占份额不是那么大，但是该大型公司旗下各种服务却拥有大量用户：在俄罗斯很受欢迎的社交网络链接、同班同学以及 Mail.ru 邮箱都属于 Mail.ru 集团公司的项目。

据专家估算，2018 年度公司在俄网最值钱公司排行榜中名列第二。在线业务多元化过程中，Mail.ru 集团与 Yandex 相互竞争。2018 年初，集团收购了电竞控股公司 ESforce，而在 2018 年 4 月推出了在线药品订购服务"药房集锦"。2018 年秋，集团收购在线的士服务"城市移动"约 18% 的股份，并与中国互联网巨头阿里巴巴协商成立在线零售企业"速卖通俄罗斯"。

"漫步者"（Rambler）是俄罗斯首批搜索引擎之一，成立于 1996 年。尽管漫步者对类似网站发展产生了很大的影响，但是目前该搜索引擎已丧失了自身原有地位。其创始人创办该搜索引擎的初衷是为了搜索具有不同编码的西里尔字母文本。运行一年后，即 1997 年，推出分类排行榜目录《漫步者前 100 榜单》，根据访问量确定网站的受欢迎程度，这对潜在广告主很有吸引力。

但是至 21 世纪前 10 年初，与主要竞争对手 Yandex 相比，漫步者失去了技术优势，此后开始专注于发展媒体门户。为维持国内市场地位，优化搜索质量，2011 年漫步者与 Yandex 签署协议，开始使用其搜索技术。2012 年，继续积极进行工作原则重新定位和公司转型。

2013年，该搜索引擎成为 Rambler & Co. 公司的一部分。除搜索功能之外，作为具有个性化新闻搜索功能的媒体门户，漫步者保留了许多有益的服务，可创建免费电子邮件信箱、了解网站主题评级、查看新闻提要等。

近年来，有40余个互联网项目加入 Rambler & Co. 公司，包括新闻类互联网出版物 Lenta.ru、社会政治类互联网出版物 Gazeta.ru、娱乐类互联网门户"海报"、博客平台 LiveJournal.com、漫步者/票务、漫步者/不动产、漫步者/旅游。尽管如此，2018年仅有不到1%的俄语互联网用户访问过漫步者。

自21世纪10年代中期起，用于短信息交流和通话的即时通讯软件受欢迎度不断增长，已成为社交媒体领域一个新的显著趋势。这其中就包括 WhatsApp、Viber、Skype 等世界品牌以及由俄罗斯企业家与程序员帕维尔·杜罗夫创办的"电报"（Telegram）（见图9.6）。据社会舆论基金会统计，每昼夜互联网受众中，56%的俄罗斯用户都在电话、平板电脑或电脑上安装了某种即时通讯软件。最受欢迎的是 WhatsApp、Viber 以及 Skype，分别拥有77%、54%、35%的互联网用户。1/4的俄罗斯年轻人，1/5的互联网用户都安装了 Telegram[①]。

Telegram 即时通讯软件日益受欢迎，一方面是由于人们对其频道模式的兴趣不断增长，在这里除了可单方面发布内容外，还有机器人功能；另一方面还由于其具有隐私保护性。其创始人杜罗夫，曾为"链接"的总经理，以 WhatsApp 为参照创立 Telegram，但是 WhatsApp 的根本性缺陷在于缺乏聊天记录服务。2017—2018年，因拒绝向情报机

---

① [Электронный ресурс].Режим доступа: fom.ru/SMI-i-internet/14035.

关提供用户数据，Telegram 在俄罗斯多次被封锁，2018 年 4 月因拒绝提供对加密密钥的访问，应联邦通讯、信息技术与大众传媒监管局要求，Telegram 在俄联邦境内被禁用。实际上，该服务持续运营，已成为有影响力的交际平台，还被国家官方机构用来通知市民与发布信息。

WhatsApp
成立年份：2009 年
总部：美国
所有人：脸书（自 2014 年起）
俄罗斯境内每月受众：2550 万

Telegram
成立年份：2013 年
总部：阿联酋
项目作者：帕维尔·杜罗夫
俄罗斯境内每月受众：1150 万

Viber
成立年份：2010 年
总部：卢森堡
所有人：Rakuten（自 2014 年起）
俄罗斯境内每月受众：2020 万

Skype
成立年份：2003 年
总部：卢森堡
所有人：微软（自 2011 年起）
俄罗斯境内每月受众：530 万

图 9.6　俄罗斯最受欢迎的即时通讯软件

资料来源：Wab-Index Mediascope 数据，2018 年 4 月

随着社交媒体的发展，社交网络、即时通讯软件以及搜索引擎之间的界限消失了，现在已很难将其区分开来。最初设定为共享照片的社交网络上可以进行个人信息交流，还出现了视频格式，在即时通讯软件中也拥有了社交网络的功能。显然，今后还将继续发展，并有可能见证它们在俄罗斯传媒体系中的整合与再次重组。

博主、达人以及新从业人员

无论是在俄罗斯，还是在国外，社交媒体的形成都会伴随一些新的且通常为非职业的媒体作者，他们不仅改变了受众需求，而且对数字媒体交际环境中现有项目的商业模式产生了显著影响。许多研究者强调，在为社交媒体收集、创作与传播各类内容的过程中，受众和非媒体专业人士开始发挥的突出作用成为这一传媒体系板块的主要特征。比如，媒体研究者马吉茨、约翰、海尔以及亚塞里认为，社交媒体是借助移动或网络技术，允许创作与分享用户原创内容的互联网平台[①]。

显然，随着媒体交际领域的迅猛发展，传统大众传媒不能置身事外，并且自21世纪前10年起，开始积极拓展社交媒体空间。包括创办网站、在社交网络中注册账号、与搜索引擎互动、向音视频托管网上传内容、在即时通讯软件中设立聊天室以及在 Telegram 开辟自有频道。上述以及其他形式都见证了目前互联网空间中大众媒体的存在（见第八章《在线大众传媒》）。但是对于社交媒体而言，拥有专业制作

---

① Margetts H., P. John S. Hale & T. Yasseri (2015). Political Turbulence: How Social Media Shape Collective Action. Princeton and Oxford: Princeton University Press.

第九章 社交媒体

的新闻内容并不是其运营的必需条件。

相反，非职业化成为社交媒体内容作者的明显趋势。在社交媒体出现之前，大众媒体中具有重大社会意义的内容仅由记者或职业作者（作家、电影工作者、音乐人、广告制作人等）创作。但是今天，为受众创作内容并以此为生的人，并不一定是传统编辑部门的员工，或与媒体公司签署过合同。博主们成为社交媒体领域的"新从业人员"。他们在社交媒体中创作符合其目标受众（受众规模通常较大）需求的内容，十分受欢迎，并积极与其订阅者互动，以此吸引广告主按受众规模向其发放广告预算，此前这些预算是分配给传统大众传媒的。

这些新从业人员利用数字传播技术与工具，将创作、技术以及组织管理等方面融入自身业务。但是，正如研究者所强调的，他们在自身作品中关注的不是职业使命、职业标准或新闻伦理，而是受众的即刻需求，以便获得增加受众、流量、点赞、转发以及广告收入等实效[1]。

随着社交媒体的发展，数字媒体环境呈现出新进程，包括职业新闻工作者与博主的对立，非职业公民新闻的发展（有时被称为用户新闻），媒体内容新格式、体裁与方法的出现。社交媒体账号不仅成为创作性自我实现的途径和赚钱方法，而且还成为人们日常生活、形象以及认同不可分割的部分。这也促使研究者们提出"新社会性""媒体人"现象等概念。

---

[1] *Кожемякин Е. А.* Медиакоммуникации: отразочарования в постжурналистике к новой социальности / Е. А. Кожемякин // Дискурсология и медиакритика средств массовой информации: Сб. Науч. работ по мат. междунар. науч.-практ. конф., Белгород, 4–7 окт. 2018 г. НИУ «БелГУ»; Под ред. А. В. Полонского и др. Белгород, 2017, С. 353.

许多拥有数百万受众的流行博主开始探寻将自身声望和受众影响力变现的方法。因此，在市场营销中出现了影响力营销这一新方向。它指的是通过互联网中受欢迎的博主、某些意见领袖来推广商品与服务。"影响力营销"这一概念与术语"达人"有关。在订阅者中广受欢迎的博主能够使其受众对某些商品和服务形成良好的印象。

据专家评估，截至2019年，在俄罗斯这一市场板块总量已达200亿卢布。并且，该领域中具有特殊意义的并不是著名演员、银幕明星以及其他受众广泛的名人，而是那些达人，即在数字化环境中直接参与公司与品牌营销战略实施的有影响力的个人。比如，维索茨卡娅和别洛采尔科夫斯卡娅在其照片墙的烹饪博客中积极为与其烹饪活动相关的厨具和食品做广告。许多达人几乎可以为一切做广告：从咖啡馆、餐厅、美容沙龙，到按摩垫（索布恰克）、杂货店、大众市场以及个人卫生用品（布佐娃）。

由《福布斯》杂志评选的2018年俄网最成功博主榜单中有：索布恰克，在YouTube推出了节目"小心点，索布恰克"；电视主持人伊夫列耶娃，创办了个人的YouTube秀，开始从事制片人业务；杜季，在个人节目"跟随杜季"中播出采访和纪录片。该杂志中公布的成功博主还有佩图霍夫、特罗菲莫娃、巴尔科夫斯卡娅，在网络走红之前，均未有大众传媒工作经历[①]。

据专家评估，俄罗斯成功博主的年度收入在200万卢布至2亿卢布之间，2018年在俄罗斯仅照片墙广告收入就达100亿卢布。索布恰克领衔照片墙最高薪酬博主排行榜首位，她每周在其账户中发布多个

---

① Самые успешные блогеры России // Forbes. [Электронный ресурс].– Режим доступа: forbes.ru/biznes-photogallery/380121-samye-uspeshnye-blogery-rossii-2019-reyting-forbes.

广告帖，排名第二的是电视主持人托多连科，第三名是女歌手布佐娃。YouTube 博主排行榜首位为佩图霍夫，2018 年收入 8200 万卢布；位列第二的是记者杜季，年收入约为 7820 万卢布①。

显然，社交媒体已成为新的具有吸引力的劳动市场，尽管其职业路径依然多样化且不可预测。可以确定的是，成功的秘诀不仅在于要具备个人魅力与良好运气，还需理解数字媒体交际环境的发展规律，掌握多媒体技术，能以受众需求的内容格式创作媒体文本，具有创业能力和管理能力。

当前俄罗斯社交媒体的发展趋势

当前俄罗斯社交媒体的发展呈现下列趋势：

首先是社交媒体内容的视听化与多媒体化进一步增强。近期，在社交媒体中快拍、视频、照片等非文本格式内容不断增加。每天在俄语社交媒体中发布超过 2500 万条图像（1/3 的帖子含照片），240 万帖子（含视频）。快拍是近年来快速增长的格式，在色拉布（Snapchat）上出现之后，又在照片墙获得成功，随后拓展至链接和脸书在内的其他平台。播客是在俄罗斯受欢迎的另一种格式。听众们经常选择收听像 YouTube 这样熟悉的社交媒体平台。最近一年内，Yandex、链接以及其他大型公司也推出了专属播客平台。播客听众中有许多 24 岁以下的年轻人（占 27%），25—34 岁年龄组的人（占 37%）以及 35—

---

① Самый богатый *YouTube*-блогер 2018 года // Исследование РИАБ. [Электронный ресурс]. – Режим доступа: riabloggers.ru/researches/39. Раскрыты доходы российских блогеров // Lenta.ru / 12 августа 2019 г.

44岁较为成熟的人群（占18%）。播客经常被用作自我发展的工具，受众积极收听文学读物和科普主题作品。

其次，俄罗斯社交媒体受众逐渐老龄化。这在脸书上体现最为明显，其用户数量增长主要依赖45岁以上受众群体。这一趋势中，年轻受众开始重新使用的推特是个例外，"同班同学"也向青少年提供相关内容。

再次，广告收入从"旧"媒体流向社交媒体。总体来看，社交媒体预算主要部分来自广告，在社交媒体总收入中所占比重不低于70%。（见图9.7）

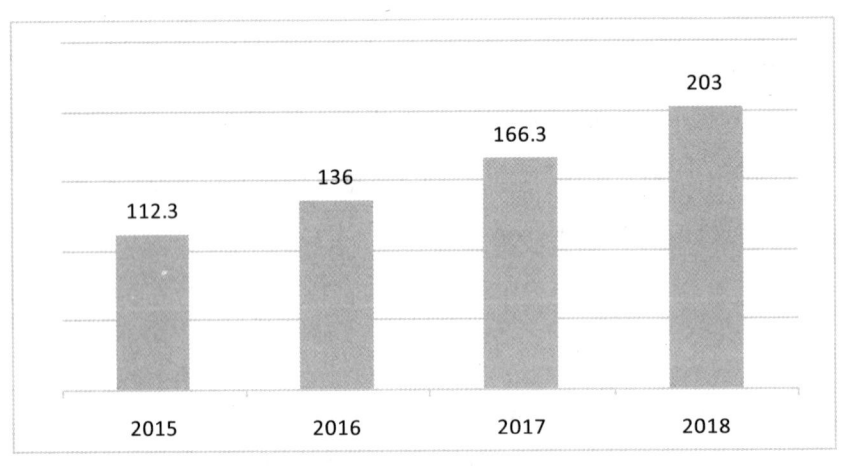

单位：十亿卢布

年份	金额
2015	112.3
2016	136
2017	166.3
2018	203

图9.7 俄罗斯广告市场总额

资料来源：俄罗斯通讯机构联合会

最后，媒体业立法者和调控者对该板块的关注增强。调节社交媒体领域立法不断出台、执法力度加大印证了这一点。在俄罗斯，社交媒体很长时间以来都是相对自由、缺少法律调控的领域。然而，近年

第九章 社交媒体

来社交媒体的风行对公共传播领域、对受众行为的影响显著增加。在此背景下，一批新的法令制订并生效，调控社交网络下列活动领域：

• 个人数据的传输与保护（法律限制将俄罗斯用户的个人数据传输到国外服务器）①；

• 即时通讯软件的活动（按照法律，只有通过电话号码认证的用户才能使用即时消息进行交流）②；

• 虚假新闻的传播（禁止发布具有社会意义的明显不实信息冒充可靠信息）③。

目前，社交媒体致力于为受众提供尽可能丰富的数字化服务与内容。其主要目的在于构建自给自足的媒体生态系统，来满足用户所有需求。社交网络旨在教会人们在自己地盘上交流、阅读、收看、购买、赚钱、做广告、吐槽并得到反馈。但是，对于社交媒体将如何发展、以怎样的速度发展，要做出准确预测几乎是不可能的。因为这是俄罗斯传媒体系发展最为迅猛的板块。与其他领域相比，它总能对受众、商业乃至整个社会的需求做出最为积极的响应。

---

① Федеральный закон «О внесении изменений в отдельные законодательные акты Российской Федерации в части уточнеия порядка обработки персональных данных в информационно-телекоммуникационных сетях» от 21.07.2014 N242-ФЗ. [Электронный ресурс].–Режим доступа. consultant.ru/document/cons_doc_LAW_165838/

② Постановление Правительства Российской Федерации от 27.10.2018 №1279 «Об утверждении Правил идентификации пользователей информационно-телекоммуникационной сети «Интернет» организатором сервиса обмена мгновенными сообщениями». [Электронный ресурс].–Режим доступа: publication. pravo. gov. ru/Document/View/0001201811060001?index=2&rangeSize=1.

③ Федеральный закон «О внесении изменений в Федеральный закон «Об информации, информационных технологиях и о защите информации» от 29.07.2017 № 276-ФЗ». [Электронный ресурс].–Режим доступа: consultant.ru/document/cons_doc_LAW_221230/.

思考题

1. 给出"新媒体""社交媒体""社交网络""博客""搜索引擎""达人"等概念的定义。

2. 按照用户性别、年龄、地理分布等参数，描述俄罗斯主要的社交媒体。

3. 什么是数字化发展失衡？它在俄罗斯是怎样出现的？

4. 列举俄罗斯最受欢迎的搜索引擎。说出俄罗斯国内搜索引擎和社交网络。

5. 2013—2018年间，导致俄罗斯搜索引擎受欢迎度发生变化的因素有哪些？

6. 描述2013—2018年间俄罗斯社交网络的发展态势。

7. 列举俄罗斯运行的主要即时通讯软件，并描述其各自特点。

8. 近年来，社交媒体发展的主要趋势有哪些？

9. 何为博主？其活动与记者的活动有何区别？说出俄罗斯国内最受欢迎的博主。

10. 什么是影响力营销？

推荐阅读

Вартанова Е. Л. Теория медиа: отечественный дикурс. М.:Изд-во Моск. ун-та, 2019.

Землянова Л. М. Коммуникативистика и средства информации: Англо-русский толковый словарь концепций и терминов. М.:Изд-во

Моск. ун-та, 2004.

Интернет-СМИ: теория и практика/Под. ред. М. М. Лукиной. М.: Аспект Пресс, 2010.

Основы медиабизнеса/Под. ред. Е. Л. Вартановой. М.: Аспект Пресс, 2014.

Отечественная теория медиа: основные понятия. Словарь/Под. ред. Е. Л. Вартанова. М.: Изд-во Моск. ун-та, 2019.

国际传媒前沿研究报告译丛
黄晓新　刘建华／主　编

THE MEDIA SYSTEM IN RUSSIA（2ND EDITION）

俄罗斯传媒体系
（第二版·下）

〔俄〕叶·列·瓦尔塔诺娃／主编

王卉莲／译

中国书籍出版社
China Book Press

第十章　图书出版

俄罗斯图书出版行业的形成

在苏联计划经济条件下，图书业是服务于国家意识形态的。出版社、印刷厂与图书贸易都属于国有，其业务活动旨在执行国家党政订单计划，且通常不取决于读者喜好与需求。

1991年苏联解体后，俄罗斯出版业快速向市场经济转型，以独立经营主体间协作为目标，以民法为运营基础。随着私有制在俄罗斯的出现，大多数图书出版社改组为股份公司。

自20世纪90年代中期起，出版业务开始适应新的经济条件。销售困难推动了新的营销体系与网络的发展。与其他公司相比，顺利度过这一阶段的是那些从图书贸易起家、而后才开展自有出版业务的公司，如阿斯特、德罗法、奥尔玛-普列斯、埃克斯摩。

21世纪前10年初期，通过了大型出版社私有化决议。在这一时期，属于国有的出版社有71家，其中图书印数最多的是"教育"（2004年印数为4030万册）、列宁格勒出版社（印数为100万）、"儿童文学"（印数为55.7万）。2004—2005年，这些出版社改组为国有资本占100%的股份公司。

21世纪前10年起，出版业务集中化趋势加强。2000—2014年，在图书出版市场上领先的公司发生了一系列并购，行业状况在很大程度上正取决于大型出版公司和集团的业务。

2008 年，通过了合并圣彼得堡、俄联邦西北地区最大的出版集团"字母－经典作品"与莫斯科出版集团"阿季古斯－出版"（旗下包括黄凤蝶、外国文学、蜂鸟出版社）的决议。2010 年，出版机构兼并完成，成立字母－阿季古斯出版集团。

2011 年，在俄罗斯出版市场上首次出现了外国参与者——法国媒体集团"拉加代尔出版"（品牌持有者阿歇特）。该集团收购了字母－阿季古斯出版社的股份（25% 的集团股份加 1 股可赎回控制性股票）。出版集团的其他股份自 2013 年起归马穆特所有。

2011 年，俄罗斯最大的出版社"埃克斯摩"（公司的共同持有人为诺维科夫和格列达索夫）收购了专门出版商务类图书的"阿里平纳商务图书"。同年，埃克斯摩将阿里平纳商务图书出售给马恩、伊万诺夫与费伯尔出版社，以换取后者 34% 的股权。此前，埃克斯摩已于 2008 年购买了马恩、伊万诺夫与费伯尔出版社 30% 的股权。2014 年，埃克斯摩出版社在马恩、伊万诺夫与费伯尔有限责任公司的股权增至 84%，从而获得了俄罗斯商务与职业图书市场上最大参与者的控制权。

图书出版并购领域发生了两起最大的交易。2011 年，奥尔玛媒体集团（共同持有人为特卡奇和乌尊）以 22.5 亿卢布收购了最大的国有资产"教育"出版社。2012 年，俄罗斯最大的出版社"埃克斯摩"收购了排名第二的阿斯特出版社。

一直以来，"教育"出版社都是教材与教学法图书市场的垄断者。因为在苏联时期其他出版社不允许进入该领域。苏联解体后，该出版社继续保持自身地位，且随着时间推移，极大地提高了在教育类图书市场的份额。2013年，该社控制了教科书市场三分之一的份额，2017年这一比重增至70%。按惯例，该社教科书一直占据联邦教科书清单的最大份额。该清单每年由俄联邦教育与科学部核准。

俄罗斯最大的两个出版集团"阿斯特"与"埃克斯摩"的业务融合，也在行业内引起较大反响。按照俄罗斯图书出版计量标准，这是两个大众图书出版巨头的合并。阿斯特和埃克斯摩囊括超过90%的俄罗斯最重要的图书品牌和标志性名称。这实质上也导致了大众文艺类图书领域的垄断化。

2013年，埃克斯摩公司控股阿斯特集团，交易价值约7000万美元。同时，阿斯特在运营层面上继续独立于埃克斯摩，保留了自有发行系统和阿斯特旗下品牌。

2014年，出版业领军者继续扩张。"埃克斯摩－阿斯特"兼并了德罗法和文塔纳－格拉夫出版社。这次交易后，掌控大众图书市场的埃克斯摩－阿斯特集团得以进入相关教科书市场，该市场近年来快速增长。此次交易额约为30亿卢布。

俄罗斯出版系统形成过程中，成立图书出版商自主调节联合组织的必要性凸显。1990年成立的图书出版商协会成为首个此类职业协会，2018年联合了200余家俄罗斯出版机构。图书出版商协会是俄罗斯在国际出版商协会的全权代表，其主要任务是在地区和国家层面发展图书出版。

在俄罗斯也运行着一些出版行业协会（俄联邦教育部俄罗斯大学出版社委员会、教科书出版商协会"俄罗斯教科书"等），以及地区出版商联合会（地区独立出版商同盟）。

对行业状况影响最大的是俄罗斯图书协会，为大型非国有、非商业组织，成立于 2001 年，联合包括出版商、图书发行商、印刷从业者、教育与图书馆联合会以及造纸领域的代表，共计 1500 余个图书出版业主体。2018 年，俄罗斯图书协会在全国共有 16 个分会，其会员出版社产品占俄罗斯图书出版市场总额的 80%。

图书出版的国家扶持系统

图书出版领域的国家政策主要包括制定规范出版活动的法律法规基础，加入该领域的主要国际协定，税收优惠，图书出版业务、文学与阅读相关扶持措施，俄语图书在国外的推广活动，支持年轻文学家的教育项目及其奖项等。

1994 年，俄罗斯加入联合国教科文组织的国际公约《关于教育、科学和文化物资进口的协定》（1950 年 11 月 22 日佛罗伦萨协议），规定免税进口图书以及教育、科学与文化物资。

自 2002 年起，在俄联邦境内对教育、科学、文化相关图书、报纸、杂志的生产和销售实行 10% 的增值税优惠税率。在进口类似的图书产品、用于生产佛罗伦萨协议有关图书产品的纸张，也按同样的税率征收增值税。

积极参与图书出版国家扶持计划的主要行业机关为联邦出版与大众传媒署。2006 年，该署与俄罗斯图书协会共同倡议发起国家阅读扶持与发展计划。这一大规模的长期项目旨在克服导致受众减少的阅读文化危机。计划实施期限为 2007—2020 年，包括图书馆现代化相关举措、图书产业与教育行业项目、阅读领域人才和科研人员培养系统项目。

联邦专项计划《2012—2018 年俄罗斯文化》成为国家扶持图书出版的一项重要举措。在该计划框架内，国家财政资助出版超过 4600 种图书，包括多卷本俄罗斯大百科词典、科学与大学出版物、儿童类图书与文艺类图书。国家补贴总额超过 9 亿卢布。

在实施国家计划《2011—2020 年信息社会》框架内，开展了许多俄罗斯文学与阅读推广活动，包括国家图书评选"年度图书"、全俄区域乡土文学竞赛"故乡"、全俄图书插画比赛"图书形象"、独联体国家国际比赛"图书艺术"等定期竞赛。

联邦出版与大众传媒署在国外进行俄罗斯文学推广，并组织将俄罗斯作家作品翻译成外语。例如，2018 年该署支持俄罗斯出版社参与了 16 个国际图书展会。该署实施青年人才扶持计划，参与自 2001 年起举办的俄罗斯、独联体国家与国外青年作家全俄论坛。普里列宾、沙尔古诺夫、加尼耶娃等许多俄罗斯著名作家参与该论坛框架下的研讨会。

2017 年，1994 年 12 月 29 日颁布的联邦法律《义务上缴文献样本法》新版生效。按照该法要求，印刷类出版物必须提供义务上缴文献样本的电子版，并将提交给俄通社－塔斯社的分支机构俄罗斯书库和俄罗斯国立图书馆。并非所有出版社都完全遵守该法，如 2017 年仅 9% 的出版社向俄罗斯书库提交了义务上缴文献样本的电子版，2018 年这一数据为 11.7%。

现阶段图书出版领域发展主要趋势

近数十年间，对图书兴趣的降低在俄罗斯乃至世界上许多国家都有所呈现。而且，在信息流量激增和信息通讯市场增长的背景下，这一进程具有普遍性。读者受众转移到电视、社交网络、在线影院、音乐与视频游戏等其他媒体类型上面，这些媒体可及性日增、技术完善、提供的内容广泛。比如，据 Mediascope 公司统计，2018 年在俄罗斯人媒体消费结构中，电视收看占 47%（每昼夜 3 小时 54 分钟），读书占 2.8%（每昼夜 13 分钟 48 秒）。

信息技术发展还从另一方面影响着传统出版业务——电子书和纸质书在线版销售骤增。在全球纸质书市场衰退的情况下，电子书板块发展迅猛。这是全球出版业的一个典型特点。电子书销售减缓了国内纸质书市场的颓势。在俄罗斯，电子书市场不断拓展，虽然其受欢迎度暂时无法达到纸质书先前的程度。

国内经济状况对图书出版影响巨大。周期性危机或经济衰退对出版业投资规模产生了负面影响，并且降低了俄罗斯人的实际货币收入，从而导致对图书产品的消费需求下降。图书产品产量缩减、出版社业务经济指标恶化不可避免。

一些出版公司试图克服上述消极趋势。近十年来的出版社兼并使那些濒临财务破产的公司得以生存下来。许多出版社将出版内容多样化，在一些图书板块并行拓展业务。

据联邦出版与大众传媒署统计，2018 年图书出版业（纸质书+电子出版物）总交易额约为 800 亿卢布。这一指标自 2008 年起多年来一直保持在 700 亿—800 亿卢布这一区间。

2018 年俄罗斯出版社共出版图书和小册子 116915 种，总印数 4.323 亿册。出版种数指标处于 2016—2017 年水平，但是总印数出现明显下降，较 2017 年缩减 8.3%，为近 11 年来最低水平。2008—2018 年间，

图书和小册子出版种数减少 5.2%，总印数缩减 43.1%。（见表 10.1、表 10.2）

表 10.1 2008—2018 年图书和小册子印数主要出版指标情况

单位：百万册

项目	印数					印数所占比重		
	2008	2017	2018	2018 较 2017	2018 较 2008	2008	2017	2018
总印数①	760.4	471.5	432.3	−8.3%	−43.1%	100.0%	100.0%	100.0%
新版书	561.1	313.8	293.8	−6.4%	−47.6%	73.8%	66.6%	68.0%
再版书	199.3	157.6	138.6	−12.1%	−30.5%	26.2%	33.4%	32.0%
系列书	446.2	370.4	333.2	−10.0%	−25.3%	58.7%	78.6%	77.1%
翻译类出版物	93.0	70.2	71.4	+1.7%	−23.2%	12.2%	14.9%	16.5%

资料来源：联邦出版与大众传媒署、俄罗斯书库

表 10.2 2008-2018 年图书和小册子出版种数主要指标情况

单位：种

项目	出版种数					出版种数所占比重		
	2008	2017	2018	2018 较 2017	2018 较 2008	2008	2017	2018
总出版种数②	123336	117359	116915	−0.4%	−5.2%	100.0%	100.0%	100.0%
新版书	106382	102922	102901	−0.02%	−3.3%	86.3%	87.7%	88.0%

① 总印数为新版书和再版书印数之和。——译者注
② 总出版种数为新版书和再版书出版种数之和。——译者注

续表

项目	出版种数					出版种数所占比重		
	2008	2017	2018	2018较2017	2018较2008	2008	2017	2018
再版书	16954	14437	14014	−2.9%	−17.3%	13.7%	12.3%	12.0%
系列书	51397	51151	51093	−0.1%	−0.6%	41.7%	43.6%	43.7%
翻译类出版物	14197	15121	16765	+10.9%	+18.1%	11.5%	12.9%	14.3%

资料来源：联邦出版与大众传媒署、俄罗斯书库

纸质书产品总量（总印张）是表明印刷企业负荷的指标。该指标2017年降至48.735亿印张，成为近11年来继2016年后第二差的结果。此外，还有一个明显降低的重要指标——居民人均拥有纸质图书和小册子量。该指标在2008—2009年突破5.0册，此后十年间缓慢降低，2018年降至低于3.0册的水平，为2.95册。2008—2018年期间，一本书的平均印数缩减40%，一册出版物的平均容量减少12%。

主要行业指标还包括新版书与再版书在总出版种数、总印数中所占比重关系。近11年来，在总出版种数中新版书与再版书所占比重保持稳定——2008年新版书占86.3%，再版书占13.7%，2018年上述指标分别为88.0%、12.0%。但在总印数中再版书所占比重有所增长——2008年新版书占73.8%，再版书占26.2%，2018年上述指标分别为68%、32%。再版书比重增加表明，俄罗斯出版社的投资活跃性降低，减少了创作新产品的资金投入。

因此，在图书产品生产领域，所有最重要数量指标持续下降。这一趋势在图书电子版消费增长的情况下有所缓解，读者从合法的互联

网资源上下载电子书。2008—2018年间，在主要数量指标持续下降的条件下，以卢布计算的图书市场总额并未发生很大变化，正是得益于期间图书产品价格的持续上涨。表10.3中显示了2011—2018年间图书市场发行出版物的平均价格（不含财政补助机构采购）动态变化，主要通过下列市场渠道发行：书店、网上商店与在线服务、快速消费品（日用品）销售板块以及其他非专业图书零售机构。

表10.3 2011—2018年发行出版物的平均价格情况 *

单位：卢布

项目	2011	2012	2013	2014	2015	2016	2017	2018
发行出版物平均价格	158.71	160.83	164.84	191.09	217.18	256.87	266.36	284.64
同比增减	–	+1.3%	+2.5%	+15.9%	+13.7%	+18.3%	+3.7%	+6.9%

* 不含财政补助机构采购。

资料来源：联邦出版与大众传媒署、埃克斯摩出版社、《书业》杂志

图书价格增长，加之居民收入减少，加剧了图书出版领域的生产过剩。尽管2018年总印数较2017年减少8.3%，较2008年缩减43.1%（见表10.1），但是图书市场依然积压严重：图书市场上每年仅有约60%产品售出。

俄罗斯书库将图书和小册子分为儿童类、文艺类、教材类以及学术类4大细分板块，还有参考类这一规模不大的细分板块。印数最大的是教材类图书，几乎占俄罗斯出版市场上总印数的一半（超过46%）。第二大类是少年儿童类图书，约占总印数的1/4（超过23%）。就出版种数而言，教材类图书是绝对领导者，约占总出版种

数的 1/3（约 33%）。（见表 10.4）

表 10.4　2018 年图书产品中各类图书所占比重情况

图书细分板块	出版种数所占比重	印数所占比重
学术类	19.6%	1.9%
教材类	32.8%	46.7%
参考类	1.4%	0.6%
文学艺术类	17.4%	12.8%
少年儿童类	12.5%	23.4%
其他	16.3%	14.5%

资料来源：俄罗斯书库

2008—2018 年间，所有图书细分板块都出现了印数衰退。期间，文艺类图书印数缩减 64%，儿童类图书减少了 1/3，教材类图书减少了 1/6。

如果从出版种数来看，图书市场的统计还是比较乐观的。比如，与 2008 年指标相比，2018 年文艺类图书出版种数在 10 年间首次实现增长，由于金融危机，2008 年出版种数急剧缩减。出版种数指标出现增长的还有少年儿童类图书。（见表 10.5）

表 10.5　2008 年、2017 年、2018 年主要图书细分板块出版情况

图书细分板块	2008	2017	2018
学术类图书			
出版种数（种）	20772	23393	22971
印数（百万册）	10.1	8.6	8.4
教材类图书			
出版种数（种）	37659	39039	38350

续表

图书细分板块	2008	2017	2018
印数（百万册）	243.9	234.0	202.0
文艺类图书			
出版种数（种）	20138	19169	20380
印数（百万册）	154.2	63.8	55.3
少年儿童类图书			
出版种数（种）	11296	13531	14556
印数（百万册）	149.8	102.7	101.0

资料来源：联邦出版与大众传媒署、俄罗斯书库

2008—2018年间，教材类图书是图书出版业务发展最为稳定的板块。据俄罗斯书库预测，在未来几年，教材类和儿童类图书在出版种数方面发展动态良好（年增长率超过7%），文艺类图书已超过2008年危机前水平。上述图书板块理应成为图书出版领域实现增长的主要催化剂。

译成俄语的翻译类图书的语种数量在增长。2017年翻译类图书译自105种语言，而2018年为124种。译自英语的作品最多，2018年为10277种，占翻译类图书的61.3%；位居第二的是译自法语的作品，为1406种，占8.4%。2018年，翻译类图书在总出版种数中占14.3%，在总印数中占16.5%。

此外，2018年，在俄罗斯图书市场上还有4557种出版物，以俄罗斯各民族语言和外语共计92种语言出版。这一板块实现了增长，2017年以85种语言出版了3393种出版物。出版最多的图书和小册子是以英语出版的，共计2114种，总印数170万册。

在俄罗斯约有 100 种语言，印刷类出版物涉及的语言约 60 种。2018 年，除俄语外，还以 52 种俄罗斯各民族语言出版图书，其中出版最多的是鞑靼语图书，为 258 种，印数 101.55 万册，分别占该板块图书出版种数、印数的 27%、38.5%。

图书出版活动

据俄罗斯书库统计，2018 年在俄罗斯运营的出版社有 5794 家。其中，活跃出版社（每年出版图书不少于 12 种）有 1173 家。与往年相比，活跃出版社指标缩减，之前在 1200—1350 家这一区间浮动。活跃出版社较 2017 年减少 5%，较 2008 年减少 10%。（见表 10.6）

表 10.6　2008—2018 年俄联邦活跃出版社数量情况

项目	2008	2009	2010	2011	2012	2013	2014	2015	2016	2017	2018
出版社总数	5841	5893	5695	5989	5884	5727	5326	5399	5800	5775	5794
年出版图书 12 种及以上出版社数量	1302	1330	1321	1378	1324	1291	1222	1239	1218	1170	1173

资料来源：俄罗斯书库

有史以来，图书出版行业主要集中在俄联邦中央联邦区和西北联邦区。在其他地区还有 2500 多家出版社运营。其中，大学出版社占主要地位。

俄罗斯首都依然是俄联邦图书出版中心。国内一半以上出版社位于莫斯科，几乎涵盖了所有大型出版社。2018 年，莫斯科出版的图书和小册子占俄联邦总出版种数的 56%，占总印数的 85%。（见表

10.7）

表 10.7 各地区在俄罗斯图书出版市场所占比重情况

地区	2008	2018
出版种数所占比重		
莫斯科	61%	56%
圣彼得堡	8%	10%
其他地区	31%	34%
印数所占比重		
莫斯科	84%	85%
圣彼得堡	5%	4%
其他地区	11%	11%

资料来源：联邦出版与大众传媒署、俄罗斯书库

出版市场具有高度集中化特征。2008—2018年，前20强出版社的出版种数实现了增长，增幅21.1%。2018年，在俄罗斯图书市场上，这20家出版社所占出版种数比重较2008年增长了7.2个百分点。2018年，前20强出版社总印数较2008年减少了12.6%，所占印数比重增加了25.4个百分点。

俄罗斯市场的绝对领导者是埃克斯摩-阿斯特控股公司，是文学艺术类图书、儿童与青少年图书市场上的主要参与者；"教育"出版社，在教材类图书市场占主导地位。"埃克斯摩-阿斯特"在出版种数上排名第一，"教育"出版社则是印数方面的领头羊，且以巨大差距位居前列。（见表10.8）

据《书业》杂志评估，俄罗斯图书市场集中化表现为前10家出版社控制着2/3的市场。2018年，埃克斯摩-阿斯特控股公司掌控图

书市场销售额（以卢布计算）超过30%，其中埃克斯摩占15.7%，阿斯特占14.8%。紧随其后的是图书市场上的另一大型参与者"教育"出版社，占11.4%。（见表10.9）

"埃克斯摩–阿斯特""教育"均入选世界出版社前50强榜单。2018年，埃克斯摩–阿斯特在该榜单中位列第35—36位，而教育排名第39位。

表10.8　2008—2018年俄联邦前20强出版社出版种数所占比重情况

出版社	出版种数及其排名			变化	
	2008	2017	2018	2018较2017	2018较2008
埃克斯摩	10439（1）*	9842（1）	9244（1）	−6.1%	−11.4%
阿斯特	9884（2）	7880（2）	7800（2）	−1.0%	−21.1%
教育	1078（7）	3860（3）	3401（3）	−11.9%	+215.5%
字母–阿季古斯	1367（14/20）	2579（4）	3046（4）	+18.1%	+122.8%
里波尔–经典作家	1056（9）	1005（9）	2173（5）	+116.2%	+105.8%
凤凰	1261（3）	1438（6）	1315（6）	−8.8%	+4.3%
德罗法	1222（4）	1196（7）	1228（7）	+2.7%	+0.5%
罗斯曼	1154（5）	981（10）	1179（8）	+20.2%	+2.2%
考试	1065（8）	836（12）	1142（9）	+36.6%	+7.2%
俄罗斯埃格蒙特有限责任公司	1047（10）	1161（8）	931（10）	−19.8%	−11.1%
韦切	582（19）	938（11）	895（11）	−4.6%	+53.8%
马恩、伊万诺夫与费伯尔	50（418）	787（13）	832（12）	+5.7%	+1564.0%

续表

出版社	出版种数及其排名			变化	
	2008	2017	2018	2018较2017	2018较2008
西姆巴特	–	–	758（13）	–	–
文塔纳–格拉夫	489（23）	714（15）	714（14）	0.0	+46.0%
俄罗斯人民友谊大学	312（44）	669（19）	686（15）	+2.5%	+119.9%
鹿	123（158）	721（14）	674（16）	−6.5%	+448.0%
出版方案	–	684（18）	668（17）	−2.3%	–
文笔	–	639（20）	655（18）	+2.5%	–
三叶草媒体集团	–	542（25）	625（19）	+15.3%	–
中央印社	710（16）	705（16）	604（20）	−14.3%	−14.9%
共计	31839	37177	38570	+3.7%	+21.1%
在总出版种数中所占比重	25.8	31.7	33.0	+1.3个百分点	+7.2个百分点

* 括号内标注的是出版社在相应年度的排名。

资料来源：联邦出版与大众传媒署、俄罗斯书库

表10.9　2018年图书市场主要参与者在总销售额中所占比重情况

出版社	市场占比	销售额（亿卢布）
埃克斯摩	15.67%	92.12
阿斯特	14.76%	86.77
教育	11.36%	66.78
字母–阿季古斯	6.32%	37.15
德罗法	4.46%	26.22

续表

出版社	市场占比	销售额（亿卢布）
考试	4.08%	23.99
罗斯曼	3.88%	22.81
凤凰	2.74%	16.11
国民教育	1.91%	11.23
阿里平纳	1.72%	10.11
其他出版社	33.1%	134.58
共计	100.0%	587.87

资料来源：《书业》杂志

俄罗斯图书发行系统

俄联邦纸质书产品通过下列渠道销售：市场销售（书店、联邦连锁店、网上商店、非专业图书零售机构等）、面向财政补助机构销售（多为教育机构），此外还有非结构型销售，包括直销、面向团体客户销售、出版物订购与订阅销售等。

图书市场销售额仍主要来自传统书店，2018年约占纸质书销售的40%。第二大收入来源则是图书馆、高校、中小学以及幼儿园等财政补助机构订购图书，占纸质书总销售额的20%以上。排名第三的板块是网上商店销售，约占纸质书总销售额的16%。超过14%的产品通过联邦连锁店销售。贸易企业销售和财政补助机构订购就占据了纸质书总销售额的90%以上。电子书销售增长是近期的重要趋势。如果2013年数字出版物板块收入还非常微不足道，约占纸质书总销售

额的 1%，那么 2018 年数字出版物销售额所占比重已增至 6.42%。（见表 10.10）

表 10.10 2018 年图书市场销售情况

纸质书	估算销售额（亿卢布）	销售渠道在纸质图书销售额中所占比重(%)
书店（含城市连锁书店）	300.3	40.06
联邦连锁书店（联合零售连锁店"阅读吧-城市-咬文嚼字者"）	106.9	14.26
网上商店	119.5	15.94
连锁报刊亭	8.1	1.08
非专业图书零售（含快速消费品销售）	53.2	7.10
小计：市场销售（纸质书）	587.9	78.44
财政补助机构（图书馆、中小学、高校）	153.2	20.44
非结构型销售（直销、团体客户、订购出版物、订阅出版物、俱乐部等）	8.4	1.12
小计：非市场销售（纸质书）	161.6	21.56
共计：纸质书总销售额	749.5	100.0
电子书	估算销售额（亿卢布）	在纸质书销售额中所占比重(%)
数字出版物（B2B+B2C）	48.1	6.42
行业总销售额（纸质书+电子书）	797.6	—

资料来源：联邦出版与大众传媒署、《书业》杂志

图书产品主要销售渠道是独立书店、城市与地区图书贸易连锁店，2018 年其销售额占图书零售总额的一半以上。表 10.11 中列举了 2018 年零售渠道在纸质书市场销售额中所占比重（不含财政补助机构销售

额和非结构型销售额）。近期，网上商店和"阅读吧－城市"联邦连锁店呈现快速增长。

表10.11 2018年俄联邦纸质书产品零售渠道情况*

销售渠道	在纸质书市场销售额中所占比重
书店（包括城市连锁书店）	51.1%
网上商店	20.3%
联邦连锁书店（联合零售连锁店"阅读吧－城市－咬文嚼字者"）	18.2%
非专业图书零售（含快速消费品销售）	9.0%
连锁报刊亭	1.4%
共计	100%

* 不含财政补助机构销售和非结构型销售。

资料来源：联邦出版与大众传媒署、《书业》杂志

2008年，在俄罗斯共有"畅销书""新书店－咬文嚼字者""字母"等大型联邦连锁店，但是后来"畅销书""字母"连锁店已不复存在。"新书屋"连锁店于2017年重塑品牌为"阅读吧－城市"连锁店，继续保持增长态势。联合零售连锁店"阅读吧－城市－咬文嚼字者"由主流出版集团埃克斯摩－阿斯特控股，2018年11月共有577家商店。

除联邦连锁店"阅读吧－城市"外，还有"图书铺""共和国""阿米塔利"等地区连锁店也在不断拓展业务（见表10.12）。与出版业一样，俄联邦图书零售贸易同样具有经济和地理分布不平衡的特点，以莫斯科和圣彼得堡为主的欧洲部分拥有发达的市场，而地区市场则相对不够发达。这既与书店数量、品种质量相关，也与其到访量不无关系。

2008年金融危机、2013—2015年经济衰退期间，商店数量大规

模减少，2016年起数量才开始增加。总体而言，2009—2018年间，主要图书贸易连锁店数量都有所增加。近期主要业务策略为减少销售图书的卖场面积，拓展小工具、文具、纪念品等非图书类商品种类，其销售额在图书贸易连锁店总销售额中所占比重大幅增加。

表 10.12 俄罗斯主要连锁书店情况

公司（持有人）	名称（品牌）	门店数量	
		2009年4月	2018年1月
埃克斯摩	联合零售连锁店"阅读吧-城市-咬文嚼字者"	132	528
	其中：新书屋	66	-
	其中：咬文嚼字者	35	139
	其中：阅读吧-城市	30	389
阿斯特	字母、从А到Я	314	-
图书迷宫	图书迷宫	30	88
莫斯科市政府	莫斯科图书之家联合中心	38	24
创始人瓦季姆·德莫夫	共和国	8—9	29
图书铺（加里宁格勒）	图书铺	18	30
阿维弗图书（阿尔汉格尔斯克）	中央图书之家、铅笔、专用文献、读书人、图书港湾	20	18
阿米塔利（沃罗涅什）	阿米塔利	31	40
大师（顿河畔罗斯托夫）	大师	23	27
罗斯托夫图书（顿河畔罗斯托夫）	火炬、图书铺、图书之家、图书、图书世界、知识	15	14
阿伊斯特-报刊（喀山）	最喜欢的书店	25—30	37

续表

公司（持有人）	名称（品牌）	门店数量	
		2009年4月	2018年1月
佩加斯（喀山）	图书之家、图书+	34	54
梅季达（萨马拉）	梅季达	17—18	23
恰科纳（萨马拉）	恰科纳	12	37
柳姆纳（叶卡捷琳堡）	生动语言	10	26

资料来源：联邦出版与大众传媒署、公司数据

与传统贸易渠道相比，互联网销售增长速度更快。因此，俄罗斯出版社越来越积极地通过互联网销售图书产品，它们或是在自有网站上销售图书，亦或是与专业互联网分销商合作。比如，2018年，印刷品互联网销售额所占比重情况如下：埃克斯摩占30%，阿斯特占21%，里波尔-经典作家占30.7%，字母-阿季古斯占27.0%。但是，专业出版中小学图书的出版社几乎未使用互联网渠道进行销售。教育、德罗法、文塔纳-格拉夫的互联网销售额所占比重在2.9%—3.4%范围内波动。

印刷品互联网销售不仅在销售额方面不断增长，而且随着电子贸易平台的不断扩大也在不断重组，比如奥逊或图书市场新参与者野莓。非图书产品所占比重，在传统书店销售结构、图书在线平台品种中也都有所增长。2018年，图书产品在奥逊全部品种中所占比重降至15%，而2015年这一指标为30%。类似进程也在所有大型平台上均有发生。纸质书在线销售市场上的主要参与者有俄罗斯图书、奥逊、24小时图书、我的商店、环球图书、莫斯科图书之家等。

非图书专业销售渠道（快速消费品连锁店）尽管市场总额在减少，但是通过其进行的图书销售仍保留了自身价值，在这里图书作为附带商品销售。大型连锁零售商积极推行包括图书在内的任一品种商品的打折策略，以便让顾客觉得这一销售渠道很合算。马格尼特、儿童世界、欧尚、纽带、麦德龙、OK等主要快速消费品连锁店在俄罗斯许多地区拥有贸易平台，并且与出版社合作。该销售渠道主要由"埃克斯摩""阿斯特""字母－阿季古斯"等大型出版社启用，在上述出版社产品销售结构中所占比重为11%—17%。

最后，连锁报刊亭依然销售少量图书产品。在该领域内运营的主要公司有罗斯印刷商厦、阿里阿－证据与事实、铁路报刊、报刊－物流。

出版社不仅向零售企业进行直接供货，而且还与批发中介合作。这在出版社销售额中所占比重为8%—100%。这是教材出版社和小型公司最重要的销售渠道。2018年，俄罗斯大型图书批发商、馆配商主要有：莫斯科的阿马杰乌斯（里波尔－经典作家）、36.6图书俱乐部、迷宫、欧米伽－尔、格兰德－法伊尔、图书馆中央配送处，彼得堡商务－报刊，阿尔汉格尔斯克的阿维弗图书，萨马拉的批发商基维（恰科纳），车里雅宾斯克的国际服务，叶卡捷琳堡的柳姆纳，伊尔库斯克的普罗达利特等。

财政补助机构的订购是俄联邦图书产品营销的重要渠道。这主要涉及中小学、高校与幼儿园的教材类图书，以及国立图书馆的馆藏补充。2018年财政补助机构订购占所有已售印刷品的20%以上，图书行业来自财政补助机构的收入为153亿卢布（见表10.10）。几乎所有的教材类、教学法类图书出版商（教育、德罗法等）都面向财政补助机构订购。

电子书是图书市场的成长板块。2018年该板块（包括B2C、B2B以及有声书市场）较2017年增长超过1/3。

2012—2013年，开始积极发展电子书市场，而且起初面向财政补助机构订购的B2B板块是主导。国家机构和公司充当专业电子图书馆系统的订货商。2018年之前，B2B板块开始缩减，电子图书馆系统的部分参与者和客户离开这一市场。2018年，经过几年的缩减，B2B板块销售额仅4.6亿卢布。学术教育内容数字图书馆市场上竞争激烈，包括直接媒体有限责任公司旗下大学在线图书馆、因夫拉-姆出版社旗下Znanium.com、IPR媒体有限责任公司旗下IPRbooks等公司。

电子书市场B2B板块，即面对终端消费者的零售，继续快速发展：2018年零售额较2017年增长41.7%，达35亿卢布。国内居民积极使用互联网是该板块进一步发展的基础。

21世纪10年代的主要趋势是读者大批从使用台式机设备下载和阅读转移到智能手机、阅读器与平板电脑等移动设备。因此，用于下载、在线阅读以及有声书收听的移动应用程序所发挥的作用不断增强。2018年，移动应用程序带来了最大的图书流量。最受欢迎的应用程序是"利特列斯：朗读"、"利特列斯：聆听"、我的图书以及书友。

书店网站受欢迎度依然很高，占2018年图书流量的38%。这一板块也包含电子书图书馆和图书服务商网站。2018年，访问量最高的商店是迷宫、阅读吧-城市，访问量最高的电子图书馆是RoyalLib、Aldebaran，图书服务商中的绝对领导者是利特列斯。电子出版物市场上的其他重要趋势包括自助出版服务的发展、有声书普及度的增长。有声书板块最受欢迎的服务商是"利特列斯：聆听"、我的图书以及书友。2018年有声书市场较2017年增长了近1/3，据评估约为8.5亿卢布。

电子书出版具有高度垄断化的特点。利特列斯公司是市场主要参与者，控制授权电子书市场份额的60%。2008年，埃克斯摩出版社成为利特列斯的主要投资者。2014年，奥逊公司成为利特列斯的股东。电子书市场的其他积极参与者还包括全球数字发行平台GooglePlay、AppStore以及2010年成立的俄罗斯书友公司。书友公司，除在俄罗斯外，2017年还在其他17个国家开展出版业务。

思考题

1. 说出1991年后俄罗斯图书出版行业形成的主要阶段。
2. 列举主要的图书出版商自主调节联合组织。
3. 图书出版国家调控的主要措施包括哪些？联邦出版与大众传媒署实施了哪些俄罗斯文学与阅读扶持项目？
4. 列举俄罗斯图书出版市场的当前趋势。
5. 描述俄罗斯图书市场上主要图书板块的特征。哪些板块在出版种数和印数方面领先？
6. 俄罗斯出版社数量有何改变？大型出版社分布在哪里？
7. 列举出版种数和印数方面领先的俄罗斯主要的图书出版社。图书出版市场的高度集中化可通过哪些指标体现出来？
8. 描述俄罗斯图书发行系统。在俄罗斯，图书产品销售渠道主要有哪些？
9. 列举俄罗斯图书行业收入结构情况。

10. 俄罗斯数字发行市场是如何形成的？列举电子书市场的主要板块，对其进行描述。

推荐阅读

Алексеева М. И. Книгоиздание современной России // Средства массовой информации России. М.: Аспект Пресс, 2011.

Pro-Books.ru – Книжный бизнес онлайн: новости и аналитика книжного рынка. [Электронный ресурс]. – Режим доступа: http: //pro-books.ru/.

Книжный рынок России. Состояние, тенденции и перспективы развития. М.: ФАПМК, 2019.

Журнал «Книжная индустрия». [Электронный ресурс]. – Режим доступа: bookind.ru/.

Журнал «Университетская книга». [Электронный ресурс]. – Режим доступа: unkniga.ru/.

Печать Российской Федерации: Статистический сборник. М.: Российская книжная палата, 2018. [Электронный ресурс]. – Режим доступа: bookchamber.ru/statistics.html.

Российская книжная палата. [Электронный ресурс]. – Режим доступа: bookchamber.ru/.

第十一章 电　影

俄罗斯是世界十大电影强国之一。2018年，国内票房收入排名世界第九，俄罗斯电影放映收入指数接近德国、法国、韩国以及电影大国印度水平。2018年，俄罗斯电影市场估值为9.8亿美元。全球电影市场领军者美国和中国的放映收入则分别为118亿美元和91.5亿美元。近年来，俄罗斯每年约有150部新片上映。

俄罗斯电影有着饶有趣味且丰富多彩的历史，其中包括20世纪20年代成为世界经典的苏联先锋电影、20世纪40年代的军事类新闻纪录片、20世纪60年代解冻时期以强烈的人文主义讯号和洞察人类内心世界的倾向而著称的深刻现实主义电影、20世纪80年代涉及尖锐社会问题并反映改革的电影。20世纪90年代拍摄了大量反映越轨行为"阴暗面"类别的低成本电影，这一电影传统成为21世纪前10年俄罗斯国产电影主题与风格的基础。

俄罗斯电影导演在尝试科幻作品、军事题材以及苏联电影翻拍过程中，逐渐把握了大众体裁，拥有了更多预算。当特效凌驾于有深度的内容之上时，观众群体对简单主旨的吸引力呈现需求则更胜一等。严肃类主题愈加频繁地出现在艺术电影、作家电影或参展电影中。

当代俄罗斯商业电影业以规模宏大、摄制复杂的大片和动画电影为主。如今电影工作者为电影院、电视、在线视频、移动设备、电脑游戏、增强现实与虚拟现实打造媒体产品，致力于实现多平台化。

国产电影发展的主要阶段

卢米埃尔兄弟首批电影在巴黎上映数月后，电影（синематограф，曾称 кино）于 1896 年在俄罗斯出现。1908 年前，俄罗斯电影业务仅限于发行进口电影和分集拍摄包括沙皇家庭电影在内的新闻纪录片。到 1912 年，电影已在俄罗斯大中型城市普及开来。1913 年，国内共有 1412 家电影院[①]。

20 世纪前 10 年，俄罗斯运营着数家电影制片厂，其中最著名的是汉容科夫商社和叶尔莫利耶夫会社。正是汉容科夫的电影公司为未来的莫斯科电影制片厂奠定了基础。

1917 年社会主义革命后，所有电影制片厂都收归国有，成立于 1920 年的莫斯科电影制片厂逐渐成为苏联电影行业最大的制片企业。苏俄和苏联当局高度重视电影的文化教育功能及其在宣传鼓动工作中的作用，主要依靠流动电影和乡村窄胶片电影放映点，迅速在全国范围内组织电影放映。1925 年电影放映点总数仅为 2000 个，那么到 1928 年已有约 1 万个电影放映点，而 1934 年时其数量已近乎 3 万个。

伟大卫国战争时期，电影制作可谓与军工制造等量齐观。人们在艰苦的前线环境中较和平时期更需要休养。这一时期持续拍摄着鼓舞全国人民整体士气的电影。同军事电影集锦和纪录片一样，故事片也颇受观众欢迎。苏联电影业不仅发行了与战争相关的文艺片，还有大

---

① Энциклопедия кино. [Электронный ресурс]. – Режим доступа: dic.academic.ru/dic.nsf/enc_cinema/ КИНОПРОКАТ.

型历史类与传记类影片以及饱含诸多善良与光明元素的音乐喜剧。

20世纪60年代，在彻底摆脱伟大卫国战争所产生的经济影响后，开启了苏联电影的全盛时期。40家电影制片厂的业务得以开展，近15万台电影放映机得到启用，此外还创办了数所电影学院，出版了一些专业杂志等。这一时期，每年制作大型艺术片130—150部，纪录片、科普片以及教学片约1400部。

20世纪六七十年代这二十年成为苏联电影史上最稳定顺遂的时期，当时电影院的年上座率在42亿—46亿人次之间波动，且每位观众观影次数多达年均20次。许多电影拥有庞大的观众群体，曾是真正的电影发行领军影片（见表11.1）。

表11.1　1961—1970年苏联时期电影发行领军影片 *

电影	观众数量（百万人）
《钻石胳膊》（喜剧片，1968）	76.7
《高加索式绑架，又名舒里克的新冒险》（喜剧片，1966）	76.5
《马利诺夫卡的婚礼》（喜剧片，1967）	74.6
《Y行动和舒里克的其他冒险》（喜剧片，1965）	69.6
《盾与剑》（第一部和第二部）（战争片、悬疑片，1968）	68.3
《神出鬼没复仇者的新冒险》（冒险片，1968）	66.2
《两栖人》（科幻片，1961）	65.4
《战争与和平》（第一部《安德烈·博尔孔斯基》；第二部《娜塔莎·罗斯托娃》，历史改编剧，1965/1966）	58.3
《解放》（《战火纷飞》《突破》）（战争片，1968）	56.1
《坚强的心》（战争片、冒险片，1967）	55.2

续表

电影	观众数量（百万人）
《神出鬼没的复仇者》（冒险片，1966）	54.5

* 包含在发行第一年吸引超过 5000 万观众的影片。

资料来源：作者自制①

该指数如此之高是由多重因素造成的。一方面，在苏联时期上述十年内没有足够的公共休闲活动场所（音乐厅、体育馆、俱乐部、咖啡馆、餐厅）。另一方面，远非每个家庭都买得起电视。并且观看电影的票价不高，因此几乎每个人都可以定期观影。1961年货币改革后，规定了票价，其均价为 30 戈比。儿童场和日间场均为 10 戈比，夜间场为 50—70 戈比，此外，宽银幕或两集影片票价为 1 卢布 20 戈比。1971—1980 年发行的领军影片如下（见表 11.2）。

表 11.2　1971—1980 年苏联时期电影发行的领军影片 *

电影	观众数量（百万人）
《20 世纪的海盗》（动作片、冒险片，1979）	87.6
《莫斯科不相信眼泪》（通俗片，1980）	84.4
《危机救援》（通俗片、灾难片，1979）	71.1
《这里的黎明静悄悄》（战争片，1972）	66.0
《幸运先生》（喜剧片，1971）	65.0
《去往天堂的茨冈人》（通俗片，1976）	64.9
《无头骑士》（西部片、冒险片，1973）	64.9

---

① По данным сайта «Кинокультура»: web.arhive.org/web/20120510033800/.

第十一章 电　影

续表

电影	观众数量（百万人）
《红莓》（通俗片，1973）	62.5
《阿丰尼亚》（喜剧片，1975）	62.2
《俄罗斯帝国的皇冠》（冒险片，1971）	60.8
《伊凡"雷"帝：回到未来》（喜剧片，1973）	60.7

* 包含在发行第一年吸引超过 6000 万观众的影片。

资料来源：作者自制①

1991 年末苏联解体前，票价都未发生变化，观影因而曾是打发空闲时间最实惠的形式之一。苏联时期，为提高电影发行盈利能力，对流行的老电影（重映电影）进行了大规模放映，其数量占总发行量的 60%。一些电影总计吸引了 1 亿乃至更多观众。

苏联电影发行的另一个特点是注重增加电影放映机的数量，其中包括能够在任何地点（如露天）进行电影放映的移动式放映机。许多企业都拥有电影放映机，但其使用放映机更常追求的是思想教育目的而非商业目的。因此，电影放映机数量众多并不能保障电影行业的高利润，正如存在大量电影院也并非苏联电影放映必然盈利的指标一样。例如，1987 年国内有 4865 家常设电影院（但其中仅有 800 家创收），6815 家有限经营模式的电影院，2016 家夏季电影院，1067 家区域中心电影院。此外，电影放映机（包括农村、工会以及机关的电影放映机）总数超过了 15.3 万台。

20 世纪 80 年代上半叶，苏联电影院上座率开始显著下滑。在福

---

① По данным сайта «Кинокультура»: web.arhive.org/web/20120510033800/.

利日趋增加和生活水平不断提高的背景下，苏联观众大量购买电视机。这样一来，对于电影院而言出现了"蓝屏"形式（当时被称为电视接收机）的强劲竞争对手。

随着电视的飞速发展，在改革时期（1985—1991年）盛行一种全新休闲形式——前往合作视频沙龙观看从海外大量涌入国内的录像片。与此同时，在苏联国家机构（全苏影片进出口联合公司、文化部、苏联部长会议国家电影事业委员会）批准放映外国电影的影院中，空闲座位多达3/4。观众打发空闲时间时，倾向于在视频沙龙里观看避开了严格审查过滤的外国电影。动作片、西部片、喜剧片、惊悚片、恐怖片以及所谓的类型片[①]都是由私营企业家提供的，其业务则基于非法复制卖座电影和传播未经批准的录像带。

1986年，走进电影院的人数共计38亿人次，其中有16亿人次观看了新电影。1985年前投入制作的国产影片中，上映的2/3影片平均每部不足500万观众观看，而当时的电影需要1700万人次的观影量才能回收成本。

1989年，为保持从前每年150部大型艺术片的电影产量，国家不得不对一半电影产品进行补贴。因此，电影业转而成为亏损行业，即使是卖座的海外电影（印度、法国、美国的喜剧片和通俗片）也无法将电影发行从苏联解体期间所面临的经济崩溃中拯救出来。

20世纪90年代末，当代俄罗斯电影业在市场关系逐步形成过程中开始复兴。如今，国内存在制作、发行、电影放映等电影业所有细

[①] 根据百度百科，按照不同类型（或称样式）的规定要求制作出来的影片，公式化的情节、定型化的人物、图解式的视觉影像是其基本特征，喜剧片、西部片、犯罪片、幻想片等是其主要类型。——译者注

分领域。俄罗斯电影业中，国有企业与私营公司并存。私营（制片）公司借助国营与私营电影制片厂设备来参与电影制作；放映和发行属于私营经济部门。独立影院和连锁影院皆可进行电影放映。除影院上映外，发行渠道还包括电视放映和在线视频市场。两者最初在以下两大细分板块中得到发展：家庭视频（以 DVD 和 BD 光盘为物理介质）和视频点播（通过互联网付费视频服务和付费电视运营商来实现）。目前，互联网视频服务已取代了在物理介质上观看视频的方式，DVD 和 BD 影片销量在全球范围内急剧下降。在俄罗斯，2010 年以后物理媒介电影放映领域实际上已不复存在。

起初，电影发行在电影院内实现，此后又开放了电视放映和视频服务放映的付费权。如今，还存在其他电影放映方式，如越过电影院上映而直接通过视频服务放映。

票房收入，即电影院售票所得收益，是电影业经济模式的基础。2018 年票房收入达 541.3 亿卢布。在俄罗斯，这一领域的附加收入来源发展良好，如特许经营酒吧（服务快捷、产品种类不多且便携进厅的影院酒吧）、电影院内的餐厅和游戏区。产品植入，即在电影中展示为影片情节所需的不同品牌，也得到了广泛运用。销售电影周边纪念品与关联商品、出版与制作改编自电影的图书和电脑游戏等也能带来收益。

出售电视和视频服务的电影放映权对这一领域收入具有重要意义。2018 年，国内合法视频服务市场收益达 248.6 亿卢布。

出售俄罗斯电影的海外上映权这类收入来源逐渐被赋予重要意义。包括电影节、电影市场以及电视市场在内的国际平台，在向海外市场推广电影产品方面发挥着重要作用，而俄罗斯制作商正尤为积极地参与其中。此外，俄罗斯还推出开展电影业务相关的重要举措。

2018 年，国内共举办了 60 多场国际电影节、约 30 场全俄性电影节以及约 50 场地区性电影节。俄罗斯大型影片观摩包括举办莫斯科国际电影节、索契"半人马座电影节"，颁发"尼卡奖""金鹰奖""白方块奖""白象奖"等国家级电影奖项。

约 30 家社会组织在俄罗斯电影行业自治框架下运营，其中规模最大的是成立于 1990 年的俄联邦电影工作者协会、创建于 1996 年的俄罗斯制片人同业公会、组建于 2009 年的影视制片人联合会。

俄罗斯电影业的特点是经济信息高度不透明。例如，俄罗斯市场中电影的广告预算类信息通常是非公开的。研究者们仍无法获取制作商向无线电视频道出售电影业和连续剧放映权的相关报告。在许多情况下，甚至新发行影片（即当年上映电影）的制作预算额这类基础统计数据也无法获取。遗憾的是，许多正式发表的俄罗斯电影业相关研究因而并不具备必要的代表性。

较为公开的信息是从文化部和电影基金会报告中获取的电影业国家扶持类相关数据。电影放映部门也提供公开信息，因为自 2010 年起国内影院票房收入在线报告系统——联邦电影票核算统一自动化信息系统开始运营。

美国制作的电影主导俄罗斯电影市场，占票房收入的 60% 以上。大多数上映的俄罗斯电影难以收回成本，因此俄罗斯电影制作的命运在很大程度上依赖国家财政扶持。

俄联邦电影业国家扶持与调控

电影业扶持是文化领域国家政策的主要任务之一，具有保护主义

第十一章 电 影

性质，且已载入 1996 年 8 月 22 日颁布的第 126 号联邦法律《俄罗斯联邦国家电影支持法（修订与增订版）》。该法明确了国家对电影业进行扶持的方向，其中最主要的便是对民族电影制作、发行以及放映所提供的部分国家资助，且近十年来资助金额持续增长。2002 年，国家拨款 10.4 亿卢布对该行业进行扶持，截至 2010 年补贴额增至 44 亿卢布，2018 年国家对电影扶持总额达 89 亿卢布。

自 2010 年起，俄联邦文化部、国产电影社会与经济扶持联邦基金会（即电影基金会）两个组织负责实施俄罗斯电影行业国家扶持。

文化部扶持国家项目，旨在实施电影领域国家政策所规划的最重要任务。除对电影制作和发行进行扶持外，该部职能还涵盖对电影节、赛事与观影、电影制作与推广类国际活动的资助。具有社会意义的电影项目全部由文化部进行管理：该部门为面向儿童和青少年观众的电影、作家电影与实验电影、新人项目、纪录片、科普片、动画片提供补贴。

电影基金会则在无偿和有偿基础上对制作和推广面向大众的大型商业片项目（包括故事片和动画片）进行国家扶持。

据《涅瓦电影调查》统计，每年有 45—76 部在制作阶段获得国家扶持的大型电影上映。2013—2017 年，46% 的电影获得了国家扶持。

俄罗斯电影业陷入一种自相矛盾的境况：国家作为最大的电影制作人，不仅没能从国家预算资助的商业电影放映中获得收益，而且在包括发放无偿补贴在内的情况下，甚至不要求退还部分投入资金。用于电影制作的国家资金理应全额或部分返还，但也存在完全无需返还的情况。根据 1996 年 8 月 22 日颁布的第 126 号联邦法律，国家对电影制作的拨款通常不超过其预算费用的 70%。但在许多情况下，出于影片的艺术水准或其特殊的社会意义，也允许超过规定水平（最多可达100%）。因此，一些项目可由国家预算全额拨款，且享受无偿资助。另一方面，也存在可能完全无需扶持的项目。

获取国家扶持的规则不透明，致使电影制作市场参与者的活动复杂化。申请国家扶持的遴选机制、文化部和电影基金专家委员会拥有补贴决定权所开展的工作皆存在缺陷。例如，专家委员会通常包含的电影工作者同时也是国家扶持的最大获取者。

电影基金会分配的资金通常多于文化部的补贴，其中部分来源于由基金会以往拨付的项目所返还的资金。电影基金会将上述返还资金重新投资用于新电影的拍摄。2018年全年，文化部和电影基金会共为130个故事片项目提供了资金支持。文化部扶持了85个项目，其余项目则从基金会方面获得拨款。国家补贴还被划拨给了239部动画电影，用于影片制作，其中包括12部长片和271部非故事片。

任何一家着手制作故事片的电影公司皆可向电影基金会寻求帮助。但存在可优先获得更大数额拨款扶持的公司名单。这些公司自2011年起由电影基金会评定，皆为俄罗斯电影制作的领军者。电影制作领军者的评选标准包括高指数的电影票房与电视收视率、曾获奖励与电影奖项、公司在市场上的运营时长、电影上映量（包括拷贝数量）等。

电影基金会董事会每年都会批准一份新的俄罗斯电影制作领军公司名单（见表11.3）。不同年份领军者名单中的公司数量有所差别，从2011年的7家到2013年的13家不等。近年来，进入领军者行列的通常有10家公司。2018年领军公司中有6家每年皆榜上有名。共计15家电影公司曾列入俄罗斯电影制作领军者名单。

表 11.3 2016—2018 年列入俄罗斯电影制作领军者名单的电影公司

电影公司	2016	2017	2018	列入领军者名单的年份数量
艺术电影制片厂	×	×	×	9
黄黑白集团		×	×	2
方向电影	×	×	×	9
Interfest（真正达科塔）				2
STV 电影公司	×	×	×	9
箭头电影公司				1
科克泰贝尔				1
永不止步制作公司	×	×	×	7
伊戈尔·托尔斯图诺夫制作公司		×	×	6
浣熊电影				2
尼基塔·米哈尔科夫 3T 制片厂	×	×	×	9
TaBBaK（鹰狮）	×	×	×	9
摇滚创意制作联合企业			×	3
中枢伙伴	×	×	×	9
乐享电影	×	×	×	5
共计	8	10	11	

资料来源：电影基金会

此外，电影制作领军公司发行的电影数量相对较少。例如，2013—2017 年间，在所有上映的俄罗斯电影中，仅有 26% 是由曾进入领军者名单的公司所发行的，但这些电影却占国产电影票房总收入的 75% 左右。显然，商业电影放映市场中领军公司的作用十分显著。

在对电影行业进行调控时,民族电影资格非常受重视。民族电影证书使制片人不仅能在制作阶段有权获得国家财政支持,而且在电影上映和参与国际电影节阶段也同样如此。获得民族电影资格的电影可使电影公司免缴制作、发行以及放映所产生的增值税。

制作动画片的电影公司同样可向文化部申请民族电影资格,即动画电影也享有一切应有的税收优惠。2018年,持有民族电影证书的动画电影制作商可享有额外的税收优惠——许可使用本动画电影中角色、音乐作品以及著作权保护的其他主体所获得的收入可免征增值税。此外,2018—2023年间动画工作室员工按工资扣缴的保险费率有所下降。

需要指出的是,大量特惠与优惠措施使电影业脱离基本税收规则,再加上国家大额无偿投资,这些都将俄罗斯电影业变成了有风险的商业环境。在这种情况下,现代金融信贷机构、银行以及金融组织极少参与到重大投资中为完成电影制作提供保险类保障。

自2016年起,俄罗斯的返款制度和电影委员会体系持续发展。返款是指地方和地区政府为电影公司提供优惠,旨在吸引摄制组前往该地区。俄罗斯的返款面向具有民族电影证书的影片进行补贴,对其制作支出给予部分报销。电影委员会是由地方或地区政府授权与摄制组开展合作的国家组织,上述款项正是由该委员会进行管理。2018年初,各地区已开设11家电影委员会:其中一些委员会可支付返款(如滨海边疆区、阿斯特拉罕州);其余电影委员会则不提供返款服务(如莫斯科、图拉),而是提供下列诸多服务,旨在为摄制组工作减负,如获得拍摄许可,协助选择场地,挑选设备、人员以及专业公司,组织道路封闭与交通管制等。电影委员会还与电影和连续剧制作商开展合作。

第十一章 电 影

影音类项目融资

电影公司正在为影音类项目寻找各种资金来源。电视频道参与电影项目制作就是其中一种新兴模式。自2017年以来，电视频道的作用显著提升，在此期间电视频道参与制作了20部电影。电影业务最为活跃的电视频道包括俄罗斯国家电视台1频道、电视台网络、第一频道（参见第七章《电视》）。电视频道不仅有机会投资电影项目，而且还可以在电视播送的宣传预告、新闻报导以及其他电视节目中为电影项目投放有影响力的广告，开展大量营销活动。借助电视频道开展的电影宣传活动能够吸引大量观众走进影院。参与制作电影项目的电视频道通常会在最好时段播放电影。

大型故事片或动画片项目拥有预算数千万卢布，经常为数亿卢布。为保障项目融资并分担企业风险，俄罗斯电影产业中广泛采用至少3家公司（如领军电影公司、电视频道、视频服务公司或小型制作公司）联合制作的方式。许多连续剧也是在联合出品条件下制作的。

除国家补贴和电视频道的参与外，电影项目制片人致力于从各种来源筹款，如从赞助商、资助人、产品植入式广告以及各类国有、社会性或私人基金会所募得的资金，为扶持国家与非国家机构手中具有社会意义的项目所提供的资助。

许多电影制片厂已成为俄罗斯主要媒体控股公司的一部分，藉由此其经济稳定性也得到巩固。例如，制片人邦达尔丘克的艺术电影集团并入国家媒体集团旗下，而中枢伙伴电影公司则为俄气－媒体控股公司的子公司。在此情况下，电影公司可从控股公司处获得电影制作补贴。此外，将自己的电影项目放在众筹平台上也是当前筹集资金的新方法。许多俄罗斯电影制片人成功运用着这一现代化筹资方法。

制作类基础设施。俄罗斯电影制作拥有雄厚的技术基础。据研究人员估计，俄联邦共有约 30 家正在运营的电影制片厂，其中有超过 100 个摄影棚，此外，在制作领域提供专业帮助的大型服务公司数量也大致相同。

目前，电影制作板块的公司分类如下：

——虽没有自己的摄影棚、但作为电影产品大型制作商的制作公司；

——拥有自己的电影拍摄设备、通常履行制作中心职能的电影制片厂综合体；

——提供剪辑渲染阶段相关服务、电脑绘图与特效服务的中心；

——向摄制组租赁电影设备的公司。

常用于拍摄艺术片的摄影棚有附属国营电影制片厂的，还有主要位于原厂区和厂房内的私营电影制作综合体的，主要的电影制作综合体见表 11.4。

表 11.4 排名前 10 的主要电影制作综合体

制片厂	城市	摄影棚（个）	绿幕（个）	外景场地（个）
国营制片厂				
莫斯科电影制片厂	莫斯科	12	3	3
高尔基电影制片厂	莫斯科	12	0	1
列宁格勒电影制片厂	圣彼得堡	4	0	1

续表

制片厂	城市	摄影棚（个）	绿幕（个）	外景场地（个）
奥斯坦金诺电视中心	莫斯科	4	0	1
圣彼得堡纪录片制片厂	圣彼得堡	2	0	1
私营制片厂				
A媒体	莫斯科	16	0	0
我的制片厂	莫斯科	13	0	1
主要电影	莫斯科	9	1	1
俄罗斯全球制片厂	圣彼得堡	6	0	1
魔力电影	莫斯科	4	0	1

资料来源：*Romir Movie Research*，2018年

莫斯科电影制片厂电影联合公司是由沙赫纳扎罗夫领导的领军国有企业，是一家涵盖电影制作全产业链的电影制片厂。21世纪前10年，莫斯科电影制片厂在短期内摆脱了20世纪90年代危机的影响，开展了大量改建摄影棚和新建厂区的工作，并为其配备了最新的数字化设备和拍摄器材。目前，莫斯科电影制片厂不仅为拍摄提供自己的摄影棚，而且还提供包括撰写剧本、制作电影拷贝在内的多项服务。

A媒体是拥有摄影棚数量最多的影视公司，2004年由影视制片人阿科波夫创立，专门从事电视内容的制作与发行。

俄罗斯电影制作的大型代表企业还包括"主要电影"影视综合体，就性能而言不亚于拥有完备电影制作基础设施的西方顶尖电影制片厂标准。该公司下设影视综合体、制片公司、剧本实验室以及前后期制作与影视内容发行部门。该公司于2008年由邦达尔丘克和巴楚林创

立。随后，恩斯特也成为其创始人之一。

电影制作市场上还运营着提供器材与设备租赁、电影制作领域专业化帮助的服务型公司，其中大部分位于莫斯科和圣彼得堡。2018年，国内主要的拍摄器材租赁机构包括阿斯塔霍夫拍摄器材代理机构、波格丹与工作组以及"一切为了电影"。剪辑渲染阶段值得关注的主要服务供应商有 Cinelab 和 Cinelex 公司。莫斯科电影制片厂、列宁格勒电影制片厂、高尔基电影制片厂以及斯维尔德洛夫斯克电影制片厂提供电脑视觉效果制作服务。Asymmetric VFXStudio、CG Factory（戈罗霍夫制片厂）、Main Road / Post 在电脑绘图与特效服务领域处于领先地位。

电影制作。俄罗斯运营着数百家制作公司，其中大型制作公司约20家（见表11.5）。

表11.5　2013—2017年发行影片数量排名前20的俄罗斯和独联体国家电影制作商

电影公司	5年内制作总数（部）	由电影基金会扶持拍摄的电影所占比重(%)	由文化部扶持拍摄的电影所占比重(%)
乐享电影	27	67	–
STV 电影公司	25	76	12
TaBBaK（鹰狮）	18	94	11
艺术电影制片厂	17	82	18
黄黑白集团	11	91	18
火星媒体娱乐	10	20	50
列宁格勒电影制片厂	10	40	30

续表

电影公司	5年内制作总数（部）	由电影基金会扶持拍摄的电影所占比重（%）	由文化部扶持拍摄的电影所占比重（%）
莫斯科电影制片厂	9	22	56
磨坊动画制片厂	8	100	–
永不止步制作公司	8	63	13
Renovatio ent.	8	75	–
Interfest（真正达科塔）	8	50	38
中枢伙伴	7	71	–
摇滚创意制作联合企业	7	71	29
尼基塔·米哈尔科夫3T制片厂	6	100	–
电影公司	6	17	17
俄罗斯全球制片厂	6	50	67
垂线	6	50	67
游乐园	5	80	–
伊戈尔·托尔斯图诺夫制作公司	5	80	40

资料来源：《当今电影业》、《电影发行商公报》、comScore、联邦电影票核算统一自动化信息系统、《涅瓦电影调查》、kinopoisk.ru、《国家法人统一登记簿》

21世纪10年代，俄罗斯电影制作量有所增加，共计140—150部电影，且主要为大型故事片（超过100部）。2018年，俄罗斯上映电影总数达265部，是以往的1.5倍。电影放映总量的增加与院线扩张息息相关，因为俄罗斯电影院接受电影基金会补贴且有义务保障国产电影放映量不低于50%。在本国新发行影片短缺的情况下，影院为履行剧目定额义务，更多转向往年热门影片的重映。

俄罗斯电影制作的主要部分位于莫斯科，圣彼得堡是第二大制作中心。目前在制作市场上地区电影代表性仍较弱：如 2013—2017 年间其在俄罗斯新发行影片中所占比重为 22%。萨哈（雅库特）共和国、布里亚特共和国以及鞑靼斯坦共和国是主要的地区级电影制作中心。

2017 年，俄罗斯大型故事片平均预算为 1.546 亿卢布。领军电影公司在大片上开支共计 15 亿—23 亿卢布。尽管个别制作公司获得成功，但是大多数上映的国产电影却难以收回成本。

俄罗斯电影发行的卖座影片榜单惯常由好莱坞电影产品构成。然而近年来国产大片却为俄罗斯电影发行业带来了巨额票房收入，并使上述榜单得到扩充（见表 11.6）。

表 11.6　2016—2018 年票房最高的国产电影

电影	制作商	票房（十亿卢布）	观众数量（百万人）	首映年份
《绝杀慕尼黑》	导演：梅格季切夫 尼基塔·米哈尔科夫 3T 制片厂、俄罗斯国家电视台 1 频道、中枢伙伴、电影基金会、莫斯科电影制片厂	2.96	12.01	2017
T-34	导演：西多罗夫 中枢伙伴、火星媒体、A 媒体制作、尼基塔·米哈尔科夫 3T 制片厂、电影基金会、莫斯科电影制片厂	2.27	8.84	2018
《鲁布廖夫卡警察之除夕夜》	导演：库利科夫 TNT、LEGIO FELIX	1.68	6.33	2018

续表

电影	制作商	票房（十亿卢布）	观众数量（百万人）	首映年份
《最后的勇士》	导演：季亚琴科 华特·迪士尼电影、黄黑白集团、电影之言、乡村公路秀电影、卡通盒子	1.67	7.40	2017
《维京传奇》	导演：克拉夫丘克 达戈制作、指导电影、基特、第一频道	1.51	5.73	2016
《花滑女王》	导演：特罗菲姆 氢电影公司、索尼、哥伦比亚电影、艺术电影制片厂、俄罗斯国家电视台1频道、电影基金会、电视台网络、A媒体制作	1.45	6.08	2018
《危机救援》	导演：列别杰夫 尼基塔·米哈尔科夫3T制片厂、俄罗斯国家电视台1频道、中枢伙伴、电影基金会、派拉蒙电影	1.42	5.03	2016

资料来源：《电影发行商公报》，数据截至2018年12月31日

　　动画制作正成为俄罗斯电影业不断壮大的新兴板块，且主要以用于商业电影放映的长片形式出现。动画电影在观众中日益受到欢迎，加之面向本国动画制片厂出台了一系列税收优惠政策，这都使得电影工作者对动画产品越发感兴趣。电影发行量排名前5的动画制片厂见表11.7。

表 11.7　2013—2017 年院线电影发行量排名前 5 的动画制片厂

制片厂	电影数量	电视频道参与拍摄的电影所占比重	由电影基金会扶持拍摄的电影所占比重	由文化部扶持拍摄的电影所占比重
STV 电影公司	11	9%	100%	9%
磨坊动画制片厂	8	13%	100%	—
精灵电影	4	—	100%	—
TaBBaK（鹰狮）	3	33%	100%	—
艺术电影制片厂	2	3%	100%	—

资料来源：文化基金会报告

相较于国产故事片，俄罗斯动画片能带来更多利润。2013—2017 年间，动画电影占俄罗斯新发行影片总数的 10%—15%，占俄罗斯电影发行票房收入的 20%—25%。

目前，动画制作被认为是俄罗斯电影业最具发展前景的方向之一。

电视连续剧和电视电影制作。电视剧和电视电影制作是俄罗斯媒体市场发展最快的板块之一。具体而言，如果说 2009 年仅制作了时长为 1700 小时的电视产品，那么 2014 年这一指标已达 4500 小时，而 2016 年 1038 个项目的制作总时长更是达到 9702 小时。

在本国产品需求量增加的背景下，俄罗斯电视制作不仅大幅增长，而且总体上转型以顺应电视收视和媒体消费的新趋势。在各电视频道激烈竞争的环境中，长剧（26 集以上）数量有所减少，短剧（8—26 集）因更生动和精彩数量反而有所增加。

同时，随着市场发展，其参与者数量也在增加。各电视频道正与新伙伴开展合作。新兴公司在短剧和影视制作方面表现尤为活跃。

2018年,俄罗斯连续剧与电视电影的领军制作商包括A媒体、科斯塔电影、喜剧俱乐部制作以及黄黑白集团。

2017—2018年,电视联盟公司就连续剧播出时长而言位居俄罗斯17家主要电视频道之首(见表11.8)。电视联盟媒体集团为第一频道、REN TV、电视台网络、家庭频道等俄罗斯主要电视频道制作产品。

表11.8 2017—2018年俄罗斯排名前20的电视连续剧制作商及其剧集播出时长

单位:小时

制作商	各频道播出的总时长	
	2017	2018
电视联盟	2 240	2 407
A媒体	1 443	1 896
科斯塔电影	3 219	1 124
喜剧俱乐部制作	1 034	845
黄黑白集团	791	777
3X媒体集团	451	727
艺术电影制片厂	154	664
DIXI-TV	200	636
好故事媒体	895	627
莫斯科影视	424	607
2V制片厂	458	562
星媒体	525	553
伽码制作	394	426
前行影业	526	397

续表

制作商	各频道播出的总时长	
	2017	2018
Film.ua	360	338
凤凰影业	229	335
"俄罗斯"电影公司	398	323
俄罗斯全球制片厂	530	312
全景	471	235
独立电视台－电影	253	212
共计	14 995	14 003

资料来源：Телевидение в России в 2018 году. Состояние, тенденции и перспективы развития. Отраслевой доклад. Федеральное агентство по печати и массовым коммуникациям. Москва, 2019 г. [Электронный ресурс]. – Режим доступа: fapmc.ru/rospechat/activities/reports/2019/teleradio.html.

第一频道、俄罗斯国家电视台 1 频道、独立电视台等规模最大的电视频道是连续剧产品和电视电影的主要订购商。上述频道每天首播时长为 2—4 小时。2018 年，第一频道、俄罗斯国家电视台 1 频道、独立电视台、TNT、电视台网络以及 REN TV 等主要电视频道的俄罗斯连续剧内容所占比重达 94%，为有史以来最高值。

海外电视连续剧在一些专题电视频道（如俄罗斯两大数字电视多路传输器下设的大型公共频道，见第七章《电视》）播出时具备优势。例如，2018 年第三电视台、"星期五！"以及迪士尼电视频道主要播放美国制作的连续剧（分别占连续剧播出总量的 83%、80%、66%），而电视中心则专门播放西欧连续剧（占连续剧播出总量的

58%）。又如，尤频道节目表由48%的北美连续剧、25%的拉美连续剧以及7%的西欧连续剧构成。总体而言，17家主要电视频道的连续剧内容中有3/4由本国制作公司打造。

电影发行与放映

当代俄罗斯电影发行与放映市场是私营发行公司与电影院进行互动的系统。发行商为在电影院放映电影，需从电影制作商处购买电影发行权。通过出售不同场次的电影票，电影院可获得收益，即票房收入。电影院和发行商通常将票房收入对半分账，但也存在其他方案。发行商将电影售票所得收益的绝大部分交付制作商。这样一来，电影院平均可分得票房收入的50%，发行商为10%—15%，电影制作商为35%—40%。

电影发行。2018年全年约有60家公司在俄罗斯电影发行市场中运营。好莱坞各大制片厂的代表性公司是该市场多年来的领军者，主要包括华特·迪士尼工作室与索尼影业发行、中枢伙伴（派拉蒙电影制片厂的代表）、卡罗（华纳兄弟）、20世纪福克斯独联体分部以及环球影业（见表11.9）。2017—2018年间，上述五家公司囊括俄罗斯电影院总票房收入的80%。其中规模最大的发行商华特·迪士尼工作室与索尼影业发行成功收获了俄罗斯电影发行总票房收入的30%。各主要发行商在发行美国电影的同时，也发行着俄罗斯电影公司的产品（涵盖领军公司新发行电影的主要部分）。

表 11.9 2018 年排名前 10 的发行商

发行公司	电影发行数量(部)	观众数量(千人)	票房收入(百万卢布)	市场份额(%)
华特·迪士尼工作室与索尼影业发行	31	58 510.4	14 503.5	30.3
卡罗首映	14	27 704.5	7 379.9	15.4
环球影业	22	24 024.1	6 130.3	12.8
独联体 20 世纪福克斯	17	18 632.9	4 928.6	10.3
卡罗发行	18	18 514.1	4 483.2	9.4
中枢伙伴	33	15 820.9	3 985.8	8.3
我们的电影	15	6 837.5	1 559.6	3.3
伏尔加	19	4 806.6	1 180.7	2.5
鹰狮、独联体 20 世纪福克斯	2	2 924.3	765.7	1.6
梅戈戈发行	26	2 441.2	578.2	1.2

资料来源：联邦电影票核算统一自动化信息系统

除好莱坞各大制片厂外，在俄罗斯发行市场中运营的有俄罗斯大型电影制片厂鹰狮、卡罗发行、我们的电影（STV 和伊戈尔·托尔斯图诺夫制作公司）的发行商，还有包括沃利加、天堂等在内的独立发行商。

2018 年，共有 493 部新发行影片和 70 部往期发行影片在俄罗斯和独联体国家上映。上述电影不仅包括长片，而且还有短片、纪录片、知识类节目、音乐片的集锦。俄罗斯电影产品在电影发行总票房收入中所占比重为 26.4%。国产电影售票量占观影总量的 27.4%。就新发行影片数量而言，本国市场中美国电影仍占主导地位。2017—2018 年，美国电影在观影量与票房收入中所占比重均为 60% 左右。

近年来，人们不断讨论民族电影保护问题以及在联邦法律层面引入俄罗斯院线电影放映配额的可能性。2015 年，各大院线与文化部签署了一项关于电影放映配额的协议，规定俄罗斯国产电影放映时长需占上映期的 20%。

在联邦专项计划《2012—2018 年俄罗斯文化》中提出俄罗斯国产电影在俄联邦境内总发行量中所占比重的目标指标。通过实施该计划最终预期到 2018 年俄罗斯电影所占比重增至 28%。这一目标虽未实现，但俄罗斯电影在总票房收入中所占比重显著增加，由 2012 年的 15.5% 增至 2018 年的 26.4%。

在剧目策略方面，俄罗斯电影发行致力于满足大众对精彩大片的需求。上述大片以简明的主旨、明亮的视觉色调、丰富的电脑绘图与视觉特效为基础。

漫改电影是最受包括俄罗斯观众在内的全球观众欢迎的电影类型之一，其主题范围非常广泛，从《蝙蝠侠》（1989）到《黑衣人》（1997），从《毁灭之路》（2002）到《小丑》（2019）。当代漫改电影是娱乐类电影的主流，且已成为造价最高昂的主要电影类型[①]。2018 年，热门类型前十榜单之外，还有喜剧片、动作片、恐怖片、犯罪片、通俗片等。同时，非商业电影产品、大众较难理解的作家电影/艺术电影进行了限定发行，得到了发展。（见表 11.10）

---

① kinonesws.ru/top 100-comics/.

表 11.10 2018 年俄罗斯电影发行中每部电影平均观众数量排名前 10 的电影类型

类型	总票房收入（卢布）	每部电影的平均观众数量（人）	每部电影的平均票房收入（卢布）
漫改电影	8 432 371 284	4 402 421.1	1 204 624 469.2
体育剧情片	2 317 495 261	1 908 020.2	463 499 052.2
魔幻片	3 746 389 270	1 184 632.2	312 199 105.9
音乐片	539 451 308	1 004 206.0	269 725 654.0
科幻片	4 460 148 715	666 842.3	178 405 948.6
家庭片	1 126 026 407	652 003.5	140 753 300.8
动画片	7 027 713 925	618 904.1	130 142 850.5
冒险片	1 154 790 059	444 734.1	115 479 005.9
战争片	748 921 756	393 649.0	93 615 219.5
惊悚片	2 880 985 975	302 815.6	77 864 485.8

资料来源：联邦电影票核算统一自动化信息系统

电影放映。2015 年，俄罗斯完成了向数字电影放映技术的转型。与此同时，现代化院线覆盖程度在拥有 10 万—25 万人口的城市群中达 90%，在拥有 25 万—50 万人口的城市群中达 100%。如今，莫斯科地区的影厅数占全国总量的 18%，圣彼得堡这一指标为 9%，此外还有 16% 的影厅位于其余 13 个百万人口城市。

小城市借助由电影基金会推行的国家电影放映扶持计划，进行电影普及。但该举措因低迷的消费需求而碰壁：2017 年 10 万人以下的小型居民点配备银屏数量占全国总量的 22%，但售出电影票数量仅占全国总量的 11%。

第十一章 电 影

圣彼得堡人是俄罗斯最活跃的电影观众。2017年，圣彼得堡居民人均观影3.5次。莫斯科和其他大城市居民年均观影2.7—2.8次。

2015年，超过95%的数字影厅具备3D放映能力。然而截至2018年，3D影厅所占比重降至77%，与全球趋势一致。

2018年7月，全国有1595家电影院共计4774个影厅。俄罗斯最常见的电影院为中型影院（有2—7个影厅），占本国影厅总量的50%以上。大型影院（有8—15个影厅）占市场影厅总量的25%以上，单厅影院（仅有1个影厅）约占市场影厅总量的20%，最后，超大型影院（有15个影厅以上）占所有商业电影院影厅总量的1.5%。购物娱乐中心的影厅传统上仍是本国电影放映市场的主要板块，占影厅总量的60%以上。

1/3以上的电影放映市场共被10家院线运营商所掌控（见表11.11）。

表11.11 各大型院线运营商情况（截至2018年7月1日）

院线运营商	影院数量	影厅数量	影厅数量的市场份额	总部
电影乐园和电影方程式联合院线	74	626	13.1%	莫斯科
卡罗	29	223	4.7%	莫斯科
最大值电影院	29	214	4.5%	莫斯科
幻景电影院	22	151	3.2%	圣彼得堡
卢克索	17	129	2.7%	莫斯科
影院之星	25	128	2.7%	莫斯科
5号电影院	12	74	1.6%	约什卡尔奥拉

续表

院线运营商	影院数量	影厅数量	影厅数量的市场份额	总部
五星	11	64	1.3%	莫斯科
莫里电影院	9	62	1.3%	莫斯科
银屏	11	55	1.2%	克拉斯诺达尔
共计	239	1726	36.3%	—

资料来源：《涅瓦电影调查》

2017年，俄罗斯电影放映市场的一大重要事件是马穆特的A&NN投资有限公司收购了"电影乐园"和"电影方程式"两家规模最大的电影院线。这一新兴电影放映领军者占13%以上的全国市场份额。

以4.7%的市场份额排名第二的是"卡罗"电影院线。自2012年起，该公司由UFG私募股权投资基金会、俄罗斯直接投资基金会以及美国企业家赫斯所构成的财团控股。

2018年，俄罗斯电影发行总票房收入为541亿卢布，较2017年减少6%；电影观众购买了2.193亿张电影票，较2017年减少6.9%。2018年平均票价为247卢布，较上一年增长2卢布。

18—24岁的年轻人是俄罗斯最为活跃的电影观众。该年龄段观众每年观影超过7次。50岁以上的俄罗斯人观影次数最少，为每年0.3次。

视频盗版在俄罗斯

在电影和连续剧的两大播放平台——电影院和电视发展期间，影音内容推广主要通过合法的货币化渠道。苏联时期，非法放映付费电影的现象并不普遍。然而，20世纪80年代录像作为第三种播放平台出现后，一切发生了改变。

著作权侵权是俄罗斯电影业的难题，也是导致电影商业收益下降的主要原因。长期以来，盗版问题与俄罗斯电影业共存——自苏联存在的最后几年起，国内开始非法生产盒式录像带（家用录像系统）。后来，盗版者从盒式录像带转向DVD生产，并迅速占领了97%的DVD市场。2007—2008年，随着新兴数字格式（BluRay）进入市场，蓝光光碟（BD）也随即开始供应。2011年，市场上还出现了伪造的3D蓝光光碟。

因此，自始以来且在很长一段时间内，盒式录像带以及随后的光盘类视频内容市场都为盗版市场。其原因在于，在缺乏著作权授权与保护机制的情况下，存在着大规模复制视频的技术潜力。

直到20世纪90年代中期，在俄联邦境内传播和放映的影片完全自由，且不受任何法律管控。随着《著作权与邻接权法》的出台，且俄罗斯于1995年加入《伯尔尼著作权公约》，自1993年起俄联邦著作权法律规范已开始成形。

21世纪前10年，尤其是在2008年俄罗斯加紧加入世界贸易组织谈判期间（俄罗斯于2012年加入该组织），国家加大了对盗版者的打击力度。盗版行为会被严肃追究刑事责任，警方对大量销售非法光盘类视频产品的场所进行更为频繁的突击检查（милицейский рейд，自2011年起被称作полицейский рейд）。2011年，DVD中盗版销量下降至其总销量的50%。然而，如此大幅下降的原因并非来自对盗版的有效打击，而是因为盗版者从实体媒介转向了电子格式：面对信息技术的飞速发展，盗版销售比合法市场响应更快，由此导致了家庭光盘类视频市场的衰落以及电子格式视频市场的壮大。

2013年7月2日颁布的第187号联邦法律《关于修订俄罗斯联邦针对信息通讯网络中知识产权保护问题的若干立法》是国家对盗版者的一次严厉打击。该法最初旨在保护视频内容，自2015年5月1日起反盗版法效力拓展至电子书、音乐以及计算机程序领域。

2013年12月，互联网电影产品著作权保护又迈出了新的一步：联邦通讯、信息技术与大众传媒监管局与包括莫斯科电影制片厂、全俄国家广播电视公司、A媒体、卡罗首映在内的著作权持有者共同制定了《电影专有使用权保护领域合作备忘录》。签署该备忘录的互联网公司Mail.ru、RuTube、ivi、Zoomby、梅戈戈有义务协力杜绝俄网上盗版电影的传播。此类协议简化了著作权执法，减轻了法院的负担。

2018年11月，影音市场主要参与者签署了《数字技术发展时代专有使用权保护领域合作备忘录》。上述参与者包括媒体控股公司（第一频道、全俄国家广播电视公司、俄气-媒体、国家媒体集团）、社会组织（互联网视频网络合法内容流通促进联合会、影视制片人联合会）、搜索引擎运营商以及互联网资源所有者，其他市场参与者（Yandex、漫步者、链接、Mail.ru等）可在其中进行视频资料投放。根据该备忘录，著作权所有者可直接向已签署该协议的搜索引擎运营商和大型互联网资源（社交网络）所有者提交著作权侵权声明。

随着上述备忘录的通过，互联网行业社团再次开始探讨互联网盗版行为，并认为该问题原则上是可以解决的。随着反盗版立法的出现，在实践中普及盗版资源诉前冻结、发挥联邦税务局效力（如打击禁止在俄罗斯境内进行在线赌场业务的博彩公司）成为有效措施。

第十一章 电 影

搜索引擎通过积极改进搜索算法，削弱了视频盗版者广告投放能力，也相应地导致其收入下降。反盗版立法的完善本身正如看到的那样将会扭转俄网的形势，并将在不久的将来对缩减网络盗版规模产生影响。

因此，当今对互联网视频产品进行保护的主体既涉及包括执法机构在内的国家，又有影视市场的参与者，还有包括供应商、社交网络、搜索引擎在内的主要互联网公司。打击非法内容取得成效，正是作为本国电影业重要板块的影音市场有效发展的体现。

视频点播

自 2018 年以来，专门播放电影和连续剧的互联网视频服务取代电视频道，成为向观众推广产品的第二大主要平台，其排名仅次于电影银幕。

20 世纪最后数十年间，家庭视频服务以实体媒介类视频市场的形式出现，最初为模拟盒式录像带，随后为数字光盘。苏联时期盒式录像带类家庭视频市场于 20 世纪 80 年代获得发展。该类录像带可通过视频租赁服务购买或租用。1986 年，"电影录像"开业，是对影片进行工业化复制的首家国有企业。当时还开设了私营与国营录像沙龙，在沙龙里可通过机顶盒在电视上观看付费电影，后来录像租赁系统开始运作。

1999 年，首部合法数字电影以 DVD 格式在俄罗斯视频市场上发行。2004 年，俄罗斯开始生产合法 DVD。在不久后的 2008 年，启动蓝光光盘生产。

同一时期，宽带上网在俄罗斯普及开来。首批在线视频服务的诞生最终破坏了实体媒介类视频业务。自 2009 年起，俄罗斯正版光盘类视频市场开始萎缩，生产该类视频媒介的工厂纷纷倒闭。

俄罗斯视频点播市场诞生于 21 世纪前 10 年间。目前，视频点播可通过多个技术平台传输。俄罗斯付费电视运营商通过卫星、电缆以及互联网，即交互式网络电视（IPTV），提供视频点播服务。基于 IPTV 技术可通过电脑、专用电视机顶盒、媒体播放器、具备智能电视技术的电视机、移动设备来接收视频节目。2005 年，俄罗斯开始通过 IPTV 提供视频点播服务。

此外，视频点播在以 OTT（Over the Top，即互联网流媒体视频回放服务）在线服务为基础的互联网上持续发展。OTT 技术可以在没有通信运营商参与的情况下将视频信号通过互联网传送到用户传导装置上。自 2009 年以来，各类视频服务在俄罗斯方兴未艾。

视频点播是一种拥有多种商业模式（包括对用户免费的广告模式、按月订阅的付费模式等）的付费型服务。2018 年，合法在线视频服务总收入达 164.9 亿卢布。

俄罗斯当代视频服务拥有成熟架构。最初，付费视频市场有付费电视运营商和在线影院两大参与者。目前，俄罗斯在线市场中的大型参与者还包括社交网络、电视频道、俄罗斯视频广告聚合平台以及信息服务，如 Yandex 视频、afisha.ru；还有为计算机和智能手机提供应用程序和内容的全球数字化发布平台，如 GooglePlay、iTunes、AppStore 等。

在线影院是合法视频服务最大的板块。根据 2017 年 5 月 1 日颁布的第 87 号联邦法律，2017 年对外国组织、公民个体以及无国籍人士持有、掌控或支配20%以上在线服务股份的限制开始生效。该规定适用于每日受众的月累计量在全俄境内超过10万名用户或某地区超过2万名用户的服务。

俄罗斯主要在线影院ivi（ivi.ru）自2010年起运营，并提供着目录庞大的电影、连续剧、TV Show以及动画片。2016年，ivi占在线影院市场总收入的1/3，然而，随着当前新兴视频服务的发展和竞争对手的出现，ivi份额正在下降。该市场领军者还包括在线影院Okko、梅戈戈、A媒体库。2018年，在线影院收入占在线视频市场总收入的55%。大量付费视频内容由社交网络所提供，这一渠道占2018年在线服务市场收入的13%。在付费电视运营商（规模最大的为三色旗电视台和俄罗斯电信）份额下降的同时，第一频道、俄罗斯国家电视台1频道、独立电视台等各领军电视频道的份额逐渐增加。具体而言，2018年上述市场参与者各占在线视频市场收入的10%左右。此外，在线视频市场收入中，聚合平台和信息服务囊括8%的份额，全球数字化发布平台则占据4%的份额。

就历史而言，在俄罗斯对合法在线视频进行访问是从广告模式发展而来的，即观众可以免费观看有广告植入的视频。引入付费模式的做法因种子文件和盗版在线影院的泛滥而受阻，且上述两种形式同样支持广告变现模式。同时，俄罗斯各阶层观众并非总能接受在线服务的按月订阅定价。此外，合法在线电影院仅能获得数量有限的电影与连续剧放映权，与此相反，盗版服务则可提供种类繁多的新老电影供选择。

到2018年，盗版视频服务的境况逐渐开始发生变化——大部分观众养成了付费消费媒体内容的习惯，合法在线服务为吸引更多观众而广泛开展合作。例如，由 Yandex 于 2018 年开设的在线影院"电影搜索"为用户提供服务，对其自有资料库进行高级订阅，同时可访问大型在线影院"A 媒体库"资料库。订阅所得收入由合作项目的参与方分享。市场不同板块间的跨公司合作日益加强，如在线影院与社交网络或付费电视运营商、电视频道等开展合作。

在竞争愈发激烈的环境中，付费电视运营商和电视频道正推出自己的在线服务。例如，第一频道于 2015 年开设了在线影院"第一电影 TV"，2018 年运营商"俄罗斯电信"推出了在线服务 Wink。绝大多数新开设的视频服务为付费项目。该类服务可按月支付订阅费用，且价格通常不高，供应套餐外节目包则需单独收费。同时，以收看内容单元为基础的货币化模式也得到发展。

在统一的服务框架内，可向观众提供部分免费内容（带有广告）和部分付费内容。此类多样化的支付模式可以增强服务使用条款对观众的吸引力。具体而言，以往货币化模式（对观众免费的模式）的市场总额，2010 年占俄罗斯合法视频市场的 90% 以上，至 2018 年降至 57%。2018 年，按月订购成为增长最快的货币化模式，占合法视频市场总额超过 24%。

为当代观众提供的服务所需具备的最重要品质是节目方案的跨平台化和集成化，这样一来即可在任何用户设备（尤其是移动设备）上对数字化内容进行重放。这正是当前俄罗斯视频服务市场发展的主要趋势之一。

2018 年，有 77% 的俄罗斯家庭可实现上网。15—74 岁年龄段的俄罗斯人中有 68.8% 几乎每天使用互联网。8.9% 的用户倾向于使用笔记本电脑或个人电脑上网，而使用移动端上网的用户所占比重则为

64.8%。俄罗斯用户平均每昼夜花费 6.5 小时上网，而收看电视的时间则为 3 小时 50 分钟。与电视观众不同，互联网观众对银屏依赖性不强，且可在方便的任何时间、任何地点以非线性方式观看视频内容。从这一意义上看，观众在互联网上的内容消费潜力远高于线性电视收看方式，两者分别以非连续性供给和具有严格框架的节目表为条件。

2018 年发生了一大重要事件：俄罗斯互联网板块的广告销售收支首次超过电视板块。在线市场已成为俄罗斯最大的广告市场板块。该事件影响了俄罗斯媒体市场各主要参与者的业务计划，他们目前正专注于开发自身在线内容访问。2018 年，隶属俄罗斯领军媒体控股公司且功能强大的视频服务开始运营：在线影院 PREMIER（隶属俄气－媒体）和 START（隶属黄黑白集团和俄气－媒体）进入了视频播放市场。在线视频板块方面，俄罗斯领军 IT 公司 Yandex 活跃度也有所增强，该公司于 2018 年同时开通了 Yandex 播放、Yandex+ 以及电影搜索三大视频服务。

最后，在线影院进行原创内容制作已成为最重要的趋势。该市场主要参与者 ivi、Okko 以及 A 媒体库已设立自有制作部门或与第三方制作公司签署了合作协议，旨在为在线影院 / 视频服务制作电影和连续剧。

俄罗斯领军媒体控股公司已推出了自有在线服务，现有潜力制作用于在线播放以及在电影院和电视上播映的产品。目前，电视播放的内容开始以付费访问的形式在线播出。电影首先在电影院大银幕上放映，随后出现在各在线服务平台上。参与影音内容制作的俄罗斯公司包括艺术电影影像、黄黑白集团、中枢伙伴、好故事媒体等，其制作内容充实了新的付费视频服务资料库。

互联网作用的增强进一步弱化了电视在电影项目推广中的作用。众所周知，不久前，电视频道上的电影广告仍被看作是一种必要的营销活动，尤其是对于大片宣传而言。然而，目前，互联网上的视频服务网站和社交网络已成为面向年轻人这一最为活跃的目标受众的主要广告渠道。互联网广告比电视频道广告便宜得多。此外，在社交网络上播放预告片并与目标受众进行互动，现已成为广告公司在影片上映前夕的必要活动构件。即便是低预算电影的制片人也能保障该类广告的投放。

思考题

1. 说出并描述当代俄罗斯电影业的主要部门。电影行业主要收入产生于哪个部门？

2. 说出俄罗斯规模最大的电影节和电影奖项。

3. 描述俄联邦电影领域的国家扶持与调控体系。

4. 举例说明俄罗斯电影制作的领军电影公司。列举电视连续剧的主要制作商。

5. 俄罗斯电影的主要预算来源有哪些？

6. 描述俄罗斯电影制作类基础设施。

7. 由地区和地方政府创建的电影委员会在电影业中发挥什么作用？何为摄制组返款制度？

8. 描述俄罗斯的电影发行体系。指出商业电影发行中的主要影片类型。

9. 列举俄罗斯规模最大的院线运营商。最为活跃的电影观众都有哪些？活跃的电影观众前往电影院的频率如何？

10. 描述俄罗斯在线视频市场，并说出其主要参与者。列举目前反视频盗版所采用的主要办法，完善反盗版立法所采取的主要措施。

推荐阅读

Бюллетень кинопрокатчика (Kinometro.ru). [Электронный ресурс]. – Режим доступа: kinometro.ru/.

Всемирный обзор индустрии развлечений и СМИ: прогноз на 2017-2021 годы. Ключевые тенденции мирового и российского рынков. PwC. [Электронный ресурс]. – Режим доступа: pwc.ru/ru/publications/outlook2017.html.

Журнал «Кинобизнес сегодня». [Электронный ресурс]. – Режим доступа: kinobusiness.com.

Ключевые тренды российского кино. Сентябрь 2018 года. Публикация под редакцией «Невафильм Research» для Европейской аудиовизуальной обсерватории. [Электронный ресурс]. – Режим доступа: research.nevafilm.ru/.

Министерство культуры РФ. [Электронный ресурс]. – Режим доступа: mkrf.ru/.

Новейшая история отечественного кино, 1986-2000. Кино и контекст. Т.V / Под ред. Л. Аркус. СПб.: Сеанс, 2004.

Основы медиабизнеса / Учебник под ред. Е. Л. Вартановой. М.: Аспект Пресс, 2014.

«ПрофиСинема» – кинематографический портал. [Электронный ресурс]. – Режим доступа: proficinema.ru/.

Российская киноиндустрия – 2018. Аналитическое исследование. Федеральный фонд социальной и экономической поддержки отечественной кинематографии (Фонд кино). Москва, 2019. [Электронный ресурс]. – Режим доступа: resources.fond-kino.ru/eais/docs/Russian_Film_Industry_2018.pdf.

Телевидение в России в 2018 году. Состояние, тенденции и перспективы развития. Отраслевой доклад. Федеральное агентство по печати и массовым коммуникациям. Москва, 2019. [Электронный ресурс]. – Режим доступа: fapmc.ru/rospechat/activities/reports/2019/teleradio.html.

Фонд кино. [Электронный ресурс]. – Режим доступа: fond-kino.ru/.

第十二章 广 告

现代俄罗斯媒体广告市场的形成

大众传媒通过投放广告获得收入，因此报纸杂志、广播电视以及互联网资源都希望吸引广告主。而广告主也希望选择最有效的渠道传播消息，并让潜在消费者了解公司情况及其产品与服务。

苏联时期，大众传媒融资并不通过商业广告。广告有时会出现在报纸杂志、广播电视上，但是广告宣传的内容依然不是商品与服务，而是意识形态和制度体系。20世纪90年代，大众传媒出现了新契机，当时在俄罗斯开始形成媒体市场，因此重要法律依据应运而生。1991年12月底通过了俄联邦《大众传媒法》：取消了审查制度，依照登记注册原则而非许可审批原则，创立大众传媒；编辑部、不同机构和公民个人都有权创办出版物。随着市场的发展，大多数新创办的出版物、广播电视频道也成为广告传播媒介。它们为苏联大众传媒构建了新的市场体系。

俄罗斯国内以及大众传媒领域市场关系的迅猛发展成为大众传媒商业化的催化剂。大众报刊需求量开始变大。同时，广告信息出版物大量涌现。在所有大型城市中，全俄性、地方性广告通告报纸是发行量最大的出版物。各种咨询类、广告类和娱乐类报刊广泛传播影响了整个国内期刊系统。在这一背景下，社会政治出版物印数明显减少；而广告收入也相应地流向印数较大的出版物，即大众报刊和广告信息类报刊。作为生存方式之一，许多首都编辑部开始实施出版物区域化政策——推出地区插页，主要为留住地方广告主。最先采用此种方式的有《共青团真理报》和《论据与事实》。长期以来，《莫斯科共青团员报》作为州级青年出版物，凭借其区域化出版策略成为国内最受欢迎的社会政治报纸之一。

  杂志类定期出版物领域也发生着类似进程，涌现出许多新出版物。旧出版物要么被迫按市场准则调整，要么退出市场。出版了很多诸如电脑、健康与健康生活方式、汽车、金融市场等广告市场发展细分板块的新杂志。20世纪90年代，这些市场板块发展十分迅速，杂志可以依靠广告收入生存。20世纪90年代初，也有一些西方出版商进入俄罗斯。俄罗斯这个国度对媒体业务而言变得有吸引力。成立了一些新的电视频道和广播电台。对广告主来说，营商环境适宜，开启了通过大众传媒广泛传播广告的新篇章。

  在俄罗斯，包括广告主代表、广告代理公司员工、大众传媒广告部、广告制作工作室、设计公司等在内的许多相关人员都与媒体广告市场有关联。但是由于未建立媒体评测系统、缺乏透明的价格形成机制和销售规程，最初市场非常混乱。但是随着时间推移，广告业开发了新技术，大众传媒广告领域员工职业技能得到提升，许多高校开始培养相应的专业人才，专业化培训非常受欢迎。20世纪90年代中期，在俄罗斯开始出现媒体评测公司，定期提供大众传媒受众数据，为优化广告价格与销售体系创造了条件。

  因此，到20世纪末，俄罗斯大众传媒市场发展已近乎达到美国、欧洲以及亚洲发达国家水平。大众传媒承担了广告传播职能，很大程度上以广告为目标，设计出版类型和稿件内容。20世纪末，俄罗斯已形成了广阔的大众传媒领域，面向不同受众及其不同需求。如今，许多俄罗斯大众传媒都已作为市场机构运营，尽管尤其是在地方报刊和电视频道等个别部门中国家扶持发挥的作用依然很大。此外，许多大众传媒开始吸引大型公司的兴趣，在现代大众传媒掌门人中普罗霍罗夫、乌斯曼诺夫、科瓦利丘克、别列兹金以及福布斯榜单上其他亿万富翁等名字赫然在列。他们将资金投入大众传媒领域的同时，无疑期望获得良好的经济效益和社会影响。

大众传媒纳入大众传媒广告市场，成为广告主与消费者互动系统中的积极要素。（见图12.1）

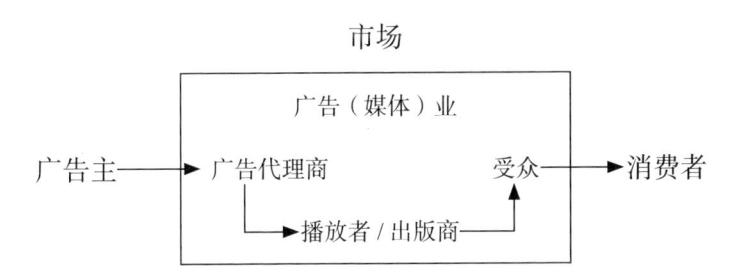

图 12.1　广告流程结构图中的大众传媒

从上图可以看出，大众传媒在广告流程中占据核心位置，与广告主、广告代理公司、推广者、消费者这一流程的所有参与者之间有着直接或间接关系。同时必须指出，当消费者拿起报纸或杂志，打开收音机或电视机，进入互联网时，其目的并不是浏览广告。受众关注的主要是大众传媒提供的信息，他打算了解信息（信息提供功能），学习知识或者认知周围世界（社会化功能与自我认同功能），此外或者只是娱乐，消磨时间（娱乐功能）。广告能否被注意和接受，很大程度上取决于大众传媒能否提供受众所需内容。

由广告与大众传媒相互作用而形成的现代环境主要体现在以下两个重要方面。一是大众传媒体系的快速拓展。除报刊、广播电视等传统大众传媒外，在竞争环境下还存在互联网和移动设备等新的技术平台。二是相互关系中主体与客体参与者数量增加。目前，除广告主外，与大众传媒相互关联的还包括广告代理公司、调研公司、电台、推广者、外包公司等。同时，广告流程参与者之间的合作更加产业化：逐步完善媒体评测和追踪研究系统，修订了不同类型大众传媒价格形成、广告销售以及广告投放规程。

广告作为俄罗斯大众传媒商业模式的基础

广告主将大众传媒视为面向目标消费者群体的广告流转推广渠道。既然消费者已非常了解公司产品，并且选择了该产品，那为何还要把钱耗费在昂贵的广告上呢？尽管如此，大型公司还是会支出广告费用，并不认为这是徒劳无益的。主要原因在于，每人每天接触大量信息和不同品牌的广告通告，根据消费者特点推荐类似产品和服务。如果一个品牌不能通过广告增强消费者记忆，提醒自己的存在、建议和优势，那么它完全可能被其他品牌的同类产品所取代。因此，一些知名公司在市场上虽拥有不少驰名品牌，但都在广告上投入大量资金，且发布渠道多数是自身旗下的大众传媒。

如今，在许多国家，形成了下列广告体系：最大的广告主都是一些国际品牌，下设连锁代理机构。2018年之前，俄罗斯广告市场中国际品牌所占比重非常高,当时广告收入评估仅包括媒体投放。2018年,广告收入评估中首次纳入绩效营销,其中互联网广告占据相当大份额。绩效营销指因购入内容关联广告、程序化广告(通过网上拍卖购买的广告)和潜在客户开发(为合作方将用户吸引到公司网站的行为付费)等效果广告而引发的用户购买行为。根据 AdIndex 订制,DigitalBudget 调查公司进行了预算评估。

与 2017 年不同,位于预算排名第一阶梯的已不再是百事可乐、雀巢、宝洁等公司,而是俄罗斯移动通信系统公司、扩音器和信号旗通讯等移动运营商"三巨头"。(见表 12.1)

表 12.1 2018 年俄罗斯最大广告主前 10 强

单位:百万卢布

广告主	总预算	用于电视的预算	用于互联网的预算
俄罗斯移动通信系统公司	7755	3084	3880
扩音器	5844	2669	2241
信号旗通讯	5327	2618	1934
雀巢	5148	4427	605
百事可乐	5051	4520	423
电视 2	4633	1899	1956
储蓄银行	4581	2401	1944
宝洁	4433	4153	204
Mail.ru Group	4195	2158	2007
Otcpharm	3837	3686	70

资料来源:AdIndex.ru.

最大的媒体购买预算由连锁代理机构俄罗斯分部保持。例如,

2018年星传媒体①在媒体广告方面为包括宝洁公司、三星电子、Beeline等在内的客户花费超过250亿卢布。与此同时，俄罗斯历史最悠久的代理公司之一"马克西姆"，2014年加入阿德弗集团②，媒体采购费用接近250亿卢布。

在现代媒体业务环境下，广告作为融资渠道已是不争的事实。普遍认为，广告带来的资金可以让报纸杂志、广播电视在市场上表现良好，并遵循独立原则。但与此同时，不同类型大众传媒广告投资分配并不均衡。（见表12.2）

表12.2 2014—2018年不同类型大众传媒的广告收入

单位：百万卢布

大众传媒类型	2014	2015	2016	2017	2018
电视	159.8	136.7	150.8	170.9	187.0
广播	17.9	15.5	16.5	16.9	16.9
报刊	34.3	25.3	22.3	20.5	18.0
户外广告	45.7	36.2	38.3	42.7	43.8
互联网	97.0	112.3	136.0	166.3	203.0

资料来源：俄罗斯通讯机构联合会

从上表中可以看出，预算主要投入在电视和互联网领域。并且近5年来互联网呈迅猛增长态势，2018年在广告投资中跃居首位。

2017年，市场参与者建议俄罗斯通讯机构联合会将内容制作公司

---

① 星传媒体（Starcom Media Vest Group）隶属于法国阳狮集团，作为全球最大的品牌传播公司之一，下设专业的消费者沟通公司，并拥有全球整合网络，为国际知名公司提供品牌建设服务。——译者注

② группа АДВ，下设广告代理公司，2019年在客户服务预算方面号称入围俄罗斯传播集团前五强。——译者注

在不同类型大众传媒的广告预算额纳入统计。这里指除通过广播电台、电视频道、报纸和杂志等传统渠道外，音频、视频以及出版内容在数字环境中传播，并获得的相当可观的广告收入的那部分。俄罗斯通讯机构联合会专家委员会按照广告市场新的分类法，即根据音频、视频和出版内容等内容类型，对2018年传统和数字板块广告额进行了统计和评估。（见表12.3）

表 12.3 2018年不同内容类型广告市场总额

单位：十亿卢布

内容类型	广告市场总额	较2017年增减幅度
视频内容	198.0	+10%
传统电视	187.0	+9%
电影院	1.0	+7%
在线视频	10.0	+21%
音频内容	17.3	+1%
无线广播（FM+AM）	16.9	0%
数码音频	0.4	+30%
出版内容	32.0	−3%
纸质出版物	5.5	−22%
纸质出版物+数字出版物	21.8	0%
数字出版物	4.7	+18%

资料来源：俄罗斯通讯机构联合会

线上环境中所有内容类型的广告额都呈现出良好增长态势。出现负增长的是那些仅有纸质版、至今尚未推出数字版的出版物：此类出版物一年内广告收入减少了22%，并且还会持续下降。在出版业中最为稳定的是既有纸质版又有数字版的部分：其广告预算在整个出版业中占到 2/3 强。同时，2018 年这一板块广告收入额保持上一年水平。鉴于俄罗斯国内大型出版社将这一业务类型作为自身基础，由此可见兼有纸质版和数字版的出版物板块在广告市场上的地位较为乐观。

媒体市场个别板块内部广告收入分配也并不均衡。比如，即使在囊括大部分广告投资的电视频道前 10 强中，第一名和最后一名的广告收入差距非常明显（见表 12.4）。同时需要指出，正如上文所述，电视市场广告收入也包含了线上收入。

表 12.4　2018 年电视频道广告收入前 10 强

单位：百万卢布

电视频道	广告收入
第一频道	42953
你的新电视	34814
电视台网络	32613
俄罗斯国家电视台 1 频道	27604
独立电视台	23341
REN TV	15045
第五频道	14130
第三电视台	11528
家庭频道	10527
星期五！	9392

资料来源：Mediascope

电视广告融资具有其自身特点。一是广告收入最大份额来自覆盖率最高的频道。二是大品牌是电视的主要广告主，因为联邦电视频道高昂的广告费使中小企业无法企及。而地区电视频道则是这些企业目前暂时可以利用的。

广播市场上的广告收入分配也不均衡。大型广播电台前10强占该板块广告收入的一半以上。（见表12.5）

表12.5 2018年广播电台广告收入前10强

单位：百万卢布

广播电台	广告收入
欧洲+	12788
汽车广播	8000
罗斯广播	6174
能量广播	5182
复古调频	4437
香颂广播	3783
我们的电台	3766
交通广播	2686
喜剧广播	1954
幽默调频	1879

资料来源：Mediascope

大众传媒广告融资分布不均有下列原因。一是尽管媒体市场各板块都存在激烈竞争，但是并非所有参与者都遵循市场规则。上文已经讲过来自国家和私营企业的补助金。二是广告主感兴趣的是像联邦级出版物、电视频道、广播电台网络那样覆盖广泛的大型大众传媒。三是能够吸引地方广告的地区性大众传媒，在技术方面同样也无法与其联邦层面竞争对手相抗衡。例如，许多地区出版商都将《论据与事实》《共青团真理报》《莫斯科共青团员报》的地区版视为自己的主要竞争对手。四是俄罗斯各地区自身经济发展在很大程度上落后于中央。

俄罗斯大众传媒广告营销的特点

大众传媒吸引广告资金也取决于技术，主要涉及媒体评测、合理的价格形成机制以及广告营销的组织。

自 2007 年起，Mediascope 公司开展媒体评测，正是以此为基础构建广告价格形成机制，分析市场发展进程。此前 TNS 俄罗斯在数据提供方面发挥核心作用。但 2016 年通过了《大众传媒法》和《广告法》修正案，在法律层面将之前在国家杜马讨论的内容巩固下来：自 2017 年 1 月起，仅俄罗斯公司才可从事媒体评测，国外资本所占份额不得超过 20%，并且需获得联邦通讯、信息技术与大众传媒监管局相应授权。为符合新要求，由英国 WPP 集团[①]100% 控股的 TNS 俄罗斯，不得不改变其所有权结构。WPP 出售 80% 股份给全俄社会舆论研究中心 – 媒体，即全俄社会舆论研究中心股份公司的下属公司。为了此次交易，全俄社会舆论研究中心 – 媒体吸收贷款 14 亿卢布。交易后，公司更名为 Mediascope。2016 年 12 月，正是 Mediascope 调查公司成为联邦通讯、信息技术与大众传媒监管局授权的媒体评测机构，为期三年，也是俄罗斯唯一的官方媒体评测机构。

---

① 英国 WPP 集团前身为生产购物车的公司，目前是全球最大的广告传播集团之一，总部设在伦敦，营业范围包括广告、公共关系、游说、品牌形象与沟通。旗下拥有奥美、智威汤逊、传立等一系列大型广告传媒公司。——译者注

有一些积极方面值得注意。Mediascope 不仅在全国范围内，而且在测评城市中扩大了电视板块中家庭户抽样范围；提供的观众数据不仅涉及传统线性电视使用方面，而且还包含通过互联网收看电视的情况。

在电视频道中主要存在下列广告营销方式：

• 通过电视台自有广告部进行营销；

• 通过外部广告服务公司（媒体销售商）进行营销，这些公司以批发形式将广告时间转售给专业采购代理商；

• 将广告营销委托给一些销售公司，它们以各自公司名义运作，并从频道所有者那里获得代售佣金。

电视频道自有广告部在印刷类大众传媒、广播电台以及互联网上进行广告营销。只有少量频道根据销售方案与外部机构合作。还有一些频道通过连锁公司的服务销售其广告资源。

以上三种营销方法在电视业都有使用。较之印刷类大众传媒或广播，电视领域的广告投放技术要更为复杂，技术化程度更高。因此，值得以电视为例探讨广告营销和广告投放特征。

自 20 世纪 90 年代起，开始探索电视领域广告投资的最佳方案。最初，所有频道都设有自己的广告营销部门，独立吸引广告主。后来，全国性频道尝试与授权广告代理商合作，通过它们销售广告。最后，在 21 世纪前 10 年初，形成了借助媒体销售商（由外部机构承担某个频道的全部广告销售额）的广告营销系统。地方频道以混合方式销售广告，其营销渠道既包括外部媒体销售商，也包括自有销售部门。

2009 年之前，在全国电视市场上有视频国际和俄气－媒体两家媒体销售商，但是与其合作的电视频道分布极其不均衡。

2009年10月，联邦反垄断局对视频国际在电视广告市场的销售垄断行为展开调查。12月通过《广告法》修订案。该修订案规定，自2011年起禁止联邦级电视频道与在电视广告营销领域所占份额超过35%的销售商合作。据联邦反垄断局评估，视频国际当时份额高于70%。上述修正案实施后，全俄国家广播电视公司和电视台网络 – 媒体控股公司成立了自有销售公司。内部销售公司的成立形式上重建了市场。（见图12.2）

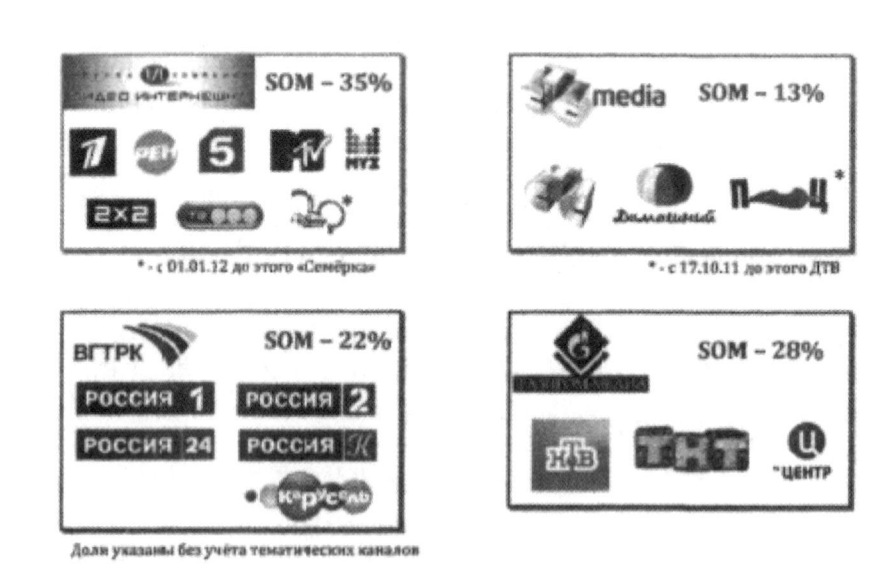

图 12.2　2012年主要电视广告销售商及其市场份额

上述修正案于2013年夏废止，未解释缘由，2014年秋宣布对销售商进行整合。倡议者是强硬竞争对手俄气 – 媒体和视频国际（此前已进行重新定位，开始使用VI品牌），全俄国家广播电视控股公司和第一频道，还有国家媒体集团（2010年收购了VI股份）。2014年，宣布整合销售商，但并未落实，也未解释原因。但2016年又重提此事。

上述公司（VI除外）成立国家广告联盟。自2017年起，国家广告联盟开始作为统一销售商，与所有联邦级电视频道和网络电视频道合作，销售全国和地方广告板块。

在地方全播放频道中，广告销售依然按混合方式进行，即通过自有销售机构或通过外部销售商。

电视广告营销在技术和程序方面要求更为复杂。大多数广告主在电视上投放广告时，都选择与专业广告代理公司合作，因为它们注重效益，选择最佳时间并且可以说明那些复杂的技术问题。

目前主要存在两种广告投放模式。第一种模式是按时长投放。这种模式在国内电视台一直较受欢迎。在这种情况下，广告主或为广告主服务的广告代理公司，从电视频道或媒体销售商处购买广告时间。例如，广告主想购买5分钟时长15秒的广告短片。那么频道应播出20次该短片。与此同时，广告主也应凭借自身经验或对受众数量和发展趋势的分析，确定在何时何节目中播出广告，并密切关注广告条件是否得到满足。

第二种模式是按收视率投放。收视率技术基础就在于，频道销售的不是时间，而是一定规模的观众，观众有关信息由研究公司提供（如上文所述，在俄罗斯目前是Mediascope公司）。在此情况下，广告主购买的不是转播其短片所需时间，而是收视率点数。同时需要弄明白的是收视率点数并非抽象概念，而是收看某一电视节目的具体人数。一个收视率点数相当于年龄在4岁以上所有潜在电视观众的1%。也可以从所有电视观众中选取某些目标观众，这里讲的便是目标收视率。

收视率广告营销系统可实现广告开销的最优化——广告主不再为抽象的短片播出次数或广告投放时长付费，而是为具体的收看广告观众数量付费。

按收视率进行广告营销是规范电视市场所有参与者间关系的一种尝试。众所周知，一昼夜间电视观众呈一定的动态分布。因此，若按时长销售广告资源，不得不结合观众动态分布情况制作复杂的价目表，但也并不总能实现。也就是说，每分钟价格在白天将有别于黄金时段。但即使是在黄金时段，观众在各频道的分布也并不均衡，这体现在某一时段每分钟价格上。与此同时，按收视率销售广告资源可将所有价格表简化为一个基础价格。

目前，几乎所有全国性电视公司和网络电视公司在销售全国性广告资源时都采用收视率模式。地方电视频道和专题电视频道是个例外，它们只按时长销售自身广告资源，或者采用按时长和收视率的混合销售模式。

近年来，媒体消费模式急剧发生了重大变化，观众对传统信息获取渠道失去兴趣，大量观众从线下转移到线上。互联网和社交网络快速发展也加快了媒体市场细分化进程。吸引观众注意力，并短暂保持其注意力都由此变得越发困难。

广告主不得不适应新的现实，并且形成了旨在更为有效定位目标受众的新机制。其中之一便是程序化广告技术，可自动控制广告投放过程，并准确锁定目标受众。

该技术最初仅用于互联网广告投放。正是得益于这一技术，才得以在很多方面克服"横幅盲目性"效应：用户开始看见符合其个人兴趣的广告信息。大部分互联网广告开始定点投放，而不是展示给所有来访者。

该技术的推出在很大程度上取决于"大数据"的出现，这使得收集和分析数据在技术上成为可能。广告主可获得用户习惯、意愿以及兴趣相关信息，便于更有效地规划广告活动。

该技术逐步开始不仅用于横幅广告，而且还用于投放互联网视频和音频广告，甚至户外广告。最为复杂的是如何将程序化广告应用于电视广告投放这一传统模式中。许多在互联网成功运行的机制都不适用于电视，因为在不同平台投放广告所依据的法律完全不同。

正因如此，无论从技术角度，还是从科研角度而言，程序化电视广告的应用问题都有待深入研究。目前，无论是在俄罗斯，还是在国外，专家们都在积极从事程序化广告适配电视市场的技术开发。这也说明了该问题的现实紧迫性。

大众传媒内容中的广告

并非所有研究者都愿意承认，广告是大众传媒内容的正式组成部分。需要在出版物的稿件部分和广告部分之间设定某一界线这一话题早在19世纪就开始讨论了，当时广告在各类报纸和杂志版面中已占据稳固地位。

直至今天，关于如何划分大众传媒广告部分和稿件部分这一问题依然未从议事日程中取消。不仅如此，在媒体市场相关讨论中还时常有人声称，广告的存在会破坏传统大众传媒，威胁媒体产品质量，并对读者、观众和听众产生负面影响。在大众传媒内容中通常会强调新闻的地位，认为它值得分析和仔细研究。但是，在分析现代大众传媒时，无论是理论家还是实践者都强调，"纯"新闻变得越来越少了。"新闻在俄罗斯信息空间中占据很小位置。据官方调研，此类新闻在大众传媒中仅占3%—12%。媒体研究人员在报纸杂志、电视广播中都看不到新闻。"显然，大众传媒发展呈现出新趋势，因此可以说对待内容的态度发生了巨大变化。在现代条件下，将内容划分为新闻和广告变得日益复杂。在提供给受众的统一媒体产品（媒体文本/媒体内容）范围内，其构成部分具有一定意义。若承认广告在传媒体系内的经济价值，就必须同时承认它是大众信息具体渠道不可分割的组成部分。

关于协调"大众传媒传播的三种形式"（新闻/报导、广告、娱乐）可能性这一论题[①]是承认广告在大众传媒结构中具有充分地位的基础。这非常重要，即在传播过程中需要研究报纸杂志、广播电视节目等大众媒体，这是媒体产品的第一层级。在这一层级上，可以从读者、观众以及听众的角度去理解媒体产品。在高质量制作媒体产品、协调媒体产品中所有传播形式的条件下，对媒体产品的理解将不再是碎片化的，而是整体性的。在整体性理解的情况下，从用户角度不会出现内容某个部分的割裂，也不会产生划分和突出强调什么的愿望，并且相应地在传媒体系第二个理解层级上，广告主和受众是传播合作伙伴，该层级所受的干扰最少。一系列实验研究证实了这一假设，而参与该调研的莫斯科附近地区报纸读者指出，如果提供商品和服务相关信息的广告以适当方式纳入出版物内容，他们对此比较感兴趣，他们认为广告同信息和新闻一样有益且必要。

鉴于上述情况，显然，广告在功能上不仅是大众传媒内容的组成部分，而且完全被列入了传统信息传播系统。在这一系统内有消息（或函件）、诠释（或理解）以及传播三个组成部分。消息是人类智力活

[①] *Луман Н.* Реальность массмедиа / Пер. с нем. М.: Праксис, 2005

动及其经验所凝结的用于传播的产品。诠释是思想,即具备的知识、感想以及看法。传播仅指传输、转播的活动。这个间接的转播活动是消息–传播–诠释三位一体结构中的决定性环节。消息包含信息(新闻/报导、广告或娱乐)通过同一传播渠道由接收者进行诠释。在一种媒体产品内让所有消息类型达到适当的平衡与协调,就有可能影响消息的诠释。

现代媒体广告业是联结市场经济主体和消费者的纽带,不得不考虑上述群体利益,传统大众传媒背景、构形和功能特点的改变即为表现。由于市场经济的历史发展,大众传媒成为经济体系的基础设施,发生了一系列根本变化,导致广告与大众传媒其他内容组成部分的融合。

有不少例子可以证明,在同一个媒体产品中广告与其他的内容类型是很接近的。其中最有说服力的便是广告植入技术的广泛应用。据专家预测,近年来俄罗斯植入式广告市场将会快速发展。尽管目前植入式广告主要集中在电影和电视领域,但是该技术应用到报纸杂志中的情况也并不罕见。在印刷类大众传媒中,该技术经常通过名人及其消费习惯呈现出来。一般来说,读者们甚至都不会怀疑上述呈现与付费广告资源有关,而是将其理解成出版物中的普通文本。

文字广告是内容融合的另一个例证,按照传统稿件材料的体裁和风格制作,自然而然地被读者当作大众传媒内容不可分割的部分。而《广告法》的规定又是另一回事。根据该法,在非专业从事广告性质消息和材料出版的纸质定期出版物上投放广告文本时,应注明"广告"或"作为广告"。在实践中该法几经修订。大众类报纸在特定专栏发布文字广告,这类专栏仅在出版说明中标记为广告栏目。例如,在《共青团真理报》出版说明中列举了一些仅投放商业广告材料的专栏，包括"成人游戏""开放论坛""生意人""观点""开饭了"等。上述栏目材料以报纸风格编写，因此时常被读者理解为稿件内容。至少在一些不同年龄组中进行的试验证实了这一点。甚至在莫斯科大学新闻系大学生组中，超过一半的被访者未将这些栏目材料视为广告，而是将其归为出版物稿件部分。

优质出版物通常不设如此众多的广告栏目。因此在《生意人报》的出版说明中标出，报纸版面广告区域所有刊登内容均以商业目的投放，也就是说实质上是广告。通常读者可能不会注意出版说明中的标注，将文字广告视为一般稿件刊登。但是，如此一来报纸存在违法风险。

大多数杂志也在具体专栏设置广告。比如，《时尚》杂志俄罗斯版为广告信息设置下列专栏："本期杂志制作""参与制作""时尚的选择""情报""采购""头号人物""星座运势""观点"。通常可单设广告版面或者在栏目内设置部分广告版面。

许多豪华出版物经常在刊登照片时，标出照片主人公穿着的服饰品牌。读者并未将刊登的写真集视为广告，而是将其看作此类出版物稿件组成部分和设计理念。

此外，一些豪华出版物重新注册为广告类出版物，以便不再受限于《广告法》。因为根据该法，印刷类综合性大众传媒中广告份额不得超过40%。2005年，《世界时装之苑》成为首批广告类杂志。其出版商为桦榭菲力柏契，对这一杂志进行重新注册的目的在于刊登广告不受限。大众传媒（尤其是杂志）重新注册为广告类出版物的进程已经开启，并且将来仍会持续下去。这不仅在于法律对广告投放数量的限制，而且还因为媒体产品中稿件和广告部分的差距在缩小。

第十二章 广 告

在不同类型大众传媒中投放广告具有各自不同的特点,这也是定价时需考虑的因素。例如,广告定价在报纸头版中要比内版中贵很多。许多报刊也有专题副刊。杂志在前封后封、双封面或专门插页中销售广告。插页是一种形式版面,不计入总页数,通常在纸张密度或者风格方面与主要(基本)版面有所区别。

广播电台中除了直接广告外,经常使用赞助方式投放广告。需要指出的是,资讯广播和音乐广播的赞助方式不同。在谈话类广播中可以赞助任一新闻播放和每个节目。直播由资讯板块、会谈、原创节目等构成。音乐电台适合赞助的直播相对较少,但是有许多直播外的项目、音乐会以及其他知名表演家和音乐家参与的活动。因此,音乐电台在直播外的活动方面具有更多的赞助机会。

赞助项目也是电视台的特色。有别于直接广告,这一赞助方式的主要优点在于让赞助商"参与"到节目剧情中来。赞助广告排名高于直接广告板块,较直接广告而言,赞助广告中不会有竞争品牌同时存在。

如上所述,目前电视节目植入广告在电视业已非常普遍。不同数据显示,从商业方面而言,不同于其他直播板块,比较成功的真人秀已不再依靠节目内和节目周边广告生存,而是依赖所谓的嵌入电视情节中的广告。

电视所特有的广告形式还有镜头叠加广告。例如,目前电视频道借助于滚动字幕播出广告商品和服务信息,发布个人声明,宣布节目赞助商,呼吁使用短信服务。镜头叠加广告另一种类型是横幅式广告。最初美国电视公司开始使用这项借鉴自互联网的广告技术。现在电视观众收看主要节目时也浏览广告短片。在俄罗斯,横幅式广告暂时仅用于推广电视频道自有节目。但是，据专家预测，该技术不久将被用来投放真正意义上的广告。

由此可见，大众传媒和广告交互作用的技术基础正在拓展。在广告消息传播过程中，这也会带来类别特征变化和新体裁形式的发展，影响文本、设计方式以及新的受众交流方式等特点。所有这一切都发生在传播环境融合发展和全球化进程中。确定广告在传媒体系中的地位和作用，对理解进程演变、看清形势以及预测未来发展都是十分必要的。

* * *

现代广告是大众传媒的融资渠道，影响着不同类型大众传媒的样式设计、结构形成和程序规划。市场竞争引发技术和受众媒体消费习惯不断变化，大众传媒市场不断探索行业发展方式，将重点放在理解受众及其需求、组织广告营销、推广市场评价预测新方法等方面。遗憾的是，在当代俄罗斯，这些方法并没有推广至具有代表性的大众传媒矩阵，因为许多出版物、广播电视频道以及互联网资源并非按照市场规则和广告主投资生存，而是依靠国家补贴和来自其市场板块的私营企业资助。

广告在现代大众传媒结构中必然被看作重要的内容部分，媒体产品向受众通盘提供了广告内容，造就了受众对该产品的态度。正因如此，本章非常详细介绍了大众传媒结构中的内容，因为在培养大众传媒人才时，目前主要重视的是稿件内容，而非广告内容。在现代大众传媒中，体裁表现手法日益更新和丰富；新闻和广告体裁之间互相渗透；广告和新闻之间不断互相适应对方的表达方式。可以预测，未来广告将会更多地使用现有新闻体裁及其可能的变体。

思考题

1. 依靠广告的当代俄罗斯大众传媒融资制度存在哪些问题？
2. 哪些类型的大众传媒拥有广告收入最多，为什么？
3. 广告收入在大众传媒市场不同板块内如何分配？
4. 说出不同大众传媒类型的主要销售模式，并分析其优缺点。
5. 说出电视广告市场上的主要广告销售商。这一领域发生着怎样的变化？
6. 广告在现代大众传媒情境下起什么作用？
7. 举例说明广告内容和稿件内容的一体化。
8. 说出当代俄罗斯媒体广告领域发展的核心因素。
9. 说明什么是绩效营销？
10. 如今哪些技术创新影响着媒体广告市场？

推荐阅读

Аренс У. Вейнголд М., Аренс К. Современная реклама. М.: Эксмо, 2011.

Назаров М. Измерения аудитории ТВ в современной мультиэкранной среде. М., 2015.

Основы медиабизнеса / Под ред. Е. Л. Вартановой. М., 2014.

Щепилова Г. Реклама в СМИ: Теории и модели. М.: Медиамир, 2013.

Щепилова Г., Щепилова К. Основы рекламы. М., Берлин: Direct-

Media, 2019.

Ассоциация коммуникационных агентств России. [Электронный ресурс]. – Режим доступа: akarussia.ru.

Сайт о рекламе и маркетинге в России и в мире. [Электронный ресурс]. – Режим доступа: adindex.ru.

第十三章 公共关系

公共关系发展的主要阶段

公共关系目前是媒体市场的有机组成部分。公关部门是媒体过程的积极参与者,新闻部门则是新闻工作者固定的信息来源。

如今,社会领域的机构几乎都在使用公关专家的服务。

公共关系[①]指基于对主要受众的需求调查,经济、政治或社会组织有针对性地管理公众意见,旨在形成有利的活动氛围,树立良好的组织形象,维持良好的声誉。

历史上,公共关系在美国得到快速发展:美国是在社会团体协作领域尝试持续时间最长的国家之一,覆盖了公关活动的不同领域;美国专家提出了许多公关活动的理论学说,至今该领域研究人员仍以其为理论支撑。由詹姆斯·格鲁尼格[②]和托马斯·亨特[③]提出的公关模式学说[④]是美国学者在公关领域的卓越贡献。目前公关活动模式如下:

---

① связи с общественностью (СО),英文为 public relations (PR)。
② Дж. Грюниг,英文为 James Grunig。——译者注
③ Томас Хант,英文为 Thomas Hunt。——译者注
④ формулировка моделей PR

• 宣传公关模式^①，是一种对公众的单向操纵模式（19世纪60年代—20世纪前10年），其特点是信息定量，有限制地公布公关主体的活动，交际语言简洁枯燥。

• 公共信息公关模式^②旨在将组织的使命和意图传递给社会。这个模式更重视报道的真实性，其原则是保证信息的公开、完整和可靠。然而信息公开性的目的在于树立公关主体的良好形象，确立其作为社会生活重要参与者的地位，以便在报刊中获得尽可能多的正面评价，但未对目标受众作用效果进行评价（即单向交际过程）。如今该模式广泛应用于政治和国家管理领域。

双向非均衡公关模式^③（20世纪20—60年代）基于对目标受众的市场调研。正是随着该模式的出现，以及在此背景下社会心理学方法的应用，公共关系成为一门独立的业务领域。

双向均衡公关模式^④以互相理解为原则，基于目标受众动机寻求解决方案，增强公关活动的道德感，拒绝控制操作。

交际公关模式^⑤取决于企业活动的组织策略、需求、目标、任务，特定发展阶段的政治制度和社会结构。

总之，对于在特定环境中运行的社会活动主体来说（如商业机构），交际模式的选择将取决于决定其发展的内外部因素。外部因素包括政治局势、经济因素（市场或其细分板块的发展程度）、法律框架、业

---

① PR-модель паблисити，又称"报刊宣传模式"，代表人物为巴纳姆，这一阶段又称巴纳姆时期。——译者注
② PR-модель общественной информации
③ двусторонняя асимметричная PR-модель
④ двусторонняя симметричная PR-модель
⑤ модель PR-коммуникации

务的思想道德准则以及该业务参与者的社会心理定位等。内部因素包括组织地位（国有、商业、社会组织）、公司成熟度、发展程度以及根据上述情况选择的商业策略。

在特定国家中，影响公共关系发展的主要因素如下：政治制度和经济发展程度、政权与大众传媒互动类型、公关技术应用领域的法律框架、公共关系专业化程度。

俄罗斯现代公共关系产生于20世纪80年代。当时政治生活活跃、现实政治竞争涌现以及民主改革肇始催生了新的舆论操纵交际技术。选举的政治制度、政治市场以及法律基础刚开始形成。传媒体系在竞争条件下也经历了建立和形成的最初阶段。

20世纪90年代初，政治领域的宣传活动主要依靠苏联时期的宣传遗产和并不符合俄罗斯实际的国外经验，以引入广告流程为主要特征。苏联解体后，俄罗斯早期选举活动中的公关服务也仅限于举办支持政治机构和竞选总部的座谈会。

这些年来，公关市场的机构体系开始形成。1989年，政治咨询代理机构尼克科洛-姆成立，至今仍为政治咨询领域主要参与者。后来又出现了使命-勒、形象联络、国际新闻俱乐部、形象公关公司等。随后，国际代理公司顷刻间涌入俄罗斯市场：1990年成立了世界传播网络奥美的俄罗斯办事处SPN Ogilvy，入围俄罗斯前20强代理公司。

1991年，在尚未形成的公关市场上出现了行业联盟——俄罗斯公共关系联合会，由苏联新闻工作者协会、一系列俄罗斯工业贸易研究机构以及莫斯科国立国际关系学院联合成立。该会开始与国外公关研究机构展开合作，举办国际商务研讨会，制定公关关系领域职业和道德规范。

1993年成立了包括米哈伊洛夫合作、库兹缅科夫合作、里姆在内的一批国内代理机构。总之，截至1995年俄罗斯已有400余个正式公关组织。

政治公关策略是在特定政治竞争条件下制定出来的。有些选举联盟（如"新地区政治"）采用专家和顾问服务，到职业广告代理机构公司那里获得大众传媒广告投放的最大折扣。一些竞选参与者开始在选举活动（俄罗斯自由民主党）中使用营销策略来提供信息支持。

自1995年起，在俄罗斯职业化公关市场业已形成。政治咨询在明确的规则框架下发展，旨在实现候选人平等权利（选举基金会、严格的宣传时间议程、候选人使用大众传媒的平等条件）。政治精英对大众传媒的影响程度见证了媒体政治系统的形成。

1995年成立政治咨询中心联合会，成员包括代理机构尼克科洛－姆、形象联络，政治技术中心以及因德姆基金会。

自1995年起，俄罗斯公共关系协会开始拓展地区项目，并加强与原苏联加盟共和国和东欧国家职业团体的联系。

1995年通过了一系列联邦法律，部分是关于调节公关活动的，其中包括《广告法》《国家大众传媒报道国家权力机关活动程序》《信息、信息化与信息保护法》。

自1996年总统选举活动起就已经形成了新的信息技术。这次选举活动的公关传播特点是传播策略的职业化、大众传媒的大规模参与、与新选民的互动（面向年轻人的活动"请投票或错过"）。在政治公关中积极应用营销一体化技术，优先使用公关手段，包括制造新闻事件和组织专项活动（支持候选人的当红艺人音乐会、宣传之旅）。

这一阶段公关市场职业化主要表现在：公共关系技术化，政治咨询代理机构竞选活动取得显著成效；"第二波"公关公司大集团出现（1996年成立AGT传播集团，1997年成立公共关系发展公司）。之前进行政治咨询的代理机构开始从事商务交际（尼克科洛-姆），出现了大型地区性参与者（位于叶卡捷琳堡的牛顿公关与交际、位于圣彼得堡的黄金时间）；国家机构拨付公关预算，各机构下设公关部门得以拓展。

1996年第一本行业杂志《顾问》开始出版，自1997年起开始设立行业领域内的国家、地区奖项和竞赛（国家奖"银色弓箭手"、地区奖"白色羽翼"、大学生优秀项目竞赛"水晶橙"）。

高校中出现了培养公共关系领域专门人才的系部。

1999年议会选举对俄罗斯公共关系发展做出了修正。在两个政党激烈竞争的背景下，政治市场经历了系统性危机。专家将这一时期的媒体空间评价为业已形成的媒体政治系统。

觊觎执政党地位的两个阵营呈对立态势、媒体资源集中掌握在上述政党领袖手中引发媒体大战：别列佐夫斯基的俄罗斯广播电视台、第六电视台、俄罗斯公共电视台与支持统一党的地区大众传媒展开了信息战，以反对古辛斯基的桥-媒体（独立电视台、你的新电视）、卢日科夫的媒体控股公司（电视中心）与支持祖国-统一俄罗斯党的地区大众传媒。

这场运动开启了积极且无序使用大众传媒反宣传技术的先河。根据权力机关和公共机构（俄罗斯公共关系联合会、中央选举委员会、联邦总统办公厅）的提议制定了《公平选举政治顾问宪章》，得到大多数参与该选举运动的代理机构的支持。

1999年首次正式公布了为竞选者提供服务的代理机构信息。尼克科洛-姆咨询代理机构为统一党、右翼力量联盟、我们的家园-俄罗斯政治运动服务；形象联络咨询代理机构（目前为咨询集团 ICCG）为统一党服务；布宁政治技术中心为我们的家园-俄罗斯政治运动提供信息支持；有效政策基金会为右翼力量联盟拟定战略；秘密顾问代理机构为亚博卢党服务；公关企业集团使命-勒、商业联盟以及国际新闻俱乐部（祖国-统一俄罗斯党）为选举集团祖国-统一俄罗斯党提供公关服务。

自1999年起，俄罗斯公关市场职业化开启了下一阶段发展的历程。这一年成立了公关咨询公司联合会，即国际传播咨询协会俄罗斯分部。

至2000年总统选举前，政治市场上竞争完全消失，开启大众传媒政治垄断过程。推出新闻事件成为政治活动的主要操作手段，公关在联邦层次的选举活动中已失去现实意义，交际的创造性成分在减少。政治领域的公关重点从竞选传播优先转向加强国家公关，着力打造政府、地区乃至整个国家的正面形象以及发展院外活动技术。

21世纪前10年，地区公关活动获得发展，新活动领域得以开发，"公共关系"职业资格获得国家注册。市场开始提供战略规划，出现从事战略沟通[①]和专业化服务[②]的代理机构。

公共关系发展的最新趋势

在现阶段，全球化进程对公共关系发展产生着积极影响。如今，

---

① 如 IQ Marketing。
② 如 Global Point、Eventum PRemo——事件营销，古罗夫合作———IT 领域公关，社交网络。

信息是战略资源,有效管理信息才能在国际舞台上占据优势。现代社会正成为一个统一的全球传播空间。在激发人类智力潜能、塑造企业认同感、管理全球化公司的国际化进程中,公共关系专家所发挥的作用正日益增长。

作为商务交际系统的一部分,公共关系不可能置身世界文明进程之外,这涉及公关机构的产生、形成及其进入国际市场。

今天,传播活动的主要方向之一是整合营销传播理念。这是公关市场的特殊性,如在美国广告和公关被极为严格地区分开来。

公共关系与新闻工作交互作用推动了融合进程(作为不同社会机构活动的结果,新闻工作损耗了60%的信息,公关部门是信息来源,而大众传媒则是不同社会机构信息流的传送器)。公关部门和大众传媒作为现代信息空间的两个组成部分彼此需要,尤其在危机情况下理解这一点非常重要。比如,在具有重要社会意义、冲突激荡的危机情况下,大众传媒需要一手详细资料,而只有公共关系部门能够提供上述信息;同时,对公共关系来说,大众传媒在互信基础上能够成为企业规范、价值观和理念的传送器。

俄罗斯公关服务市场发展取决于很多因素,包括国内政治进程、应用公关传播不同活动领域的经济实际、传播空间的密集扩张(其中也要考虑到技术创新的爆发式增长)。一些多年来持续决定俄罗斯公关市场特征的因素如下。

• 公关机构保持激烈竞争(不断出现新代理机构,同时大型国际客户离开)。综合服务和整合传播需求较大。

• 公关支出结构改变:某些组织增加公关推广预算;由于组织公关预算减少,某些行业出现市场总额缩减。

• 随着各类网络交际形式的涌现、交际多样化的发展，与传统大众媒体的互动，退居公关数字技术、创作品牌内容以及吸引达人之后。制作包括视频在内的有吸引力的媒体内容，成为公关服务客户的优先需求，也是公关专家所面临的最为复杂的任务。

• 用户越发关注公关努力的具体结果，以及其交际项目对机构而言所达成的商业效果。

• 由于公司与各类受众冲突数量的不断增加、网络冲突状况发展的特殊性，危机公关依然很有需求（并且最为盈利）。需要指出的是，有时专家在试图解决信息冲突时职业水平不够。

• 政治公关、跨行业沟通和区域品牌策划等领域的公关活动所占市场份额日益减少。

• 缺乏能够满足现代市场需求的专家，尤其是下列领域十分短缺：分析、危机响应、与博主打交道以及确定社交网络用户吸引率指数等。

在俄罗斯，每年在国内职业机构（公关咨询公司联合会、俄罗斯公共关系联合会、俄罗斯公关与企业媒体经理人联合会）支持下，以业绩经济指标和公关公司媒体活跃度为依据形成全国公关公司排行榜。领军代理机构排名可能会发生变化，但整体而言该榜单前 20 名如实反映了目前公关领域的前沿状况。2018 年该排行榜情况如下：

1. AGT

2. 米哈伊洛夫合作

3. 弗莱什曼·希拉德前锋（奥尔塔传播集团）

4. SPN Communication

5. iMARS Communication

6. 公共关系发展公司

7. 特维加

8. SNMG（社交网络与市场集团）

9. 里姆 – 大陆间

10. 凯旋公关

11. PRo-Vision Communications

12. 古罗夫合作

13. 普雷莫事件

14. "愚"乐策划

15. 伟达公关

16. 多人对话

17. 迈耶尔传播集团

18. 列别杰夫艺术

19. 商务交际代理机构公关股份有限公司

20. SKC

据 2018 年统计结果，榜单上所有公司总收入超过 250 亿卢布，员工年均收入为 750 万卢布。

表 13.1 中总结了俄罗斯领军公关代理机构的主要业务范围和客户情况。

表 13.1 俄罗斯领军公关公司业务范围和客户情况[1]

公司	业务范围	客户
AGT	公关公司（隶属于AGT传播集团）提供公共关系、信息与咨询服务，在俄罗斯各地区以及近邻国家设有分支机构，属于国际公关联盟网络	扩音器、弗鲁托阿姨、诺基亚、俄罗斯天然气工业股份公司、通用汽车公司独联体分公司、拜耳股份公司、诺里尔斯克镍业矿业冶金公司、莫斯科地区劳动力系统管理局、联邦劳动与就业服务局、俄联邦卫生与发展部、俄联邦农业部、俄联邦教育署、联邦教育与科学监管局
米哈伊洛夫合作	国际公关、公关咨询、财务公关、企业公关、数字公关	现代、劳斯莱斯汽车、德意志银行、达芙信贷、联合信贷银行、俄罗斯银行、三重对话投资公司、俄罗斯国家保险局、罗思诺、华特·迪士尼公司、美国有线电视新闻网、国家媒体集团、壳牌、俄罗斯天然气工业股份公司、鞑靼石油公司、俄联邦教育与科学部、莫斯科科尔科沃管理学院、俄罗斯移动通信系统公司、奥迹、Yandex

[1] 表中代理机构根据2018年度全国公关公司排行榜选择。

续表

公司	业务范围	客户
弗莱什曼·希拉德前锋（奥尔塔传播集团）	隶属俄罗斯奥尔塔传播集团，下设专业从事战略沟通、融合传播的代理机构，包括埃莱凡特（事件营销与专门活动）与奥尔塔咨询（战略与声誉咨询、分析、社会与融合项目）	X5零售集团、埃尔多拉多、儿童世界、联络、欧尚、里夫·科什、伊利·杰·博捷、俄罗斯铁路、俄罗斯航空公司、西伯利亚航空公司、莫斯科地铁、谢列梅捷沃机场、多莫杰多沃机场、俄罗斯移动通信系统公司、信号旗通讯、莫斯科市电话网、扩音器、储蓄银行、阿尔法银行、赖夫艾森银行、莫斯科信息技术局、俄联邦数字发展、通讯与大众传媒部、俄罗斯养老基金会、俄联邦内务部、俄联邦国防部、联邦国家登记地籍与制图局、工业和贸易部、教育部
SPN Communications	分析学、跟踪调查、研究、公关、营销、信息跟踪、社交媒体公关、企业公关	俄罗斯天然气工业股份公司、斯科尔科沃、俄联邦卫生与社会发展部、俄联邦劳动与社会保障部、俄罗斯邮政、阿尔法银行股份有限公司、俄气银行、LG电子、诺基亚、扩音器、梅兹、奥迪
iMARS	分析、公关、事件营销、品牌策划、数字营销	X5零售集团、梅地亚家电超市、万事达卡、俄罗斯石油公司、国家原子能集团公司、俄罗斯铁路股份有限公司、莫斯科地铁
公共关系发展公司	战略咨询、融合传播领域项目管理、媒体传播与数字公关发展、与投资商关系以及与国家机关互动	储蓄银行、莫斯科地区动力系统管理局、苏霍伊、联邦出版与大众传媒署、互联网与教育联盟、俄罗斯道路局、万事达卡、松下电器、壳牌、莫斯科市政府、战略倡议署、肯德基

375

续表

公司	业务范围	客户
特维加	融合项目管理、营销公关支持、品牌策划、品牌塑造、创意策略、媒体、小众格式（传播与音乐营销）	斯巴达克足球队、阿古沙、皮昂特、雀巢、姆视频、丽莎·阿列尔特、乐都特
SNMG（社交网络与市场集团）	融合传播、公关、数字营销、社交媒体营销	罗斯纳诺、东西伯利亚石油天然气公司、俄罗斯电网、扩音器、统一能源系统联邦电网公司、俄罗斯因捷尔卫星股份公司、赫玛奥-尤格拉、格洛纳斯卫星导航系统
里姆－大陆间	危机公关、企业声誉管理、媒体内容创作、互联网传播	莫斯科市教育局、对外贸易银行、列诺瓦、米其林、大众、联络、斯科尔科沃、俄罗斯道路局
凯旋公关	信息政策、形象与声誉管理问题的策略咨询、融合传播活动、与国家机关联络、数字空间中的传播、内部公关、培训计划	IBM、谷歌、波音、斯阿达、汇丰银行、埃菲尔、西联、飞利浦、宝马、迷你、劳斯莱斯、阿迪达斯、绽客网、阿联酋航空、Lee 采埃孚、惠而浦、万事达卡
PRo-Vision Communications	公关、事件营销、大众传媒跟踪调查与分析、数字公关、推广	欧莱雅、达能、阿迪达斯、乐高、雀巢、微软、英特尔、飞利浦、雷诺、标致、兆、官家
古罗夫合作	国际公关、财务公关、跨文化交际、科学界交流、数字公关、事件营销	奥多比系统、舰队、FlexisUS、M2M 信息产业、墨卡托、高朋、Public.ru、日立、墨卡托集团、俄罗斯天然气工业股份公司、莫斯科市政府、俄罗斯外交部外交使团服务总局、俄罗斯统计局、俄罗斯自然资源部、俄罗斯文化部、联邦税务局、香颂广播、CMS Magazine

续表

公司	业务范围	客户
Eventum PRemo	事件营销、空间传播、多媒体内容创作、与大众传媒沟通、活动组织、跟踪调查与分析；数字营销、社交媒体营销与内容创作、与博主或意见领袖沟通	奥迪、乐华梅兰、安利、大众汽车、Orange、雅芳、S7、欧瑞莲、英菲尼迪、沃尔沃、雷诺、斯柯达、起亚、对外贸易银行、俄气银行、濑夫艾森银行、梅赛德斯-奔驰、俄罗斯石油公司、姆视频、工业通讯银行、罗思诺、储蓄银行、鸿基、思爱普、微软、日本烟草公司、Castor、奥迪、欧珀、博克、艾伯维、武田制药、赛诺菲、精灵、Swiss、维卡、辉瑞、东芝、宝马、百加得
伟达公关	战略公关、国际公关、企业公关、与国家权力机关互动、声誉管理、风险管理与危机响应、财务公关、数字公关、研究与分析	埃克森美孚、巴克莱银行、通用汽车公司、霍尼韦尔、维萨、扩音器、金霸王、Tinder、吉利德、照片墙、宝洁
尼克科洛-姆	战略公关、政治咨询、公关活动以及国家权力机关与俄罗斯国内外商业机构咨询	全国以及地区选举活动（70个俄罗斯地区）、国外竞选活动（白俄罗斯、乌克兰、拉脱维亚、格鲁吉亚、蒙古、尼加拉瓜、韩国、委内瑞拉、哥伦比亚、美国）

资料来源：上述机构网站信息

公共关系传播的类型

公共关系传播分为内部传播(员工之间、管理部门与员工之间)和外部传播(与行业联合会、媒体界、权力机构以及整个社会之间)。

根据需要公司至少要在以下 6 种大型受众群体中建立互动关系:

- 普通受众;
- 业界,包括合作伙伴和投资者;
- 国家和政府机构;
- 媒体界;
- 消费者(客户);
- 组织员工和管理部门。

每一类型的受众都拥有不同特征、偏好以及优先选项;针对各类受众都设计了相应的传播方案。

对普通受众来说最重要的是组织的社会地位及其活动的安全性;业界感兴趣的则是业务的稳定性、规划的长期性、开展合作活动的保障、创新性以及投资吸引力。权力机构看重社会项目、组织作为社会成员所发挥的作用,对政府的忠诚度。媒体界关注的是信息的公开性,高层管理部门的可及性,所提供信息的可靠性。消费者需要的是产品质量,经营艺术的吸引力。对员工来说最重要的是企业价值和发展前景。

公关活动的基础是规划,包括调研和分析,设定公司目标和任务,确定与细分主要受众,制定公司战略战术,评价活动效率。

公关技术可按不同标准加以区分。比如,根据与公关受众工作的特点分为媒体关系、投资者关系、企业沟通等,根据表现介质分为出版物、音频、电视、信息图，或者标准公关（正式的——记者招待会、发布会、推介会）和非正式公关（特别活动）；按照公关活动设定分为社会舆论研究技术与信息处理技术。

公共关系类型划分的国际标准，即保罗·霍姆斯报告公司用于编制排行榜的标准，也是以互动受众为基础的：B2C 与 B2B（消费者受众）营销的公关辅助；企业公关（塑造企业商界正面形象，包括与大众传媒的关系、公司社会责任、公司慈善项目）；财务公关（调整、维持与那些关注公司财务发展和生产指标的团体的有效信息联络，与投资者、债权人和分析师之间的关系）；外部公关：调整、维持与核心受众、意见领袖、国家机关、非政府组织以及地方自治机关的良好关系；危机公关，以掌控复杂局势为目的，排除风险和不确定性；内部公关（建立领导与下属之间、公司各部门之间的沟通）[①]。

俄罗斯公关服务清单由公关咨询公司联合会提供，以国际传播咨询协会的经验为基础，并考虑到俄罗斯公关市场特点，部分服务内容中有比较详细的关于外部受众的表述：与大众传媒的互动、与国家机构的关系、财务公关、与公民社会组织的关系、企业公关、企业内部沟通（见表 13.2）。

---

① Классификация видов *PR*-деятельности в России. – [Электронный ресурс]. Режим доступа: akospr.ru/standarty-industrii/klassifikaciya-vidov-pr (дата обращения: 12.04.2018).

表 13.2　公关服务的类型

类型	服务
B2C/B2B 营销公关辅助 （Marketing communications）	品牌策划，开发并向市场推广 B2C 和 B2B 新品牌。 品牌再造的公关支持。 制定 B2B 和 B2C 品牌营销公关领域综合战略。 B2B 和 B2C 品牌的公关支持。 制定并实施旨在品牌支持的媒体活动（设计与投放）。 制作 B2B 和 B2C 品牌推广内容。 B2B 和 B2C 品牌参与活动（商务活动、行业活动、用户活动）的公关支持。 制定并实施扶持与商业合作伙伴沟通的项目。 营销资料的翻译与本地化。 促进提高互联网资源的营销效益。
企业公关 （Corporate communications）	制定企业公关策略。 在客户基础上的企业公关扶持。 实施与大众传媒沟通项目（制定并完善新闻机构工作、大众传媒战略与业务工作咨询）。 对组织活动的信息跟踪。 举办新闻相关公司活动。 声誉管理。 帮助准备报告。 企业机构变化过程的公关支持。 制定并实施企业社会责任领域项目。 推广生态领域的企业倡议与项目。 企业互联网资源制定与管理咨询。 重要人物（股东、经理、专家）的公关推广。 参与商务活动的公关支持。

续表

类型	服务
财务公关、 与投资者关系 （Financial communications & IR）	交易中的公关支持（首次公开募股、并购交易、后续发行、债券发行）。 投资案例的公关推广。 实施改善投资形象计划。 投资者活动的组织和公关支持。 信息披露有关咨询。 准备根据调度员和贸易平台要求用于传播的财务信息。 促成客户与潜在投资者的联系。 通过买卖双方情况分析增加业务覆盖。 实际支持成立旨在联络企业网站投资者的部门。 防止恶意收购的公关支持。
外部联络、 与政府机关互动 （Public Affairs and government relations）	制定与国家机关和社会组织的公关策略。 商界与政府合作项目的公关支持。 吸引权力机构代表关注并参与解决重大商业问题。 与公共意见领袖沟通，以便影响权力机关的决策和行为/吸引专家和社会活动家参与企业规划。 对国家规划和项目的公关支持。 组织有国家权力机关代表参与的活动。 组织国家机关、社会组织、公众、商界代表之间的互动。 树立国家机关和研究机构的正面形象。 对社会团体的公关支持。 关于与调控机关相互关系（公关）的咨询。
危机公关 （Crisis communications）	制定危机应对计划： 制定并实施反危机公关计划。 危机期间的公关支持（全天候）。 制定并实施危机后声誉挽回计划。 制定并管理反危机响应规程。 举办反危机培训。

续表

类型	服务
	面向大众传媒与公众提供反危机活动咨询。 对执法机关参与的诉讼程序和纠纷提供公关支持。 引入独立评论家和专家。
内部公关 （Internal and employee communications）	审计、制定内部公关策略和制度。 进行企业内部调研。 制定并实施企业内部公关专项计划。 制定并实施企业文化与职业道德计划。 创建并扶持企业大众传媒发展。 追踪企业变化。 举办企业活动。 公司内部领导位置调整。 制定危机和冲突情况下内部公关计划。 企业公益活动的公关支持。 在劳动冲突情况下实施公关活动。
数字公关 （Digital communications）	新媒体战略规划。 制定并实施在互联网大众传媒和社交媒体中的公关项目。 社交媒体中的品牌公关支持。 互联网资源的设计、制定、现代化以及推广。 制定并实施社交媒体项目。 制定并实施互联网信息活动。 互联网企业社会责任领域项目的公关支持。 增强互联网领域公关能力。 成立并运营主题、品牌团体、社群、博客。 协调与互联网意见领袖的关系／与主流博主的沟通工作。 通过对信息场内容的纠正在互联网上进行声誉管理。 创作并扩散病毒内容。 举行数字领域融合类公关活动。 吸引用户。

续表

类型	服务
公关调查与分析（Communication research and analysis）	信息场跟踪与分析（传统大众传媒与社交媒体）。 传统大众传媒与社交媒体中公共关系有效性的评价与测评。 传统大众传媒与社交媒体的内容分析。 公关审计。 声誉审计。 专家调查和目标调查（核心群体、深度会谈、调查研究）。 编写分析报告。 具体分析。 公关风险的分析及预测。 客户感兴趣领域的国家政策与权力机关工作的跟踪与分析。
政治公关（Political communications）	制定竞选活动策略。 在竞选活动和全民公决范围内组织并举办公关活动。 政治活动家、政党、政治领袖的公关咨询。 组织旨在影响政治主体形象的活动。 制作并投放宣传鼓动材料。
区域品牌策划与推广（Territory branding）	综合考察地域内部和外部品牌现状。 制定品牌策划策略，开发地域品牌平台。 研制地域品牌图表与公关标准。 制定地域品牌发展规划。 对各地居民社会地域识别建模的公关支持。 制定并实施引入游客、国家和个人投资者的计划。
跨行业沟通（Cross-industry communications）	组织活动并提供信息支持。 沟通培训与教育计划。

资料来源：akosPR.ru。

公关咨询公司联合会每年都进行公关机构调查——《商业见解调查》。调查结果显示,2018 年大多数市场参与者提供广泛的公关服务,为"交钥匙"公关公司。与之前一样,公关机构和公司预算的优先方向依然是 B2C / B2B 营销辅助、危机公关以及数字公关(见表 13.3)。

表 13.3 公关市场参与者最常提供的公关服务类型 *[①]

服务名称	已投票组织占调查参与者比重
B2C / B2B 营销公关辅助	67%
危机公关	63%
数字公关	60%
公关调查与分析	57%
企业公关	57%
内部公关	50%
跨行业沟通等	47%
外部联络和与政府机关互动	37%
区域品牌策划与推广	27%
财务公关、与投资者关系	23%
政治公关	17%

* 参与调查机构 30 家。

资料来源:akospr.ru/wp-content/uploads/2019/06/AKOS_Business-Insights-Survey_2018 _ rezume.pdf.

[①] *Business Insights Survey* [Электронный ресурс].–Режим доступа: akospr.ru/wp-content/uploads/2019/06/AKOS_Business-Insights-Survey_2018 _ rezume.pdf (дата обращения:25.04.2018)

公关市场的机构体系

社会机构是从事信息活动的公关机构,其职能包括信息的生产、加工、保存以及传播。

确定公关活动主体类型的标准如下:组织法律地位、职能、针对性、技术。

根据组织法律地位可将公关机构分为:

• 独立机构(独立的商业机构——公关代理机构、咨询集团、咨询中心);

• 编内机构(企业机构——公关中心、公关部、新闻机构,为公关主体活动提供信息保障)。

按照所提供服务的领域,独立公关机构分为:

• 提供综合服务,并为客户提供成套方案以解决沟通任务的传播集团(代理机构);

• 提供所有公关领域全方位服务的机构;

• 提供专业服务的独立公关代理机构。

目前,几乎所有公关主体都设有企业公关部门(新闻机构、公关部)。企业公关机构优势是在职公关专家非常了解公司架构,掌握企业实际情况,能够有效地采取反危机措施,直接与包括团体受众在内的公司核心受众互动。

但是,企业公关部也存在不足。与受邀专家相比,主要是在评价企业架构实际情况时不够客观。因此,企业公关部门会邀请独立的代理机构来解决诸如企业文化分析等某些问题。

企业公关部门可执行除大众传媒沟通以外不同层次的任务。

成立新闻中心的目的有时是为展览、联欢节等具体项目提供信息支持。企业新闻中心业务也仅限于向记者（新闻办公室）提供报道。

公关领域行业联合会

在俄罗斯公关机构中需特别强调的是行业协会，旨在解决市场共性问题，制定活动准则与规范。

公关咨询公司联合会（akosPR.ru）仅吸收独立的公关机构。目前它已联合30个代理机构，囊括俄罗斯公关服务市场份额的60%。该会任务是保护其会员的公共利益，促进行业发展和职业教育，形成公关道德规范。公关咨询公司联合会是国际传播咨询协会的成员，后者联合了28个国家级公关协会，涉及世界上超过1500个代理机构。

俄罗斯公共关系联合会（raso.ru）汇聚各类身份的专业人士。其中既包括独立的职业公关机构、专家，也包括公关活动主体内设公关部门。该会开展教育和研究活动，是各类职业竞赛和奖项的组织者（公共关系发展领域国家级竞赛"银色弓箭手"、全俄大学生公关发展项目公开竞赛"水晶橙"），积极研发行业标准。

在国际公关行业联合会中需特别强调的是欧洲公关联盟，其中既包括独立的职业公关机构、专家，也包括公关活动主体内设公关部门；国际公关协会（面向5年以上公关领域专业人士的个人会员）；国际传播咨询协会委员会主要包括独立的公关机构。

思考题

1. 描述作为传媒体系组成部分的公共关系的特点。
2. 列举并描述公关模式。
3. 描述影响公关活动发展的因素。
4. 说出公关传播的核心受众。
5. 描述俄罗斯公关市场现状与发展趋势。
6. 列举俄罗斯公关活动方向。
7. 描述媒体空间中新闻工作与公关的交互作用原则。
8. 描述俄罗斯公关市场主要参与者的业务范围。
9. 说出俄罗斯主要的公关机构。
10. 说出俄罗斯领军公关代理机构。

推荐阅读

Гринберг Т. Э. Коммуникационная концепция связей с общественностью: модели, технологии, синергетический эффект. М.: Изд-во Моск. ун-та, 2013.

Гундарин М. В. Теория и практика связей с общественностью: основы медиарилейшнз. М.: Форум: ИНФРА-М, 2007.

Связи с общественностью: Теория, практика, Коммуникативные стратегии: Учеб. пособие для студентов вузов / Под ред. В. М. Горохова, Т. Э. Гринберг. М., 2017.

Федотова Л. Н. Связи с общественностью: теория и практика. М.,

2016.

Чумиков А. Н. Реклама и связи с общественностью: имидж, репутация, бренд. М.: Аспект Пресс, 2012.

Шарков Ф. И. Интегрированные коммуникации: реклама, паблик рилейшнз, брендинг: Учеб. пособие для студентов вузов. М., 2011.

第十四章　媒体公司

俄罗斯传媒体系经济史

苏联解体后三十年内，俄罗斯传媒产业经历了一段漫长而又不平凡的历程。全新的市场部门和信息技术应运而生，经历了三次明显的危机以及经济快速增长时期。政治环境、受众喜好以及广告主优先权都发生了改变，开创了行业发展新机制，为传媒业集中化等新发展趋势奠定了基础。

自20世纪90年代上半叶，俄罗斯大型媒体资产集中在大型资产所有者手中，集中化进程正是自此开始快速发展。领军媒体控股公司和媒体集团在互相竞争的同时，通过兼并或创立新的大众传媒以及其他媒体进行扩张，以便巩固市场地位。目前可以断定，正是大型媒体企业的发展在很大程度上确定了国家传媒产业结构及其主要的经济走向。

由于特殊的经济和政治条件，俄罗斯大众传媒集中化具有一系列突出特点。国内大型媒体资产所有者对业务管理已表现出完全不同甚至有些自相矛盾的态度。同时必须考虑到，大众传媒曾经是并且现在依然是最重要的社会交际工具，因此，何人以何种方式决定大众传媒活动性质具有重要意义。媒体控股公司不光影响甚至还编制大众传媒的议程。

实践证明，媒体经济总是与国家总体经济保持一致：全国市场整体发展水平越高，媒体市场就越活跃。20世纪90年代初，无论是从法律上而言，还是从事实上来说，俄罗斯大众传媒已成为独立的行业，启动媒体企业商业化进程。但是，自筹资金的编辑团队不得不从零开始学习未知的媒体业务规则。而自1992年起自发形成的国内资本主义规则不完善，有时简直是反常的，这在很大程度上致使俄罗斯媒体市场具有特殊性、驳杂性以及失衡性等特点。俄罗斯传媒体系经济史可以分为1992—1998年、1999—2008年、2009—2014年、2015年至今等四个阶段。

第一阶段（1992—1998年）客观上成为最复杂的一个时期。主要问题在于，大多数互相竞争的大众传媒不能自负盈亏，未能盈利。俄联邦成立后，由于持续不断的全国经济危机，尤其是对商品和服务的购买力需求较低，加之广告市场尚不发达，传媒产业在最初阶段很难达到有效的市场化运作。尽管看似持续五年的正增长态势，但是俄罗斯广告市场的绝对指标却是微不足道的（见图14.1）。在形势最好的1997年，广告市场达到了13.9亿美元的指标，但当时仅相当于美国广告市场的1/150左右。

在上述背景下，媒体企业积极利用一切可能的融资工具，其中一些工具极具争议性。这涉及广告、诋毁材料甚至勒索等一些可疑的非正规收入来源。自20世纪90年代起，国家对大众传媒企业实施的财政优惠（包括进口设备和原料的最低关税），在某种程度上缓和了复杂形势，但并未发生根本改变，因为未能解决流动资金缺乏问题。正式预算拨款仅针对国有大众传媒。1998年8月金融危机中，俄联邦政府宣布崩盘，诱发了本就不发达的广告市场崩溃，商业媒体企业在经济上越发困难。

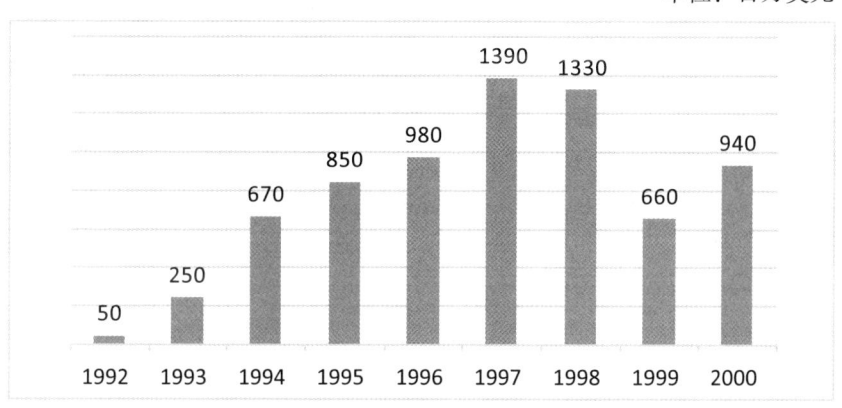

单位：百万美元

年份	金额
1992	50
1993	250
1994	670
1995	850
1996	980
1997	1390
1998	1330
1999	660
2000	940

图 14.1　1992—2000 年俄罗斯媒体广告市场发展趋势

鉴于20世纪90年代卢布汇率极其不稳定，金额用美元表示。
资料来源：视频国际分析中心（新服务公司分析中心）

因此，自20世纪90年代初起，国内大众传媒亟需进一步向前发展的市场推动力。媒体市场上新的经济代理人应运而生，成为大众传媒所有者，并依靠投资巩固传媒体系。这些潜在投资者范围非常小。1992—1998年，国有财产私有化自发进行，且颇具法律争议，从而形成由大型企业主构成的为数不多的集团，掌控着燃料与能源综合体、冶金工业、银行业等收益最高的经济领域。影响力代理人在俄罗斯形成了金融工业集团这类经济现象——法人团体整合其有形资产和无形资产（参与制），以约定成立金融工业集团为基础，以技术或经济一体化为目标实施投资或其他项目，旨在提高竞争力，拓展商品和服务销售市场，提高生产效率，创造新就业岗位。

有限数量的经济机构在媒体市场上开展活动，致使大量需要经济资助的媒体企业都受其影响。这也成为国内大众传媒开始集中化的先决条件。

一般经济意义上而言，集中化指经济净现值的集中。如果详细阐述媒体市场中的这一概念，那么集中化则是掌握大众传媒的媒体企业的联合，以及某一媒体企业旗下大众传媒数量的增加。

俄罗斯大众传媒集中化是非常短暂的现象。因为在许多情况下，金融工业资本多元化是编辑团队生存的唯一机会。如若断言金融工业集团不断巩固媒体市场地位的过程是强迫性的，那也是不公平的。最初，新所有者并未将媒体业视为独立工具，而将其当作辅助"工具"，为 КО-бизнес 提供信息支持。而 КО-бизнес 则是企业开发新市场领域中经济活动的基础。这一新制度很快获得了寡头政治的名称，即一体化精英政权，通过控制该国关键企业，实现对国家政治和经济的把控。总之，新生的国内传媒产业完全反映出资本积累最初阶段的所有特征。

实际上，在俄罗斯媒体市场发展的第一阶段，古辛斯基（桥集团）、别列佐夫斯基（洛戈瓦兹）以及波塔宁（国际罗斯）三个"寡头"扮演了最重要的角色。桥集团联合了40余家企业，其中最重要的为桥－银行。该集团还包括从事房地产与建筑、石油（桥－石油）、旅游（桥－地产）以及安保（桥－安全服务）业务的公司。洛戈瓦兹集团是伏尔加汽车制造厂汽车的最大经销商，自由销售自国外汽车展厅召回的伏尔加汽车制造厂汽车（转出口）。洛戈瓦兹集团共由1000多家商业机构和社会组织构成。由联合进出口银行发展而来的国际罗斯集团投资遍布各个商业领域。集团涉足领域包括机器制造业（米克洛金）、冶金工业（诺里尔斯克镍业矿业冶金公司、新利佩茨克钢铁联合企业）、

第十四章 媒体公司

石油业（西伯利亚远东石油公司）以及运输业（西北航运公司）。

需要强调的是，大型金融工业集团所有者以各种方式拓展新业务领域。例如，古辛斯基几乎从零创办了自己的大众传媒，而别列佐夫斯基和波塔宁则常购进已存在的公司。此外，桥集团成为俄联邦成立后的第一个金融工业集团，合并了由专门成立的管理公司领导并控制的大众传媒。1997年桥－媒体封闭式股份公司的成立正式成为俄罗斯媒体控股公司发展史的起点。国际罗斯经历也类似：1998年成立了职业媒体封闭式股份公司。与其不同的是，洛戈瓦兹大众传媒始终未被纳入控股公司，一直作为一个组织结构复杂的媒体集团，处于别列佐夫斯基及其合作伙伴帕塔尔卡齐什维利控制之下。传媒业发展的筹资方案也各不相同：古辛斯基的桥－媒体使用银行贷款，其担保人是国家燃料和能源垄断者俄罗斯天然气工业股份公司；洛戈瓦兹和国际罗斯基本上都是自主投资旗下媒体项目。与此同时，仅别列佐夫斯基曾与外国合作伙伴默多克的新闻集团共同策划了小型项目，成立洛戈瓦兹－新闻集团，在俄罗斯从事广播业务。20世纪90年代末，涉足大众传媒的金融工业集团"三巨头"拥有以下媒体资产：

• 洛戈瓦兹媒体集团（别列佐夫斯基）控制无线电视频道俄罗斯公共电视台（变更所有者构成后，2002年更名为第一频道）和第六电视台（2002年被国家撤销）；报纸《生意人报》（带副刊）、《生意人－乌克兰》（2014年停刊）、《独立报》以及《新消息报》；杂志《生意人－政权》《生意人－货币》《生意人－周末》《生意人－第一排行榜》《星火》《自动驾驶》以及《居家》（2011年所有人停刊）；广播电台"我们的广播"和Ultra，录音公司"真实记录"。

• 桥－媒体控制独立电视台（国际版 NTV International）和你的

新电视，卫星电视运营商"独立电视台+"，无线电视频道包括系列自有非无线电视频道（独立电视台+–足球、独立电视台+–运动、独立电视台+–我们的电影、独立电视台+–儿童世界等）；报纸《今天》（2001年新所有人停刊）；杂志《总结》（2001年之前与《新闻周刊》共同出版，2014年新所有人停刊）、《七天》和《故事大篷车》；广播电台"莫斯科回声""商潮""Do广播""体育调频"（最后3个广播电台被新所有人重塑品牌）；电影制片厂"独立电视台–电影""独立电视台–盈余"，电影院"十月"，网络出版物Ntv.ru（现更名为Newsru.com）。

• 职业媒体控制《消息报》《共青团真理报》《苏维埃体育报》《快报》《天线》《俄罗斯电报》（1998年其所有人宣布停刊）等报纸以及《专家》杂志股份。

当然，20世纪90年代，在俄罗斯媒体市场上运营的还有其他一些金融工业集团。其中，阿列克佩罗夫的卢克石油自1995年起成为俄罗斯媒体集团的共同投资人，叶夫图申科夫的系统金融股份公司于1998年创办系统大众媒体控股公司，同年俄罗斯天然气工业股份公司（以下简称"俄气"）创办俄气–媒体。此外，首批独立于金融工业集团外的媒体公司成立，包括莫斯科共青团员报社、罗季奥诺夫出版社、驾车出版社、对话者出版社、俄罗斯商务咨询、海报、漫步者网站、Yandex网站、埃克斯摩、阿斯特、联盟、STV等。以俄罗斯政府为代表的国家在媒体市场上发挥了一定作用。全俄国家广播电视公司便是其最大的媒体资产。由卢日科夫领导的莫斯科市政府成立了自己的媒体集团，旗下包括全俄大众传媒（1997年成立电视中心电视频道）。

20世纪90年代，在俄罗斯也出现了首批外国媒体投资者。比如，

第十四章 媒体公司

早在1992年,绍埃尔为首的荷兰商人集团成立独立传媒出版社,而荷兰交易者分类传媒集团成立即刻－莫斯科出版社。德国鲍尔传媒集团于1994年、博达出版集团与桦榭菲力柏契出版集团于1995年分别成立俄罗斯分部,1998年康泰纳仕出版集团成立美国先进出版公司。但是经济不稳定带来的高风险阻碍了国外资本在国内媒体市场上的扩张脚步,整体而言外国资本进驻并未成为明显趋势。

第二阶段(1999—2008年)得益于良好的宏观经济形势,对大众传媒来说是最为成功的时期。1998年国家破产带来正面影响,在俄罗斯开始出现进口替代。卢布贬值提高了国外进口商品价格,从而推动了国产商品需求,相应地,也促进了国产商品生产。总之,一年后金融崩盘影响已很小:俄罗斯经济步入稳定阶段,之后开始稳步发展。21世纪前10年国内生产总值、居民人均收入和消费支出的增长很大程度上取决于国际能源价格大幅上涨。重要的是,燃料动力综合体构成了俄罗斯国内生产总值近三分之一,约占全部预算收入的40%。

俄罗斯经济中许多领域都出现了价格增长,包括对大众传媒来说十分关键的贸易行业和广告业。俄罗斯广告市场增速(年增幅最高达30%)超过国内生产总值,跻身欧洲前列。21世纪前10年,居民购买力需求增长、中产阶级形成以及消费热潮出现为此创造了所有必需条件。2008年高峰时期,据线上预算统计,广告市场收入达到峰值,为2570亿卢布。(见图14.2)因此,自经济崩盘起,广告市场总额增至之前的10倍。

单位：十亿卢布

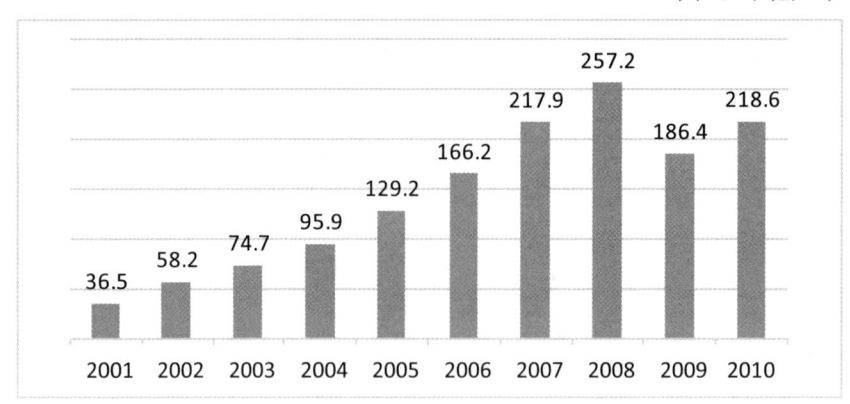

年份	金额
2001	36.5
2002	58.2
2003	74.7
2004	95.9
2005	129.2
2006	166.2
2007	217.9
2008	257.2
2009	186.4
2010	218.6

图 14.2　2001—2010 年俄罗斯媒体广告市场发展趋势（不含增值税）

资料来源：俄罗斯通讯机构联合会

俄罗斯大众传媒所有人及其管理层不可能无视业已变化的经济条件。其中最为重要的是对传媒业的态度转变：21 世纪前 10 年，传媒业已被视为独立的行业。赞助活动和产品植入的发展（尤其是对后者未有法律调控的情况下更具现实意义）为内容变现提供了新机遇。国内传媒产业整体上得到扩张，其每一领域都得到积极发展，开发了一些从未涉足的市场板块。这也推动了大众传媒的集中化发展。首先，组建大型联合公司，为实施新项目积累并优化配置大型资金流。其次，更宽泛的受众覆盖范围增强了大众传媒对广告主的吸引力。第三，联合公司在媒体产品制作、包装和推广环节的职能整合可节约核算成本。投资者将媒体资产视作自由资金投放工具（有转售前景），对行业发展起一定促进作用。

行业飞速发展并未削弱金融工业集团在俄罗斯媒体市场上所占比重，掌握媒体资产的金融工业集团发生了机构变化。早在 2001 年，古辛斯基桥－媒体公司旗下大众传媒被俄气－媒体控股公司接管，算

第十四章 媒体公司

作偿还应付账款。而 2001—2006 年间，由于各种原因，别列佐夫斯基媒体集团的某些部分已分散归于其他所有者。波塔宁的职业媒体控股公司保留下来，反而拓展了自身行业地位。此外，2005 年收购第五频道和 REN TV，成立新的多元化控股公司——科瓦利丘克的国家媒体集团（俄罗斯股份银行）。2006 年，购买生意人出版社组建乌斯曼诺夫媒体集团（USM 控股公司）。俄罗斯银行除开展主营业务活动外，还掌控不同经济领域的资产：保险业（天然气工业保险公司）、租赁（泽斯特集团公司）、非国有退休基金天然气基金等。USM 控股公司掌控采矿冶金（金属投资公司）、通信（扩音器、墨盒）等领域资产。

同时持续发展的还有一些稍小的媒体控股公司，他们为金融工业集团所掌控，如叶夫图申科夫的大众媒体系统（隶属系统金融股份公司），利辛的联合媒体（新利佩茨克钢铁联合企业），费东、阿列佩罗夫的俄罗斯媒体集团（卢克石油公司），阿·阿纳尼耶夫、德·阿纳尼耶夫的媒体 3（工业通讯资本），杰里帕斯克的专家、前进传媒集团（基本要素）、电影方程式（阿尔法集团）以及一些与其他非主营业务未有直接关联的媒体公司（Yandex、Mail.ru、俄罗斯商务咨询公司、国际文传电讯社、《莫斯科共青团员报》、News Media、媒体记录、Look at media、卡罗影院等）。

需要强调的是，21 世纪前 10 年俄罗斯媒体市场上外国所有者数量增加。国内媒体市场发展繁荣但尚未饱和，其不断展示出的发展前景引发国外投资新浪潮。其中有美国谷歌（含 YouTube）、新闻集团（20 世纪福克斯独联体分部）、华特·迪士尼协同日本索尼影业（华特·迪士尼工作室与索尼影业发行）、时代华纳（特纳国际、嘉年华唱片）、NBC 环球（UNI）、先进出版公司（探索）、德国贝塔斯曼集团（REN TV 媒体控股公司）与阿克塞尔·斯普林格出版社、瑞典现代时代集团（电视台网络－媒体、美国卫讯公司俄罗斯分部、地铁报）与邦尼集团（邦尼集团俄罗斯分部）、芬兰萨诺玛集团（独立传媒出版社）、法国拉加代尔集团（欧洲媒体集团）、瑞士博施出版集团（博施－圆锥形出版社）、挪威希普斯泰德出版集团（地区独立报出版社）等。全球本土化战略已初见成效：许多世界媒体品牌（主要是电视和杂志品牌）成功融入俄罗斯市场。毫无疑问，外国投资者的到来成为俄罗斯大众传媒经济融入全球化进程的标志。国外资本是中型媒体控股公司形成或进一步发展的基础，尽管它们在行业内所占比重仍然相对不高。

在总体经济形势攀升、财政补贴增加的背景下，国家主要的媒体控股公司全俄国家广播电视公司市场地位显著增强。21世纪前10年，还有一个国有大众传媒集群，它们是俄罗斯国际新闻社"俄罗斯'新闻'通讯社"（简称"俄新社"，后为"今日俄罗斯"国际通讯社）和国际电视频道集团"今日俄罗斯"（后为RT）。俄通社－塔斯社和俄罗斯报出版社也在持续发展。在俄罗斯联邦国防部领导下组建星媒体集团。值得关注的是，俄罗斯大型预算内媒体企业也遵循商业逻辑，与行业内所有私营公司一起营利。

俄罗斯大众传媒经济发展的第三阶段（2009—2014年）从问题开始。全球金融危机终结了增长阶段。正如预想的那样，营销预算全面削减给广告业带来沉重打击。2009年是21世纪前10年情况最差的年份，市场总额缩减36%，降至1864亿卢布。电视板块降幅最小，为26%；杂志板块降幅最大，为44%。当然，俄罗斯广告行业本身依然保持自身功能。广告市场下跌很快被克服：2011年市场总额已超过危机前水平，达 2634 亿卢布，2014 年突破 3400 亿卢布大关（线上板块）。同时，广告市场发展放缓，危机后年度增幅不超过 15%。（见图 14.3）由于通货膨胀，绝对指数并未呈现明显增长。怀疑论者更倾向于将其视作停滞甚至衰退，俄罗斯经济发展总体减速印证了这点。

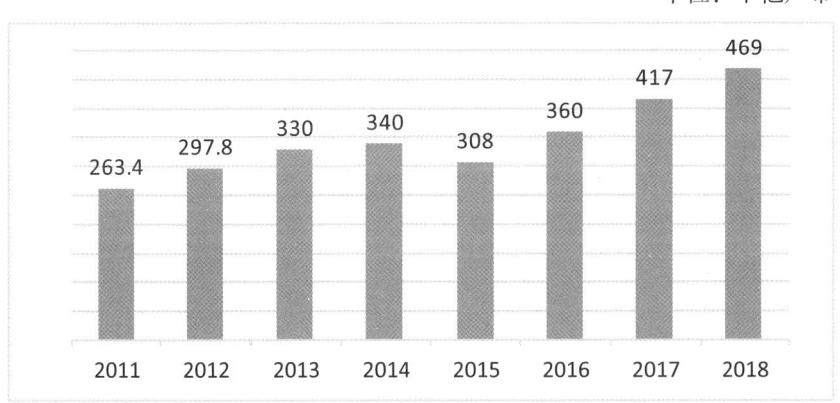

单位：十亿卢布

年份	2011	2012	2013	2014	2015	2016	2017	2018
金额	263.4	297.8	330	340	308	360	417	469

图 14.3　2011—2018 年俄罗斯媒体广告市场发展趋势（不含增值税）

资料来源：俄罗斯通讯机构联合会

在上述背景下，国内媒体业的积极性总体上呈下降趋势：市场上新项目（如雨媒体控股公司）少了很多，已经组建的公司主要发展、优化现有资产（*Newsweek* 杂志停刊）。与此同时，这一阶段大型媒体企业构成发生了重大改变。首先，经历一系列交易，在媒体市场上最终出现了引人注目的新参与者——乌斯曼诺夫与塔夫林媒体集团。2014 年，USM 控股公司旗下有生意人出版社、尤电视媒休以及整个 Mail.ru 集团。其中，生意人出版社包括报纸《生意人》，杂志《生意人－政权》《生意人－货币》《星火》《自动驾驶》，广播电台"生意人调频"，网上刊物 Kommersant.ru、Gazeta.ru；尤电视媒休包括尤与迪士尼无线频道、音乐电视付费频道；Mail.ru 集团包括多元服务互联网门户 Mail.ru、社交网络 OK.ru、Vk.com，等等。

国家媒体集团也在持续扩张：2010—2014 年控股公司增加了下列市场的份额：广告市场（视频国际集团公司）、电视市场（第一频道、电视台网络-媒体）、电影市场（艺术影片）等。与之相反的是，2014 年波塔宁的职业媒体集团不复存在。无线电视频道"星期五！"、第三频道、2×2，广播电台汽车广播、国家青年电台、幽默调频、罗曼蒂克，中枢伙伴电影制片与电影发行公司等出售给俄气-媒体集团。而已经拥有 SUP 媒体的马穆特公司（A & NN 集团）购买了线上资产（漫步者集团），出版资产（海报出版社）以及电影院资产（电影乐园院线）。最终在媒体市场上出现了知名的新参与者 Rambler & Co.（后为漫步者集团）。值得一提的还有，2010 年普罗霍罗夫（联合进出口银行集团）收购俄罗斯商务咨询集团，后者因危机处于非常困难的境地；媒体市场上波格丹诺夫的多媒体控股公司成立，媒体 3 集团解体，此后论据与事实出版社转归莫斯科市政府。

第四阶段（2015 年至今）也从困难开始。由国际制裁引发的俄罗斯经济衰退、2014 年底卢布汇率暴跌再次对国内广告市场造成负面影响。根据 2015 年度总结，广告市场整体缩减 10%，降至 3080 亿卢布。杂志类定期出版物再次成为受冲击最严重的板块，降幅达 29%。互联网是唯一未受影响的板块，增幅达 15%。表面上，危机影响很快就被克服了：2016 年广告市场总额已达 3600 亿卢布，而 2018 年已接近 4700 亿卢布。正是在这一时期显示出，俄网是唯一持续推动整个经济发展的板块，而其他板块要么发展缓慢，要么普遍缩减。2018 年线上广告收入超过电视广告收入，分别为 2030 亿卢布、1870 亿卢布，成为标志性事件。这样一来，俄罗斯互联网成为国内主要的广告载体。

自然，在这一背景下，大型多领域互联网公司成为媒体市场领袖。其中首屈一指的是 Yandex 集团。2017 年数据印证了这一点：Yandex 合并收入超过俄气－媒体，并且至今仍是最具经济实力的媒体控股公司，二者收入分别为 941 亿卢布和 864 亿卢布。而 2018 年 Yandex 合并收入突破 1000 亿大关，创下俄罗斯媒体市场历史纪录。（见图 14.4）Yandex 集团、Mail.ru 集团以及谷歌俄罗斯子公司都在加速发展。

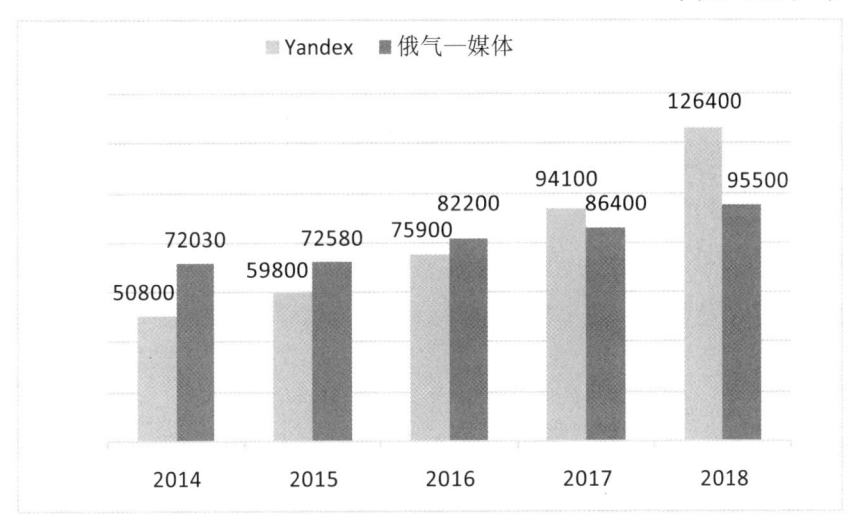

单位：百万卢布

年份	Yandex	俄气—媒体
2014	50800	72030
2015	59800	72580
2016	75900	82200
2017	94100	86400
2018	126400	95500

图 14.4　2014—2018 年俄气－媒体集团、Yandex 集团合并收入情况
（按国际财务报告准则和美国通用会计准则）

资料来源：俄气银行、Yandex

为应对上述变化，主要资产处于线下领域的市场参与者也顺势开始联合起来。2016 年，成立了国家广告联盟，由俄气－媒体集团、国家媒体集团、全俄国家广播电视公司三家主要的播放控股公司控制，

是唯一的电视广告销售商。掌握一系列旧媒体的市场参与者也积极启动以合作等方式进行的各类线上服务（电视橱窗平台）。塔斯社、今日俄罗斯、国际文传电讯社彻底转变为直接面向大众、为商业客户提供服务的多媒体公司，开始更加积极地探索新型广告整合方式，以及基于收取用户费用的非广告类媒体融资工具（订阅、购买、众筹等）。成本优化也导致个别项目的终止（首先是出版物纸质版）。同时，国家对行业的经济扶持依然具有重要意义。2014—2018年，每年仅从联邦预算中拨付给下属媒体企业的资金总额在715亿至835亿卢布范围内波动。除直接资助（补贴）外，还有不同层次的国家竞标合同、补助金制度（包括联邦出版与大众传媒署）以及基金会投资（电影基金会等）。

在经济困难的条件下，大型非专业媒体企业所有者（银行机构等）依然有其存在的意义。2017年，媒体资产的新一轮合并框架已初步显现：当时被认作共青团真理报社、《商务圣彼得堡报》以及《地铁报》持有人的别列兹金（欧洲北方石油公司集团）收购了普罗霍罗夫的俄罗斯商务咨询控股公司。古采里耶夫（萨弗马尔集团）继续快速向广播领域（酷媒体、香颂、莫斯科播报）拓展业务，而俄罗斯媒体集团控股公司则由国家音乐会控股。同时，2017—2018年乌斯曼诺夫媒体集团发生了分化：尤电视媒体归塔夫林所有，塔夫林将尤电视媒体和快选广播合并为第一媒体，Mail.ru集团实际上已交由第一媒体管理层负责。乌斯曼诺夫个人财产仅余生意人出版社。

但是媒体市场所有制结构变化最大的时候在2015—2016年。《大众传媒法》修订后，作为大众传媒创立者或播放许可持有者的外国资本，在机构中所占比重不得超过20%。一些国外投资者（萨诺玛、阿克塞尔·施普林格、邦尼集团)最终退出俄罗斯市场,而俄罗斯出版社则变更了所有人(如阿克塞尔·施普林格出版社与《福布斯》杂志被费多托夫的阿尔特科姆媒体收购,后被穆萨耶夫收购;独立传媒的《商业报》转归库德里亚夫采夫及其合作伙伴所有)。外商参与的其他出版社(赫斯特·什库列夫媒体出版社、博达出版社、鲍尔传媒集团、康泰纳仕出版社、牧场出版社等)制订财产处置方案,使之既符合法律要求,又与外国投资者保持某种关系。电视台网络－媒体电视控股公司处境最为艰难,公司不得不从美国证券交易所退市,而瑞典现代时代集团将自身股份出售给乌斯曼诺夫。后来电视台网络－媒体电视控股公司转归塔夫林所有,最后由国家媒体集团控股,由此成为付费电视市场上最大的参与者,是探索、特纳、卫讯、索尼、福克斯系列国外频道的俄罗斯合作伙伴。

值得注意的是,联邦通讯、信息技术与大众传媒监管局加强了对网络盗版行为的打击(《信息、信息技术与信息保护法》新规定),对推出OTT服务(Amediateka、ivi、Tvigle等线上影院)这一整套全新的媒体市场板块创造了条件。主要的媒体控股公司,还有俄罗斯电信公司、俄罗斯移动通信系统公司等通信公司对这一板块表现出兴趣。储蓄银行成为漫步者集团(2018年起是Okko的持有公司)新投资人,在很大程度上使该板块具有较好前景。

传媒产业发展不可避免地直接取决于国家经济状况。而无论是行业总体形势恶化抑或改善,都会导致大众传媒又一轮的集中化,市场参与者弱肉强食,强者在市场板块内巩固自身垄断地位,每一市场板块内形成了显而易见的"领军排行榜"(见附录一中表4)。总之,21世纪10年代末之前,在俄罗斯全国媒体市场上占据主导地位的为下列"五巨头"（营业额超过 500 亿卢布）：

•全俄国家广播电视公司联合俄罗斯国家电视台 1 频道（"俄罗斯广播电视 – 星球"国际版）、俄罗斯国家电视台 24 频道、俄罗斯国家电视台文化频道、旋转木马（50%）等无线电视频道，非无线电视制作商数字电视，俄罗斯广播、灯塔、消息调频、俄罗斯广播 – 文化等广播电台，地区级国有广播电视公司，Vesti.ru、Russia.tv、VestiFinance.ru、Filmpro.ru 等互联网资源，国家广告联盟股份，等等。

•俄气 – 媒体联合独立电视台（其国际版"独立电视台 – 世界"）、你的新电视、赛事、第三电视台、"星期五！"等无线电视频道，卫星电视运营商独立电视台+，非无线电视制作商红色媒体，七天出版社（《七天》《故事大篷车》《全景电视》），莫斯科之声、喜爱调频、喜剧广播、轻松调频、儿童广播、汽车广播、幽默调频、国家青年电台以及罗曼蒂克等广播电台，中枢伙伴、喜剧俱乐部制作、好故事媒体、基特等内容制作商，Rutube.ru、Now.ru、Premier.one、Sportbox.ru 等互联网资源，俄气 – 媒体销售部，国家广告联盟股份，等等。

•国家媒体集团联合 REN、第五频道、电视台网络、家庭频道、第一频道（29% 股份）、彼得堡频道 78、哈萨克斯坦 31 频道等无线电视频道，《消息报》《体育快报》《圣彼得堡地铁报》等报纸，媒体联盟、美国卫讯公司俄罗斯分部、索尼影业电视网、媒体电信等国外非无线电视分销商，国家媒体集团制片厂、艺术影片集团、Keystone Production、梅特拉工作室等内容制作商，IZ.ru（消息报多媒体信息中心）、More.tv 等互联网资源，珠穆朗玛峰销售部，国家广告联盟股份，等等。

•Yandex 整合下列线上线下资源：Yandex 搜索、Yandex 邮箱、

第十四章 媒体公司

Yandex 新闻、Yandex 禅①、Yandex 拥堵、Yandex 地图、Yandex 导航、Yandex 交通、Yandex 健康、Yandex 货币、Yandex 市场、Yandex 不动产、Yandex 图片、Yandex 视频、Yandex 音乐、Yandex 播报、Yandex 广告、Yandex 天气、Yandex 旅游、Yandex 票务、Yandex 酒店、Yandex 工作、Yandex 服务、Yandex 出租车、Yandex 食品、Yandex 翻译、Yandex 韵律、Yandex 直击②、电影搜索、auto.ru、beru.ru，等等。

•Mail.ru 集团整合下列线上线下资源：Mail.ru、链接、同班同学、我的世界、ICQ、达姆达姆、Mail.ru 媒介、快递俱乐部、陀螺③、潘道④、扎卡扎卡⑤、城市飞马⑥、极客大脑⑦、塔兰工具、捐款提醒⑧、Boom⑨、Mamba.ru、Sape⑩、LiveInternet，等等。

鉴于俄罗斯各联邦主体经济发展状况大不相同，各地区大型媒体企业情况也各不相同。尽管有些地方私有媒体业务存在一席之地，但是地方权力机关仍是媒体市场上的主要参与者。目前，地方媒体公司中值得关注的有：塔特媒体（鞑靼斯坦）、巴什科尔托斯坦信息公司（巴什科尔托斯坦共和国）、姆斯控股公司（下诺夫哥罗德州）、州广播电视播放网络媒体控股公司（新西伯利亚州）、姆克尔－媒体（鄂

---

① 为 Yandex 旗下的博客与媒体平台。——译者注
② 号称俄网首家搜索广告服务商。——译者注
③ 链接旗下的通告服务，通过网站和移动程序访问。——译者注
④ 为跨界电商平台。—— 译者注
⑤ 为 Steam、Origin、Uplay、Battle.net 及其他游戏平台电脑游戏及激活密钥的网上商店。——译者注
⑥ 为提供出租车、共享汽车和滑板车平台线上服务的公司。——译者注
⑦ 为在线教育公司。——译者注
⑧ 号称俄罗斯最大的流媒体货币化服务公司，为流媒体播报提供资金，并为其频道提供基本设计。——译者注
⑨ 为社交网络链接和同班同学的音乐服务商。——译者注
⑩ 为 SEO 交易平台。——译者注

木斯克州）、南部地区媒体集团（罗斯托夫州）、媒体-萨马拉（萨马拉州）、尤尼特媒体（克拉斯诺亚尔斯克边疆区）、地方时间（彼尔姆边疆区），首都地区莫斯科媒体控股公司占主导地位。

* * *

集中化是当前俄罗斯传媒产业发展的主要趋势之一。该进程是由市场经济关系的本质决定的。无论财产和资金来源如何，集中化进程可能向任何方向发展。在增强自身经济实力的同时，现有领军者不断减少独立大众传媒及其他媒体的数量，努力实现协同效应。当然，集中化削弱了自由竞争，这也是其不可忽略的主要缺点。但是，单纯将集中化视为破坏性进程也是不正确的。这是一个客观现象，有其自身原因和发展规律。事实上很明显，目前国内多样性传媒体系的形成也得益于集中化进程，在这一进程中不仅进行着现有资产的交易，而且创立了许多新资产。

俄罗斯传媒产业尽管有着明显的独特性，但是并未扭转大众传媒领域现有经济关系。传媒业的跨国运作、信息通信技术的进步、广告市场的发展都影响着本国媒体市场。俄罗斯新媒体的发展、综合性媒体公司的成立正改变着国内传媒体系架构，为集中化进程作出了显著贡献。大型市场参与者通过渗透到媒体市场不同板块不断扩张，并积极获取业务管理方面的世界经验。

俄罗斯媒体公司的特征

20世纪90年代，在俄罗斯开始形成首批大型媒体企业，"媒体控股公司"（медиахолдинг）这一流行术语应运而生。毫无疑问，任

一控股公司都是互相关联的组织集群,被视作统一的经济构成(见图14.5)。控股公司特征如下:

1. 不同行业、经济领域的公司,位于不同地区的公司股份的集中。

2. 多级化,即拥有子公司、孙公司及其他亲缘公司。控股公司多是金字塔结构,经常由 1—2 个不同国籍的公司领导。

3. 通过母公司制定的企业全球政策进行集团内部统一管理,并在下列方面采取协调一致的行动:

• 在全球范围内制定统一的战术和战略;

• 重组公司并确定控股公司内部结构;

• 实现公司间的沟通;

• 资助新产品研发;

• 提供咨询服务和技术服务。

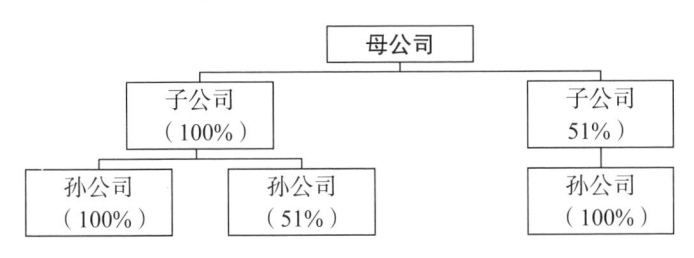

图 14.5 控股公司示例模型

基于上述内容,可以给出媒体控股公司的定义。

媒体控股公司是由母公司及其控制的子公司(孙公司)构成的,从事某种类型媒体活动的公司集合。

俄罗斯大型媒体业务的重要特点是控股关系经常有名无实,即企业集群内部相互关系不明确。有时这可能是因为俄罗斯常驻公司的创立者(有限责任公司、股份公司、公开招股公司)为外国法人(股份有限公司、有限责任公司、私人有限公司），包括在离岸司法管辖区（塞浦路斯、百慕大或维尔京群岛等）注册的公司。并且，如果俄罗斯公司在形式上不是大众传媒创办人或播放许可证持有人，则其比重可以占到100%。如果由于复杂的所有制结构，控股公司存在这一事实有争议，那么为了表示这种"模糊不清"的媒体企业联合，有必要使用"媒体集团"①（或"大众传媒集团"②）一词。媒体集团经常是指掌握一些大众传媒的单位组织。同时，媒体品牌和法人名称（正如控股公司一样）可能完全不相符。

俄罗斯媒体控股公司的另一个重要特点是财务报告相对混乱。截至目前，"五巨头"中上市公司仅有Yandex（首次公开募股在纳斯达克）和Mail.ru集团（首次公开募股在伦敦证券交易所）。在证券市场挂出的还有"俄罗斯商务咨询"的股票（MOEX）。按照国际财务报告准则或美国通用会计准则，根据证券发行机关登记，上市公司应定期披露关于其业绩情况的所有基本信息（见图14.6）。Yandex公众有限公司的常驻国是荷兰，Mail.ru集团有限责任公司的常驻国则是英联邦国家之一。但大多数俄罗斯媒体企业暂时仍为非上市公司，其资金流动透明度往往不尽人意。在官方网站上发布此类信息尚未形成规范。而根据俄罗斯会计核算标准，公司向联邦国家统计局提供正式报表时，并不需要提供集团公司的综合财务报表。这通常无法反映出整个集团的实际经济状况。

---

① медиагруппа
② группа СМИ

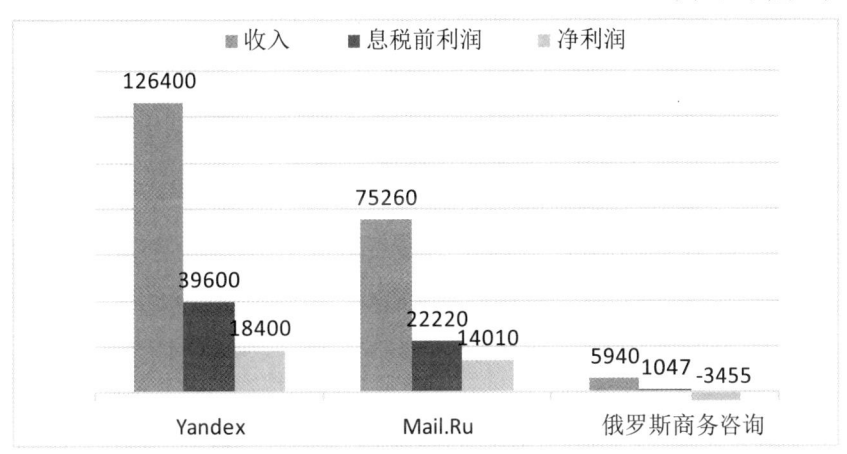

单位：十亿卢布

```
         ■ 收入    ■ 息税前利润    ■ 净利润

126400
         75260
39600
         22220
18400    14010    5940  1047  -3455
Yandex   Mail.Ru  俄罗斯商务咨询
```

图 14.6 俄罗斯上市媒体控股公司综合财务指标情况

（按国际财务报告准则或美国通用会计准则）

资料来源：企业网站

尽管媒体业务开展方式大不相同，但是俄罗斯媒体控股公司和媒体集团在发展过程中仍具有一系列共性。这首先涉及大众传媒集中化的空间方向和战略方向。主要媒体企业开发地域市场所具有的特点，及其在新技术领域的投资活跃度值得关注。当然，国内媒体市场上业已形成的大型资产主要模式也具有特殊意义。

至于集中化的空间（行业）方向，在当代俄罗斯占显著主导地位的是对角线型。其前提是需要在不同生命周期阶段（价值形成链中的不同环节）联合专注于各种媒体产品的企业。"五巨头"中的三个——俄气－媒体集团、国家媒体集团以及全俄国家广播电视公司已按这一模式运作，Yandex 与 Mail.ru 集团也按同样方式发展。事实上，对于最大型的媒体资产联合来说，实际的集中化并不一定意味着形式上的财产合并。在这方面最具代表性的是科瓦利丘克俄罗斯股份银行的媒体资产集群，除国家媒体集团外，在不同阶段还吸收了视频国际集团公司、新闻媒体出版社、波罗的海媒体集团（圣彼得堡）等。国家媒体集团本身并不是所有这些企业的母公司，因此集中化事实在法律上很难界定。类似情况也发生在漫步者集团和别列兹金的媒体集团中：媒体公司表面上属于不同业务机构，而为管理上述公司成立的企业（如若存在的话）似乎是独立运行的。这种资产的分散完全可以看作是一种趋势，因为这并非极少数的先例。

在地区层级参与者中，也存在综合性大众传媒联合公司（如莫斯科媒体）覆盖行业内所有主要板块。随着媒体资产数量的增长，转向对角线型增长成为必然现象。同时，在各个板块内，大众传媒持续进行着几乎"纯"横向的集中化发展，通过在地方成立附属企业，或与独立公司（特许经营）签订合作协议，形成典型的出版链（论据与事实出版社、莫斯科共青团员报社）和播放网（欧洲媒体集团、俄罗斯媒体集团）。这里指的是专门从事同类媒体产品生命周期某一阶段的企业联盟。

作为一种特别趋势，纵向的集中化首先出现在大型媒体控股公司和媒体集团内部。其实质是专业从事某一媒体产品生命周期不同阶段的企业联盟。这经常表现在广播企业购买最重要的内容制作商（突出的例证：俄气－媒体旗下你的新电视电视网收购喜剧俱乐部制作工作室），或者传统播放公司创办自有在线视频服务（国家媒体集团旗下电视台网络－媒体创办 More.tv）。自有媒体产品制作能力的形成，以及媒体产品发行新平台的搭建表明，自给自足的"生态系统"正朝着更加紧密的一体化结构方向发展。此外，所有市场参与者无一例外地推出了自身线下大众传媒的线上版本，旨在保持或拓展受众数量和广告投放机会。当前，传媒业通过投放"同类"互联网项目进行的纵向扩张是众所周知的必要业务方向。

俄罗斯大众传媒集中化战略情况尚不明确。一方面，在经济合理性不明的并购交易条件下（例如，《消息报》在职业媒体、俄气－媒体与国家媒体集团之间的转售；普罗霍罗夫收购实际上已破产的俄罗斯商务咨询公司），有时媒体资产呈无序增长，以及预计亏损的媒体企业的形成（例如，星媒体集团或和平跨国广播电视公司）都是消极态势的例证，即媒体资产的增加并未改善所有者的市场地位。

另一方面，科瓦利丘克、乌斯曼诺夫或马穆特的传媒业务发展经验则相反，媒体寡头收购了市场上现有资产中最具吸引力的部分（电视台网络－媒体、VK.com、Okko等），通过这种方式从根本上巩固并扩大了自身行业地位。而像Yandex、尤电视媒体、赫斯特·什库列夫媒体或多媒体控股公司这类公司的商业需求绝对是有目共睹的。换言之，经深思熟虑的积极经济战略也开始显现。并且，目前这一发展方式在国内媒体市场上也是非常流行的。

从地理上来看，俄罗斯大众传媒集中化表现出明显的向心趋向：大多数覆盖全国的媒体控股公司和媒体集团都以首都为基地。其中，20个必备公共电视频道中仅第五频道从圣彼得堡播出。最终形成了一种有趣现象：联邦媒体市场与莫斯科市场在很大程度上是同质化的。当然，最大市场参与者们对地区大众传媒和地方广告潜力也表现出一定的兴趣。但是，主要媒体资产集中在国家首都仍是一个重大问题，在俄罗斯媒体市场发展极其不平衡（也有例外：叶卡捷琳堡的乌拉尔矿业冶金公司作为欧洲媒体集团的所有者，是最初拥有"首都户口"的市场参与者。）

媒体市场主要参与者的地理分布不平衡，自然也导致了中央与地区间收入分配的长期不均衡。最终，传媒业资本密集度低在莫斯科以外地区形成恶性循环。下面的例子就可以说明这一点。2018 年在俄罗斯所有地区无线电视的广告收入为 260 亿卢布，仅占广告市场总额的 14%。在这种条件下，地区媒体企业不可避免地或是受到联邦参与者的影响，或是依赖地方预算。目前，媒体市场的结构化本身恰好也是集中化的额外促进因素。总之，印刷类大众传媒的客观形势并不明朗，其衰退已成为全球趋势，这将导致新一轮的集中，个别出版社将被纳入实力更为雄厚的综合性媒体控股公司和媒体集团旗下。

在现代俄罗斯大众传媒制度化呈现多样性的条件下，无疑很难找到某个适用于国内所有媒体企业发展的统一模式。至少在全国媒体市场上明显存在着大型国有制、准国有制（混合所有制）以及商业所有制。全俄国家广播电视公司可视作纯国有媒体企业，而 Yandex 则为纯商业媒体企业。但是，确定俄气－媒体的资产所有权则要复杂得多，因为控股公司里国有资产和私人资产利益交叉，因此可将其视为混合所有制形式的代表（国有－私营合作伙伴关系）。

与此同时，这三种模式所占比重显然是不同的。近年来，一系列经济与政治－法律机制引发了媒体资产的大规模再分配，且明显向少数特权媒体所有者群体（以俄气－媒体集团、国家媒体集团受益人为代表）倾斜。自 21 世纪 10 年代初开始，关于目前"五巨头"成员即将合并的传言就经常见诸报刊。原因是作为俄气－媒体的所有者，俄气银行实际上由俄罗斯股份银行管理（通过天然气工业保险公司和领袖管理公司），后者为国家媒体集团的持有者。也就是说，目前已经完成的以及正在商讨的交易间接证明了新的行业前景，即成立一个规模宏大的正式或非正式的大众传媒联合企业。该企业有潜力占据行业绝对主导地位。

＊＊＊

在可预见的将来，集中化仍是俄罗斯大众传媒发展最重要的决定性进程，而大型传媒业务将适应国家的主要发展方向。通过上述趋势可以推测出，从中期远景来看，国内媒体市场上占统治地位的将是呈对角线型增长态势的控股公司，就来源而言是多元化控股公司，就所有制模式而言是准国家控股公司，就内部组织而言是非上市控股公司（控股集团）。其主要资产集中在首都和全国市场上，并且在纯商业需求的影响下，考虑到现行政策合理性，公司策略不断由被动转为主动，同时努力覆盖所有现存受众细分市场和可用的传播平台。

思考题

1. 指出并描述俄罗斯传媒体系经济发展的主要阶段。
2. 说出俄罗斯大众传媒集中化开始的主要原因。
3. 描述俄罗斯媒体市场上投资者的主要类型。
4. 说出并描述现代俄罗斯媒体企业"五巨头"。
5. 给出"媒体市场集中化"概念的定义。
6. 描述媒体市场上的"寡头垄断"。
7. 给出"媒体控股公司"概念的定义。
8. 说明大众传媒的对角线、横向、纵向集中化之间的区别。
9. 说明国有制、商业所有制、混合所有制之间的区别。
10. 描述俄罗斯大型媒体业务透明度问题。

推荐阅读

Блинова О. Н. Медиаимперии России. На службе государства и олигархии. М.: Центр политической информации, 2001.

Вартанова Е. Л. Постсоветские трансформации российских СМИ и журналистики. М.: МедиаМир, 2014.

Вартанова Е. Л. Вырковский А. В., Макеенко М. И., Смирнов С. С. Индустрия российских медиа: цифровое будущее. М.: МедиаМир, 2017.

Гуревич С. М. Экономика отечественных СМИ. М.: Аспект Пресс, 2009.

Засурский И. И. Реконструкция России (массмедиа и политика в 90-е). М.: Изд-во Моск. ун-та, 2001.

Иваницкий В. Л. Модернизация журналистики: методологический этюд. М.: Изд-во Моск. ун-та, 2010.

Основы медиабизнеса / Под ред. Е. Л. Вартановой. М.: Аспект Пресс, 2014.

СМИ в меняющейся России / Под ред. Е. Л. Вартановой. М.: Аспект Пресс, 2010.

Смирнов С. С. Медиахолдинги России: национальный опыт концентрации СМИ. М.: МедиаМир, 2014.

Энциклопедия мировой индустрии СМИ / Отв. ред. Е. Л. Вартанова. М.: Аспект Пресс, 2019.

第十五章　大众传媒受众

概念定义

受众研究是完整描述俄罗斯现代传媒体系的重要环节。因为受众在传媒体系中占据特殊地位，是大众传媒的最终消费者。与受众的相互关系正是媒体存在的最终目的与意义。现代社会大众媒体的社会意义和影响力也正是基于其可能与千百万受众所产生的相互作用与影响。

大众传媒受众通常是指不同年龄、性别、国籍以及收入水平的数量众多的一类群体，他们居住在不同的居民点，彼此不了解，不受稳定的社交互动的约束，是大众传媒内容的消费者。这一特殊受众活动统称为媒体消费，使分散于不同地域的、互不相识的单独个体联合为一个整体。在这一活动进程中，发生着单独个体与其共同媒体渠道的联系，以及对同一内容的接收。对同一个来源与内容的态度取决于个体的信息兴趣和文化需求的共性，而上述兴趣、需求则与个体的社会地位和人口特征（性别、年龄、社会地位、职业等）相关。

大众传媒受众是为数众多、社会成分多样的社会群体，由分散在不同地域、多数情况下互不相识、互不合作的个体组成，共同的兴趣和从事的同一活动（即媒体内容需求，或称媒体消费）将其联合起来。

受众成员之间彼此孤立、缺乏互动、匿名等特征使得一些研究者断定，受众是一个抽象总称和统计集合。他们强调现实的观众、听众或读者与"受众"这一抽象的基本概念之间的差别。

"受众"（аудитория）这一术语应用于不同情境，指代按不同依据划分的媒体内容消费者的总称。因此，可分为不同媒体类型的受众（电视受众、广播受众、互联网受众等），或某个具体大众传媒的受众（比如电视台网络频道受众、《丽莎》杂志受众、香颂广播受众等），个别主题板块受众（如豪华杂志、青少年电视频道受众），或个别体裁与内容类型受众（新闻、体育节目、肥皂剧受众等）。鉴于术语"受众"的意义非常广泛且抽象，它常与限定形容词连用，比如潜在受众、固定受众、目标受众、青少年受众、每昼夜受众等。

作为传媒体系的要素，可从社会与经济两个方面对受众进行研究。第一种观点将受众视为公众，描述对大众传媒内容的理解与阐释过程以及社会舆论的形成。受众作为公众，由公民构成，被视作消息、有意义的象征性内容（思想、意义、价值观、思想观念）的接收者，从自身社会地位、文化立场和意识形态角度以及心理特征出发来理解并阐释上述内容。这是大众传媒社会学、政治学以及文化学研究的学科领域。

另一种观点则涉及政治经济学范式，受众研究背景是媒体经济与媒体业务，前提是受众对大众传媒内容（媒体内容）的需求，以及广告主对大众传媒受众的需求。与之相关的还有市场观点，它将受众视为市场，即媒体产品（大众传媒内容）消费者以及在大众传媒中刊登广告的其他产品与服务的潜在消费者的总和。与此同时，传媒产业的受众具有双重性。一方面，受众是媒体市场的主体，即媒体产品（大众传媒内容）的消费者；另一方面，受众本身也扮演着大众传媒产品的角色，在大众传媒将其推荐给媒体市场的其他主体（广告主）时成

第十五章　大众传媒受众

为一种商品。

受众的特征与类型

大众传媒受众规模和构成各不相同。规模（或数量）是受众的基本特征，是衡量媒体作为信息来源的社会意义和影响规模的指标。在媒体业务中，受众规模也是大众传媒商业效率的重要指标，通常与媒体公司收入相关。

受众规模有具体的量化指标，如覆盖率、排行榜、受众份额等。这些指标通过专门的调查获得并计算得出，常被称为产业（联合）受众评测或者媒体评测。媒体评测在世界各国的媒体市场中都在进行，是市场传媒体系不可分割的组成部分。媒体评测由行业通过专业机构筛选并授权的独立调查公司（代理机构）进行。在有些国家，联合媒体评测（主要是电视调查）领域由政府进行调控。比如，在法国、瑞士和芬兰都有国家媒体评测公司。在英国以及其他一些国家，产业联合委员会是电视评测的唯一订购方，进行招标并选定调研承包方。对受众独立评测的结果形成了关于大众传媒受众的统一信息库，面向广告主、广告代理机构、媒体公司等所有行业参与者。媒体评测数据在国家媒体市场（受众市场）上充当特殊"货币"，同样也应用在媒体营销与媒体管理中。在大型国际公司（宝洁、联合利华等）广告主及其广告代理机构的倡议下，自20世纪90年代末开始在俄罗斯进行类似调查。自2000年起，该调查由TNS俄罗斯实施。该公司是隶属于美国WPP公关控股集团的国际调查机构"凯度"的分支机构。但在2016年国家参与此类业务的调控。通过了一系列大众传媒与广告相关法律的修订案，最终使得 TNS 俄罗斯出售给全俄社会舆论调查中心 – 媒体①。上述法律还规定，自 2017 年 9 月起，广告主有权在联邦电视频道上投放广告，但是必须以联邦通讯、信息技术与大众传媒监管局下属特别委员会筛选出的评测公司数据为基础。TNS 俄罗斯在 2016 年 11 月政府部门组织的选拔中胜出。此后，TNS 俄罗斯将法人名称变更为媒体视野股份公司。经过品牌再造，公司获得了 Mediascope 的名称，并且在公司名称中保留了 Powered by TNS 以示传承。Mediascope 继续运用 TNS 的方法与技术工具，评测电视、广播、报刊以及互联网等各类媒体受众。这些评测数据代表媒体广告市场各板块的行市，也是制定营销战略的基础。Mediascope 的客户大多是媒体广告市场的参与者，包括广告代理机构与集团、出版机构、电视频道、广播电台、互联网平台以及广告主公司。

论及大众传媒受众数量时，可分为潜在受众与现实受众两种类型。潜在受众是原则上有可能接触媒体渠道/大众传媒的人群，即在技术层面上，如通过零售连锁店或邮递获取出版物，通过电视与广播信号转播系统、IP 网络、宽带网以及其他平台获取信息。只有对在一定程度上频繁利用其所掌握的媒体渠道与设备接触媒体内容的人们采取有针对性的行动时，潜在受众才会成为现实受众。潜在受众代表是否使用其可获取的媒体渠道取决于许多主观因素：可用空闲时间、心情、需求、兴趣、媒体使用技能等。因此，现实受众数量总是比潜在受众少得多。大众传媒的现实受众是由潜在受众中的某一群体，通过访问特定媒体渠道而形成的。现实受众通常按一定时间间隔（如月、周、

---

① 全俄社会舆论调查中心的附属机构。

昼夜）或内容单元（如电视节目）来计算。

例如，电视潜在受众几乎涵盖所有居民，因为根据国家统计数据，电视广播节目的居民覆盖率在技术上（通过无线与有线网络，卫星播放与IPTV）已接近100%。然而，尽管就技术而言所有国内居民都可接收电视信号，但是电视现实受众依然少得多。据Mediascope统计，2018年电视业每昼夜平均受众覆盖率低于人口的70%。而具体到电视频道的每日受众则更少：第一频道的日均覆盖率为33%，俄罗斯国家电视台1频道为32%，独立电视台为25%，你的新电视为16%，而俄罗斯公共电视台则为9%。

潜在受众规模决定了大众传媒的社会影响潜力，并划定与其他大众传媒争夺受众的市场界限。现实受众规模正是大众传媒影响力及其在媒体市场上竞争力的实际指标。大众传媒的市场份额（受众份额）是基本的受众指标，用来评价大众传媒的市场地位与商业潜力。

大众传媒受众的第二个特征是它的社会成分或结构。受众由许多性别、年龄、教育程度、经济状况、职业性质、居住地等互不相同的人员构成。受众可解析为某些特征相似的群体。在这个意义上，习惯上称作大众传媒的受众结构。将相似的受众构成加以划分并组合成相应的群体也是受众类型划分和受众市场细分化的基础。类型划分（同类群体的划分）依据可能不尽相同。受众构成的社会特征是其中最重要的依据。以此为依据可将受众分为下列群体：

• 社会人口群体：性别、年龄、居住地、民族、语言；

• 社会职业群体：就业类型、职业、职业性质、专业；

• 社会文化群体：教育、信仰、价值观、政治观点、生活方式、休闲方式、爱好、亚文化归属等；

•消费群体：收入水平、经济条件、财务状况、商品与服务的消费特征。

上述特征是形成不同主题大众传媒群体的基础。比如，人口特征是区分女性出版物、儿童出版物、青少年出版物、地方出版物、地区出版物、民族出版物的基础。社会职业特征对区分行业类大众传媒、企业类大众传媒以及商业类大众传媒十分重要。社会文化差异是形成目标受众的休闲与生活方式、爱好与亚文化（摩托车骑士、球迷、电脑游戏玩家等）联合会、宗教类大众传媒等的基础。了解消费特征对于广告主成功开展业务以及提高大众传媒的广告信息效率至关重要。

在大众传媒受众构成的上述客观差异的基础上，受众可按人口统计学特征（性别、年龄）、社会阶层特征、职业特征、教育特征、地域/居住特征以及其他特征来表示群体总称。受众的社会群体结构是大众传媒受众构成的主要特征。性别、年龄以及收入水平是描述和分析受众构成的主要社会特征。正如预期的那样，这些特征将在最大程度上影响媒体行为以及商品与服务的消费。

某些社会群体的主导地位使我们有必要探讨受众的侧重面。受众的侧重面与目标受众这一概念有关。目标受众由具有共同信息兴趣的人群构成，而这些兴趣本身是由相同社会地位所决定的。受众中目标群体的定位意味着首先要划分出决定出版物、广播电台与电视频道类型的基本特征。例如，家庭频道为女性频道，你的新电视为青少年频道，而赛事频道则为男性频道。这些界定指出了上述电视频道的侧重面与目标受众。但是，这并不意味着男性不收看家庭频道，他们收看的比女性少得多，该频道男性受众少于赛事频道。

例如，我们可以比较主要俄罗斯电视频道的受众侧重面。图15.1

的上半部分是年龄较大的受众为主的电视频道（频道在图上的位置越高，其观众的平均年龄越高），该图下半部分是青少年观众占多数的电视频道。图的右边和左边分别表示电视频道的男性和女性受众占大多数。圆形的大小表示电视频道的受众规模（排行榜）。

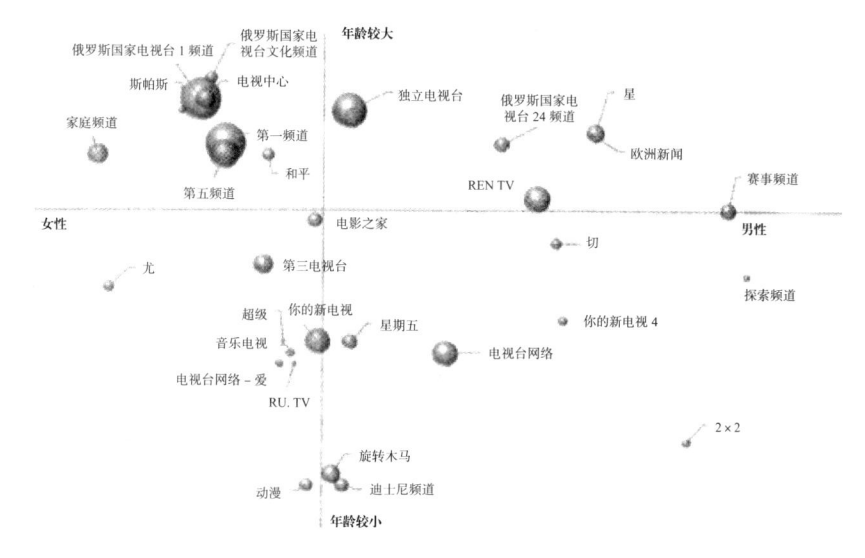

图 15.1　俄罗斯公共电视频道受众侧重面情况 [1]

资料来源：*Mediascope/TV Index* – Роосия (города 100000+), население старше 4 лет, 2018 г.

在进行受众分析与细分时，社会人口特征通常被视为基本特征。但有时为了描述受众的侧重面，并区分受众细分领域仅凭这点是不够的，在涉及那些面向同样性别年龄的受众群体的大众传媒时尤其如此。可以通过社会文化特征（社会文化类型）来区分人口特征相似的受众。

---

[1]　坐标系中包含性别、年龄、排行榜。排行榜用圆形的大小来表示。圆形的位置由频道受众性别与年龄的平均值决定。坐标轴的交点对应的是就整体而言电视受众的性别与年龄平均值。

媒体消费已融入日常生活，而媒体利益融入了广泛的文化利益、个人价值观、消费行为特征、休闲活动、生活方式等。即便是同一社会人口群体的成员，其上述特征也显著不同。比如，电视台网络、你的新电视、"星期五！"等青少年频道具有相似的社会人口特征，同时每个频道都关注青少年在文化需求、价值取向、生活方式等方面更加细微的差别。比如，在年轻观众中既有以自我实现为目标的名利客，也有面向家庭的家庭守护者，还有个人主义者、利他主义者、享乐主义者以及有社会责任感的人等。社会文化差别会体现在专门的营销调查中。这些调查通常来说是对大众传媒受众评测相关行业项目的补充。然而在媒体业务实践中，分析与细分受众时，相对于以社会人口差别为基础的特征，对社会文化特征的使用要少得多。

作为一种特殊的受众活动，媒体消费的某些特征也用作受众描述与分析。这些特征涉及媒体消费的参与过程及其实践特点，即其常见的组织形式和方法。

媒体消费参与过程可按照下列特征描述：接触媒体的规律与强度，通过频率与时长的量化指标来表示。在此基础上，任何大众传媒受众都可细分稳定受众与不稳定受众，活跃受众、温和受众与不活跃受众，等等。受众的最终规模（或总量）取决于接触某一电视频道或广播电台的频率，及其收看或收听时长。接触媒体渠道的频率与时长也被视为受众对大众传媒态度的指标，如受众忠诚度。因此，理想的状况是稳定的观众、听众或读者在大众传媒受众中占有较大比重。

接触某个大众传媒的频率经常作为受众忠诚度的指标，而对于电视节目来说，还有收视时长指标。比如，在月刊杂志中，拥有最忠诚受众的有儿童杂志《萨沙与玛莎》、行业出版物（《财务经理》《总经理》)、烹饪杂志《厨房一家亲》以及某些时尚杂志(《大都会－购物》《爱尔甜心》)。上述杂志超过20%的读者会阅读每期杂志。同时，需要注意的是，受众忠诚度与其规模无关。比如，《环球》月刊是受众覆盖率领先的杂志之一（其半年受众接近1000万人）。但是，从忠诚受众的比重来看，该杂志明显落后于其他出版物，半年期受众要少得多。只有1/10的杂志读者在半年内阅读过每期杂志，67%的受众阅读的期数低于半年内出版杂志的一半。上面提到的《总经理》杂志尽管半年期受众仅为50万人，但是其中1/5的读者几乎每期都读过[①]。

媒体消费实践的特征体现在报刊阅读、电视收看或广播收听的习惯性方式上。有的人是边做别的事，边不经意地看电视，而有的人则是全神贯注地看电视，不因其他事而分心。有的人喜欢一直开着收音机，而有的人则在睡前才打开，或者只在车里收听。有的人倾向于阅读杂志纸质版，而有的人则完全拒绝阅读纸质报刊，转向在线阅读。媒体消费已融入我们的日常生活，与生活方式息息相关。

随着数字技术的发展，21世纪的媒体消费实践正经历重大变革。互联网以及可持续上网的个人移动设备（智能手机、平板电脑）的大规模普及是引发上述变革的主要因素。作为一种多功能媒体环境，互联网可向受众提供不同的交际、工作、学习以及媒体消费机会，与传统大众媒体争夺受众的时间、注意力与金钱。同时，对于电视、广播与报刊来说，互联网也成为送达受众的新的传输与访问媒介。部分媒体消费转向互联网已成为媒体消费的主要趋势。这并不意味着完全放弃通过电视收看电视节目、收听无线广播或阅读报刊纸质版等传统媒体消费实践。这涉及更多的是新的线上形式对传统媒体实践的补充与

---

① Mediascope / NRS-Россия（города 100+），население старше 16 лет，март-июль 2018.

部分替代。但是，不同媒体的替代程度是不同的。如果说拒绝收看电视、收听无线广播转而通过互联网收看收听的人数并不多，那么报刊专属的互联网受众则要多得多。据全俄社会舆论调查中心统计，近 1/5 的俄罗斯人（19%），并且其中 1/3 的 25—34 岁人群（35%）愿意完全放弃报刊纸质版，使用其电子版[①]。

媒体环境的数字化也加深了媒体消费实践的差别。数字内容供应、内容发布渠道与平台以及接入互联网的用户设备的爆炸式增长，使得媒体内容一周 7 天每天 24 小时可获得，并且让媒体内容消费的形式和方法更加多样化。现代媒体消费实践可变性更强，更容易适应个人的日常生活与受众成员的生活方式。媒体消费的个性化导致了新一轮的受众碎片化，即把曾经的广大受众划分为小群体受众。

电视受众

尽管互联网已得到广泛应用，但是无论从覆盖率，还是从时长来看，电视依然是最流行的大众媒体。根据 Mediascope 的数据，99% 的俄罗斯人每月至少收看一次电视，90% 的人每周至少收看一次，而平均 68% 的居民每天都会收看电视。而且俄罗斯人收看电视节目的时间也足够多，每昼夜约 4 小时。2018 年，俄罗斯人每昼夜收视时间为 230 分钟（合 3 小时 50 分钟）[②]。在这一指标上，俄罗斯名列世界

[①] «ВЦИОМ-Спутник» – всероссийский репрезентативный опрос (N=1200, 18+); телефонное интервью, октябрь 2017. [Электронный ресурс]. – Режим доступа: wciom.ru/index.php?id=236&uid=116624.

[②] Mediascope / исследование TV Index – индустриальный проект по измерению аудитории телевизионных каналов; репрезентирует телесмотрение жителей городов РФ численностью от 100 тыс. жителей, возраст от 4 лег и старше.

前30强。作为对比，电视消费领先国家的每昼夜电视收看时长超过5小时（如罗马尼亚为5小时37分，塞尔维亚为5小时23分，波斯尼亚和黑塞哥维那为5小时18分）。而收看电视时间最短的是北欧居民。比如，冰岛仅为1小时18分钟，是全世界收视水平最低的国家。挪威居民收看电视的时间稍长一些，为1小时37分，约为电视消费领先国家收看时间的1/3。

在媒体环境数字化背景下，全世界的电视消费实践、电视受众正在发生重大变化。传统（线性）电视消费，根据播放表（电视节目单），在转播期间通过电视屏幕收看电视内容，已不再是唯一的电视收看方式。目前电视内容可以在电脑屏幕上收看，而且不仅限于在转播时刻（线性），而且还可以"点播"（非线性）。在任何时间、任何地点（有电视广播或互联网的地方），并且在任何屏幕上都可以观看电视节目，使得观众的电视消费过程变得十分便捷。有鉴于此，在数字化程度较高的一些国家，电视消费不断增长。同时，传统线性电视收看总量呈减少趋势，因为部分电视消费已转向其他媒介和屏幕。电视消费结构的改变，即传统（线性）电视受众的减少，以及各种形式的电视内容非线性（点播）收看的增长，成为电视消费领域内最明显的趋势，已在世界上不同国家或多或少地体现出来。

21世纪10年代，影响俄罗斯电视收看态势的不仅是技术的发展，还有社会政治局势。整体来看，2012—2018年俄罗斯人电视消费水平降低了，尽管并不显著：从每天238分钟降至230分钟（见图15.2）。与此同时，2014—2016年电视收看出现局部增加，经济发展以及俄罗斯周边对外政治形势的不稳定，导致居民对资讯类电视节目兴趣的提高。然而在2017年电视收视率开始下降。危机旷日持久，联邦电视频道的社会政治节目显著增加（2013—2018 年间 3 个频道此类节目增加了 1 倍），民众对政治的厌倦日益累积，引发消极情绪。对电视兴趣的降低，伴随而来的是互联网视频消费的增长，主要原因在于奈飞、ivi、Okko、梅戈戈、YouTube 等俄罗斯国内外在线视频服务商的蓬勃发展。它们提供了大量专业的和用户生成的视频内容。

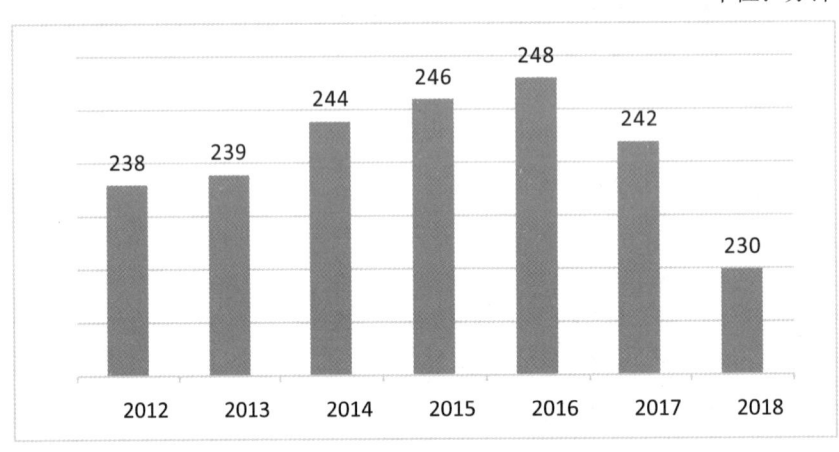

单位：分钟

年份	分钟
2012	238
2013	239
2014	244
2015	246
2016	248
2017	242
2018	230

图 15.2　每昼夜电视收看情况

资料来源：*Mediascope/TV Index – Роосия* (города 100000+), население старше 4 лет, 2012-2018 гг.

电视受众的社会构成各不相同，不同社会人口群体收看电视的强度各异。年长者看电视更频繁，时间也更长，而年轻人则较少看电视。女性收看电视的平均时间（255 分钟）多于男性（200 分钟）。（见图 15.3）相应地，电视受众的社会人口结构偏向女性和年长者。女性在电视受众中所占比重为 61%，而 40 岁以上观众所占比重接近 70%。

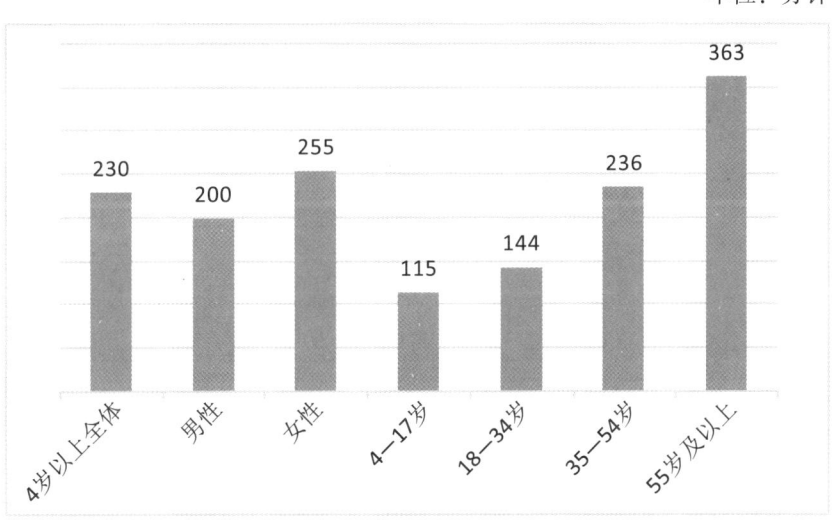

单位：分钟

230 — 4岁以上全体
200 — 男性
255 — 女性
115 — 4—17岁
144 — 18—34岁
236 — 35—54岁
363 — 55岁及以上

图 15.3　不同性别与年龄群体每昼夜电视收看情况

资料来源：*Mediascope/TV Index* – Роосия (города 100000+), население старше 4 лет, 2018 г.

不同社会群体的收视动态也不尽相同，因为不同类别的居民使用互联网及其他数字技术的程度不同，这种现象被称为数字化发展失衡或数字鸿沟[1]。互联网给电视受众和收视率状况带来双重影响。一方面，在如何支配空闲时间与媒体消费上，互联网与电视争夺受众的关注；另一方面，互联网成为新的收视传输媒介，提供了更加多样化和便捷的电视节目观看方式。但是因为掌握新技术的首先是年轻人，所以传统（线性）电视收看在青少年群体中比年长者群体减少得更明显也更快速。并且，2014—2016 年在俄罗斯政治与社会经济形势不稳定的情况下，年长者群体收视率大幅上升，有别于同期收视率持续

---

[1] Кастельс М. Галактика Интернет: Размышления об Интернете, бизнесе и обществе. Екатеринбург: У-Фактория, 2004.

降低的青年群体。正是由于老一辈人总是对新闻更感兴趣，才确保了 2014—2016 年间电视消费的稳步增长。但是，自 2017 年起，包括 55 岁以上观众在内的所有年龄群体收视率都在降低。（见图 15.4）

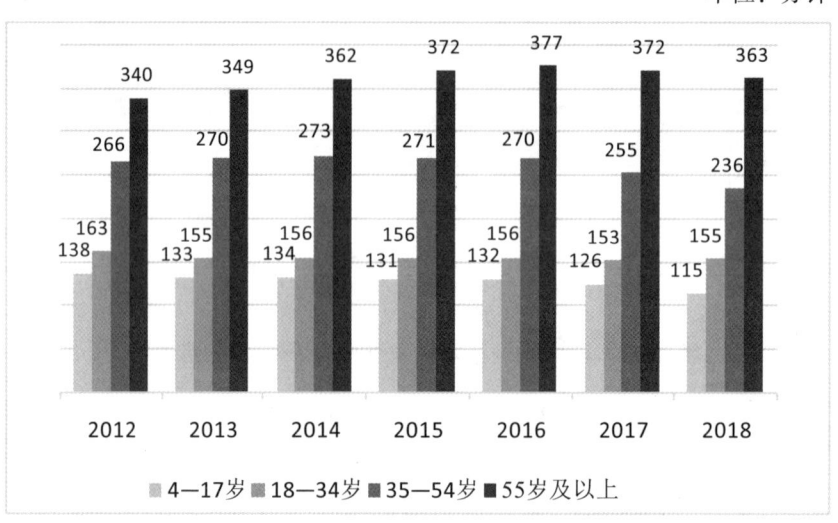

单位：分钟

年份	4—17岁	18—34岁	35—54岁	55岁及以上
2012	138	163	266	340
2013	133	155	270	349
2014	134	156	273	362
2015	131	156	271	372
2016	132	156	270	377
2017	126	153	255	372
2018	115	155	236	363

图 15.4 不同年龄群体每昼夜电视收看情况

资料来源：*Mediascope/TV Index* – Роосия (города 100000+), 2012-2018 гг.

因此，与其说互联网导致了俄罗斯电视消费总量的缩减，不如说它对特定社会群体造成了一定的影响。代际数字鸿沟的存在与年轻人电视消费的迅速下降，正在改变电视受众的年龄结构：中青年人受众逐年减少，而年长者群体所占比重相应增长。这一过程被称作电视受众的老龄化。十年间，俄罗斯电视受众平均年龄从 44 岁增至 49 岁。

构成电视受众的，不仅包括不同性别、年龄以及社会地位的人，而且还包含不同文化兴趣与需求的观众。这些差异体现在观众对电视频道和电视节目类型的偏好分化上。电视受众在各电视频道间的分布见图 15.5。

单位：%

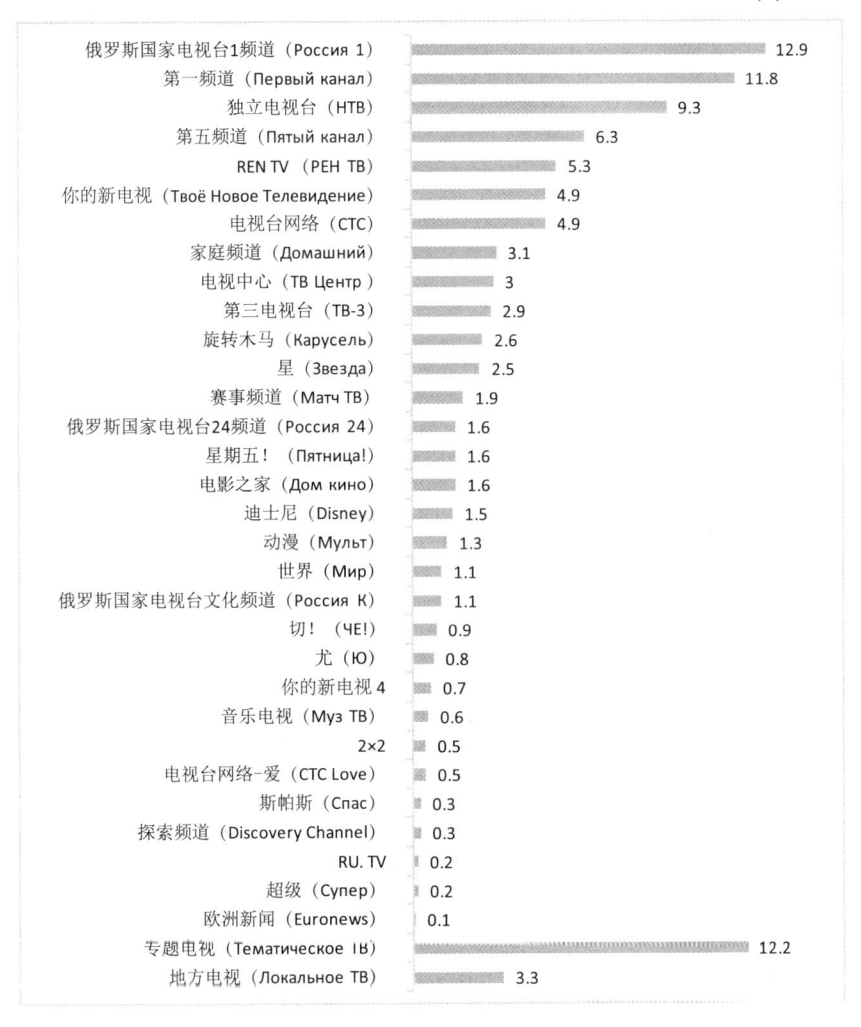

频道	%
俄罗斯国家电视台1频道（Россия 1）	12.9
第一频道（Первый канал）	11.8
独立电视台（НТВ）	9.3
第五频道（Пятый канал）	6.3
REN TV（РЕН ТВ）	5.3
你的新电视（Твоё Новое Телевидение）	4.9
电视台网络（СТС）	4.9
家庭频道（Домашний）	3.1
电视中心（ТВ Центр）	3
第三电视台（ТВ-3）	2.9
旋转木马（Карусель）	2.6
星（Звезда）	2.5
赛事频道（Матч ТВ）	1.9
俄罗斯国家电视台24频道（Россия 24）	1.6
星期五！（Пятница!）	1.6
电影之家（Дом кино）	1.6
迪士尼（Disney）	1.5
动漫（Мульт）	1.3
世界（Мир）	1.1
俄罗斯国家电视台文化频道（Россия К）	1.1
切！（ЧЕ!）	0.9
尤（Ю）	0.8
你的新电视 4	0.7
音乐电视（Муз ТВ）	0.6
2×2	0.5
电视台网络-爱（СТС Love）	0.5
斯帕斯（Спас）	0.3
探索频道（Discovery Channel）	0.3
RU. TV	0.2
超级（Супер）	0.2
欧洲新闻（Euronews）	0.1
专题电视（Тематическое ТВ）	12.2
地方电视（Локальное ТВ）	3.3

图 15.5 电视受众在各频道的分布情况（按观众份额）

资料来源：*Mediascope/TV Index* – Роосия (города 100000+), население старше 4 лет, 2018 г.

传统上，吸引受众最多的是"适合所有人"的综合性多体裁电视频道。在俄罗斯市场上，属于这类频道的是所谓的联邦频道"三巨头"：第一频道、俄罗斯国家电视台1频道、独立电视台。这三个频道占电视消费总量的1/3（35%），每个频道所占份额为9%—13%。它们是俄罗斯电视市场的领导者。构成第二梯队的是大型商业电视网。它们出现在20世纪90年代后半段至21世纪前10年，包括你的新电视、电视台网络、REN TV、第五频道。2018年它们共占俄罗斯电视消费总量的1/5，每个频道所占比重为5%—7%。上述两个梯队的频道共拥有55%的电视受众。另一半受众在其余电视频道之间分配。包括第一套和第二套公共电视数字频道中的无线频道（数字多路传输器），非无线专题电视频道（电影之家、动漫、"切！"等）以及地区电视台（仅拥有约3%的电视受众）。另外，还有200多个体裁主题范围较窄的有线卫星频道，与其他非无线频道相比其受众有限。但是，专题电视作为"长尾"在总收视量中所占比重约为12%，可以与俄罗斯国家电视台1频道、第一频道这些电视市场领先频道所占份额相媲美。

线性电视受众减少的同时，碎片化分布也在持续发展，电视受众细分为越来越小的受众群。大量普通受众，曾经集中在一些综合性内容、全国性覆盖的电视频道上，现在分散至数量众多的不同专题频道中去。随着多频道的发展，碎片化趋势不断增强，而付费电视的发展（提供电视节目多频道套餐的服务）则保障了多频道运营。如果说21世纪前10年城市家庭可收看的电视频道为7—9个，那么到2018年则接近70个[①]。尽管拥有了10余倍的电视频道，观众依然定期收看3—4个频道。在多频道环境中，每个观众都形成了个性化频道组合和

---

① НСК /《Телевидение глазами зрителей》. 2000-2018 гг.: общероссийский опрос на репрезентативной выборке городского населения РФ, возраст 15+.

自己的电视"菜单"。多频道促进了个性化的电视消费，与此同时俄罗斯家庭电视机数量也在增长。拥有更多的电视使得家庭成员都可以根据自身兴趣和喜好观看节目（频道）。拥有一台电视的家庭，为照顾到不同家庭成员的兴趣，在共同收看时通常更倾向于选择综合性的大众频道和体裁。随着电视机数量的增长，家庭成员的个性化收看机会也在增加，专题（小众）频道具有优势，其受众开始增长。相反，综合性大众频道的受众则逐年递减。比如，21世纪头10年初在受众总量中第一频道、俄罗斯国家电视台1频道、独立电视台这3个联邦电视频道所占比重共计62%，而2013年、2018年这一指标则分别为39%、34%。

随着电视消费的个性化发展，电视业越来越难获得大批受众：电视节目收视率，甚至是最受欢迎的大众化体裁，也在逐年下降。比如，2000年收视率最高的电视连续剧《破坏力》（第一频道）曾获得27个收视率点数（即平均27%的居民收看过该剧）。2010年收视率最高的电视剧（独立电视台频道的《遁世者：回归》）获得10个收视率点数，而2018年收视率最高的电视剧《戈杜诺夫》（俄罗斯国家电视台1频道）仅获得7个收视率点数。最受欢迎的大众体裁电视节目收视率的下降是碎片化的另一个表现。

但是，整体来看，俄罗斯电视观众依然具有稳定的大众品味和体裁偏好。电视剧已经数十年稳居电视类型畅销榜单首位，而且近20年来都是国产电视剧。电视剧几乎占总收视时间的1/3（27%—30%）。位列第二的是幽默节目、音乐节目以及其他表演节目等娱乐节目，占20%—23%。位列第三的是故事片（14%—17%），位列第四的是新闻（10%—14%）。这四种类型的电视节目约占电视消费的

70%，而纪录片、体育节目、儿童节目、教育节目等其他所有节目所占比重则接近30%。

最近几十年间，非线性电视消费不断增长，成为新趋势。非线性电视消费，即在播放网以外收看电视节目、连续剧以及电影，随着时间推移，还包括点播收看、经常无需借助电视屏幕的那些收看。在俄罗斯，与许多其他国家不同，互联网是进行非线性电视收看的主要平台。在美国、西欧等发达国家数字市场上，数字付费电视服务商以及BBC、iPlayer、ITVHub、All 4（英国）、Hulu、HBO Max（美国）等广播电视公司的流媒体服务（广播视频点播）提供电视节目的延时收看、播出后、播出前、视频点播等服务。在俄罗斯，数字付费电视网（数字有线电视、IPTV）的成长取决于互联网（无论是技术基础设施，还是在线视频服务）的发展，而互联网盗版规模之大，使得付费电视运营商无法发展互动服务，使其成为俄罗斯电视市场的重要组成部分。因此，俄罗斯互联网用户"点播"电影、电视剧与电视节目借助互联网，而不通过付费电视网，并且经常不通过服务商（如More.tv、TNT-online等广播电视公司），通过非法互联网资源收看。

根据调查数据，15岁以上的俄罗斯城市居民中，近乎一半（48%）至少每周在互联网上收看一次电影、电视剧与电视节目。年轻人（总体来看，年轻人中互联网用户多于年长者群体）在网上观看电视内容的做法最为普遍。中年群体也快速掌握了如何通过互联网观看电视。（见图15.6）

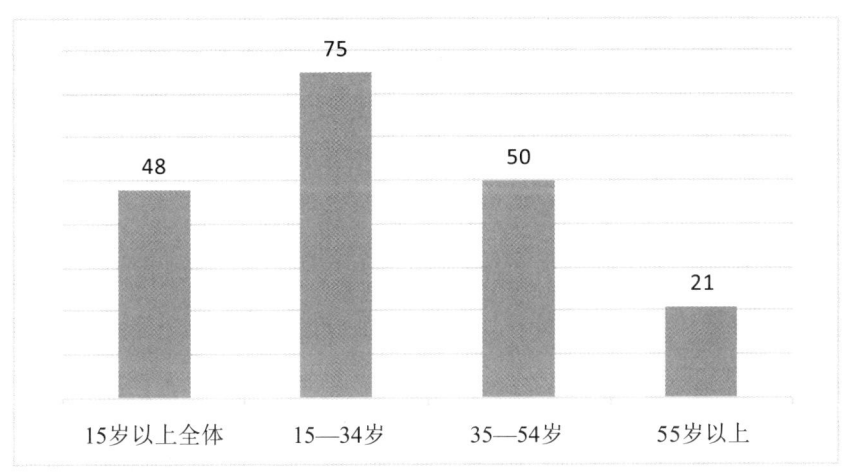

单位：%

图 15.6　互联网专业视频观众每周覆盖率情况（按年龄群体）

资料来源：НСК, Телевидение глазами телезрителей, городское население старше 15 лет, 2018 г.

总之，在数字技术与互联网快速发展的背景下，电视受众与电视消费实践经受了重大改变。在这些因素影响下，产生了以下趋势：数字鸿沟致使传统（线性）电视消费总量减少，且在不同年龄群体间消费不均衡；传统电视受众老龄化；无论是电视内容（多频道）总量、多样化的品种，还是其观看方式与各类屏幕都在不断增长，强化了观众碎片化和电视消费个性化趋势；非线性电视消费总量在互联网与不同年龄群体中不均衡增长。

广播受众

广播仍是最普遍且最易获得的媒体之一。与电视一样，几乎所有人（91%）至少每月收听一次广播。就每日受众数量而言，广播也仅稍逊于电视（上述指标分别为62%和69%）。俄罗斯人日均收听广播2小时44分钟，低于电视日均收看时长（3小时50分钟）。但是总体来看，广播受众比电视观众更年轻。收听广播最多的是25—54岁中青年群体，每天约3小时。而55岁以上的老一辈人、25岁以下的青少年收听广播要少一些，大约每天2小时15分钟。①

当今，广播电台除了通过无线电广播，还可在互联网上播放。广播受众部分转移到互联网上，是对传统的无线电广播收听的替代或补充。根据Mediascope的数据，2018年几乎1/4的受访者在互联网上收听过广播，并且2%的人仅通过互联网收听。因此，12—24岁青少年中的在线广播听众比重（35%）多于55岁以上群体（17%）。播客这种相对较新的广播收听方式日渐获得人气。根据全俄社会舆论调查中心的数据，近1/5的俄罗斯人收听播客（19%），通常为年龄在18—34岁的俄罗斯人（26%）②。

总之，在媒体环境数字化条件下，广播并未像纸质期刊那样遭受严重的受众流失。2005—2018年，根据Mediascope的数据，广播每昼夜平均受众非但未减少，反而增长了，从3590万人增至3930万人。发达的国外市场也呈现出类似趋势。

广播在媒体消费中占据稳固地位是由音频通讯的特点所决定的。广播并不需要像印刷类大众传媒（文本）或者电视（视频）那样参与媒体消费过程。在从事很多日常事务的同时，可以很轻松地将广播作

---

① *Mediascope/RadioIndex:* Россия (города 100000+), население 12+, 2008 г.
② «ВИЦИОМ-Спутник» – всероссийский репрезентативный опрос (N=1600,18+); телефонное интервью, февраль 2020. [Электронный ресурс]. – Режим доступа : wciom.ru/index.php?id=236&uid=10157.

为背景收听,电视收看也是如此。但不同的是,电视收看仍主要是居家活动,而收听广播却不一定在家里。数字化技术拓展了设备在室外收听广播的范围。借助于移动设备和耳机,在家里、单位、上班路上以及公共场所(商店、理发店、咖啡馆、诊所、体育俱乐部等)均可收听广播。这种无处不在的重要竞争优势使得广播在数字化环境中非但未受损失,反倒巩固了自身在大众传媒体系中的地位。(见表15.1)

表15.1 使用不同设备收听广播电台的情况

设备	在城市居民所占比重
收听广播	人口在10万以上,年龄在12岁以上
车载收音机	72%
收音机	38%
手机/智能手机	24%
电脑/笔记本电脑	19%
有线收音机	13%
电视	12%
平板电脑	5%
播放器	4%

资料来源:*Mediascope/Radio Index*: Россия (города 100000+), население старше 12 лет, 2008 г.

大多数人在私家车内、家里或上班上学时收听广播(见表15.2)。广播受众中,汽车驾驶员占据显著位置。根据Mediascope数据,广播的汽车受众每昼夜与每周覆盖率与家庭受众水平相当。许多人在上班时作为背景收听广播(61%的人至少每周一次)。实际上,每天上班时收听广播的人数少得多，仅 14%（比在家里和车上少一半）。但是上班时平均每天收听 5 小时，而在车上仅收听 2 小时。显然，在这两种情况下很难使用视频或文本内容，这使广播摆脱了媒体领域的激烈竞争。

表 15.2　受众在不同地点收听广播的主要指标情况

广播收听地点	每昼夜覆盖率	每周覆盖率	听众每昼夜广播收听时长
家里	31%	83%	3 小时 32 分钟
车上	32%	83%	2 小时 7 分钟
上班	14%	61%	5 小时 2 分钟
广播共占比重	62%	86%	4 小时 25 分钟

资料来源：*Mediascope/Radio Index*: Россия (города 100000+), население старше 12 лет, 2008 г.

根据全俄社会舆论调查中心的数据，吸引广播听众的主要是音乐，收听音乐的人占 72%。略低于一半的人收听新闻（45%），约 1/4 的广播听众偏好谈话类节目（访谈与脱口秀，占 27%）和科学教育类节目（24%）[1]。

按每昼夜受众数量统计的俄罗斯广播电台前 20 强中，一些音乐电台领先，但信息访谈类电台也相当多，如消息调频、俄罗斯广播、灯塔、莫斯科回声、商务调频（见图 15.7）。

---

[1] «ВЦИОМ-Спутник» – всероссийский репрезентативный опрос (*N*=1600, 18+); телефонное интервью, февраль 2020. [Электронный ресурс]. – Режим доступа: wciom.ru/index.php?id=236&uid=10157.

单位：%

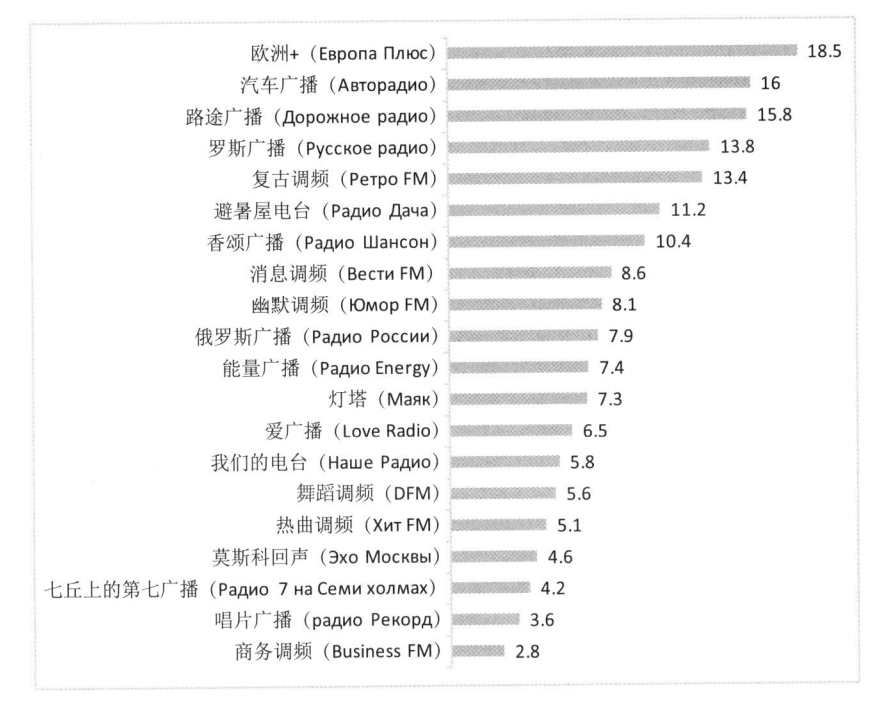

电台	%
欧洲+（Европа Плюс）	18.5
汽车广播（Авторадио）	16
路途广播（Дорожное радио）	15.8
罗斯广播（Русское радио）	13.8
复古调频（Ретро FM）	13.4
避暑屋电台（Радио Дача）	11.2
香颂广播（Радио Шансон）	10.4
消息调频（Вести FM）	8.6
幽默调频（Юмор FM）	8.1
俄罗斯广播（Радио России）	7.9
能量广播（Радио Energy）	7.4
灯塔（Маяк）	7.3
爱广播（Love Radio）	6.5
我们的电台（Наше Радио）	5.8
舞蹈调频（DFM）	5.6
热曲调频（Хит FM）	5.1
莫斯科回声（Эхо Москвы）	4.6
七丘上的第七广播（Радио 7 на Семи холмах）	4.2
唱片广播（радио Рекорд）	3.6
商务调频（Business FM）	2.8

图 15.7　每昼夜覆盖率领先的广播电台情况

资料来源：*Mediascope / Radio Index*: Россия (города 100000+), население старше 12 лет, 2008 г.

因此，广播受众结构显示在线听众比重逐年增长，但是得益于数字化技术的发展、广播收听新设备的出现，广播受众总量并未减少。随着车主数量的增加，广播电台在互联网上开设的在线广播和播客以及个人移动设备的普及都在某种程度上弥补了有线和无线广播家庭受众的减少部分。

印刷类大众传媒受众

根据 Mediascope 的数据，至少有时会阅读纸质报刊的成年居民占 62%[①]。但是，印刷类大众传媒不能像电视和广播那样拥有数量众多的固定受众。就所占俄罗斯人比重而言，如果说每天收看电视的接近 70%，收听广播的超过 60%，那么每天阅读报纸和杂志仅为 10% 左右。就每周受众覆盖率而言，纸质报刊也低于电视和广播：约 40% 的俄罗斯人至少每周阅读一次报刊，而电视和广播的每周覆盖率则接近 90%。

如上所述，在媒体消费过程中，媒体接触频率是影响受众数量的重要指标。报刊的这一指标逊于其他媒体。就耗费时间这一媒体消费的第二个量化指标而言，期刊也落后于电视和广播。每天阅读报纸和杂志平均约为 10 分钟，而收看电视和收听广播平均却为数小时。

与电视一样，纸质出版物的重点受众也向年长者群体转移。每周接触期刊的，占 16—34 岁年龄群体的 1/4，占 35—54 岁年龄群体的 1/3，占 55 岁以上年龄群体的 1/2。

不同年龄群体的主题兴趣和偏好也各不相同（见表 15.3）。拥有最大读者群的出版物有电视指南类（占居民的 17%）、女性与时尚类（16%）、填字游戏类（16%）、周报类（13%）、综合类（11%）以及汽车类（9%）[②]。

[①] Mediascope / M'Index – Россия (города100000+), население старше 16 лет, 2018 г.
[②] Mediascope / NRS – Россия 100+, население16+, сентябрь 2018 – февраль 2019; полугодовая аудитория (охват), %.

表 15.3　不同年龄群体中 AIR[①] 排名前五的纸质出版物情况

16—24岁	AIR	25—34岁	AIR	35—44岁	AIR	45—54岁	AIR	55岁以上	AIR
女性类	21%	女性类	20%	女性类	18%	女性类	18%	电影与电视指南类	18%
综合类	17%	填字游戏	17%	填字游戏	17%	填字游戏	17%	周报类	18%
电影与电视指南类	16%	电影与电视指南类	16%	电影与电视指南类	16%	电影与电视指南类	17%	填字游戏	17%
男性与体育类	14%	综合类	14%	汽车类	13%	周报类	14%	女性类	12%
填字游戏	12%	汽车类	13%	周报类	11%	汽车类	12%	健康类	10%

资料来源：*Mediascope / NRS* – Россия (города 100+), население старше 16 лет, март-июль 2018 г.

同时，《大都会》《故事大篷车》《博达》等女性杂志在 55 岁以下读者中尤其受欢迎，而《天线－一周电视》《七天》等电影与电视指南在年长者群体中很受欢迎。《纸吹龙》《777》等带填字游戏的杂志在 25—54 岁读者中需求量最大。这一中年读者群体中驾驶员最多，因此他们还对《驾车》《汽车观察》等汽车类刊物感兴趣。在 16—24 岁这一最年轻的读者群体中，与女性杂志和电视指南一样，享有人气的还有《马克西姆》《时尚先生》《大型运动》等男性与体育类刊物。在年轻人中畅销的还有《环球》《地球画报》《探索》等综合类杂志，并且这类需求在年龄稍大的 25—34 岁群体中也继续保持着。随着年龄增长，对《论据与事实》《共青团真理报－周末版》等

[①] 平均每期受众人数（Average Issue Readership，简称 AIR）。表中列出了涵盖相应主题类型的出版物的 AIR 总体指标。

周报的兴趣也在逐步增加，同电视指南一样，这类报纸广受年长者群体欢迎。55岁以上读者还对《健康》《家庭医生》等健康类刊物表现出兴趣。

在数字化条件下，互联网作为快速信息来源的意义与日俱增，印刷类大众传媒饱受冲击。在16岁以上的俄罗斯人中，近40%的人声称不阅读纸质报纸与杂志。而就在5年前，这一指标要低得多，仅为20%。[1]

报纸和杂志受众转向互联网、主题类网络资源以及在线大众传媒，争夺广告预算竞争的加剧，导致俄罗斯传媒体系的期刊板块陷入危机。大多数纸质期刊印数和受众双双下滑是主要表现。2015—2018年间，每年发行量平均缩减10%。许多出版物停刊——10年间，俄罗斯已正式注册的印刷类大众传媒几乎减少了1/3[2]。

俄罗斯各类纸质刊物受众都在减少，但是日报最先受到影响。10年前其受众几乎为现在的3倍！平均每期受众人数从2008年的17.1%降至2018年的5.9%。甚至大型社会政治类出版物也遭受了损失。比如，2013—2018年仅5年间，《莫斯科共青团员报》受众减少近乎50%（从116.9万缩减至68.6万），而《俄罗斯报》损失了约1/3的读者（从95.1万减少至66.1万）。

2011年之后，大型周刊与月刊受众减少的趋势越发明显。鉴于读者正转向新的大众传媒消费模式，在纸质出版物受众减少的同时，其

---

[1] *Mediascope / M'Index* – Россия (города 100000+), население старше 16 лет, 2-е полугодие 2013 и 2018гг.
[2] Отраслевой доклад «Российская периодическая печать. Состояние, тенденции и перспективы развития в 2018 году». С. 57, 64.

在线受众却在增长。根据全俄社会舆论调查中心的数据，每天使用在线大众传媒的俄罗斯人（16%）多于阅读纸质期刊的人数（6%）。[①] 许多刊物的在线受众都多于纸质版（见表15.4）。这首先适用于商务类出版物。根据 Mediascope 的数据，《商业报》《俄罗斯商务咨询》《生意人》的在线受众是其纸质版受众的数倍之多。

表15.4 纸质刊物及其在线版的半年受众情况

刊物名称	纸质版（千人）	在线版（使用台式电脑）（千人）	在线版/纸质版
《商业报》	1199	4915	410%
《俄罗斯商务咨询》	3371	11515	342%
《优家画报》	313	679	217%
《嘉人》	527	1119	212%
《热门明星》	1969	3798	193%
《消息报》	4165	7633	183%
《生意人》	3811	6963	183%
《共青团真理报》	8613	14134	164%
《俄罗斯报》	5572	8910	160%
《莫斯科共青团员》	6072	8871	146%
《心理月刊》	1397	1706	122%
《爱尔甜心》	1174	1324	113%
《电视节目》	3613	3914	108%

---

① «ВЦИОМ-Спутник» – всероссийский репрезентативный опрос (*N*=1200, 18+); телефонное интервью, октябрь 2017. [Электронный ресурс]. – Режим доступа: wciom.ru/index/php?id=236&uid=116624.

续表

刊物名称	纸质版（千人）	在线版（使用台式电脑）（千人）	在线版/纸质版
《世界时装之苑》	1624	1726	106%
《大众机械》	2120	2115	100%
《论据与事实》	12341	9261	75%
《时尚先生》	884	653	74%
《大都会》	7026	4772	68%
《马克西姆》	4513	3061	68%
《国家地理》	5066	846	17%
《环球》	7634	994	13%
《家居廊》	603	37	6%

资料来源: *Mediascope / «NRS–Россия», Web Index* (города 1 000 000+), население в возрасте 16–64 лет, май-октябрь 2018 г. Отсортировано по соотношению онлайн – аудитории к офлайн - аудитории.

  纸质刊物及其在线版本受众的对比关系取决于许多因素，但也遵循某些（不严格的）规律。通常，提供快速实时信息的刊物其互联网读者要多于旨在满足受众认知与休闲需求的刊物。对前一类刊物而言，阅读报纸经常是必需的，与工作、生意以及检索参考信息相关。对后一类刊物而言，阅读是为了休闲、娱乐以及愉快地消磨时间。最能成功维持线下读者受众的杂志是那些手持舒适、便于翻阅的杂志（如《马克西姆》《大都会》）或知识类杂志（《国家地理》《环球》）。总之，许多出版物的数字版读者数量得到拓展，如果将在线受众计算在内，期刊受众总量依然保持稳定。

互联网受众

20年间，互联网在俄罗斯得到普及。2018年，已有3/4的居民（超过9000万人）使用互联网，并且有近8000万人（65%的居民）每天使用互联网[①]。由于互联网接入的基础设施发展不平衡，不同类型居民的互联网覆盖程度也各不相同。在城市中，80%的家庭有固定互联网接入（且主要为高速宽带，占77%）。在农村地区，互联网覆盖率稍低一些（67%），尤其是宽带互联网的覆盖率更低（61%）。根据Mediascope的数据，互联网用户所占比重在居民超过10万的大型城市（79%）整体上高于较小居民点（69%）。这一指标最高的是人口百万的城市，其中莫斯科为84%，叶卡捷琳堡为83%，圣彼得堡为81%。

年龄是决定互联网使用差别的第二个重要因素。几乎所有年轻人（12—34岁）与中年人（35—44岁）都掌握了互联网的使用，其互联网用户所占比重分别为95%、91%。甚至在45—54岁年龄群体中互联网用户所占比重已达80%。但是在55岁以上年龄群体中依然存在数字鸿沟，仅41%的人掌握了互联网。且有别于其他年龄群体，年长者群体中女性的互联网接触率低于男性。

俄罗斯人使用各种接入设备和技术访问互联网。几年前最流行的还是台式电脑和笔记本电脑等台式设备。但是，2018年智能手机成为最流行的互联网通信设备。使用台式电脑、笔记本电脑访问互联网的人数比使用智能手机的人少得多（少近50%），尤其在年轻人中更是如此。仅55岁以上的年长者互联网用户较少使用智能手机，在年长

[①] *Mediascope / Web Index*, Установочное исследование (УИ) – Россия (0+), население старше 12 лет, июль-декабрь 2018 г.

者群体中智能手机用户和电脑用户数量大体相当。（见表15.5）同时，有1/4的俄罗斯互联网用户使用2台及以上的电脑设备上网（平均每个用户拥有2.2台设备）。

表15.5　互联网用户用于访问互联网的设备情况（按年龄群体统计）

设备	12岁以上所有人	12—34岁	35—54岁	55岁以上
智能手机、智慧型手机	80%	94%	78%	48%
电脑（台式）	47%	44%	52%	46%
笔记本电脑、上网本（小型笔记本电脑）	42%	42%	40%	43%
平板电脑	21%	22%	22%	17%
电视机（带智能电视功能）	17%	20%	18%	8%
游戏机、DVD播放机或其他设备	5%	8%	3%	2%
普通移动电话	3%	2%	3%	3%

资料来源：*Mediascope / Web Index*, УИ-Россия (0+), население старше 12 лет, июль-декабрь 2018 г.

专属移动受众，即仅使用智能手机、平板电脑等移动设备访问互联网的受众增长也是互联网与互联网受众发展的一个重要趋势。不同调查数据显示，2018年这类受众占俄网用户的27%（Mediascope）到35%（GFK[①]）不等。年轻人中专属移动用户比重自然高于年长者群体。根据GFK的数据，16—29岁用户中专属移动受众占41%，而55岁以上用户中仅占9%[②]。

[①] 捷孚凯市场研究集团，总部位于德国纽伦堡。——译者注
[②] «Омнибус ГФК-Русь», вся Россия, население 16+.[Электронный ресурс]. – Режим доступа: gfk.com/ru/insanity/press-release/issledovanie-gfk-proniknovenie-interneta-v-rossii.

俄罗斯互联网用户每昼夜平均上网时间接近 2 小时（Mediascope），其中 45% 的时间使用台式电脑，47% 的时间用于移动应用程序，8% 的时间利用移动 web[①]。使用互联网的目的最常见的是参与社交网络。其次，商品信息检索和人际交往（通过语音电话或视频通话、电子邮箱等）以巨大差距位列其后。使用互联网的普遍动机还包括收看视频内容、收听音乐与广播，几乎一半的受访互联网用户这样做。在使用互联网的目的中较为少见（23%）的是阅读在线报纸、杂志以及电子书。（见表 15.6）

表 15.6 排名前 15 的互联网使用目的情况

互联网使用目的	在互联网用户中所占比重
参与社交网络	77.8%
检索商品与服务信息	54.1%
网上语音电话或视频通话（如 Skype）	52.6%
下载电影、图片、音乐；收看视频；收听音乐与广播	49.2%
收发电子邮件	42.0%
使用维基百科、在线百科等获取任一主题的知识、参考等	39.7%
进行金融交易	39.0%
检索与健康或保健服务相关信息	35.5%
将个人文件（图书/文章/杂志、照片等）上传至网站、社交网络、可进行公共访问的云存储	35.4%
玩或下载视频游戏或电脑游戏/手机游戏	29.8%

---

① *Mediascope / WebIndex* – Россия 100+, 12–64, ноябрь 2018 г.; среднее количество минут в день, без учета времени, проведенного в офлайновых группах приложений.

续表

互联网使用目的	在互联网用户中所占比重
商品与服务交易（包括借助于拍卖网站）	24.9%
阅读或下载在线报纸或杂志、电子书	22.9%
通过即时消息系统进行交流（聊天、ICQ、QIP 等）	20.6%
检索关于文化遗产、文化活动项目的信息，进行博物馆和画廊的虚拟旅行等	13.8%
检索关于教育、学习课程、培训等信息	8.8%

资料来源：Статистический сборник «Информационное общество в Российской Федерации 2019».

互联网上网站访问量排名（月覆盖率）也表明互联网中信息检索、社交网络、人际交往（即时通讯软件、电子邮箱）、在线购物、网上银行以及视频观看等类活动的受欢迎程度。（见表 15.7）

表 15.7 月覆盖率排名前 15 的互联网资源情况
（使用台式与移动设备）

互联网资源	月覆盖人数（千人）	月覆盖率（%）	日覆盖人数（千人）	日覆盖率（%）
Yandex	41 558	78.2	23 649	44.5
Google(ru+com)	41 044	77.2	19 684	37.0
Youtube.com	39 548	74.4	15 263	28.7
Vk.com	37 427	70.4	21 279	40.0
Mail.ru	33 553	63.1	14 754	27.8
Sberbank.ru	32 224	60.6	9 054	17.0

续表

互联网资源	月覆盖人数（千人）	月覆盖率（%）	日覆盖人数（千人）	日覆盖率（%）
Whatsapp.com	30 022	56.5	17 385	32.7
Instagram.com	27 994	52.7	11 809	22.2
Aliexpress.com	25 597	48.1	6 689	12.6
Odnoklassniki.ru	23 053	43.4	8 350	15.7
Facebook.com	22 430	42.2	5 135	9.7
Avito.ru	20 959	39.4	4 661	8.8
Viber.com	20 805	39.1	9 834	18.5
Wikipedia.org	20 675	38.9	2 457	4.6
2gis.ru	17 882	33.6	3 519	6.6

资料来源：*Mediascope / Web Index Desktop*, Россия (100+), население в возрасте от 12 до 64 лет, ноябрь 2018 г.

同时，在台式设备上最受欢迎的资源是检索、社交网络、邮箱、视频与新闻，在移动设备上平均每昼夜覆盖率第一的是即时通讯软件，而检索则位于社交网络、邮箱以及手机银行之后，位列第五。但是，就耗费时间而言却是不同的。在台式设备上耗费时间排名第一的是视频（平均每天50分钟），位列第二的是社交网络（32分钟）。而在移动设备上，用户耗时最多的是社交网络（45分钟）和游戏（41分钟），视频消费仅位居第三（28分钟）。

行业类大众传媒网站（电视频道、广播电台、报纸与杂志）没有像搜索引擎、社交网络、即时通讯软件以及其他工具性互联网服务（如银行与贸易平台服务）那样大规模的受众。至于媒体内容的消费，在互联网上最热门的是视频内容。在12—64岁群体中，收看互联网视频的用户已接近80%。不仅在俄罗斯,而且在全世界YouTube视频托管都是最流行的互联网视频收看服务。在俄罗斯,YouTube受众是其他流媒体服务受众的数倍,比如在线影院(ivi.ru、Megogo.ru),类似Yandex视频的综合网站,电视频道的网站与OTT服务(Ren.tv、Ntv.ru、1tv.ru、Tnt-online.ru等)。根据Mediascope的数据,在YouTube上收看视频(台式设备+移动设备)的俄罗斯互联网用户月覆盖率达73%。而俄罗斯最受欢迎的在线影院ivi.ru每月受众则少得多,月覆盖率仅为11%,电视频道网站的互联网受众亦是如此。(见表15.8)

表15.8 月覆盖率排名前10的互联网视频资源情况

(使用台式设备与移动设备)

视频资源	月覆盖人数(千人)	月覆盖率(%)
Youtube.com	39423.7	73.9
ivi.ru	6091.0	11.4
Mail.ru//Кино	6055.1	11.3
Rutube.ru	4849.1	9.1
Ren.tv	4378.1	8.2
Ntv.ru	3649.5	6.8
1tv.ru	3639.7	6.8
5-tv.ru	2274.4	4.3
Tvrain.ru	2189.9	4.1
M24.ru	2188.3	4.1

资料来源:*Mediascope / Web Index*, Россия (100+), население в возрасте от 12 до 64 лет, ноябрь 2018г.

那些最大型的互联网出版物的台式设备受众甚至多于电视频道网站的受众（如 Kp.ru 和 Rbc.ru 每月受众超过 700 万人，或占互联网用户的 13%）[1]，但也明显低于 YouTube、搜索引擎以及社交网络的受众数量。广播电台的台式电脑互联网受众也相对较少。比如，在广播电台中，莫斯科回声广播电台 Echo.msk.ru 门户网站的月覆盖率最高，为 200 万人（根据 Mediascope 的数据）。而每月在台式电脑设备上访问消息调频广播电台互联网门户网站（Radiovesti.ru）的仅有 14.5 万人。

互联网上的媒体消费仅仅是多样化的互联网社交活动之一，如同使用工具服务（检索、天气、堵车、导航、即时通讯软件、邮箱、在线银行、在线购物等）、参与社交网络一样，拥有最为庞大的受众。

思考题

1. 给出"大众传媒受众"概念的定义。
2. 从社会学和政治经济学角度，大众传媒受众的区别在哪里？
3. 联合受众评测在传媒产业运作中起什么作用？由谁来进行？
4. 说出潜在受众、实际受众以及固定受众这些概念的定义，并解释其区别。
5. 媒体消费的基本特征是什么？什么是受众的实证指标？
6. 说出大众传媒受众在社会人口结构（细分）中最重要的参数。
7. 列举当代媒体消费所特有的主要趋势。影响这些趋势的主要因

---

[1] *Mediascope / Web Index Desktop*, Россия (100+), население в возрасте от 12 до 64 лет, январь 2018 г.

素是什么？

8. 什么是受众碎片化，它在俄罗斯如何体现？给出定义并举例说明。

9. 数字环境下，广播的竞争优势体现在哪里，广播消费的特征如何？

10. 描述数字环境下读者受众的特征，以及纸质期刊消费领域的趋势。

推荐阅读

Коломиец В. П. Медиасреда и медиапотребление в современном российском обществе // Социологические исследования. 2010. №.1. С.58–66.

Основы медиабизнеса: Учебник для студентов вузов / Под ред. Е. Л. Вартановой. М.: Аспект Пресс, 2014. С. 240–285.

Полуэхтова И. А. Телевидение и его аудитория в эпоху Интернета. М.: Изд-во Моск. гуманит. ун-та, 2018.

Фомичева И. Д. Социология СМИ. М., 2007.

Сайт исследовательской компании АО «Медиаскоп» mediascope.net.

«Телевидение глазами телезрителей» – мониторинговое социологическое исследование АЦ Vi, 2000–2018гг. (опрос городского населения России в возрасте 15 лет и старше).

附录一 表 格

表 1 俄罗斯联邦大众传媒领域相关立法（1991—2019）

名 称	通过年份	简 称	概 述
俄联邦第 2124-1 号法律《大众传媒法》	1991	《大众传媒法》	该法界定了大众传媒领域的基本概念，禁止舆论检查与滥用。该法制定了组织大众传媒活动的规则，其中包括创办人的权利、大众传媒注册以及获得播放经营许可证的程序；规定了大众信息传播的程序；审查了信息查询权与获取权、拒绝或延期提供信息的情况。该法还规定了大众传媒的材料反驳程序、答辩权，记者的权利与义务、采访权利，规定禁止滥用记者权利，制定了隐藏拍摄的使用规则。该法阐明了违反大众传媒相关立法的问责程序、精神损害赔偿等。
《俄罗斯联邦宪法》	1993	《宪法》	宪法保障俄罗斯联邦公民的思想和言论自由。禁止煽动社会、种族、民族或宗教仇恨的宣传或鼓动。禁止与社会、种族、民族、宗教或语言优越性相关的宣传。根据宪法，不得强迫他人表达或认同自己的意见或信仰。公民都有以合法的方式自由搜集、获取、传递、制作和传播信息的权利。构成国家机密的消息清单由联邦法律确定。保障舆论自由。禁止新闻检查。

续表

名称	通过年份	简称	概述
第114号联邦法律《反极端主义活动法》	2002	《反极端主义活动法》	极端主义活动是指社会和宗教团体、其他组织、大众传媒以及自然人计划、组织、筹备、采取旨在强行改变宪法体制基础、破坏俄联邦安全、夺取或侵占权力、建立非法武装团体、从事恐怖活动、践踏民族尊严的活动;宣传和公开纳粹主义象征或标识、以及与之相似且易混淆的象征或标识;公开呼吁开展上述活动或对其进行资助。该法规禁止使用公共通讯网络开展极端主义活动。如果某社会或宗教团体从事极端主义活动,可根据法院裁决暂停该团体的活动,并予以取缔。
第126号联邦法律《通讯法》	2003	《通讯法》	该法规定了通讯领域活动的法律基础,确定了国家权力机关在上述领域的职权以及参与、使用通讯服务的个人的权利与义务。该法制定了通用通讯服务的规则,其中包括数据传输服务和上网供应服务。该法规定了颁发、补发、更改、暂停、更新和注销经营许可证的程序。

续表

名称	通过年份	简称	概述
第38号联邦法律《广告法》	2006	《广告法》	该法规定了广告传播数量、方式、地点以及时间方面的限制。禁止制作有意造假的、恶意的、隐性的以及其他不正当广告。该法阐明了不同大众传媒以及个别商品类型中广告的特点。在制作与传播广告时应保护未成年人。该法确定了国家反垄断管理机构在广告领域的职权、广告领域自主调节机构的权利。该法阐明了广告主、广告制作与广告传播者的问责程序。
第149号联邦法律《信息、信息技术与信息保护法》	2006	《信息法》	该法用于调控在行使搜集、传递、制作和传播信息的权利,应用信息技术以及保障信息保护活动时所形成的关系。该法确定了通过任何合法途径自由搜集、获取、传递、制作和传播信息的原则。该法包含了互联网信息传播组织者的义务、博客作者发布大众公共信息的特点、限制访问侵犯著作权的信息等相关条款。不使用大众传媒与形式和规模上等同于传播者的其他个体相关的当包含与其所有者相关或与形式和规模上等同于传播者的其他个体相关的等可以确定信息接收者的工具传播信息时,信息传播者有义务保证接收者可拒收该信息。该法确定了访问不受限制的信息(如关于邮件与电子信息动的信息,关于使用预算资金的信息)以及免费提供的信息清单。要求公民(自然人)提供与其私生活相关信息的行为被直接禁止。

续表

名　称	通过年份	简　称	概　述
第35号联邦法律《反恐怖主义法》	2006	《反恐怖主义法》	该法包含了反恐怖主义的基本原则与组织基础，法律制度与开展反恐行动相关条款的调控措施，确定了开展反恐行动的力量与手段。反恐行动期间，在行动开展领土范围内可进入反恐行动状态。进入该状态时需在该地区采取一系列专门举措：对电话谈判以及通过电信系统传输的其他信息进行监控；暂停向法人或自然人提供通讯服务，或限制使用通信网络与通信手段。明确了各组织参与恐怖主义活动所需承担的责任。
《俄罗斯联邦民法典》第四部分	2008	《俄联邦民法第四部分》	《俄联邦民法第四部分》取代了在1993—2008年间具有效力的《著作权与领接权法》。该部分用于调控媒介环境与大众传媒等内容创作与传播领域中的关系。于记者而言，最重要的首先是第69—71章，其中涉及作者对其内容享有的权利与履行这些权利的程序，自由使用他人作品的可能性以及这些作品进入公共领域，对抄袭和侵犯作者知识产权的处罚。

续表

名　称	通过年份	简　称	概　述
第455号俄联邦总统令《关于俄罗斯联邦公共电视》	2012	《公共电视令》	频道成立的目的是及时、可靠、全面地向俄联邦公民报道对内与对外政策、文化、教育、科学、精神生活以及其他领域的时事。公共电视委员会负责监督电视频道的活动。该法规定了通过联邦预算拨款以及银行贷款为电视频道提供初始资金的可能性。
第139号联邦法律《〈损害儿童健康和发育相关信息防护法〉修正案》	2012	《内容标识法》	信息产品的制造商、传播商需发放关于限制向儿童传播信息产品的标志或文字警告。对于适合6岁以下儿童的信息产品类别，标记为数字与符号形式的"0+"；对于适合已满6岁儿童的信息产品类别，标记为数字与符号形式的"6+"或短语形式的文字警告"面向6岁以上儿童"；对于适合已满12岁儿童的信息产品类别，标记为数字与符号形式的"12+"或短语形式的文字警告"面向12岁以上儿童"；对于适合已满16岁儿童的信息产品类别，标记为数字与符号形式的"16+"或短语形式的文字警告"面向16岁以上儿童"；对于禁止儿童使用的信息产品类别，标记为数字与符号形式的"18+"或短语形式的文字警告"禁止儿童使用"。

续表

名称	通过年份	简称	概述
第135号联邦法律《联邦相关信息损害儿童健康和发育信息防护法》第5条以及俄罗斯联邦旨在保护儿童免受否定传统家庭价值观信息影响的个别法令修正案	2013	《禁止同性恋宣传法》	相关条款将对未成年人进行非传统性关系类的宣传列为损害儿童健康或发育的信息，且此类信息一览表得到了该条款的补充。
第136号联邦法律《俄罗斯联邦刑法典第148条以及俄罗斯公民宗教信仰在反对侮辱宗教信仰和感情的个别法令修正案》	2013	《侮辱信徒感情法》	《俄罗斯联邦刑法典》规定了侵犯信仰自由与信教自由权的责任。对明显不尊重社会，冒犯信徒宗教感情的公开行为处于下列处罚：30万卢布以下的罚款/数额为被处罚者2年以下工资或其他收入的罚款/240小时以下的义务劳动/1年以下的强制性劳役/1年以下的监禁。
第364号联邦法律《联邦〈信息、信息技术与信息保护法〉以及俄罗斯联邦民事诉讼法典修正案》	2014	《反盗版法》	该法保护在互联网上传播的电影、音乐、图书以及软件的著作权，摄影作品除外。通讯运营商有义务对访问非法发布的信息资源的行为加以限制。只有缺乏采取该手段的技术能力时，通信运营商才会对访问上述信息资源加以限制。

续表

名称	通过年份	简称	概述
第101号联邦法律《〈俄罗斯联邦国家语言法〉以及在俄语使用领域完善法律规范相关的个别法令修正案》	2014	《污秽语言法》	该法禁止在大众传媒、电影、剧院以及歌曲中使用污秽语言。使用污秽用语被视为行政违法。
第526号联邦法律《〈俄罗斯联邦在信息电信网络中明确个人数据处理程序方面的个别立法修正案〉第4条修正案》	2014	《个人数据法》	该法对明确在信息电信网络中处理个人数据的程序做出了修订。根据该修正案,个人数据运营商有义务保证记录、系统整理、收集、储存、核实和提取俄罗斯公民的个人数据时使用位于本国的数据库。运营商还应指明这些数据库所在地的相关信息。此外,联邦通讯、信息技术与大众传媒监管局有权根据具有法律效力的司法文件对访问个人数据领域违法信息的行为加以限制。
第305号联邦法律《俄罗斯联邦〈大众传媒法〉修正案》	2014	《限制外国资本参与大众传媒法》	新版法律禁止外国、国际组织,拥有其他国家国籍的俄罗斯人、无国籍人士,外国自然人与法人,外资超过20%的俄罗斯组织成为大众传媒的创办人、大众传媒的编辑部,实施播放的组织(法人),并且禁止上述主体在大众传媒创办人或编辑部参与者(成员、股东)的法定资本中掌握、管理或控制20%以上份额(股份)。

续表

名　称	通过年份	简　称	概　述
第 5 号联邦法律《联邦〈广告法〉第 14 条修正案》	2015	《限制付费频道广告法》	该法规定，只能付费收看或使用解码技术设备收看的电视频道栏目与节目一般不允许播放广告。同时，在上述频道播放广告时，国产大众传媒产品的广告播出比例不应低于 75%。上述产品是指由俄罗斯公民制作／由在俄罗斯注册的组织生产／为俄罗斯大众传媒订制且俄罗斯资本在该产品生产中所占比例不低于 50% 的俄语产品。俄语产品适用于俄罗斯大众传媒类或外语类产品（前提是该产品适用于俄罗斯大众传媒）。根据俄罗斯联邦国际条约创作的大众传媒产品也被视作国产大众传媒产品。俄联邦反垄断局负责制定确认国产大众传媒产品符合上述要求的程序。
第 264 号联邦法律《联邦〈信息、信息技术与信息保护法〉以及俄罗斯联邦民事诉讼法典第 29 条与第 402 条修正案》	2015	《被遗忘权法》	该法要求搜索引擎从搜索结果页中删除与提出请求的用户相关的信息链接，但条件是这些信息为违法传播、不可靠、不现实或已失去存在价值。

458

续表

名称	通过年份	简称	概述
第248号联邦法律《俄罗斯联邦刑法典修正案》	2017	《对诱导自杀行为加重处罚法》	该法修订了俄罗斯联邦刑法典第110.1条与110.2条（"诱导自杀行为行为"）"组织旨在煽动自杀行为的活动"），加重了对其中所提到罪行的延罚。刑期大幅延长至10—15年。诱导自杀行为不仅包括呼吁自杀，还包括传播与可实现的死亡方式相关的资料。
第534号联邦法律《俄罗斯联邦〈大众传媒法〉修正案》	2018	《热点地区记者工作法》	该法对《大众传媒法》第47.1条"在特殊条件下执行编辑任务"进行了补充，保护了在作战地区、武装冲突地区以及开展反恐行动地区工作的记者权利。针对被派遣至上述地区工作的员工，编辑部有义务征得其同意，对其开展在此类地区工作的行为培训，并提供印有"媒体"（Press）识别标志的个人防护设备。若员工身亡，编辑部有义务向其亲属支付金额不少于200万卢布的一次性赔偿金，并支付遗体运送回国的费用；若员工健康受损，则需支付金额为10万至100万卢布的一次性赔偿金。

续表

名称	通过年份	简称	概述
第 102 号联邦法律《联邦〈执法程序法〉以及联邦〈信息、信息技术与信息保护法〉第 15-1 条修正案》	2018	《封锁诽谤信息法》	根据该法，若自然人或法人未按照法院要求删除互联网中损害公民荣誉和尊严或组织商业信誉的信息，法警应当发布警告限制访问此类信息的命令。互联网供应商应当在 24 小时内而非是在此前规定的 3 天内封锁此类信息。
第 472 号联邦法律《联邦〈信息、信息技术与信息保护法〉第 15-1 条以及联邦〈损害儿童健康和发育相关信息防护法〉第 5 条修正案》	2018	《加快封锁网站法》	该法缩短了互联网供应商应当封锁含有违禁信息的网页的期限。早前，向发布此类信息的网站的管理员或所有者发出警告的期限是 24 小时；封锁在此后 3 天内完成即可。已通过的法律要求供应商立即通知门户网站的所有者，且需在 24 小时内采取限制访问违禁信息的措施。
第 533 号联邦法律《俄罗斯联邦刑法典第 76-1 与第 145-1 条以及俄罗斯联邦民事诉讼法典修正案》	2018	《减轻剽窃责任法》	大规模剽窃、非法使用著作权客体的行为按俄联邦刑法第 146 条"侵犯著作权与领接权"进行处罚。该法放宽了这一规定，允许初犯公民在对国家、自然人或法人造成损害作出赔偿的情况下免除刑事责任。当前，剽窃案的有罪方有机会在审前程序中赔偿损失避免刑事定罪，并且作者也可在法庭审理阶段大量缩减时间和经济成本。

续表

名　称	通过年份	简　称	概　述
第519号联邦法律《俄罗斯联邦刑法典第282条修正案》	2018	《极端主义条款部分非刑事化法》	俄联邦刑法第282条旨在防止煽动宗教和民族仇恨。然而，常有一些实际并非极端主义分子或民族主义者，但以过度情绪化的形式表达自己意见的公民为此承担刑事责任。其中也涉及许多记者。相关法律减轻了对初次蓄意煽动仇恨或敌意的征罚。在这一情况下，违法者将受到以下行政处罚：1万—2万卢布的罚款，或为期15天以下的拘留；法人则会被处以25万—50万卢布的罚款。
第521号联邦法律《俄罗斯联邦行政违法法典修正案》			公民仅在首次违法后的1年内再次违法才需承担刑事责任。但若使用暴力或以暴力相威胁，实施主体为利用职权违法者或有组织的团体，则初次违法仍会按首条款程序受到处罚。

461

续表

名称	通过年份	简称	概述
第426号联邦法律《俄罗斯联邦〈大众传媒法〉以及联邦〈信息、信息技术与信息保护法〉修正案》	2019	《外国代理商法》	大众传媒外国代理商法于2017年在俄罗斯通过。外国代理商是在国外注册、传播资讯类材料且从海外获取资金的法人（或未成立法人的外国机构）。该类大众传媒应当每3个月向俄联邦司法部汇报工作与资金情况，且其编辑部发布的材料应当附信息说明其由大众传媒外国代理商发布。2019年，大众传媒法重新进行了修订，允许将自然人列为外国代理商。若公民从大众传媒外国代理商、外国政府或其政府机构、外国或国际组织、外国公民或无国籍人士、由大众传媒外国代理商在俄联邦成立的法人处获得资金，则可以被认定为外国代理人。
第443号联邦法律《俄罗斯联邦行政违法法典修正案》			首次违反该法的自然人将被处以至少1万卢布罚款，法人将处以至少50万卢布罚款。公职人员将被处以至少5万卢布罚款。出现严重违法行为（每年超过2次）的公职人员将被处以20万卢布罚款，而法人则将被处以500万卢布罚款。公民应支付10万卢布罚款或被处以15天以下的行政拘留。

附录一 表　格

续表

名　称	通过年份	简　称	概　述
第 308 号联邦法律《俄罗斯联邦刑法典第 138.1 条修正案》	2019	《间谍工具法》	一位农民在为奶牛购买 GPS 跟踪器后被提起刑事诉讼，由于俄联邦总统对此事提出申诉，何种工具可被视为间谍工具（以及会因购买此类工具按刑事程序受处罚）的问题开始引发广泛讨论。但在此之前已经出现过诸多类似情况。刑法中"用于秘密获取信息的特种技术设备的非法流通"这一条款也涉及记者，因为几乎任何能够进行录音、录像的工具均可被视为"间谍"设备。该法明确了"特种设备"的概念，并将用于追踪地理定位的 GPS 跟踪器和能够录制视频或音频、摄影和追踪地理位置的家用设备排除在外，但条件是这些设备上必须有指明其用途的特殊标记或相应的控制元件。
第 421 号联邦法律《联邦〈纪念 1941—1945 年苏联人民伟大卫国战争胜利法〉第 6 条以及联邦〈反极端主义活动法〉等 1 条修正案》	2019	《不以宣传手段展示纳粹标识法》	完全禁止使用纳粹标识导致了如下后果：即使只是刊登带有纳粹党徽的历史照片，也会被提起刑事诉讼。该法允许在斥责纳粹标识的情况下，在不存在为纳粹主义辩护或宣传的迹象时，在对纳粹主义意识形态持消极态度时，对此标识加以使用。

463

续表

名称	通过年份	简称	概述
第 31 号联邦法律《联邦〈信息，信息技术与信息保护法〉(简称《信息法》)第 15-3 条修正案》	2019	《虚假新闻法》	一揽子法案规定，传播产生社会影响的不实信息将被处以罚款。根据《俄罗斯联邦行政违法法典法修正案》，如果此种行为会对人的健康或生命及其财产造成损害，可能引起大规模骚乱或破坏生活保障设施，公民将被处以金额为 3 万—10 万卢布的罚款，公职人员将被处以 6 万—20 万卢布罚款，法人将被处以 20 万—50 万卢布罚款。在再次违法或实际发生干扰生活保障设施运行的情况下，公民将被处以 10 万—30 万卢布罚款，公职人员将被处以 30 万—60 万卢布罚款，法人将被处以 50 万—100 万卢布罚款。因传播信息而对公民及其财产造成损害，造成大规模骚乱或人员死亡的自然人将被处以 30 万—40 万卢布罚款，责任人将被处以 60 万—90 万卢布罚款，法人将被处以 100 万—150 万卢布罚款。
第 27 号联邦法律《俄罗斯联邦行政违法法典修正案》			《信息法》明确了在网络出版物网站上发布虚假信息的程序：联邦通讯、信息技术与大众传媒监管局将要求编辑部立即删除虚假新闻，且仅在编辑部不作为的情况下，访问资源才会取不实信息后，将立即限制对其的访问。

464

续表

名　称	通过年份	简　称	概　述
第 30 号联邦法律《联邦〈信息，信息支术与信息保护法〉修正案》			《信息法》修正案确定了对访问含有明显不尊重社会、国家、俄罗斯联邦国家官方象征、《俄罗斯联邦宪法》或在俄罗斯联邦行使国家权力的机关这类信息加以限制的程序。
第 28 号联邦法律《俄罗斯联邦行政违法法典修正案》	2019	《侮辱权力法》	《行政违法法典》第 20.1 条"轻微流氓行为"修正案规定了传播此类信息所需承担的责任。若这些行为不构成刑事犯罪，则对肇事人处以 3 万一10 万卢布罚款。再次违规将被处以 10 万一20 万卢布罚款或 15 天以下行政拘留。
第 90 号联邦法律《联邦〈通讯法〉和联邦〈信息，信息技术与信息保护法〉修正案》	2019	《主权互联网法》	根据联邦《通讯法》和《信息，信息技术与信息保护法》的修正案，俄罗斯将建立独立且畅通的国家互联网流量路由系统。此外，该法最大限度地减少了俄罗斯用户的交流数据流向海外的情况。

资料来源：[Электронный ресурс]. – Режим доступа:rg.ru, consult.ru, garant.ru.

制表人：阿・阿・季莫费耶夫、安・尼・古列耶娃、杰・弗・杜纳斯

表 2　俄罗斯大众传媒自主调节①领域的主要文件

名称	通过年份	主要内容
Ⅰ. 联邦文件		
《新闻工作者职业道德准则》	1991	苏联新闻工作者协会第一次代表大会在邦联基础上通过了该准则。准则符合俄联邦《大众传媒法》（1991年）的构想，包含职业道德准则、违反职业道德规范、违反职业道德准则与规范所需承担的责任三章。
《俄罗斯新闻工作者职业道德准则》	1994	该准则由俄罗斯新闻工作者联合会通过并于1986年更新的《记者行为原则宣言》，同时也符合《国际新闻工作者职业道德准则》（于1983年11月20日在巴黎召开的国际与地区新闻工作者组织的协商会议中通过）。准则强调，新闻工作者有义务始终按照职业道德准则行动，并在10项规定中对上述准则进行了阐释。

---

① 大众传媒的自主调节是俄罗斯大众传媒活动调控系统的一部分。该系统包含的另一部分则是国家调控。国家调控呈现为法律，次级法令以及立法、行政、监督和执法机构的日常工作。自主调节的手段为具有职业性质且旨在塑造新闻界成员专业立场和价值取向的文件（宪章、宣言、准则），监督职业道德准则和规范遵守情况的公共机构（荣誉法庭、职业道德委员会、大陪审团）、社会政治、学术以及专业出版物中的媒体评论。

续表

名称	通过年份	主要内容
《俄罗斯新闻工作者支持自由公正选举宣言》	1999	该宣言由俄罗斯新闻大会"竞选活动：新闻业与政治技术"通过。宣言支持《公平选举政治顾问宪章》以及其他保障自由与公正选举的公共倡议。宣言号召大众传媒工作者在竞选活动期间要认真遵守法律与新闻工作者职业道德准则的要求，从而确保本人材料与相关节目的诚信与公正，维护大众传媒的声誉并对选举结果的公正性保有信心。
《新闻工作者报道恐怖主义行径与反恐行动的职业行为道德准则》	2002	该准则由俄罗斯新闻工作者协会联邦委员会批准并由该协会第七次代表大会通过，从国际社会对一切构成犯罪目不正当的恐怖主义行径、方式和做法的谴责出发，对联合国教科文组织大会《恐怖主义与大众传媒》决议（马尼拉，2002年）做出了回应。准则呼吁各新闻与媒体联合会采取措施，提高大众传媒对恐怖主义进行专业报道的能力，规定了写某些事件参与者进行互动的规则。
《反恐公约（恐怖主义行径和反恐行动情形下的大众传媒行为规则）》	2003	该公约由大众传媒行业委员会代表大会与强力部门专家共同编写，由俄罗斯主要大众传媒的负责人签署，包含新闻工作者在报道恐怖主义行径和紧急情况时的应做事项与禁止事项清单。公约的一些条款引起了媒体界的讨论。因其为如下后果奠定了基础——公约不被视为媒体自主调节文类文件，而是国家通过媒体机构在媒体领域推行且在紧急情况下侵犯公民知情权的文件。

续表

名称	通过年份	主要内容
《媒体投诉公会的媒体道德标准》	2015	该标准作为工作方针由媒体投诉公会通过,旨在降低出现信息争议的风险,保障大众传媒自由,提升大众传媒公信度。该文件并未取代职业道德准则以及与之类似的媒体组织文件,且并不干扰或阻碍上述文件的施行。
《大众传媒传播自杀事件相关信息的建议》	2016	该建议由联邦消费者权益与公民福祉保护监管局,联邦通讯、信息技术与大众传媒监管局,莫斯科国立大学、莫斯科国立谢切诺夫第一医科大学,俄罗斯教育科学院教育支持研究中心,俄罗斯青年社会教育支持研究中心,莫斯科新闻工作者协会、新闻工作者工会,互联网安全同盟、参与其中的还有俄罗斯新闻工作者协会、莫斯科新闻工作者协会附属的公共委员会批准。建议由俄罗斯联邦消费者权益与公民福祉保护监管局提议,建议在报道自杀相关材料时遵循该建议将有助于实现仿效者最小化,同时不会导致报道自杀问题时完全遭遇拒绝。

Ⅱ．地区文件

名称	通过年份	主要内容
《莫斯科新闻工作者宪章宣言(准则)》	1994	该宣言由对公民与职业责任持共同见解的莫斯科新闻工作者联名签署。宣言内容包括有义务在俄罗斯推动深化、传播和保护国际新闻界发展中业已形成的基本原则,那就是新闻诚信、自由与职业化。宣言阐释了其中的主要原则。

续表

名称	通过年份	主要内容
《秋明媒体道德公约》	2000	该公约以学术界与新闻界代表们共同制订的方案为基础，由秋明州新闻工作者协会通过。该文件共同起草者提出了经多次讨论形成的关于职业信条、团体使命与规范的观点。该公约向媒体界发出了一个明确的信号，即科学有据地解读新闻工作者的道德选择，并对职业精神进行现代化理解。
《楚瓦什新闻工作者职业道德准则》	2001	该准则在楚瓦什共和国新闻工作者协会第十五次代表大会上通过。其内容包括下列四项原则：业务原则、相互关系原则、责任原则以及团体原则。准则强调，公众拥有完整的知情权，并且新闻工作者有义务提供可靠可靠完整的信息来保障公众这一权利的实现。
《克拉斯诺亚尔斯克选举期间新闻职业道德准则宣言》	2001	该宣言由克拉斯诺亚尔斯克的10家大众传媒代表签署。该文件对肮脏竞选手段的使用、黑料大战、黑色公关进行了谴责，呼吁阻断传播非法与未经证实的信息。
《斯维尔德洛夫斯克新闻工作者创作协会新闻工作者准则》	2002	该准则在斯维尔德洛夫斯克新闻工作者创作协会第十六次非常例行会议上通过。其内容包含斯维尔德洛夫斯克新闻职业行为原则与原则规范的详细清单。若斯维尔德洛夫斯克新闻工作者创作协会大陪审会理事会批准，根据该决议，新闻工作者因违反准则规范可被采取影响社会影响类措施，乃至被斯维尔德洛夫斯克新闻工作者创作协会除名。

名称	通过年份	主要内容
《"选举-2003"公约缔结者宣言》	2003	该宣言由"选举-2003"公约缔结者通过,由27个政党、3家政治分析师联合会在莫斯科签署。其内容包含有义务在竞选活动期间合理开展政治竞争,遵循法律优先于政治、团体和个人利益的原则以及政治合理性的观点。
《库班新闻工作者支持自由公正选举的宣言》	2003	该宣言在俄罗斯新闻工作者协会边分会理事会全体会议上通过。宣言谴责任何企图通过操纵选民投票以及在竞选活动中使用肮脏选举手段来取代自由、公正选举的行为,其内容包含呼吁克拉斯诺亚尔斯克边疆区选举委员会与大众传媒形成建设性互动,并为新闻工作者收集与报道选举法律框架内所必需的信息提供最大帮助。
《别尔哥罗德州新闻工作者职业道德准则》	2007	该准则由别尔哥罗德州新闻俱乐部参与者、准则宣布了新闻工作者应该遵守的6项主要原则:忠于职业使命、社会责任、道德操守、公众信任、避免利益冲突、新闻出版物的准确性与可靠性。
《巴什科尔托斯坦共和国互联网新闻业宪章宣言》	2011	该宣言由加入宪章的22家巴什科尔托斯坦网络资源代表共同签署。其内容包含电子大众传媒员工自愿承担的义务,明晰了对读者信息来源应负的责任,并强调了同行眼中诚信新闻工作者自身名誉的重要性。

续表

Ⅲ．行业文件

名称	通过年份	主要内容
《全国广播电视联合会备忘录》	1995	该备忘录根据全国广播电视联合会第七次代表大会决议通过。备忘录对电视新闻工作者在党选活动期间的行为标准进行了规范。在党选活动期间，电视台的义务并非为政治家或政党政党利益服务，而是为选民利益服务（"良好的声誉是我们主要的资本，任何从党基金或党派费用者以及候选人处获得的款项都不能弥补声誉的损失"）。备忘录重申，新闻工作者有权利权利成为选举类节目的积极参与者，新闻工作者的作用并非对某些候选人进行支持或试毁，而是进行意见比较，并对观念、论点、事实进行公正的分析。
《法庭新闻工作者同业公会宣言——在司法特写与报道、新闻调查体裁中坚信工作的原则》	1997	该宣言由经常报道审判与审前程序的新闻工作者在法庭记者同业公会成立时签署。宣言作为法庭新闻工作者的规范，宣布其有权提出指控，有权利用泄露信息，有权批评主管人员、企业家以及司法系统缺陷，有权指出调查的错误或非人道做法，有权评论司法判决（但不能质疑判决执行的无条件性）。在信息核查可能损害信息公开的情况下，记者可认为自己有权通过间接来源重新核实该信息。
《广播电视宪章》	1999	该宪章由俄联邦规模最大的一些播放机构签署。其内容包含有义务在自身专业活动中自愿并严格遵守旨在保障公民言论自由权与公众知情权的行为的行动规范、规定了宪章签署各方应全面坚守的规则与限制，宣布成立旨在推动实施业已宣告的宪章条款的公共播放委员会。

续表

名称	通过年份	主要内容
《最低新闻标准契约——"干净的笔"契约》	2000	基于对大众传媒腐败的担忧，主要的区域性报纸编辑、俄罗斯新闻工作者协会大陪审团、保护言论自由基金会以及法庭记者同业公会倡议提出该契约。契约旨在反对合约制新闻业的发展，以免对俄罗斯大众传媒和新闻职业存在构成威胁。契约要求在出版物中遵循最低新闻标准，应使读者和观众等大众信息的使用者能够理解上述标准。
《俄罗斯广播电视反对暴力与残忍行为宪章》	2005	该宪章由国家杜马中6个联邦频道的负责人签署。宪章强调，电子大众传媒需认识到自身在维护儿童权利与援助保护儿童身心健康等极为重要的不损害儿童权利以及从大众传媒从事极端主义活动，禁止方面所负的特殊社会责任。宪章强调，禁止利用大众传媒从事极端主义活动，禁止传播色情制品或加工、制造和使用毒品的方式、方法及其获取地点相关信息。

资料来源：俄罗斯新闻工作者协会（ruj.ru）、媒体投诉公会（presscouncil.ru/teoriya-i-praktika/dokumenty）、欧洲安全与合作组织（cosce.org/ru）、国家广播电视联合会（nat.ru）的机构网站数据

制表人：安·尼·古列耶娃，埃·瓦·萨莫罗多娃，杰·弗·杜纳斯

附录一 表 格

表 3 俄罗斯联邦大众传媒活动的调控机构

机构名称及其网址	成立年份	主要业务方向
Ⅰ. 联邦机构		
俄联邦总检察院，genproc.gov.ru	1992	该机构全面监督舆论传播合法性的实施，以确保《俄罗斯联邦宪法》和联邦立法至高无上的地位，保护个人与公民的权利和自由。
俄联邦通讯与大众传媒部，minsvyaz.ru	2008	该部协调和监督其直属的联邦通讯、联邦文献数字化、信息技术与大众传媒监管局、联邦通讯署、出版与大众传媒署的活动。在媒体（安全互联网、档案文献数字化、新一代电视、提升互联网合法内容消费水平、俄联邦政府在大众传媒领域所设奖项、媒体素养与媒体教育、保障反腐败事业相关宣传活动的开展、大众传媒扶持、教育新标准、信息化国家）、IT行业、邮政、电信、国际合作等方面开展活动。
联邦通讯、信息技术与大众传媒监管局，隶属俄联邦通讯与大众传媒部，rkn.gov.ru	2009	该局在大众传媒领域以下方向履行监督与管理职能：大众传媒注册，许可证发放，大众传媒领域监督与管理活动，互联网领域监督与管理活动，在俄罗斯境内传播海外印刷类定期出版物的许可证发放，等等。

473

续表

机构名称及其网址	成立年份	主要业务方向
联邦出版与大众传媒署，隶属俄联邦通讯与大众传媒部，fapmc.ru	2004	该署管理出版、大众传媒与大众传播领域的国有资产。其主要业务方向包括：为具有社会意义的大众传媒产品提供国家扶持，创办与扶持具有社会意义或教育意义的互联网网站，图书出版与阅读推广；卫星网络、地面有线网络和无线网络的发展与现代化；电子大众传媒受众评测；印刷类大众传媒印数分析；为印刷类出版物免费义务上缴样本提供配套基金；对已完结和曾播出的广播电视栏目、节目、录音片以及其他影音作品（电影除外）相关基金进行管理；组织代表大会、协商会、研讨会、展览以及报刊、出版、印刷业务以及电子类大众传媒领域的其他活动；跟踪印刷类大众传媒市场行情等。
联邦通讯署，隶属俄联邦通讯与大众传媒部，rossvyaz.ru	2004	该署在包括成立、发展以及使用通讯网络、卫星通讯系统、广播电视系统方面在内的邮政与电信领域履行提供国家服务、资产管理的职能，并在出版与推广国家邮政支付标识、通讯认证系统、为俄联邦境内的联邦邮政设施授予邮编等方面开展活动。
联邦反垄断局，fas.gov.ru	2004	该局负责采取措施，旨在防止和打击违反《广告法》、违反大众传媒、展览活动、广告活动、博彩市场反垄断法以及不公平竞争相关法令的行为。

续表

机构名称及其网址	成立年份	主要业务方向
II . 新闻行业组织		
俄罗斯新闻工作者协会，ruj.ru	1918	该协会保护俄罗斯新闻工作者权益。该创作型非政治性社会团体吸纳了约10万人。协会包含85家地区组织以及40余家创作型联合会、同业公会和团体。协会开展立法活动并与世界众多国家的新闻行业组织积极合作，自1995年起加入国际新闻工作者联合会。协会开展新闻教育培训，提升新闻工作者职业水平等。在加强组织团结的框架下举办主题活动。自1996年起，协会开始举办大众传媒节，该节自2007年起成为国际性节日。负责颁授最高职业奖项"金笔奖"。
莫斯科新闻工作者协会，ujmos.ru	1990	该协会参与制订国家权力机构关于加强大众传媒法律和物质财政基础、新闻工作者劳动、完善著作权等问题的决议，代表且保护其成员在国家权力机构中的权利与合法利益，通过提名和支持候选人的方式参与竞选活动，协同发展新闻教育系统的所有形式等。协会在自愿的基础上吸纳了超过1.5万名会员，皆为在莫斯科市活动的创作型大众传媒工作者。该协会包含260余家新闻组织。
圣彼得堡与列宁格勒州新闻工作者协会，spbsj.ru	1957	该协会活动涵盖以下方向：保护新闻工作者在履行其职业义务时的合法权益，制定职业道德标准，公开讨论具有现实意义又创作与道德问题，将年轻新闻工作者纳入行业团体的影响范围。协会吸纳了该地区约2500名记者，每年举办俄罗斯西北部规模最大的职业新闻竞赛"金笔赛"。

续表

机构名称及其网址	成立年份	主要业务方向
媒体协会，mediasoyuz.ru	2001	该协会推动俄罗斯大众传媒与独立记者活动的开展，言论与出版自由的实现，对新闻工作者的社会保护，对言论与出版自由的保护，大众传媒活动法律基础的夯实等。
Ⅲ．其他行业组织		
地区独立出版商联盟，anri.org.ru	2006	该联盟保护地区出版商的利益，支持俄罗斯言论自由，参与制定业务开展标准，对俄罗斯媒体产业的发展施加影响，为媒体业务开展创造职业化环境，为地区的新闻利益进行游说，深入研究地区出版商之间的关系，为地区出版商提供法律、司法与信息支持，改善该联盟成员进入印刷类大众传媒市场的准入条件等。
俄罗斯有线电视联合会，aktr.ru	1998	该联合会参与制订与行业规定相关的法律草案与规范性法律文件，吸纳了俄罗斯规模最大的一些有线电视公司。
俄罗斯传播机构联合会，akarussia.ru	1993	该联合会吸纳了商业传播市场上在广告与营销传播领域提供服务的200多家参与者，其活动包括广告创意产品的开发与制作，媒体策划，媒体采购，在各类媒体上的广告资源销售，直接营销，公共关系，赞助，营销与其他研究，设计与包装，品牌策划等。联合会代表并保护其会员利益，制订并贯彻实施广告领域的职业活动标准以及广告需遵循的义务道德要求，每年开展市场质量调研。

续表

机构名称及其网址	成立年份	主要业务方向
公关咨询公司联合会，akospr.ru	1999	该联合会发展与道德标准相应的高度专业化、透明高效的公关产业，代表其会员公共利益，进行公关市场质量调研。联合会是国际传播咨询组织（ICCO）的俄罗斯分会。
影视制片人联合会，rusproducers.ru	2009	该联合会吸纳了26家旨在为俄罗斯市场生产电影、电视电影、电视连续剧以及不同类型节目的大型制作公司。其主要目标是汇聚俄罗斯制片人力量，旨在夯实行业运营所需的经济、法律和人才基础，促进俄罗斯影视业的进一步发展，发展行业教育，保护互联网著作权，推动国产儿童电影与动画片发展，本国电影普及化与数字化，推动"制片人"职业发展，改善国产影视产业发展的经济条件。
印刷品发行商联合会，arpp.ru	1995	该联合会吸纳了报刊发行商、出版商以及其他法人，其活动与印刷品以及其他大众传媒的出版与发行相关。其主要业务方向包括：研究印刷品的市场趋势，为印刷品发行商提供信息、科学方法、组织以及其他支持，发展并巩固大众传媒发行领域的国际关系，为该领域先进经验交流创造条件，加入印刷品发行商相关国际组织。
地区广告联盟联合会，rfr.ru	2001	该联合会在以下方向开展工作：教育活动，举办协商会、研讨会、论坛、圆桌会议，通报广告行业发生的事件，举办行业活动。年度"媒体经理"奖是其最广为人知的项目之一。

机构名称及其网址	成立年份	主要业务方向
媒体委员会，mediakomitet.ru	2001	该委员会研究广播电视受众评测体系领域的俄罗斯经验与国际经验，并组织开展受众评测体系的专业鉴定；为受众评测体系、电视节目播出事实的记录与判读体系、广告板块与广告短片制订统一要求与标准等。
国家广播电视联合会，nat.ru	1995	该联合会协调广播电视公司的活动以及其他与广播电视相关的活动。联合会保护电视与广播电视公司的权利与利益，建立联络与支持其成员开展活动的体系，研究广播电视服务市场，广告与营销市场的发展趋势，参与并组织座谈会、展览、联欢节、比赛以及其他活动，与国内外以及国际上的协会、联合会以及其他类似团体进行合作，推动提升专业人士和创作型工作者的技能，并组织其赴海外等地进修等。
俄罗斯广播学会，radioacademy.ru	2007	该学会联合各广播从业者的力量，旨在进一步发展国内广播业并巩固其在媒体界的影响力。学会在解决广播业著作权与邻接权相关问题，参与同大众传媒调控机构的对话等方面开展活动。
俄罗斯公共关系联合会，raso.ru	1991	该联合会凝聚公关市场运营商的力量，旨在解决具有全行业性意义的问题，建设公关关系行业的基础设施，保护整个公关行业以及其中各主体的利益，在行业框架下将职业道德规范贯彻至实践与商务流程中，并对其遵守情况进行监督，开发公关行业的人力资源潜力，完善公共关系领域的高等教育与继续教育。

续表

机构名称及其网址	成立年份	主要业务方向
"期刊出版商同业公会"出版商协会,gipp.ru	1998	该协会代表印刷类大众传媒在其与国家联邦机构以及市政机构关系中的利益。协会包含400多家公司,是世界报业和新闻出版协会(WAN-IFRA)、国际期刊联盟(FIPP)的认证会员及其在俄利益代表。其主要业务方向包括:保护出版商的利益并为其进行游说,推动行业转变为有竞争力和投资吸引力、拥有职业化管理和较高编辑标准、所有市场参与者经济独立的一种商业模式,解决印数核销和退货处理实践的相关问题,保留俄罗斯的订阅费率和报刊订阅制度,降低纸张关税,筹备市场行情监测,等等。
独立广播基金会,fnr.ru	1999	该基金会推动高质量广播与新媒体的发展。基金会致力于扶持那些完善自身业务,紧跟当代行业潮流和趋势,贴合新闻活动最高职业标准的广播公司,组织广播业专业人士在海内外进修。携手—广播节是其主要项目,吸引200余家地方广播电台参与。

资料来源:上述机构网站数据

制表人:安·尼·吉列耶娃,埃·瓦·萨莫多娃,杰·弗·杜纳斯

表 4 各市场细分领域受众人数排名前 3 / 前 5 的俄罗斯媒体公司

媒体控股公司品牌	控股公司母公司的法律组织形式和名称	控股公司母公司的主要持有人	受控股公司母公司完全或部分控制的大众传媒与媒体资源（主要品牌）	2018 年受众总覆盖率
无线电视 *				
国家媒体集团	国家媒体集团股份公司	俄罗斯银行	第一频道、第五频道、REN、电视台网络、家庭频道	31.4%
俄气－媒体	俄气－媒体控股股份公司	俄气银行	独立电视台、TNT、赛事、第三电视台、"星期五！"	20.8%
全俄国家广播电视公司	联邦国家单一制企业全俄国家广播电视公司	俄罗斯政府	俄罗斯国家电视台1频道、俄罗斯国家电视台24频道、俄罗斯国家电视台文化频道、旋转木马	18.4%
广播				
欧洲媒体集团	欧洲媒体集团有限责任公司	乌拉尔矿业冶金公司	欧洲＋、复古调频、路途广播、第七广播、21工作室／体育广播、新广播	25.1%
俄气－媒体广播	俄气－媒体广播有限责任公司	俄气银行（俄气－媒体）	莫斯科回声、汽车广播、幽默调频、国家青年电台、罗曼蒂克、喜爱调频、喜剧广播、轻松调频	17.0%

480

续表

媒体控股公司品牌	控股公司母公司的法律组织形式和名称	控股公司母公司的主要持有人	受控股公司母公司完全或部分控制的大众传媒与媒体资源（主要品牌）	2018年受众总覆盖率
全俄国家广播电视公司	联邦国家单一制企业全俄国家广播电视公司	俄罗斯政府	俄罗斯广播、灯塔、消息调频、俄罗斯广播-文化	13.1%
俄罗斯媒体集团	我罗斯媒体集团封闭式股份公司	国家音乐演出联合企业	罗斯广播、极限、热曲调频、舞蹈调频、蒙特·卡罗	11.0%
克鲁托尹媒体	媒体控股公司有限责任公司	萨夫马尔集团	避暑屋、出租车调频、东方调频、春天调频、俄罗斯热曲	9.0%
印刷类定期出版物				
鲍尔传媒集团	鲍尔独联体有限责任公司与伙伴合伙公司	资方、鲍尔传媒集团	《777》《俄语填字游戏》《女婿》《纸吹龙》《受到喜爱的斯塔纳维亚填字游戏》《女性万物》《明星秘闻》《您的家庭医生》	17.5%
博达传媒集团	博达出版社股份公司	资方、休伯特·博达传媒集团	《博达》《花花公子》《丽莎》《爱下厨》《指引》《家庭医生》《安娜》《薇瑞娜》《萨布里娜》《十字绣》《我的美丽花园》《私人装潢》《祖母的糖煮水果》《数独》	16.9%

续表

媒体控股公司品牌	控股公司母公司的法律组织形式和名称	控股公司母公司的主要持有人	受控股公司母公司完全或部分控制的大众传媒与媒体资源（主要品牌）	2018年受众总覆盖率
赫斯特·什库列夫传媒集团	赫斯特·什库列夫有线责任公司、赫斯特·什库列夫出版有限责任公司	资方、赫斯特集团	《世界时装之苑》《爱尔甜心》《家居廊》《马克西姆》《嘉人》《心理月刊》《出发》《天线——一周电视》《环球》	14.3%
独立传媒集团	时尚媒体有限责任公司、优质出版社有限责任公司	资方、赫斯特集团	《大都会》《大都会－购物》《大都会－丽人》《时尚先生》《男性健康》《时尚芭莎》《红秀》《罗博报告》《家园》《大众机械》	8.5%
论据与事实	论据与事实股份公司	莫斯科市政府	《论据与事实》《论据与事实－健康》《论据与事实－居家》《论据与事实－关于烹饪》《论据与事实－关于健康》	8.1%
互联网 **				
Mail.ru 集团	Mail.ru 有限责任公司	资方、机构和私人投资者	Mail.ru、Vk.com、Ok.ru	89.3%
谷歌	谷歌有限责任公司	字母公司	Google.ru、Youtube.com	71.1%

482

续表

媒体控股公司品牌	控股公司母公司的法律组织形式和名称	控股公司母公司的主要持有人	受控股公司母公司完全或部分控制的大众传媒与媒体资源（主要品牌）	2018年受众总覆盖率
Yandex	Yandex有限责任公司	资方、机构和私人投资者	Yandex.ru	46.8%

* 在俄罗斯无线电视（多路传输PTPC-1和PTPC-2）市场上形成了传媒控股公司"三巨头"。

** 互联网受众总覆盖率排名前五位的脸书和Viber媒体在俄罗斯没有法人，即两者并非俄罗斯本国的媒体企业。

资料来源：Med ascope，联邦通讯，信息技术与大众传媒监管局以及来自上述公司与大众传媒的数据

制表人：谢·济·斯米尔诺夫

表 5　俄罗斯新闻史上的关键日期

日　期	事　件
1702 年 12 月 16 日	沙皇彼得一世颁布诏令,"根据军事与各类事务相关消息,印刷《自鸣钟》",即出版俄罗斯第一份报纸。
1702 年 12 月 16 日、17 日	印刷报纸《消息报》前两期出版,但并未被保存下来,而是因其手抄副本而闻名。
1703 年 1 月 2 日	第一份流传至今的印刷报纸《消息报》(第三期)用于纪念攻占诺特堡要塞这一事件。
1726 年	第一份拉丁语版学术杂志《圣彼得堡帝国科学院评论》由科学院出版。相应地还以俄语出版杂志《科学院述评简述》。
1727 年	科学院以德语出版《圣彼得堡消息报》,自 1728 年 1 月起该报推出俄语版。
1728—1742 年	第一本科普杂志《消息报历史谱系与地理注解月刊》(《圣彼得堡消息报》副刊)出版。
1756 年	莫斯科皇家大学开始出版《莫斯科消息报》,被视作彼得大帝创办的《消息报》的延续。
1759 年	著名作家、诗人苏马罗科夫出版第一本私人文学类杂志《勤劳的蜜蜂》。
1769 年	女皇叶卡捷琳娜二世参与编写第一本讽刺杂志《万花筒》。其出版商为科济茨基。
1779—1788 年	诺维科夫租赁《莫斯科消息报》,并负责管理该报。第一份女性杂志、儿童杂志以及农业类杂志等均作为该报副刊出版。
1783 年	女皇叶卡捷琳娜二世颁布关于自由成立印刷厂的诏令:"人人可自愿开办印刷厂,无需获得许可。"

续表

日 期	事 件
1796年	女皇叶卡捷琳娜二世禁止成立私人印刷厂，因其经常被非法利用。严禁国营印刷厂出版任何未经圣彼得堡、莫斯科以及其他城市的书刊检查机构审查通过的内容。
1804年	沙皇亚历山大颁布《书刊检查条例》，对包括图书、报纸、杂志、乐谱、剧本在内的所有印刷作品实行印前检查。
1812年9月1日—11月23日	由于拿破仑入侵，莫斯科没有报纸与杂志出版。
1813年	出现了第一份私人报纸《俄罗斯残疾人》。
1838年	开始出版省城消息报。
1847年	首次出版城市报纸《莫斯科小报》。
1865年	沙皇亚历山大二世下令，对出版商表示愿意接受印后检查的首都报纸、期刊出版物以及印刷超过10印张的图书，可免于事前检查。"书刊检查与出版事务管理"交由内务部负责。
1866年	首家俄罗斯通讯社——俄国电讯社成立。该通讯社为私人性质。
1868年	在一定限制下，并在地方警察局监管下，报纸和杂志获准在首都开始零售。
1879年	内务部有权禁止在期刊出版物上发布私人广告，禁止期限为2—8个月。

续表

日　期	事　件
1882年	由内务部、国民教育部、司法部大臣以及圣主教公会首席检察官组成的委员会有权暂停或禁止期刊出版物发行（禁止此后出版商和编辑部管理报纸或杂志）。
1895年	波波夫展示了第一部收音机。
1905年10月17日	沙皇尼古拉二世颁布的《整顿国家秩序宣言》以最为普遍的形式宣告了政治自由并提及了言论自由。
1905年	《定期出版物相关暂行规定》这一法令禁止事前检查，取消了保证金和行政处罚。
1906年	沙皇尼古拉二世颁布的法令规定了印后检查流程，列举了惩罚性措施（查封当期出版物，没收当期发行的刊物等）及利用刊物实施犯罪的刑事诉讼类型。
1917年4月27日	临时政府通过了《关于出版》的决议，确立了言论自由。
1917年11月9日	人民委员会颁布的《关于出版》的法令对"各种反革命刊物"采取了打击措施。
1918年9月	苏联的电报通讯社——俄罗斯电讯社（1925年起更名为塔斯社）成立。
1920年	俄共（布）中央委员会架构内新增了鼓动宣传部，负责组织和领导党的"所有口头与印刷类鼓动宣传工作"。
1921年8月	莫斯科开始进行语音广播——《罗斯塔口播报》开播。
1922年6月	图书与出版事务管理总局成立，进行事前政治审查，保护国家与军事机密。

续表

日　期	事　件
1929年10月	对外广播"莫斯科广播"成立，面向海外听众播出外语广播节目。
1941年6月24日	在伟大卫国战争时期编写战报、外国刊物选编的通讯社——苏联情报局成立。
1951年	莫斯科开始每天播出电视节目。
1961年	在苏联情报局基础上成立新闻社。

制表人：臭·德·米纳耶娃

附录二 专有名词中俄对照

第一章

大众传媒 средства массовой информации (СМИ)

传媒体系 медиасистема，英文为 media system

大众媒体 массмедиа，英文为 mass media

媒介效应 медиаэффекты

传媒产业 медиаиндустрия

大众传播媒介 средства массовой коммуникации (СМК)

客体主体范围 объектно-предметное поле

什科金 М. В. Шкодин

信息技术 – 电信 – 媒体生态系统 экосистема ИТ – телекоммуникации – медиа

印刷类大众传媒 печатные СМИ

新闻文本 журнальный текст

电脑游戏 компьютерные игры

大众传媒与娱乐产业 индустрия СМИ и развлечений

内容产业 индустрия содержания

文化产业或创意产业 культурные и креативные индустрии

电子类大众传媒 электронные СМИ

大众传媒领域 отрасль СМИ

大众媒体领域 отрасль массмедиа

传媒行业 медиаотрасль

民族国家 государство-нация，英文为 national-state

兰塔年 T. Рантанен

均质化 гомогенизация

混合化 гибридизация

异构化 гетерогенизация

全球在地化 глокализация

国家全球化 нациоглобализация

传媒政策 медиаполитика

公共关系 public relations

政府公关 government relations (GR)

财经公关 investor relations (IR)

媒体公关 media relations (MR)

他国崛起 rise of the rest

丹尼尔·哈林 Daniel C. Hallin

保罗·曼奇尼 Paolo Mancini

格拉斯·诺斯 Douglass North

秘密法典 негласные кодексы

原苏联地域 постсоциалистическое пространство

第二章

期刊出版物 периодическое издание

《自鸣钟》«Куранты»

《西方信函》«Вестовые письма»

《消息报》«Ведомости»

世俗图书出版 светское книгопечатание

刊物发行体系 система распространения печати

报纸 газета

杂志 журнал

通知 известия

附录二 专有名词中俄对照

新闻 новости

报道 сообщения

印刷厂 печатный двор

波利卡尔波夫 Ф. Поликарпов

阿夫拉莫夫 М. Аврамов

民用字体 гражданский шрифт

《圣彼得堡消息报》«Санкт-Петербургские ведомости»

《莫斯科消息报》«Московские ведомости»

《宫廷篇章》«артикулы от Двора»

纸币 ассигнация

罗蒙诺索夫 М. В. Ломоносов

科尔什 В. Ф. Корш

诺维科夫 Н. И. Новиков

广告 объявления

各类消息 разные известия

《经济文萃》«Экономический магазин»

《城市和乡村图书馆》«Городская и деревенская библиотека»

《儿童心灵智慧阅读》«Детское чтение для сердца и разума»

《自然界的历史、物理与化学文萃》«Магазин натуральной истории, физики и химии»

《圣彼得堡帝国科学院评论》Commentarii Academiae Scientiarum Petropolitanae

《科学院述评简述》«Краткое описание комментариев Академии наук»

《论述关于记者转述旨在保障学术自由的作品时的记义务》«Рассуждение об обязанностях журналистов при изложении произведений, имеющих целью обеспечить свободу научного суждения»

科普期刊 научно-популярная журналистика

《消息报历史谱系与地理注解月刊》«Месячные исторические генеалогические и географические примечания в Ведомостях»

私人杂志 частные журналы

艺术科学院 Академия художеств

苏马罗科夫 А. П. Сумароков

《勤劳的蜜蜂》 «Трудолюбивая пчёла»

《被合理利用的闲暇时间》 «Праздное время, в пользу употребленное»

梅利古诺夫 А. П. Мельгунов

文学期刊 литературная периодика

讽刺期刊 сатирическая журналистика

《万花筒》 «Всякая всячина»

《万花筒的盈余》 Барышек всякой всячины

《骗子》 «Обманщик»

卡利奥斯特罗 Калиостро

《解药》 «Антидот»

《反荒诞社会的秘密》 «Тайна противонелепаго общества»

《这这那那》 «И то и сио»

《什么也不是》 «Ни то ни сио»

《日工》 «Поденщина»

《混合》 «Смемь»

《不劳而食者》 «Трутень»

《有益且有趣》 «Полезное с приятным»

《地狱邮箱，或跛脚恶魔与独眼的书信》 «Адская почта, или Переписка хромоногого беса с кривым»

《饶舌者》 «Пустомеля»

《帕尔纳斯商贩》 «Парнасский щепетильник»

《写生画家》 «Живописец»

《钱包》 «Кошелек»

科济茨基 Г. В. Козицкий

丘尔科夫 М. Д. Чулков

鲁班 В. Г. Рубан

巴希洛夫 С. С. Башилов

图佐夫 В. В. Тузов

鲁缅采夫 И. Ф. Румянцев

泰利斯 И. А. де Тейльс

埃明 Ф. А. Эмин

达什科娃 Е. Р. Дашкова

冯维辛 Д. И. Фонвизин

《经济文萃，或各类经济消息、经验、发现、集解、指南、札记以及建议相关文集，涉及农耕、畜牧、花园菜园、牧场、森林、池塘、各类农产品、乡村建筑、家庭用药、药材及其他与城乡居民生活息息相关颇有益处的事物》«Экономический магазин, или Собрание всяческих экономических известий, опытов, открытий, примечаний, наставлений, записок и советов, относящихся до земледелия, скотоводства, до садов и огородов, до лугов, лесов, прудов, разных продуктов, до деревенских строений, домашних лекарств, врачебных трав и до других всяких нужных и небесполезных городским и деревенским жителям вещей»

博洛托夫 А. Т. Болотов

《如何种植蘑菇》«О посеве грибов»

《如何使衰老期苹果树复壮》«О возобновлении старых яблонь»

卡拉姆津 Н. М. Карамзин

彼得罗夫 А. А. Петров

《音乐盛宴》Музыкальные увеселения

《展开的俄罗斯，或俄罗斯帝国各民族服装集合》«Открываемая Россия, или Собрание одежд всех народов в Российской империи обретающихся»

《村民、有益村民的经济刊物》«Сельский житель, экономическое в пользу деревенских жителей служащее издание»

《时尚月刊或女士服装文库》«Модное ежемесячное издание, или Библиотека

для дамского туалета»

《孤僻的波舍霍尼耶人》 «Уединенный пошехонец»

《英法德新潮流文萃》 «Магазин английских, французских и немецких новых мод»

《圣彼得堡医疗消息》 «Санкт-Петербургские врачебные ведомости»

韦威尔 Х. Л. Вевер

格奥尔吉 И. Г. Георги

桑科夫斯基 В. Д. Санковский

普罗科波维奇－安东斯基 А. А. Прокопович-Антонский

格尔斯坚别尔格 И. Д. Герстенберг

乌坚 Ф. И. Удень

克莱涅什 Клейнеш

《自然界的历史、物理与化学文萃，或材料新文集：包括上述三门科学中重要且有趣的对象及其大量在医药学、经济学、农作学、艺术与美术中的应用》 «Магазин натуральной истории, физики и химии, или Новое собрание материй, принадлежащих к сим трем наукам, заключающее в себе: важные и любопытные предметы оных, ровно как и употребление премногих из них во врачебной науке, в экономии, земледелии, искусствах и художествах»

期刊 периодическая печать / периодика / журналистика

印刷类出版物国家监管体系 система государственного контроля за печатными изданиями

报刊 пресса

风化管理部门 управы благочиния

拉季舍夫 А. Н. Радищев

《从彼得堡到莫斯科旅行记》 «Путешествие из Петербурга в Москву»

印前检查制度 система допечатной цензуры

卡切诺夫斯基 М. Т. Каченовский

《欧洲导报》 «Вестник Европы»

办报人 газетчик

新闻工作者 журналист

出版者 издатель

作者 писатель

文学家 литератор

单人杂志 моножурнал

丛刊 альманах

《北方邮报》 «Северная почта»

《俄罗斯残疾人》 «Русский инвалид»

《哈尔科夫周报》 «Харьковский еженедельник»

《蝴蝶》 «Бабочка»

《文学报纸》 «Литературная газета»

《圣彼得堡价目表》 «С. Петербургский прейскурант»

布尔加林 Ф. В. Булгарин

格列奇 Н. И. Греч

《北方蜜蜂》 «Северная пчела»

罗斯托普钦 Ростопчин

奥古斯丁 Августин

斯涅吉廖夫 И. М. Снегирев

巴萨达耶夫 Н. Н. Басадаев

省城消息报 губернские ведомости

《莫斯科小报》 «Московский листок»

博识类杂志 энциклопедический журнал

纳杰日金 Н. И. Надеждин

《莫斯科电讯》 «Московский телеграф»

波列伏依 Н. А. Полевой

《对某些俄罗斯杂志和报纸的见解》 «Взгляд на некоторые журналы и газеты русские»

《从创办之初至 1828 年的俄罗斯报纸杂志述评》 «Обозрение русских газет и журналов, с самого начала их до 1828 года»

《望远镜》«Телескоп»

娱乐性刊物 развлекательная печать

先科夫斯基 О. И. Сенковский

《阅读文库》«Библиотека для чтения»

别林斯基 В. Г. Белинский

《传闻》«Молва»

杰利维格 А. А. Дельвиг

《文学报纸》«Литературная газета»

《现代人》«Современник»

斯米尔金 А. Ф. Смирдин

官方民族理论 теория официальной народности

《莫斯科人》«Москвитянин»

基列耶夫斯基 И. В. Киреевский

《祖国纪事》«Отечественные записки»

克拉耶夫斯基 А. А. Краевский

涅克拉索夫 Н. А. Некрасов

帕纳耶夫 И. И. Панаев

《关于废除城市和港口书刊检查机关；允许自由开办印刷厂和交由省长检查新出版图书》命令 Указ «О уничтожении цензур, учрежденных в городах и при портах; о дозволении учреждать вольные типографии и о поручении губернаторам рассматривать вновь издаваемые книги»

《书刊检查条例》«Устав о цензуре»

《基于书刊检查条例》«Из Устава о цензуре»

书刊检查总署 Главное цензурное управление

教育部 Министерство просвещения

内务部 Министерство полиции

恰达耶夫 П. Я. Чаадаев

《哲学书简》 «Философическое письмо»

保守君主主义流派 консервативно-монархическое напревление

自由主义流派 либеральное напревление

民主主义流派 демократическое напревление

西欧派 западническое течение

斯拉夫派 славянофильское течение

土壤派 почвенническое течение

赫尔岑 А. И. Герцен

《包装纸》 «Оберточный листок»

《俄语词汇》 «Русское слово»

《俄罗斯》 «Россия»

《俄罗斯消息报》 «Русские ведомости»

电讯社 телеграфное агентство

哈瓦斯 Havas

沃尔夫 Вольф

路透社 Reuters

光学电讯设备 оптический телеграф

俄国电讯社 Российское телеграфное агентство (РТА)

国际电讯社 Международное телеграфное агентство (МТА)

北方电讯社 Северное телеграфное агентство (СТА)

通讯社 информационное агентство

《证券交易消息报》 «Биржевые ведомости»

特鲁布尼科夫 К. В. Трубников

通报 бюллетень

《新时代》 «Новое время»

苏沃林 А. С. Суворин

承包制 контрагенство

"刊物承包"火车站刊物售卖合作社 Товарищесво торговли произведениями печати на станциях железных дорог "Контрагенство печати"

瑟京 И. Д. Сытин

杜雷林 С. Н. Дурылин

《圣彼得堡小报》«Петербургский листок»

米留科夫 П. Н. Милюков

《传闻》«Речь»

公共讨论 общественная дискуссия

卡特科夫 Н. М. Катков

涅克拉索夫 Н. А. Некрасов

皮萨列夫 Д. И. Писарев

杜勃罗留波夫 Н. А. Добролюбов

萨尔蒂科夫 – 谢德林 М. Е. Салтыков-Щедрин

柯罗连科 В. Г. Короленко

《尼瓦》«Нива»

《世界插图》«Всемирная иллюстрация»

《火花》«Искра»

《汽笛报》«Гудок»

《闹钟》«Будильник»

《俄罗斯信使》«Русский вестник»

马克斯 А. Ф. Маркс

《环球》«Вокруг света»

《健康》«Здоровье»

《俄罗斯舞台》«Русская сцена»

《教育文集》«Педагогический сборник»

《老师》«Учитель»

《儿童杂志》«Журнал для детей»

《趣谈与故事》«Забавы и рассказы»

《公民》«Гражданин»

《欧洲信使》«Вестник Европы»

《事业》«Дело»

《书刊检查机关改组命令》«Указ о преобразовании цензурного управления»

《书刊检查临时规定》«Временные правила по цензуре»

《关于给予国内刊物特定优待和便利》命令 Указ «О даровании некоторых облегчений и удобств отечественной печати»

印后检查 послепечатная цензура

事前检查 предварительная цензура

《对现行书刊检查法令的变更和补充》«О некоторых переменах и дополнениях в действующих ныне цензурных постановлениях»

定期出版物 повременное издание

出版事务管理总局 Главное управление по делам печати

《关于出版诉讼程序》命令 Указ «О порядке судопроизводства по делам печати»

《关于期刊出版物在街头、广场等其他公共场所和商业建筑内的零售》«Относительно розничной продажи периодических изданий на улицах, площадях и в других публичных местах и торговых заведениях»

《关于书刊检查条例第四章第53条附录的实施》«О применении п. 53 прил. К ст. 4 Устава цензурного»

《关于期刊出版的临时措施》«О временных мерах относительно периодической печати»

《基于书刊检查与出版条例》«Из Устава о цензуре и печати»

《书刊检查与出版条例》«Устав о цензуре и печати»

早期留声机 фонограф

留声机 граммофон

波波夫 А. С. Попов

马可尼 Г. Маркони

地方出版物 земские издания

《定期出版物相关暂行规定》命令 Указ «О временных правилах о повременных изданиях»

《对期刊出版临时规定的修订和补充》命令 Указ «Об изменении и дополнении временных правил о периодической печати»

《关于确立战时书刊检查临时条例》命令 Указ «Об утверждении временного положения о военной цензуре»

泛民主主义法律 общедемократические законы

《关于出版》 «О печати»

书刊检查 / 新闻检查 цензура

政治审查制度 политическая цензура

一日报《抗议》 однодневная газета «Протест»

《俄语》 «Русское слово»

《俄罗斯意志》 «Русская Воля»

《新时代》 «Новое время»

《言论》 «Речь»

《戈比》 «Копейка»

《关于出版》法令 Декрет «О печати»

《关于对广告实行国家垄断》法令 Декрет «О введении государственной монополии на объявления»

《关于出版革命法庭》法令 Декрет «О революционном трибунале печати»

报刊法庭 трибунал печати

《关于战时书刊检查》章程 Положение «О военной цензуре»

《图书与出版事务管理总局章程》 «Положение о Главном управлении по делам литературы и издательства»

出版物 печатные произведения

彼得格勒电讯社 Петроградское телеграфное агентство (ПТА)

《罗斯塔宣传》 «АгитРОСТА»

附录二　专有名词中俄对照

《罗斯塔文学宣传》«ЛитагитРОСТА»

《指导页》«Инструкторские странички»

《红色记者》«Красный журналист»

语音广播 речевое радио

邮电人民委员会 Наркомат почт и телеграфа

无线电话技术 радиотелефония

电报通讯 телеграфные сообщения

无线电广播 радиопередача

扩音电话 громкоговорящий телефон

无线电广播 радиовещание

《罗斯塔口播报》«Устная газета РОСТА»

语音广播事业 речевое радиовещание

《罗斯塔广播报》«Радиогазета РОСТА»

全民广播股份公司（后更名为无线电广播）акционерное общество «Радио для всех» (затем называлось «Радиопередача»)

十月儿童广播 «Радио-октябренок»

少先队员广播 «Радио-пионер»

《农民广播报》«Крестьянская радиогазета»

《工人广播报》«Рабочая радиогазета»

全苏无线电化与无线电广播委员会 Всесоюзный комитет по радиофикации и радиовещанию

国立新闻学院 Государственный институт журналистики

《关于将所有期刊出版机构转变为经济核算制》的法令 декрет «О переводе всех органов периодической печати на начала хозяйственного расчета»

苏维埃政党大众传媒系统 система партийно-советских СМИ

指导类出版物 руководящие издания

大众类出版物 массовые издания

《鼓动与宣传报》«Вестник агитации и пропаганды»

《布尔什维克》«Большевик»

《女共产党员》«Коммунистка»

《红色刊物》«Красная печать»

鼓动宣传部 агитационно-пропагандистский отдел

政党和苏维埃出版物 партийные и советские издания

《苏联共产党关于大众传媒》КПСС о СМИ

图书与出版事务管理总局 Главное управление по делам литературы и издательства (Главлит)

苏联情报局 Советское информационное бюро (Совинформбюро)

军事刊物 военная печать

民用出版物 гражданские издания

电视播放 телевещание

音乐资讯广播节目"灯塔" информационно-музыкальная программа «Маяк»

《消息报》«Известия»

苏维埃政党出版物 партийно-советская журналистика

第三章

《出版与其他大众传媒法》«О печати и других средствах массовой информации»

《大众传媒法》«О средствах массовой информации»

舆论自由 свобода массовой информации

《俄罗斯联邦民法典》«Гражданский кодекс РФ»

《俄罗斯联邦刑法典》«Уголовный кодекс РФ»

《俄罗斯联邦行政违法法典》«Кодекс РФ об административных нарушениях»

《反极端主义活动法》«О противодействии экстремистской деятельности»

《通讯法》«О связи»

《广告法》«О рекламе»

《个人数据法》«О персональных данных»

《信息、信息技术与信息保护法》«Об информации, информационных

технолигиях и о защите информации»

《反恐怖主义法》«О противодействии терроризму»

《关于保障获取国家机关和地方自治机关活动信息的法律》«Об обеспечении доступа к информации о деятельности государственных органов и органов местного самоуправления»

《损害儿童健康和发育相关信息防护法》«О защите детей от информации, причиняющей вред их здоровью и развитию»

联邦通讯、信息技术与大众传媒监管局 Федеральная служба по надзору в сфере связи, информационных технологий и массовых коммуникаций (Роскомнадзор / РКН)

俄联邦数字发展、通讯与大众传媒部 Министерство цифрового развития, связи и массовых коммуникаций РФ

《博客法》«Закон о блогерах»

新闻界 журналисткое сообщество

规范性法律文件 нормативно-правовые акты

法规 нормы права

法律 правовые акты

事先审查 предварительный контроль

欧洲人权法院 Европейский суд по правам человека

章程 устав

电视广播 телерадиовещание

播放者 вещатель

卫星和地面广播 спутниковое и наземное эфирное вещание

国家无线电频率委员会 Государственная комиссия по радиочастотам (ГКРЧ)

采访权利 аккредитация

询问信息 запрос информации

全权代表 уполномоченные лица

诽谤 диффамация

反驳 опровержение

见解 суждение

意见 мнение

主张 убеждение

私人 частное лицо

反驳辞 опровержение

诽谤 клевета

侮辱 оскорбление

私生活 частная жизнь

国家利益 государственные интересы

公共利益 публичные интересы

社会利益 общественные интересы

《俄罗斯联邦体育文化与运动法》«О физической культуре и спорте в Российской Федерации»

莫斯科回声 «Эхо Москвы»

报道者 информатор

必须发布的消息 обязательные сообщения

《国家大众传媒报道国家权力机关活动程序》«О порядке освещения деятельности органов государственной власти в государственных средствах массовой информации»

《政党法》«О политических партиях»

《技术调节法》«О техническом регулировании»

《关于选举权和参加全民公投权的基本保障》«Об основных гарантиях избирательных прав и права на участие в референдуме»

《关于保障议会党派通过国家公共广播电视频道平等发布党派活动》«О гарантиях равенства парламентских партий при освещении их деятельности государственными общедоступными телеканалами и радиоканалами»

信息空间"造假" «фейковизация» информационного пространства

公开信息主题 обнародованная тема

边沁 И. Бентам

《道义学或道德科学》«Деонтология, или Наука о морали»

《论述关于记者转述支持哲学自由的作品时的义务》«Рассуждение об обязанностях журналистов при изложении ими сочинений, предназначенных для поддержания свободы философии»

国际新闻工作者联合会 Международная федерация журналстов

《记者行为原则宣言》«Декларация принципов поведения журналиста»

俄罗斯新闻工作者协会 Союз журналистов России (СЖР)

《俄罗斯新闻工作者职业道德准则》«Кодекс профессиональной этики российского журналиста»

《职业新闻工作者协会道德规范》«Кодекс этических норм Общества профессиональных журналистов»

《莫斯科新闻工作者宪章》«Московская хартия журналистов»

《新闻工作者报道恐怖主义行径与反恐行动职业行为道德准则》«Этические принципы профессионального поведения журналистов, освещающих акты терроризма и контртеррористические операции»

俄联邦总统直属信息争议问题司法院 Судебная палата по информационным спорам при Президенте РФ

俄罗斯新闻工作者协会大陪审团 Большое жюри Союза журналистов России

媒体投诉公会 Общественная коллегия по жалобам на прессу

《媒体伦理标准》«Медиаэтический стандарт»

第四章

印刷类定期出版物 печатная периодика

印刷类报刊 печатная пресса

《真理报》«Правда»

《女工》«Работница»

《农妇》«Крестьянки»

《星火》«Огонек»

《新世界》«Новый мир»

《十月》«Октябрь»

《外国文学》«Иностранная литература»

《生意人报》«Коммерсантъ»

《绝密》«Совершенно секретно»

《独立报》«Независимая газета»

《俄罗斯报》«Российская газета»

《周刊》*Weekly*

《政权》«Власть»

《居家》«Домовой»

《新日报》«Новая ежедневная газета»

《新报》«Новая газета»

《生意人 – 货币》«Коммерсантъ Деньги»

《大都会》*Cosmopolitan*

《专家》«Эксперт»

《共青团真理报》«Комсомольская правда»

《论据与事实》«Аргументы и факты»

《劳动报》«Труд»

《教师报》«Учительская газета»

网络版 интернет-версия

在线版 онлайн-версия

《俄罗斯商务咨询日报》«РБК *Daily*»

《苏维埃体育报》«Советский спорт»

《论据与事实 – 健康》«АиФ. Здоровье»

《论据与事实 – 居家》«АиФ. На даче»

鲍尔传媒 Bauer Media

《明星秘闻》«Тайны звезд»

《女性万物》«Всё для женщины»

《莫斯科共青团员报 – 星期日》«МК-Воскресенье»

《莫斯科共青团员报 – 星光大道》«МК-Бульвар»

《莫斯科地铁报》«Metro Москва»

即刻 – 莫斯科出版社 Пронто-Москва

《手递手》«Из рук в руки»

《全俄大众传媒统一名录》«Единый общероссийский реестр средств массовой информации»

专题出版物 издания по специализированной тематике

低俗／黄色出版物 бульварные／желтые издания

《文化报》«Культура»

《苏联文化报》«Советская культура»

《莫斯科共青团员报》«Московский комсомолец» (МК)

《快报》«Экспресс-газета»

《对话者》«Собеседник»

《黄色报纸 – 点燃》«Желтая газета. Зажигай»

《地铁报》Metro

《国际地铁报》Metro International

《体育快报》«Спорт-Экспресс»

周末版 толстушка

平均每期受众人数 аудитория одного номера, 英文为 Average Issue Readership (AIR)

特恩斯市场研究公司俄罗斯分公司（简称 TNS 俄罗斯）TNS Россия

全国读者调查 NRS

Yandex Яндекс

Zen Дзен

地区插页 региональные вкладки

专题副刊 тематические приложения

《俄罗斯报 – 周报》 «Российская газета Неделя»

媒体学公司 компания «Медиалогия»

"养老金问题库"项目 проект «Пенсионный банк вопросов»

文学年 «Год литературы»

"阅读屠格涅夫"项目 проект «Читаем Тургенева»

奥夫钦尼科夫 В. Овчинников

斯涅吉廖夫 В. Снегирев

多尔戈波洛夫 Н. Долгополов

维茹托维奇 В. Выжутович

巴辛斯基 П. Басинский

拉济霍夫斯基 Л. Радзиховский

什维德科伊 М. Швыдкой

德马尔斯基 В. Дымарский

博戈莫洛夫 Ю. Богомолов

巴辛斯基 П. Басинский

丹尼尔金 Л. Данилкин

多多列夫 Е. Додолев

季布罗夫 Д. Дибров

霍洛多夫 Д. Холодов

谢科奇欣 Ю. Щекочихин

明金 А. Минкин

音乐专栏"声道" музыкальная рублика «Звуковая дорожка»

加斯帕良 А. Гаспарян

亚什拉夫斯基 А. Яшлавский

梅尔卡切娃 Е.Меркачева

《莫斯科共青团员报 – 拉脱维亚》 «МК-Латвия»

凯度特恩斯市场研究公司 Kantar TNS

"按千克裁员"项目 проект Сокращаем персонал в килограммах

斯克沃尔佐夫 – 斯捷潘诺夫 И. Скворцов-Степанов

布哈林 Н. Бухарин

阿朱别伊 А. Аджубей

吉利亚罗夫斯基 В. Гиляровский

阿格拉诺夫斯基 А. Аграновский

泰丝 Т. Тэсс

帕尔霍莫夫斯基 Э. Пархомовский

鲍文 А. Бовин

孔德拉绍夫 С. Кондрашов

巴尔特曼茨 Д. Бальтерманц

阿赫洛莫夫 В. Ахломов

斯米尔诺夫 С. Смирнов

马克西米申 С. Максимишин

多媒体信息中心 мультимедийный информационный центр (МИЦ)

阿格拉诺夫斯基 В. Аграновский

罗斯特 Ю. Рост

佩斯科夫 В. Песков

戈洛瓦诺夫 Я. Голованов

谢科奇欣 Ю. Щекочихин

鲁坚科 И. Руденко

潘金 Б. Панкин

谢列兹尼奥夫 Г. Селезнев

孙戈尔金 В. Сунгоркин

"有益的报纸"项目 проект «Полезная газета»

《电视节目》 «Телепрограмма»

《我的家庭》 «Моя семья»

《1000个秘密》 «1000 секретов»

《莫斯科共青团员报 – 地区》«МК-Регион»

《莫斯科共青团员报 +TV》«МК+ТВ»

《预言家》«Оракул»

《汽车观察》«Авторевю»

《共青团真理报 – 周末版》«КП-толстушка»

《共青团真理报 – 对话》«Беседка КП»

《共青团真理报 – 愚弄》«Дурилка КП»

《俱乐部外套》«Клубный пиджак»

《反广告》«Антиреклама»

《自然之窗》«Окно в природу»

《高端生活》«Светская жизнь»

《共青团真理报 – 北欧》«Комсомольская правда в Северной Европе»

《这就是故事！》«Вот это истории!»

《新闻世界》«Мир новостей»

《全明星》«Все звезды»

斯堪的纳维亚填字游戏 сканворды

《彼得堡商务报》«Деловой Петербург»

苏联交通部 Министерство путей сообщения СССР

伊利夫 И. Ильф

彼得罗夫 Е. Петров

布尔加科夫 Булгаков

卡塔耶夫 В. Катаев

奥廖沙 Ю. Олеша

保斯托夫斯基 К. Паустовский

佐先科 М. Зощенко

企业出版物 корпоративное издание

《医学报》«Медицинская газета»

《红星》«Красная звезда»

《苏维埃体育 – 足球》«Советский спорт. Футбол»

《喇叭》«Клаксон»

《驾车》«За рулем»

《我们现代人》«Наш современник»

《科学与生活》«Наука и жизнь»

《青年技术》«Техника молодежи»

博达传媒集团 Burda Media Company

独立传媒 Independent Media

《时尚芭莎》*Harper's Bazaar*

《红秀》*Grazia*

《时尚先生》*Esquire*

《家园》«Домашний очаг»

《美食家》«Гастроном»

外包内容 контент «на вынос»

《俄罗斯新闻周刊》«Русский *Newsweek*»

《总结》«Итоги»

《新时代》*The New Times*

《电视乐园》«ТВ-парк»

《莫斯科在播放》«Говорит и показывает Москва»

《天线 – 一周电视》«Антенна-Телесемь»

海报类杂志 журналы-афиши

《超时莫斯科》«*TimeOut* Москва»

《环球》«Вокруг света»

《故事大篷车》«Караван историй»

《我爱下厨》«Люблю готовить»

《度假季》«Дачный сезон»

《斯堪的纳维亚填字游戏"纸吹龙 +"》«Сканворды "Тещин язык плюс"»

《俄罗斯国家地理》«*National Geographic* Россия»

《"巨人"数独集》«Сборник судоку "Гигант"»

《探索》 Discovery

《装修 + 设计》 «Интерьер + дизайн»

《魅力》 Glamour

《丽莎 – 祖母的糖煮水果》 «Лиза. Бабушкин компот»

《丽莎 – 指引》 «Лиза. Добрые советы»

《好！》 OK!

《你好！》 Hello!

《丽莎》 «Лиза»

《摩托》 «Мото»

《航线》 «Рейс»

《环球》全球定位指南 GP-путеводитель «Вокруг света»

豪华杂志 глянцевые журналы

《大都会时尚女孩》 «Девушка в стиле Cosmo»

《世界时装之苑》 Elle

《嘉人》 Marie Claire

《智族》 GQ

《巴黎时装公报》 L'Officiel

《时尚》 Vogue

《心理月刊》 Psychologies

罗日杰斯特文斯卡娅 Е. Рождественская

《花花公子》 Playboy

《马克西姆》 Maxim («Максим»)

《爱尔甜心》 Elle Girl

智识类豪华杂志 интеллектуальный / умный глянец

发行稽核局 Бюро тиражного аудита, 英文为 Audit Bureau of Circulation (ABC)

赫斯特·什库列夫出版社 ИД Hearst Shkulev Publishing

《幸福父母》 «Счастливые родители»

链接 ВКонтакте

《时尚 – 俄罗斯》 «*Vogue* Россия»

"不止足球"展览 выставка «Футбол и не только»

"俄罗斯季"展览 выставка «Русские сезоны»

《女婿》 «Зятек»

《纸吹龙》 «Тещин язык»

丛刊 Партворк / Partwork

成套出版物 коллекционные издания

马歇尔·卡文迪什出版社（英国） издательство Marshall Cavendish

百科全书《知识树》 энциклопедия «Древо познания»

奥古斯汀出版社（意大利） издательство De Agostini

盖·法布里出版社（英国） издательство GE Fabbri

"美术馆"项目 проект «Художественная галерея»

"与沃利一起发现世界"项目 проект «Открой мир с Волли»

NG–主角（俄罗斯首家丛刊出版社） NG-Премьер

《魔力毛线》 «Волшебный клубок»

《知晓自我命运》 «Узнай свою судьбу»

《去钓鱼》 «На рыбалку»

《室内植物》 «Комнатные растения»

《伟大的艺术家》 «Великие художники»

《伟大的作家》 «Великие писатели»

雏鹰收藏（俄罗斯丛刊外国出版商） Eaglemoss Collection

《传奇的苏联汽车》 «Легендарные советские автомобили»

《东正教修道院》 «Православные монастыри»

《绘画大家》 «Мастера рисунка и живописи»

《苏联勋章》 «Ордена СССР»

图书型杂志 буказин / bookazine

《心爱之屋》 «Любимая дача»

《园丁》«Садовник»

地区性出版物 областные издания

地方性出版物 местные издания

《基洛夫真理报》«Кировская правда»

《利佩茨克报》«Липецкая газета»

《下诺夫哥罗德真理报》«Нижегородская правда»

《鞑靼斯坦共和国报》«Республика Татарстан»

《苏联楚瓦什报》«Советская Чувашия»

"双轨并行"时代 эпоха «дублей»

插页 вклад

联邦区域性出版物 федерально-региональные издания

地区副刊 региональные приложения

《车里雅宾斯克工人报》«Челябинский рабочий»

《加里宁格勒真理报》«Калининградская правда»

《莫斯科时报》 The Moscow Times

《号召报》«Призыв»

基尔申 Б. Киршин

《乌拉尔工人报》«Уральский рабочий»

《叶卡捷琳堡共青团真理周报》«Комсомольская правда в Екатеринбурге»

阿尔泰新闻出版社 ИД «Алтапресс»

《自由航向》«Свободный курс»

《我的》«Мое»

自由新闻出版社 ИД «Свободная пресса»

《我的+》«Мое плюс»

《我的！在线》«Мое! Online»

苏联西伯利亚出版社 ИД «Советская Сибирь»

《西伯利亚晚报》«Вечерний Новосибирск»

《斯洛博达》«Слобода»

《州报》«Областная газета»

脸书 Facebook

推特 Twitter

同班同学 Одноклассники

照片墙 Instagram

塔姆塔姆 TamTam

电报 Telegram

"一起"项目 проект «Вместе»

《商务关注报》«Деловой интерес»

《莫斯科晚报》«Вечерняя Москва»

《晚间莫斯科》« Москва Вечерняя»

《劳动生活报》«Трудовая жизнь»

《别尔茨克新闻报》«Бердские новости»

《库伦达处女地报》«Кулундинская новь»

《季霍列茨克消息报》«Тихорецкие вести»

《中学纪念册》系列 серия «Школьные альбомы»

模因 мем

《布拉戈瓦尔消息报》«Благоварские вести»

加法罗娃 Л. Гафарова

诺维科夫 Р. Новикова

世界报业和新闻出版协会 WAN-IFRA

双元能力 амбидекстрия

欧洲报业大会 Европейский газетный конгресс

在线出版物 онлайн-издания

第五章

通讯社 информационное агентство (ИА)

塔斯社 ИА-ТАСС

俄通社 – 塔斯社 ИТАР-ТАСС，全称为 Информационное телеграфное агентство России – Телеграфное агентство суверенных стран，直译为俄罗斯通讯社 – 主权国家电讯社

"今日俄罗斯"国际通讯社 МИА «Россия сегодня»

新闻社 Агентство печати «Новости» (АПН)

俄新社 Российское информационное агентство «Новости» (РИАН)

国际文传电讯社 Интерфакс

圣彼得堡电讯社 Санкт-Петербургское телеграфное агентство (СПТА)

俄罗斯电讯社（简称罗斯塔社）Российское телеграфное агентство (РОСТА)

苏联电讯社 Телеграфное агентство Советского Союза

国家信息学说 информационная доктрина государства

专业简报 специализированные бюллетени

基础设施性 инфраструктурность

信息流 лента

类型属性 типологический статус

传媒产业体系 система медиаиндустрии

多方针对性 мультиадресность

通讯社运营环境 среда функционирования информационных агентств

主题维度 широта тематической палитры

综合性通讯社 универсальные агентства

社会名流生活 светская жизнь

专业信息流 специализированные ленты

主要新闻流轮廓 контуры основных новостных потоков

塔斯社 – 新闻摄影 Фотохроника ТАСС

信息咨询库 информационно-справочный фонд

见地 собственное мнение

新闻编辑部 ньюсрум

俄语互联网 русскоязычный Интернет

今日俄罗斯 Russia Today

今日俄罗斯－美国 RT America

今日俄罗斯－英国 RT UK

今日俄罗斯－纪录片 РТД

议程方案 программные решения

SPARR СПАРК

SCAN СКАН

征信所 бюро кредитных историй

评级机构 рейтинговое агентство

穆迪 Moody's

邓白氏 Dun & Bradstreet

益百利 Experian

美国商业资讯 Business Wire

律商联讯 LexisNexis

《内部市场数据参考》Inside Market Data Reference

头条类信息流 главная новостная лента

专题类信息流 тематические специализированные ленты

媒体学 Медиалогия

专业性通讯社 специализированные агентства

俄罗斯商务咨询 РосБизнесКонсалтинг (РБК)

社会资讯社 Агентство социальной информации (АСИ)

俄网 Рунет

CNBC 欧洲频道 CNBC Europe

美国有线电视新闻网 Cable News Network (CNN)

CNN 世界报道栏目 CNN World Report

营销传播 маркетинговые коммуникации

媒体业务 медиабизнес

金融监控－新闻 ФК-Новости

社会型广告 социальная реклама

绿色经济 Зеленая экономика

BCS 经纪人 БКС брокер

企业的社会责任 Социальная ответственность бизнеса

我们的孩子 Наши дети

活跃人物 Активная среда

公民组织 гражданские структуры

国有通讯社 государственные агентства

私营通讯社 частные агентства

世界通讯社、国家通讯社以及区域通讯社 мировые, национальные и региональные агентства

跨国通讯社和跨区域通讯社 межгосударственные и межрегиональные агентства

法新社 Agence France-Presse (AFP)

美联社 Associated Press (AP)

道琼斯通讯社 Dow Jones

彭博社 Bloomberg

CNN 国际台 CNN International

BBC 国际新闻资讯电视频道 BBC World

欧洲新闻电视台 Euronews

半岛电视台 Al-Jazeera

美国消费者新闻与商业频道 CNBC

彭博电视频道 Bloomberg TV

电视网产品 продукции телесетей

《金融时报》Financial Times

《国际先驱论坛报》International Herald Tribune

《华尔街日报》Wall Street Journal

《新闻周刊》Newsweek

《经济学人》Economist

埃菲社 EFE

德新社 DPA

新华社 XINHUA

地方通讯社 местные агентства

新联邦制传统 традиции нового федерализма

垂直式和水平式信息通讯 вертикальные и горизонтальные информационные связи

新闻机构 информационные бюро

新闻信息流 лента новостей

俄罗斯波罗的海通讯社 Росбалт

俄新社"新区域" РИА «Новый регион»

西伯利亚新闻通讯社 Сибирское агентство новостей

信息流 информационные потоки

技术检索 технологические поиски

光导电报 оптический телеграф

采编 обработка

网络化 выход в сеть

纯网络出版物 собственно сетевые издания

国家新闻服务频道 канал «Национальная служба новостей»

多媒体新闻业务 мультимедийная журналистика

新闻聚合器 агрегатор новостей

公民媒体 гражданские медиа

博客圈 блогосфера

传统离线母平台 традиционные материнские платформы в офлайне

电视政治 видеократия

新闻初创公司 новостные стартапы

内容再利用 рециклинг контента

"基础设施型"大众传媒 «инфраструктурные» СМИ

双重类型属性 двойной типологический статус

照片带 фотолента

视频题材 видеосюжет

社交互联网项目 социальные интернет-проекты

"瓦尔代"国际辩论俱乐部 международный дискуссионный клуб «Валдай»

"未来媒体"年度国际论坛 ежегодный международный форум «Медиа будущего»

"未来智慧城市"论坛 форум «Умный город будущего»

自动化程序 программа-робот

标记消息 маркированные сообщения

社交媒体营销 Social Media Marketing(SMM)

改写 рерайтинг

第六章

独立广播公司 независимые радиовещатели

中波 средние волны (СВ)

怀旧－莫斯科 «Ностальжи-Москва»

俄罗斯怀旧广播 «Радио России Ностальжи»

超短波 ультракороткие волны (УКВ)

欧洲＋莫斯科 «Европа Плюс Москва»

欧洲＋ «Европа Плюс»

M 广播 «Радио-М»

斯塔斯·纳敏中心 Stas Namin Center (SNC)

俄罗斯广播 «Радио России»

第一号键 «первая кнопка»

全俄国家广播电视公司 Всероссийская государственная телевизионная и радиовещательная компания (ВГТРК)

摇滚 «Рокс»

极限 Maximum

商务浪潮 «Деловая волна»

101 广播 «Радио 101»

声望广播 «Престиж-Радио»

第七广播 «Радио 7»

七丘上的第七广播 «Радио 7 на Семи холмах»

2×2 开放广播 «Открытое Радио 2×2»

希望 «Надежда»

全景 «Панорама»

缩影 «Ракурс»

艺术广播 «Радио АРТ»

银雨 «Серебряный дождь»

罗斯广播 «Русское Радио»

金融工业集团 финансово-промышленная группа (ФПГ)

古辛斯基 В. Гусинский

桥集团 Группа «Мост»

奥斯坦基诺广播电视公司 телерадиокомпания «Останкино»

第一广播 «Радио-1»

文化广播 «Радио Культура»

灯塔 «Маяк»

青春 «Юность»

俄耳甫斯 «Орфей»

复古广播 «Радио Ретро»

欧洲媒体集团 Европейская медиагруппа (ЕМГ)

经典广播 «Радио Классика»

俄罗斯媒体集团 Русская медиагруппа (РМГ)

桥 – 媒体 «Медиа-Мост»，英文为 Bridge Media

Do 广播 «До-Радио»

体育调频 «Спорт FM»

别列佐夫斯基 Б. Березовский

默多克 Р. Мердок

洛戈瓦兹新闻集团 Логоваз Ньюс Корпорейшн

我们的电台 «Наше Радио»

俄联邦总统令《关于组建国家电子类大众传媒统一生产技术综合体》 Указ Президента РФ «О формировании единого производственно-технологического комплекса государственных электронных СМИ»

民警浪潮 «Милицейская волна»

斯拉夫妇女 «Славянка»

克鲁托伊 И. Крутой

ARS 集团公司 группа компаний АРС

爱广播 Love Radio

克鲁托伊媒体控股公司 холдинг Krutoy Media

蒙特·卡罗 Monte Carlo

探戈 «Танго»

第二罗斯电台 «Русское радио-2»

热曲调频 «Хит FM»

高燃 «Динамит»

舞蹈调频 DFM

俄气 – 媒体控股公司 холдинг «Газпром-Медиа» (ГПМ)

俄罗斯天然气工业股份公司 Газпром

俄气银行 Газпромбанк

第一流行广播 «Первое популярное радио»

三套车 «Тройка»

经典 Classic

爵士 Jazz

乌瓦罗夫 А. Уваров

阿诺德一流集团 Arnold Prize Group

香颂广播 «Радио Шансон»

波塔宁 В. Потанин

专业媒体广播公司 Вещательная корпорация ПрофМедиа (ВКПМ)

能量 «Энергия»

国家青年电台 NRJ

新闻在线 «Новости On-line»

迪斯科 «Диско»

幽默调频 «Юмор FM»

俄罗斯歌曲 «Русские песни»

阿拉 «Алла»

罗曼蒂克 «Романтика»

青春调频 «ЮFM»

俄罗斯广播 – 文化 «Радио России. Культура»

旋律 «Мелодия»

拉加代尔 Lagardère

西伯利亚商务联盟公司 компания «Сибирский деловой союз»

乌拉尔矿业冶金公司 Уральская горно-металлургическая компания (УГМК)

资讯谈话类广播 информационно-разговорное вещание

卢克石油集团 группа «Лукойл»

俄罗斯新闻服务 «Русская служба Новостей»

星调频 «Звезда FM»

大广播 «Большое радио»

英国广播公司 BBC

Finam 调频 «Финам FM»

城市调频 «Сити FM»

轻松调频 «Relax FM»

儿童广播 «Детское радио»

盖达马克 А. Гайдамак

联合媒体 «Объединенные медиа»

阿森纳 «Арсенал»

商务调频 Business FM

凯克斯调频 «Кекс FM»

乌斯马诺夫 А. Усманов

牛顿调频 «НьюТон FM»

生意人调频 «Коммерсанть FM»

清新广播 «Свежее радио»

长柄眼镜 «Лорнет»

消息调频 «Вести FM»

ESN 集团公司 группа компаний ECH

我的家庭 «Моя Семья»

博格丹诺夫 В. Богданов

多媒体控股公司 Мультимедиа Холдинг(MMX)

利辛 В. Лисин

新利佩茨克冶金联合企业 Новолипецкий металлургический комбинат (НЛМК)

俄媒体 «Румедиа»

巧克力 «Шоколад»

电影调频 /98 热曲 «Кино FM / 98 хитов»

喜剧广播 Comedy Radio

莫斯科媒体控股公司 холдинг «Москва Медиа»

今日俄罗斯 – 莫斯科调频 Russia Today - Moscow FM

首都调频 Capital FM

古采里耶夫 М. Гуцериев

罗斯石油 «Русс-нефть»

萨夫马尔 «Сафмар»

列别杰夫 А. Лебедев

国家储备公司 «Национальная резервная корпорация»

春天调频 «Весна FM»

东方调频 «Восток FM»

避暑屋电台 «Радио Дача»

出租车调频 «Такси FM»

莫斯科播报 «Говорит Москва»

俄罗斯热曲 «Русский хит»

俄罗斯之声 «Голос России»

苏联部长会议国家广播电视委员会 Государственный комитет Совета Министров СССР по телевидению и радиовешанию (Гостелерадио СССР)

对外广播 иновещание

卫星 Sputnik

俄气-媒体广播 ГПМ Радио

喜爱调频 Like FM

路途广播 «Дорожное радио»

信仰广播 «Радио Вера»

IFD 资本 «ИФД-Капиталь»

国家演出 «Госконцерт»

科热夫尼科夫 С. Кожевников

图书广播 «Радио Книга»

拉斯托尔古耶夫 Н. Расторгуев

21 工作室 Studio 21

阿加拉罗夫 Э. Агаларов

火热调频 «Жара FM»

大都会调频 «Мегаполис FM»

塔夫林 И. Таврин

快选广播 «Выбери радио»

格拉霍夫 Н. Грахов

С广播 «Радио Си»

货币化中心 центр монетизации

常设广播联合体 постоянные вещательные объединения

特许经营关系 франчайзинговые отношения

许可协议 лицензионные договоры

国家新闻服务 «Национальная служба новостей»

通讯运营商 операторы связи

国有专营者 государственный монополист

联邦国家单一制企业俄罗斯广播电视网 ФГУП «Российская телевизионная и радиовещательная сеть» (РТРС)

广播电视传输中心 радиотелевизионные передающие центры (РТПЦ)

长波 длинные волны (ДВ)

短波 короткие волны (КВ)

国际无线电咨询委员会调频 CCIR FM

国际广播电视组织调频 OIRT FM

第一数字多路传输器 первый цифровой мультиплекс (РТРС-1)

新闻媒体有限责任公司 ООО «Медиа новости»

生意人股份公司 АО «Коммерсантъ»

共青团真理报社股份公司 АО «ИД "Комсомольская правда"»

俄联邦武装力量广播电视公司星开放式股份公司 ОАО «ТРК ВС РФ "Звезда"»

银雨广播电台有限责任公司 ООО «Радиостанция "Серебряный дождь"»

体育媒体有限责任公司 ООО «Медиа Спорт»

莫斯科回声封闭式股份公司 ЗАО «Эхо Москвы»

俄罗斯广播与预警网络 Российские сети вещания и оповещения (РСВО)

第715号俄联邦总统令《关于义务性大众广播电视频道》 Указ Президента РФ № 715 «Об обязательных общедоступных телеканалах и радиоканалах»

著作权及邻接权 авторские и смежные права

俄罗斯著作权协会 Российское авторское общество (РАО)

全俄知识产权组织 Всероссийская организация интеллектуальной собственности (ВОИС)

音轨类型 категория треков

轮播量 объем ротации

广告代理商 рекламные агентства

采购代理商 баинговые агентства

哈瓦斯传媒 Havas Media

极致传媒 Initiative

伟视捷 Vizeum

销售代理商 селлинговые агентства

媒体+ «МедиаПлюс»

俄罗斯媒体集团服务 «РМГ Сервис»

杰姆 «Джем»

"总体广播"项目 проект «Тотальное радио»

国家广告联盟 Национальный рекламный альянс (НРА)

媒体视野 Mediascope

广播指数 Radio Index

次日广告回忆法 Day-After-Recall

一刻平均听众数 average quarter-hour audien (AQH)

一刻平均占有率 AQH Share

收听时间 Time Spent Listening (TSL)

收听率 Reach

联邦出版与大众传媒署 Федеральное агентство по печати и массовым коммуникациям (ФАПМК/Роспечать)

联邦广播电视竞拍委员会 Федеральная конкурсная комиссия по телерадиовещанию (ФКК)

联邦反垄断局 Федеральная антимонопольная служб (ФАС)

俄罗斯广播学会 Российская академия радио (РАР)

广告收支 рекламный бюджет

俄罗斯通讯机构联合会 Ассоциации коммуникационных агентств России (АКАР)

华纳音乐集团 Warner Music Group

索尼音乐娱乐 Sony Music Entertainment

环球音乐集团 Universal Music Group

联盟 «Союз»

嘉年华唱片 Gala Records

音频流 звуковые потоки，英文为 Audiostreaming

苹果音乐 Apple Music

声田 Spotify

Yandex 音乐 «Яндекс. Музыка»

类型 формат

基特 М. Кийт

子类型 подформат

沃伦 С. Уоррен

类别 тип

当代热曲广播 Contemporary Hit Radio (CHR)

成人时代 Adult Contemporary (AC)

黄金复古 Gold Retro

互联网离线广播电台 офлайн-радио станции в Интернете

简易转播 простая ретрансляция

录播 дублированный эфир

在线广播 онлайн-радиовещание

在线电台 онлайн-станции

网络电台 веб-станции

音频记录技术 аудиоскробблинг

音轨流 поток аудиотреков

播客 подкастинг，英文为 podcasting，全称为 Personal Optional Digital Casting

交互式调查 интерактивные опросы

第七章

全苏国家广播电视公司 Всесоюзная гостелерадиокомпания

中央一套节目 «Первая программа» Центрального телевидения

俄罗斯广播电视台 «Российское телевидение и радиовешание» (РТР)

中央二套节目 «Вторая программа» ЦТ

俄罗斯大学 «Российские университеты»

中央教育节目 «Образовательная программа» ЦТ

莫斯科电视频道 «Московский телевизионный канал» (МТК)

中央三套节目 «Третья программа» ЦТ

独立电视台 «Независимое телевидение» (НТВ)

第六电视台 «ТВ6»

俄罗斯公共电视台 «Общественное российское телевидение» (ОРТ)

第一频道 «Первый канал»

家庭频道 «Домашний»

电视台网络 «Сеть телевизионных станций» (СТС)

音乐电视 «Муз ТВ»

尤频道 Канал «Ю»

REN TV «РЕН ТВ»

你的新电视 «Твоё Новое Телевидение» (ТНТ)

第三电视台 «ТВ-3»

俄罗斯 MTV «MTV Россия»

达利亚尔电视台 «Дарьял ТВ»

辣椒 «Перец»

"切！" «ЧЕ!»

第七电视台 «7 ТВ»

第一百电视台 «100 ТВ»

第四频道 «4 канал»

伏尔加 «Волга»

全俄电视网 общероссийские телевизионные сети

多频道扩张 расширение многоканальности

俄罗斯国家电视台文化频道 «Россия К»

体育 «Спорт»

俄罗斯国家电视台 2 频道 «Россия 2»

赛事 «Матч ТВ»

消息 «Вести»

俄罗斯国家电视台 24 频道 «Россия 24»

比比孔 «БИБИКОН»

旋转木马 «Карусель»

俄罗斯国家电视台 1 频道 «Россия 1»

和平 «Мир»

电视中心 «ТВ Центр»

第五频道 «Пятый канал»

公共电视频道 общедоступный канал

地面广播频率资源 частотный ресурс для наземного вещания

有线电视 кабельное телевидение

卫星电视 спутниковое телевидение

付费非无线电视 платное неэфирное телевидение

宇宙电视台 «Космос ТВ»

独立电视台 + «НТВ-Плюс»

电视服务提供商 провайдер телевизионных услуг

国家有线网络 «Национальные кабельные сети»

俄罗斯移动通信系统公司电视台 «МТС ТВ»

埃尔电信 «Эр-Телеком»

阿卡多 «Акадо»

Beeline 电视台 «Билайн ТВ»

三色旗电视台 «Триколор ТВ»

猎户－特快 «Орион-Экспресс»

探索频道 Discovery

动物星球频道 Animal Planet

国家地理频道 National Geographic

学习频道 The Learning Channel (TLC)

环球影剧频道 Universal Channel

我的星球 «Моя планета»

科学 2.0 «Наука 2.0»

电影之家 «Дом кино»

电视咖啡馆 «Телекафе»

俄罗斯电影院 «Русский иллюзион»

狩猎与钓鱼 «Охота и рыбалка»

庄园 «Усадьба»

斯帕斯 «Спас»

定向卫星电视播放 направленное спутниковое вещание

移动软件 мобильные приложения

互联网服务提供商 интернет-провайдер

移动运营商 мобильный оператор

新服务公司分析中心 Аналитический центр «Новой сервисной компании» (АЦ НСК)

电信媒体技术咨询公司 TMT «Консалтинг»

杰森合作咨询公司 J'son and Partners Consulting

法国国际电视数据中心 Mediametrie

欧洲电视数据公司 Eurodata TV

法国国际电视数据中心 Mediametrie

欧洲电视数据公司 Eurodata TV

传统线性电视频道 традиционные линейные телеканалы

模拟电视 аналоговое телевидение

数字电视 цифровое телевидение

电信（电视或互联网）电缆 телекоммуникационный (телевизионный или интернет-) кабель

《广播电视许可法》«О лицензировании телевизионного вещания и радиовещания»

《2009—2015 年俄罗斯联邦广播电视发展目标纲要》Федеральная целевая программа (ФЦП) «О развитии телерадиовещания в Российской Федерации в 2009-2015 гг.»

联邦通讯署 Федеральное агентство связи (Россвязь)

国家广播电视联合会 Национальная ассоциация телерадиовещателей (НАТ)

城市广播电视联合会 Ассоциация городских телерадиовещателей (АГТ)

俄罗斯有线电视联合会 Ассоциация кабельного телевидения России (АКТР)

地区通讯运营商联合会"俄罗斯电视网" Ассоциация региональных операторов связи «Ростелесеть»

影视制片人联合会 Ассоциация продюсеров кино и телевидения (АПКиТ)

地区广告联盟 Рекламная федерация регионов (РФГ)

俄罗斯电子通讯联合会 Российская ассоциация электронных коммуникаций (РАЭК)

媒体通讯协会 Медиакоммуникационный союз

用户服务费 абонентская плата

广告代理公司 рекламные агентства

媒体评测机构 медиаизмерители

广告业 рекламная индустрия

媒体投放代理公司 медиабаинговые агентства

星传媒体 Starcom

浩腾媒体 OMD Optimum Media

实力传播 Zenith Optimedia

凯络 Carat

汉威士媒体 Havas Media

媒体本能 Media Instinct

国际顶级传播集团 ведущие мировые коммуникационные группы

视频国际 Видео Интернешнл (ВИ)，英文为 Video International

媒体销售商 медиаселлер

国家媒体集团 Национальная медиа группа (НМГ)

国家服务公司 Национальная сервисная компания (НСК)

节目 / 频道排行榜 рейтинг программы / канала

观众占有率 доля аудитории

盖洛普媒体 Gallup Media

全俄社会舆论研究中心 Всероссийский центр изучения общественного мнения (ВЦИОМ)

个人收视记录仪 пиплметр，英文为 peoplemeter

大收视率 Big TV Rating

时段指数 TV Index

转播站 ретранслятор

电视信号传输系统 система доставки телевизионного сигнала

（地面）无线电视和非无线电视 телевидение (наземного) эфирного и неэфирного

无线电波段 радиочастоты

波段 частоты

独立或组合天线 индивидуальная или коллективная антенна

国际电信联盟 International Telecommunication Union

发射机 передатчик

模拟发射机 аналоговый передатчик

无线电视转播中心 радиотелепередающий центр (РТПЦ)

波段 диапазон волн

电视卫星通讯系统 система телевизионных спутников связи

联邦国家单一制企业宇宙通讯 ФГУП «Космическая связь»

播放区域 вещательные зоны

数字压缩 цифровое сжатие

远东联邦区 ДВФО

西伯利亚联邦区 СФО

乌拉尔联邦区 УФО

西北联邦区 СЗФО

中央联邦区 ЦФО

伏尔加联邦区 ПФО

南部联邦区 ЮФО

北高加索联邦区 СКФО

通讯设备 объект связи

联邦多路传输器编组中心 Федеральный центр формирования мультиплекс (ФЦФМ)

交互式网络电视 IPTV

信号旗通讯 Вымпелком

定向卫星播放 направленное спутниковое вещание (direct satellite broadcasting)

卫星电视 спутниковое телевидение

视频点播 видео по запросу，英文为 Video on Demand (VOD)

按次付费观看 pay-per-view

数字视频录像机 DVR

铁运通公司 Транс Телеком (ТТК)

扩音器 Мегафон

OTT 服务 OTT-сервис

视频游戏机 приставка для видеоигр

全国性无线综合频道 общенациональный эфирный канал общего интереса

俄罗斯公共电视台 Общественное телевидение России (ОТР)

国家广播电视公司 Государственная телевизионная и радиовещательная компания (ГТРК)

市第一频道 «Первый городской»

莫斯科市电视台 24 频道 «Москва 24»

俄罗斯足球超级联赛 Российская футбольная премьер-лига (РПФЛ)

俄罗斯外贸银行篮球统一联赛 Единая лига ВТБ по баскетболу

大陆冰球联赛 Континентальная коккейная лига

国际奥林匹克委员会 Международный олиймпийский комитет (МОК)

国际足球联合会 Международная федерация футбола (ФИФА)

联邦和专题电视频道 федеральные и тематические каналы

制作公司 продакшн-компания

知识类节目 познавательные передачи

制片方 создатель

红方格 «Красный квадрат»

节目模式权转让 передача прав на форматы программ

衍生产品许可 лицензии на сопутствующие товары

阿米迪亚公司 компания «Амедиа»

中央电视台制作室 Студия «Централ Телевижн»

消息报多媒体信息中心 МИЦ «Известия»

电视媒体国际 «ТВ Медиа Интернешнл»

科斯塔电影 «Костафильм»

电视联盟 «ТелеАльянс»

3X 媒体集团 «Гринкс Мсдиагруп»

好故事媒体 «ГудСториМедиа» (Good Story Media)

莫斯科电视电影公司 «Мостелефильм»

国家电视辛迪加 Национальный телевизионный синдикат (НТС)

STP Kontent СТП Контент

Telco Media Телко Медиа

福克斯 Fox

付费电视运营商 оператор платного телевидения

新媒体 New Media

第一高清频道 «Первый ТВЧ»

红色媒体 Red Media（«Ред Медиа»）

数字电视 «Цифровое телевидение» (ЦТВ)

第一频道 – 全球网 «Первый канал. Всемирная сеть»

创意生产企业视频 – 电影 – 电视 ТПП ВКТ

线性观看 линейный просмотр

非线性电视视频观看 нелинейный телевидеопросмотр

中央电视频道 централизованные телеканалы

电视网 телесеть

高清 high definition (HD)

市政频道 муниципальные телеканалы

城市频道 городские телеканалы

公共电视模式 модель общественного телевидения

二次收看 двойной просмотр

电视台联盟或网络 «Содружество, или Сеть, телевизионных станций» (СТС)

联邦级无线电视网 – 频道 федеральные эфирные каналы-телесети

专题频道 тематические каналы

DTV ДТВ

必备公共电视频道 обязательные общедоступные телеканалы

电视网合作模式 модель сетевого партнёрства

全播放电视频道 полновещательные телеканалы

9 频道 «9 канал»

鞑靼斯坦新世纪 «Татарстан Новый век»

符拉迪沃斯托克公共电视台 «Общественное телевидение Владивостока»

(ОТВ)

省 «Губерния»

直播 «Эфир»

Rifey TV «Рифей ТВ»

克拉斯诺亚尔斯克电视台 ТВК

莫斯科 – 信任 «Москва.Доверие»

巴什基尔卫星电视台 Башкирское Спутниковое Телевидение (БСТ)

第 21 号键 21-я кнопка

电视业 телеиндустрия

用户基数 абонентская база

互联网出版物《有线电视》интернет издание « Кабельщик»

尼克国际儿童频道 Nickelodeon

派拉蒙喜剧 Paramount Comedy

动漫 Мульт

俄罗斯爱情 Русский роман

订购电视频道 подписной телеканал

用户原创内容 user generated content (UGC)

在线影院 онлайн-кинотеатр

传统电视业 традиционная телевизионная индустрия

苏联解体后 постсоветский период

第八章

在线大众传媒 онлайн-СМИ

网络大众传媒 сетевые СМИ

互联网大众传媒 интернет-СМИ

屏性大众传媒 экранные СМИ

国家项目"数字经济" национальный проект «Цифровая экономика»

网络托管 хостинги

即时通讯软件 мессенджеры

广告定向能力 таргетирование рекламы

资讯消息 информационные сообщения

服务池 пул сервисов

大众传媒名录 реестр зарегистрированных СМИ

网络出版物 сетевое издание

部类 типологические группы

101 广播 «Радио-101»

俄罗斯报纸网 «Газета.ру» (Gazeta.ru)

俄罗斯纽带网 «Лента.ру» (Lenta.ru)

母刊 материнские издания

名片网站 сайты-визитки

仿制版 калька

克隆版 клон

"全能兵"原则 принцип «универсального солдата»

新闻算法生成方法 методы алгоритмической генерации новостей

漫步者 «Рамблер» (Rambler)

谷歌 Google

类型形成模式 типообразующие лекала

跨境化 трансграничность

超本地化 гиперлокальность

可及性 доступность

细分主题专业化 узкая тематическая специализация

国有或私有融资模式 государственное или частное финансирование

企业模式 корпоративная модель

空间工效学 эргономика пространства

国家计划《2011—2020年信息化社会》 Государственная программа «Информационное общество: 2011–2020 гг.»

信息组合 «информационные наборы»

Meduza «Медуза»

Yandex.Q «Яндекс.Кью»

阿尔扎马斯 «Арзамас»

高尔基 «Горький»

那些事儿 «Такие дела»

卡片 карточки

时间线 таймлайн

新闻简讯 информационная заметка

单媒体体裁方案 мономедийные жанровые решения

双媒体体裁方案 полимедийные жанровые решения

多媒体体裁方案 мультимедийные жанровые решения

综合体裁方案 синтетические жанровые решения

移动设备 мобильные гаджеты

资源库 пул источников

视频集合网站 видеоколлекторы

单媒体体裁 мономедийные жанры

双媒体体裁 полимедийные жанры

多媒体体裁 мультимедийные жанры

综合体裁 синтетические жанры

评级调查 рейтинговые опросы

参与众筹 участие в краудсорсинговых проектах

形成一揽子延时消费 формирование корзин отложенного потребления

创建额外的利基渠道 создание дополнительных нишевых каналов

原生广告 нативная реклама

收费墙 paywall

《势力》 «Сноб»

贝尔 The Bell

福布斯 Forbes

众筹模式 модель краудфандинга，英文为 crowd funding

东正教世界 «Правмир»

分支池 разветвленный пул

部类和种类 группа и вид

视频博客 видеоблог

跟随杜季 «вДудь»

帕特农神庙 «Парфенон»

仍为匿名 «Ещенепознер»

筹款 фандрайзинг

销售衍生产品 продажа сопутствующих товаров

人工智能 искусственный интеллект

物联网 Интернет вещей

个人内容设置 персональные настройки контента

奈飞 Netflix

语义链机器人程序 программы-роботы семантических связей

流媒体 стриминги

内容关联广告 контекстная реклама

虚拟现实 виртуальная реальность，英文为 virtual reality (VR)

增强现实 дополненная реальность，英文为 augmented reality (AR)

扩展现实 расширенная реальность，英文为 extended reality

第九章

社会传播 социальная коммуникация

维基项目 wki-проекты

音视频托管 аудио и видеохостинги

服务应用程序 сервисные приложения

推广性内容 промоциональный контент

附录二 专有名词中俄对照

统一术语表 единый терминологический аппарат

新媒体 новые медиа

数字交互媒体 цифровые интерактивные медиа

社交媒体 социальные медиа

社交网络 социальная сеть

技术平台 технологическая платформа

数字媒体 цифровые медиа

媒体传播 медиакоммуникация

技术决定论 технологическая детерминированность

媒体中介性 медийная опосредованность

电子通讯 электронная коммуникация

卡普兰 А. Каплан

海因莱因 М. Хейнлайн

社交网络媒体 социальные сетевые медиа

伯杰斯 Н. Коста

佩尔 Т. Пёлл

公共传播 публичное общение / публичная коммуникация

人际传播 межличностное общение

麦基 Л. Маккэй

关哈斯 А. Куан-Хаазе

米勒 А. Д. Миллер

科斯塔 Д. Бержесс

舍斯捷尔金娜 Л. Д. Шестеркина

博尔琴科 И. Д. Борченко

种概念 видовое понятие

扩散 «атомизация»

活跃受众 активная аудитория

数字化发展失衡 цифровое неравенство

历史故土范围 историческая родина

Instagram Stories Instagram сторис

住宅公用事业 жилищно-коммунальное хозяйство (ЖКХ)

音乐剪辑 музыкальные клипы

伊亚·谢加洛维奇 И. Сегалович

阿尔卡季·沃洛日 А. Волож

Yandex 市场 «Яндекс. Маркет»

康姆泰克 ComTek

Yandex 的士 «Яндекс. Такси»

Yandex 地图 «Яндекс. Карты»

Yandex 导航 «Яндекс. Навигатор»

Yandex 派送 «Яндекс. Доставка»

Yandex 健康 «Яндекс. Здоровье»

阿利萨 Алиса

Yandex 云 «Яндекс. Облако»

Yandex 对话 «Яндекс. Диалоги»

Yandex+ «Яндекс. Плюс»

Yandex 驾驶 «Яндекс. Драйв»

因诺波利斯 Иннополис

斯科尔科沃 Сколково

谷歌搜索 Google-поиск

谷歌地图 Google Maps

谷歌文档 Google Docs

在线药品订购服务"药房集锦" онлайн-сервис заказа лекарств «Все аптеки»

城市移动 «Ситимобил»

速卖通俄罗斯 AliExpress Russia

新闻提要 новостная лента

海报 «Афиша»

漫步者 / 票务 «Рамблер/касса»

漫步者 / 不动产 «Рамблер/недвижимость»

漫步者 / 旅游 «Рамблер/путешествия»

社会舆论基金会 Фонд «Общественное мнение»

博主 блогеры

达人 инфлюсенсеры，英文为 influencers

新从业人员 новые профессионалы

马吉茨 Margetts H.

约翰 P. John

海尔 S. Hale

亚塞里 T. Yasseri

非职业公民新闻 непрофессиональная гражданская журналистика

用户新闻 пользовательская журналистика

新社会性 новая социальность

"媒体人"现象 появление «человека медийного»

影响力营销 инфлюенс-маркетинг / маркетинг влияния

维索茨卡娅 Ю. Высоцкая

别洛采尔科夫斯卡娅 Н. Белоцерковская

索布恰克 К. Собчак

布佐娃 О. Бузова

"小心点，索布恰克" «Осторожно, Собчак!»

伊夫列耶娃 А. Ивлеева

杜季 Ю. Дуль

佩图霍夫 В. Петухов

特罗菲莫娃 Е. Трофимова

巴尔科夫斯卡娅 А. Балковская

托多连科 Р. Тодоренко

快拍 сторис

色拉布 Snapchat

第十章

图书出版行业 книгоиздательская отрасль

计划经济 административно-командная экономика

图书业 книжное дело

出版业 издательское дело

出版业务 издательский бизнес

阿斯特 «АСТ»

德罗法 «Дрофа»

奥尔玛－普列斯 «Олма-Пресс»

埃克斯摩 «Эксмо»

教育 «Просвещение»

列宁格勒出版社 «Лениздат»

儿童文学 «Детская литература»

字母－经典作品 «Азбука-классика»

阿季古斯－出版 «Аттикус-Паблишинг»

黄凤蝶 «Махаон»

外国文学 «Иностранка»

蜂鸟 «КоЛибри»

字母－阿季古斯 «Азбука-Аттикус»

拉加代尔出版 Lagardere Publishing

马穆特 А. Мамут

诺维科夫 О. Новиков

格列达索夫 А. Гредасов

阿里平纳商务图书 «Альпина Бизнес Букс»

马恩、伊万诺夫与费伯尔 «Манн, Иванов и Фербер» (МИФ)

奥尔玛媒体集团 «Олма Медиа Групп»

特卡奇 О. Ткач

乌尊 В. Узун

联邦教科书清单 федеральный перечень учебников

标志性名称 знаковые имена

大众文艺类图书 массовая художественная литература

埃克斯摩－阿斯特 «Эксмо-АСТ»

文塔纳－格拉夫 «Вентана-Граф»

大众图书 потребительская литература

图书出版商自主调节联合组织 саморегулируемые объединения книгоиздателей

图书出版商协会 Ассоциация книгоиздателей (АСКИ)

国际出版商协会 International Publishers Association (IPA)

俄联邦教育部俄罗斯大学出版社委员会 Совет университетских издательств Росии Министерства образования РФ

教科书出版商协会"俄罗斯教科书" Ассоциация издателей учебной литературы «Российский учебник»

地区独立出版商同盟 Альянс независимых региональных издателей

俄罗斯图书协会 Российский книжный союз (РКС)

《关于教育、科学和文化物资进口的协定》«Соглашение о ввозе материалов образовательного, научного и культурного характера»

1950 年 11 月 22 日佛罗伦萨协议 Флорентийское соглашение от 22 ноября 1950 г.

国家阅读扶持与发展计划 Национальная программа поддержки и развития чтения

联邦专项计划《2012—2018 年俄罗斯文化》Федеральная целевая программа «Культура России» (2012-2018 гг.)

国家图书评选"年度图书" Национальный книжный конкурс «Книга года»

全俄区域乡土文学竞赛"故乡" Всероссийский конкурс региональной и краеведческой литературы «Малая Родина»

全俄图书插图比赛"图书形象" Всероссийский конкурс книжной иллюстрации «Образ книги»

独联体国家国际比赛"图书艺术" Международный конкурс государств-участников СНГ «Искусство книги»

青年人才扶持计划 программа поддержки талантливой молодёжи

独联体国家与国外青年作家全俄论坛 Всероссийский форум молодых писателей России, стран СНГ и зарубежья

普里列宾 З. Прилепин

沙尔古诺夫 С. Шаргунов

加尼耶娃 А. Ганиева

《义务上缴文献样本法》«Об обязательном экземпляре документов»

俄罗斯书库 Российская книжная палата

总交易额 совокупный оборот

新版书 новые издания

再版书 переиздания

系列书 сериальные издания

翻译类出版物 переводные издания

总印张 совокупный листаж

居民人均拥有纸质图书和小册子量 число печатных экземпляров книг и брошюр в расчете на душу населения

图书市场总额 объем книжного рынка

里波尔 – 经典作家 «РИПОЛ-Классик»

凤凰 «Феникс»

罗斯曼 «Росмэн»

考试 «Экзамен»

俄罗斯埃格蒙特有限责任公司 «Эгмонт Россия Лтд»

韦切 «Вече»

西姆巴特 «СИМБАТ»

俄罗斯人民友谊大学 Российский университет дружбы народов

鹿 «Лань»

出版方案 «Издательские решения»

文笔 «Перо»

三叶草媒体集团 «Клевер Медиа Группа»

中央印社 «Центрполиграф»

国民教育 «Национальное образование»

联合零售连锁店"阅读吧 – 城市 – 咬文嚼字者" ОРС «Читай-город-Буквоед»

新书屋 «Новый книжный»

从 А 到 «Я От А до Я»

图书迷宫 «Книжный Лабиринт»

莫斯科图书之家联合中心 ОЦ «Московский Дом книги»

创始人瓦季姆·德莫夫 Учредитель Вадим Дымов

共和国 «Республика»

图书铺 «Книжная лавка»

阿维弗图书 «АВФ-книга»

中央图书之家 «Центральный дом Книги»

铅笔 «Карандаши»

专用文献 «Спецлит»

读书人 «Грамотей»

图书港湾 «Книжная пристань»

阿米塔利 «Амиталь»

大师 «Магистр»

罗斯托夫图书 «Ростовкнига»

火炬 «Факел»

图书 «Книги»

图书世界 «Книжный Мир»

知识 «Знание»

阿伊斯特 – 报刊 «Аист-Пресс»

最喜欢的书店 «Любимый книжный»

佩加斯 «Пегас»

图书 + «Книга+»

梅季达 «Метида»

恰科纳 «Чакона»

柳姆纳 «Люмна»

生动语言 «Живое слово»

奥逊 OZON.ru

野莓 Wildberries

俄罗斯图书 Books.ru

24 小时图书 Book24

我的商店 Myshop.ru

环球图书 «Библио-глобус»

莫斯科图书之家 «Московский дом книги»

马格尼特 «Магнит»

儿童世界 «Детский мир»

欧尚 «Ашан»

纽带 «Лента»

麦德龙 Metro

OK ОКЕЙ

罗斯印刷 «Роспечать»

阿里阿 – 证据与事实 «АРИА-АиФ»

铁路报刊 «Желдорпресс»

报刊 – 物流 «Пресс-Логистик»

阿马杰乌斯 «Амадеос»

36.6 图书俱乐部 «Книжный клуб «36,6»»

迷宫 «Лабиринт»

欧米伽－尔 «Омега-Л»

格兰德－法伊尔 «Гранд-Фаир»

图书馆中央配送处 «Бибком»

彼得堡商务－报刊 «Бизнес-Пресса»

基维 «Киви»

国际服务 «Интерсервис»

普罗达利特 «ПроЛитЪ»

电子图书馆系统 электронно-библиотечные системы (ЭБС)

大学在线图书馆 Университетская библиотека онлайн

直接媒体有限责任公司 ООО «Директ Медиа»

IPR 媒体有限责任公司 ООО «Ай Пи Эр Медиа»

利特列斯：朗读 «ЛитРес: Читай!»

利特列斯：聆听 «ЛитРес: Слушай!»

我的图书 MyBook

书友 Bookmate

利特列斯 «ЛитРес»

自助出版 самиздат

第十一章

电影业 киноиндустрия

票房收入 кассовые сборы/бокс-офис，英文为 box office

阴暗面 «Чернуха»

艺术电影 артхаусное кино

作家电影 авторское кино

参展电影 фестивальное кино

商业电影业 коммерческий кинематограф

大片 блокбастер

动画电影 анимационное кино

卢米埃尔兄弟 Братья Люмьер

电影 синематограф（曾称 кино）

新闻纪录片 хроника

汉容科夫商社 Торговый дом А. Ханжонкова

叶尔莫利耶夫会社 Товарищество И. Ермольева

莫斯科电影制片厂 киностудия «Мосфильм»

电影行业 киноотрасль

流动电影 кинопередвижки

乡村窄胶片电影放映点 узкопленочные сельские киноточки

故事片 игровое кино

军事电影集锦 военные киносборники

纪录片 документальные фильмы / документалистика

文艺片 художественные фильмы

音乐喜剧 музыкальные комедии

电影放映机 киноустановки

大型艺术片 полнометражные художественные картины

科普片 научно-популярные фильмы

教学片 учебные фильмы

年上座率 ежегодная посещаемость кинотеатров

电影发行 кинопрокат

《钻石胳膊》 «Бриллиантовая рука»

喜剧片 комедия

《高加索式绑架，又名舒里克的新冒险》 «Кавказская пленница, или Новые приключения Шурика»

《马利诺夫卡的婚礼》 «Свадьба в Малиновке»

《Y 行动和舒里克的其他冒险》 «Операция "Ы" и другие приключения Шурика»

《盾与剑》 «Щит и меч»

战争片 военный фильм（简称 воен.）

悬疑片 остросюжет

《神出鬼没复仇者的新冒险》«Новые приключения неуловимых»

冒险片 приключение

《两栖人》«Человек-амфибия»

科幻片 фантастика

《战争与和平》«Война и мир»

《安德烈·博尔孔斯基》«Андрей Болконский»

《娜塔莎·罗斯托娃》«Наташа Ростова»

历史改编剧 истор. экранизац.

《解放》«Освобождение»

《战火纷飞》«Огненная Дуга»

《突破》«Прорыв»

《坚强的心》«Сильные духом»

《神出鬼没的复仇者》«Неуловимые мстители»

宽银幕或两集影片 широкоэкранные или двухсерийные фильмы

《20世纪的海盗》«Пираты XX века»

动作片 боевик

《莫斯科不相信眼泪》«Москва слезам не верит»

通俗片 мелодрама

《危机救援》«Экипаж»

灾难片 фильм-катастрофа

《这里的黎明静悄悄》«А зори здесь тихие»

《幸运先生》«Джентльмены удачи»

《去往天堂的茨冈人》«Табор уходит в небо»

《无头骑士》«Всадник без головы»

西部片 вестерн.

《红莓》«Калина красная»

《阿丰尼亚》«Афоня»

《俄罗斯帝国的皇冠》«Корона Российской империи»

《伊凡"雷"帝：回到未来》«Иван Васильевич меняет профессию»

重映电影 «повторные» фильмы

常设电影院 постоянные кинотеатры

有限经营模式的电影院 кинотеатры с ограниченным режимом работы

夏季电影院 летние кинотеатры

区域中心电影院 кинотеатры районных центров

合作视频沙龙 кооперативные видеосалоны

录像片 видеофильм

全苏影片进出口联合公司 всесоюзное объединение, осуществляющее экспорт и импорт фильмов (Совэкспортфильм)

文化部 Министерство культуры (Минкультуры)

苏联部长会议国家电影事业委员会 Государственный комитет Совета Министров СССР по кинематографии (Госкино)

惊悚片 триллер

恐怖片 фильм ужасов

类型片 жанровое кино

卖座电影 кассовые фильмы

国产影片 отечественные ленты

发行 дистрибуция / прокат

家庭视频 домашнее видео

特许经营酒吧 консешн-бары

广告植入 продакт-плейсмент，英文为 product placement (PP)

影片观摩 киносмотр

莫斯科国际电影节 Московский международный кинофестиваль

索契"半人马座电影节" сочинский «Кинотавр»

尼卡奖 «Ника»

金鹰奖 «Золотой орел»

白方块奖 «Белый квадрат»

白象奖 «Белый слон»

俄联邦电影工作者协会 Союз Кинематографистов РФ

俄罗斯制片人同业公会 Гильдия продюсеров России

新发行影片 релиз

影院票房收入在线报告系统 система онлайн-отчетности о кассовых сборах кинотеатров

联邦电影票核算统一自动化信息系统 федеральная единая автоматизированная информационная система учета кинобилетов (ЕАИС)

《俄罗斯联邦国家电影支持法（修订与增订版）》«О государственной поддержке кинематографии Российской Федерации (с изменениями и дополнениями)»

民族电影 национальный фильм

国产电影社会与经济扶持联邦基金会（简称"电影基金会"）Федеральный фонд социальной и экономической поддержки отечественной кинематографии (Фонд кино)

实验电影 экспериментальное кино

新人项目 проекты дебютантов

《涅瓦电影调查》«Невафильм Research»

预算费用 сметная стоимость

董事会 попечительский совет

艺术电影制片厂 «Арт Пикчерс Студия» (Art Pictures Studio)

黄黑白集团 «ВБД Групп», 英文为 Yellow, Black & White

方向电影 «Дирекция кино»

Interfest（真正达科塔）«Интерфест» («Реал-Дакота»)

STV 电影公司 Кинокомпания СТВ

箭头电影公司 Кинокомпания «Стрела»

科克泰贝尔 «Коктебель»

永不止步制作公司 «Нон-стоп-продакшн»

伊戈尔·托尔斯图诺夫制作公司 Продюсерская фирма Игоря Толстунова

浣熊电影 «Рекун-синема»

尼基塔·米哈尔科夫 3T 制片厂 Студия «ТРИТЭ» Никиты Михалкова

ТаВВаК（鹰狮） «ТаББаК» (Базелевс)

摇滚创意制作联合企业 ТПО «РОК»

中枢伙伴 «Централ Партнершир»

乐享电影 «Энджой мувиз»

民族电影证书 Удостоверение национального фильма (УНФ)

返款制度和电影委员会体系 система рибейтов и кинокомиссий

摄制组 съемочные группы

邦达尔丘克 Ф. Бондарчук

艺术电影集团 Art Pictures Group

摄影棚 съемочные павильоны

电影制片厂综合体 киностудийные комплексы

剪辑渲染阶段 монтажно-тонировочный период

电脑绘图 компьютерная графика

特效 спецэффекты

绿幕 хромакей

外景场地 натурные площадки

莫斯科电影制片厂 «Мосфильм»

高尔基电影制片厂 Киностудия им. Горького

列宁格勒电影制片厂 «Ленфильм»

奥斯坦金诺电视中心 Телецентр «Останкино»

圣彼得堡纪录片制片厂 Санкт-Петербургская студия документальных фильмов

А 媒体 «Амедиа»

我的制片厂 «Моя студия»

附录二　专有名词中俄对照

主要电影 «Главкино»

俄罗斯全球制片厂 «Всемирные русские студии»

魔力电影 «Мэджик фильм»

电影联合公司 киноконцерн

沙赫纳扎罗夫 К. Шахназаров

阿科波夫 А. Акопов

巴楚林 И. Бачурин

恩斯特 К. Эрнст

阿斯塔霍夫拍摄器材代理机构 Агентство съемочной техники С. Астахова (АСТ)

波格丹与工作组 «Богдан и Бригада»

一切为了电影 «Все для кино»

斯维尔德洛夫斯克电影制片厂 «Свердловская киностудия»

电脑视觉效果制作服务 услуги по производству визуальных компьютерных эффектов

戈罗霍夫制片厂 Студия А. Горохова

火星媒体娱乐 «Марс Медиа Энтертейнмент»

磨坊动画制片厂 Анимационная Студия «Мельница»

电影公司 «Кинофирма»

垂线 «Вертикаль»

游乐园 Lunapark

《当今电影业》 «Кинобизнес сегодня»

《电影发行商公报》 «Бюллетень кинопрокатчика»

《国家法人统一登记簿》 «Госрегистр»

上映电影 фильмы в прокате

重映 повторный показ

大片 крупнейшие постановки

国产大片 блокбастер отечественного производства

《绝杀慕尼黑》«Движение вверх»

梅格季切夫 А. Мегердичев

西多罗夫 А. Сидоров

《鲁布廖夫卡警察之除夕夜》«Полицейский с Рублевки. Новогодний беспредел»

库利科夫 И. Куликов

《最后的勇士》«Последний богатырь»

季亚琴科 Д. Дьяченко

电影之言 «Кинослово»

乡村公路秀电影 Village Roadshow Pictures

卡通盒子 Toonbox

《维京传奇》«Викинг»

克拉夫丘克 А. Кравчук

达戈制作 Dago Productions

指导电影 Дирекция кино

基特 «КИТ»

《花滑女王》«Лед»

特罗菲姆 О. Трофим

氢电影公司 Кинокомпания «Водород»

哥伦比亚电影 Columbia Pictures

《危机救援》«Экипаж»

列别杰夫 Н. Лебедев

派拉蒙电影 Paramount Pictures

精灵电影 Wizart Film

喜剧俱乐部制作公司 Comedy Club Production

莫斯科影视 «Мостелефильм»

2V 制片厂 Студия «2В»

星媒体 Star Media

伽码制作 «Гамма продакшн»

前行影业 «Форвард-фильм»

凤凰影业 «Феникс-фильм»

俄罗斯电影公司 Кинокомпания «Русское»

独立电视台–电影 «НТВ-Кино»

首播时长 премьерный час

"星期五！" «Пятница!»

华特·迪士尼工作室与索尼影业发行 Walt Disney Studios Sony Pictures Releasing (WDSSPR)

卡罗首映 «КароПремьер»

华纳兄弟 Warner Bros.

20世纪福克斯独联体分部 «Двадцатый век Фокс СНГ»

环球影业 Universal Pictures International (UPI)

卡罗发行 «Каропрокат»

梅戈戈发行 Megogo Distribution

我们的电影 «Наше кино»

沃利加 «Вольга»

天堂 «Парадиз»

往期发行影片 фильмы, выпущенные в предыдущий период

长片 полнометражные картины

短片 короткометражные фильмы

音乐片 музыкальные фильмы / мюзикл

总票房收入 общая касса кинопроката

放映配额 квота показа

上映期 экранное время

漫改电影 кинокомикс

体育剧情片 спортивная драма

魔幻片 фэнтези

家庭片 семейный фильм

动画片 анимация

《蝙蝠侠》 «Бэтмен»

《黑衣人》 «Люди в черном»

《毁灭之路》 «Проклятый путь»

《小丑》 «Джокер»

犯罪片 криминал

作家电影 / 艺术电影 авторское кино / артхаус

限定发行 ограниченный прокат

影厅 кинозал

数字影厅 цифровой зал

中型影院 миниплекс

大型影院 мультиплекс

单厅影院 моноплек

超大型影院 мегаплекс

院线运营商 сетевой оператор / оператор сети кинотеатров

电影乐园 «Синема Парк»

电影方程式 «Формула Кино»

最大值电影院 «Киномакс»

幻景电影院 «Мираж Синема»

卢克索 «Люксор»

影院之星 «Синема Стар»

5号电影院 «Синема 5»

五星 «Пять звезд»

莫里电影院 Mori Cinema

银屏 «Монитор»

A & NN 投资有限责任公司 A & NN Investments Ltd

UFG 私募股权投资基金会 инвестиционный фонд UFG Private Equity

俄罗斯直接投资基金会 Российский фонд прямых инвистиций (РФПИ)

赫斯 П. Хет，英文为 Paul Heth

盒式录像带 видеокассета

家用录像系统 Video Home System (VHS)

蓝光光碟 BluRay Disc (BD)

《著作权与邻接权法》«Об авторском праве и смежных правах»

《伯尔尼著作权公约》Бернская конвенция об авторских правах

世界贸易组织 Всемирная торговая организация (ВТО)

突击检查 милицейский рейд / полицейский рейд

《关于修订俄罗斯联邦针对信息通讯网络中知识产权保护问题的若干立法》«О внесении изменений в законодательные акты российской федерации по вопросам защиты интеллектуальных прав в информационно-телекоммуникационных сетях»

《电影专有使用权保护领域合作备忘录》«Меморандум о сотрудничестве в сфере обеспечения исключительных прав при использовании фильмов»

《数字技术发展时代专有使用权保护领域合作备忘录》«Меморандум о сотрудничестве в сфере охраны исключительных прав в эпоху развития цифровых технологий»

互联网视频网络合法内容流通促进联合会 Ассоциация по стимулированию оборота легального контента в сети интернет «Интернет-видео»

互联网行业社团 профессиональное интернет-сообщество

诉前冻结 досудебные блокировки

电影录像 «Видеофильм»

机顶盒 видеоприставка

数字电影 оцифрованный фильм

宽带上网 широкополосный доступ в Интернет

智能电视 Smart TV

用户传导装置 передатчик пользователей

TV Show ТВ шоу

A 媒体库 «Амедиатека»

俄罗斯电信 «Ростелеком»

种子文件 торрент，英文为 torrent

广告变现模式 рекламная модель монетизации

电影搜索 «Кинопоиск»

第一电影 TV «Кино1ТВ»

Yandex 播放 «Яндекс. эфир»

Yandex+ «Яндекс. плюс»

艺术电影影像 Art Pictures Vision

第十二章

媒体广告市场 медиарекламный рынок

互联网资源 интернет-ресурсы

广告主 рекламодатель

媒体市场 медиарынок

大众报刊 массовая пресса

广告信息出版物 рекламно-информационные издания

广告通告报纸 газеты рекламных объявлений

国内期刊系统 система отечественной периодики

区域化政策 политика регионализации

杂志类定期出版物 журнальная периодика

媒体评测系统 система медиаизмерений

媒体评测公司 компания-медиаизмеритель

稿件内容 редакционный контент

普罗霍罗夫 М. Прохоров

乌斯曼诺夫 А. Усманов

科瓦利丘克 Ю. Ковальчук

别列兹金 Г. Березкин

推广者 распространитель

外包公司 аутсорсинговые фирмы

广告流转 рекламные обращения

连锁代理机构 сетевые агентства

媒体投放 медийные размещения

绩效营销 perfomance-маргетинг

程序化广告 programmatic

潜在客户开发 лидогенерация，英文为 lead generation

百事可乐 Pepsi Co.

雀巢 Nestle

宝洁 Protecter & Gamble

电视 2 Теле 2

储蓄银行 «Сбербанк»

Otcpharm «Отисифарм»

三星电子 Samsung Electonics

阿德弗集团 группа АДВ

广告预算额 объём рекламных бюджетов

数码音频 Digital Audio

纸质版出版物 принт

数字版出版物 digital

广告收入额 объём рекламных доходов

能量广播 «Радио Energy»

复古调频 «Ретро FM»

全俄社会舆论研究中心 – 媒体 ВЦИОМ-Медиа

全俄社会舆论研究中心股份公司 АО ВЦИОМ

自有广告部 собственный отдел рекламы

外部广告服务公司 внешняя рекламная служба

采购代理商 баинговое агентство

销售公司 компания-продавец

代售佣金 комиссионное вознаграждение

销售方案 схема селлинга

全国性频道 национальный канал

电视台网络－媒体 СТС-Медиа

销售公司 сейлз-хаус

按时长投放 размещение по минутам

按收视率投放 размещение по рейтингам

收视率点数 пункт рейтинга

目标收视率 целевой рейтинг

媒体市场细分化进程 процесс сегментирования медиарынка

横幅盲目性 баннерная слепота，英文为 banner blindness

大数据 большие данные

稿件部分 редакционная часть

统一媒体产品 единый медиапродукт

媒体文本 медиатекст

媒体内容 медиаконтент

消息 сообщение，英文为 message

函件 послание

诠释 интерпретация

理解 восприятие

媒体广告业 медиарекламная индустрия

文字广告 текстовая реклама

稿件材料 редакционные материалы

作为广告 «На правах рекламы»

出版说明 выходные данные

成人游戏 «Взрослые игры»

开放论坛 «Открытая трибуна»

生意人 «Люди дела»

观点 «Точки зрения»

开饭了 «Кушать подано»

广告栏目 рекламные рубрики

稿件刊登 редакционная публикация

本期杂志制作 «Над номером работали»

参与制作 «С нами работали»

时尚的选择 «Выбор *Vogue*»

情报 «Разведка»

采购 «Покупки»

头号人物 «Первые лица»

星座运势 «Гороскоп»

观点 «Точки зрения»

广告版面 рекламная полоса

豪华出版物 глянцевые издания

写真集 фотосессия

头版 первая полоса

内版 внутренняя полоса

专题副刊 тематические приложения

前封后封 развороты в начале и в конце издания

双封面 двойная обложка (гейтфолдер)，英文为 gatefold

专门插页 специальная вклейка

形式版面 форматная полоса

直接广告 прямая реклама

资讯广播 информационное радио

原创节目 авторская программа

赞助项目 спонсорские проекты

镜头叠加广告 наложение рекламы поверх кадра

短信服务 смс-сервис

横幅式广告 баннеры

大众传媒矩阵 массив представленных СМИ

第十三章

公关部门 PR-службы

媒体过程 медиапроцесс

新闻部门 пресс-службы

公共关系 связи с общественностью (СО), 英文为 public relations (PR)

社会团体协作领域 область взаимодействия с общественными группами

詹姆斯·格鲁尼格 Дж. Грюниг, 英文为 James Grunig

托马斯·亨特 Томас Хант, 英文为 Thomas Hunt

公关模式学说 формулировка моделей PR

宣传公关模式 PR-модель паблисити

信息定量 дозированность информации

公关主体 субъект общественных отношений

公共信息公关模式 PR-модель общественной информации

单向交际过程 процесс коммуникации односторонний

双向非均衡公关模式 двусторонняя асимметричная PR-модель

双向均衡公关模式 двусторонняя симметричная PR-модель

公关技术 PR-технология

舆论操纵交际技术 коммуникационные технологии управления общественным мнением

交际公关模式 модель PR-коммуникации

宣传活动 коммуникационные кампании

广告流程 рекламные технологии

政治咨询代理机构尼克科洛-姆 агентство политического консалтинга «Никколо М»

使命－勒 «Миссия Л»

形象联络 «Имидж-Контакт»

国际新闻俱乐部 Международный пресс-клуб

形象公关公司 «Имиджленд пабликрилейшнз»，英文为 Imageland Public Relations

奥美 Ogilvy

俄罗斯公共关系联合会 Российская ассоциация связей с общественностью (РАСО)

苏联新闻工作者协会 Союз журналистов СССР

莫斯科国立国际关系学院 Московский государственный институт международных отношений (МГИМО)

米哈伊洛夫合作 «Михайлов и партнёры»

库兹缅科夫合作 «Кузьменков и партнёры»

里姆 Р. И. М.

政治公关策略 политические коммуникационные стратегии

新地区政治 «Новая региональная политика»

俄罗斯自由民主党 Либерально-демократическая партия России (ЛДПР)

政治咨询中心联合会 Ассоциация центров политического консультирования

政治技术中心 Центр политических технологий

因德姆基金会 фонд «Индем»，英文为 INDEM foundation

公关传播 PR-коммуникации

传播策略 коммуникационные стратегии

请投票或错过 Голосуй или проиграешь

营销一体化技术 технология интегрированного маркетинга

公关手段 PR-инструментарий

制造新闻事件 создание новостных событий

宣传之旅 агитационные туры

AGT 传播集团 AGT communications Group

公共关系发展公司 Компания развития общественных связей (КРОС)

商务交际 бизнес-коммуникации

牛顿公关与交际 «Ньютон PR & Communications»

黄金时间 «Прайм-тайм»

《顾问》 «Советник»

国家奖"银色弓箭手" национальная премия «Серебряный лучник»

地区奖"白色羽翼" региональная премия «Белое крыло»

大学生优秀项目竞赛"水晶橙" конкурс на лучшие студенческие проекты «Хрустальный апельсин»

媒体政治系统 медиа-политическая система

统一党 партия «Единство»

卢日科夫 Ю. Лужков

祖国–统一俄罗斯党 партия «Отечество-вся Россия»

大众传媒反宣传技术 контрпропагандистские технологии с помощью СМИ

中央选举委员会 Центральная избирательная комиссия (ЦИК)

俄联邦总统办公厅 Администрация президента РФ

《公平选举政治顾问宪章》 Хартия «Политконсультанты за честные выборы»

右翼力量联盟 Союз правых сил (СПС)

我们的家园–俄罗斯 «Наш дом-Россия»

有效政策基金会 Фонд эффективной политики

秘密顾问代理机构 агентство «Тайный советник»

亚博卢党 партия «Яблоко»

商业联盟 «Деловая лига»

公关咨询公司联合会 Ассоциация компаний-консультантов в области связей с общественностью (АКОС)

国际传播咨询协会 Международная ассоциация компаний-консультантов в области связей с общественностью, 英文为 International Communications Consultancy Organisation (ICCO)

大众传媒政治垄断过程 процесс политической монополизации СМИ

竞选传播优先 приоритеты конкурентных избирательных коммуникаций

国家公关 государственные связи с общественностью

院外活动 лоббизм

战略沟通 стратегические коммуникации，英文为 strategic communication

事件营销 событийный маркетинг，英文为 event marketing

古罗夫合作 Гуров и партнёры

整合营销传播 коммуникации интегрированного маркетинга (ИМК)，英文为 Integrated Marketing Communication (IMC)

融合进程 конвергентные процессы

整合传播 интегрированные коммуникации

公关推广 PR-продвижение

市场总额 объем рынка

品牌内容 брендированный контент，英文为 branded content

公关努力 PR-усилия

危机公关 кризисные коммуникации

跨行业沟通 межотраслевые (кросс-отраслевые) коммуникации

区域品牌策划 брендинг территорий

危机响应 кризисное реагирование

俄罗斯公关与企业媒体经理人联合会 Ассоциация директоров по коммуникациям и корпоративным медиа России (АКМР)

全国公关公司排行榜 Национальный рейтинг коммуникационных компаний (НР2К)

AGT АГТ

弗莱什曼·希拉德前锋（奥尔塔传播集团）Fleishman Hillard Vanguard (КГ «Орта»)

特维加 TWIGA

社交网络与市场集团 «Социальные сети» и Market Group

里姆 – 大陆间 «Р.И.М—Интериум»

凯旋公关 Ketchum

"愚"乐策划 «Подъежики»

普雷莫事件 Eventum PRemo

伟达公关 PBN Hill+Knowlton Strategies

多人对话 «Полилог»

迈耶尔传播集团 КГ «МАЙЕР»

列别杰夫艺术 Artlebedev

商务交际代理机构公关股份有限公司 Агентство бизнес-коммуникаций PR Inc.

公共关系传播 коммуникации в связях с общественностью

行业联合会 профессиональное сообщество

媒体界 медиасообщество

普通受众 массовая аудитория

业界 профессиональная среда

媒体关系 media-relation

投资者关系 investor-relation

企业沟通 корпоративные коммуникации

记者招待会 пресс-конференции

发布会 брифинги

推介会 презентации

特别活动 специальные события

保罗·霍姆斯报告公司 компания The Paul Holmes Report

公关辅助 PR-сопровождение

企业公关 корпоративные коммуникации

财务公关 финансовые коммуникации

外部公关 внешние коммуникации

核心受众 ключевые аудитории

意见领袖 лидеры общественного мнения

内部公关 внутренние коммуникации

《商业见解调查》 Business Insights Survey

公关服务 коммуникационные услуги

"交钥匙"公关公司 коммуникационные компании «под ключ»

数字公关 цифровые коммуникации

编内机构 штатные институты

团体受众 корпоративные аудитории

欧洲公关联盟 Европейская конфедерация по связям с общественностью

国际公关协会 Международная ассоциация по связям с общественностью，英文为 International Public Relations Association (IPRA)

国际公关联盟 Public Relations Organisation International (PROI)

弗鲁托阿姨 «ФрутоНяня»

诺基亚 Nokia

通用汽车公司独联体分公司 «Дженерал Моторс СНГ»

拜耳股份公司 Bayer AG

诺里尔斯克镍业矿冶公司 горно-металлургическая компания «Норильский никель»

莫斯科地区动力系统管理局 Мосэнерго

联邦劳动与就业服务局 Федеральная служба по труду и занятости

联邦生物医药署 Федеральное медико-биологическое агентство

俄联邦卫生与发展部 Министерство здравоохранения и развития РФ

俄联邦农业部 Министерство сельского хозяйства РФ

俄联邦联邦教育署 Федеральное агентство по образованию РФ

联邦教育与科学监管局 Федеральная служба по надзору в сфере образования и науки

国际公关 международные коммуникации

公关咨询 коммуникационный консалтинг

现代 Hyundai

劳斯莱斯汽车 Rolls-Royce Motor Cars

德意志银行 Deutsche Bank

达美信贷 Delta Credit

联合信贷银行 UniCredit Bank

俄罗斯银行 «Банк Россия»

三重对话投资公司 ИК «Тройка Диалог»

俄罗斯国家保险局 Росгосстрах

罗思诺 РОСНО

壳牌 Shell，俄文为 «Шелл»

鞑靼石油公司 Татнефть

俄联邦教育与科学部 Министерство образования и науки РФ

莫斯科斯科尔科沃管理学院 Московская школа управления «Сколково»

奥逊 Ozon.ru

埃莱凡特 Elefante

奥尔塔咨询 Orta Consulting

战略与声誉咨询 стратегический и репутационный консалтинг

X5 零售集团 X5 Retail Group

埃尔多拉多 «Эльдорадо»

联络 «Связной»

里夫·科什 «Рив кош»

伊利·杰·博捷 «Иль Де Боте»

俄罗斯铁路 РЖД

俄罗斯航空公司 «Аэрофлот»

西伯利亚航空公司 S7 Airlines

莫斯科地铁 Московский метрополитен

谢列梅捷沃机场 аэропорт Шереметьево

多莫杰多沃机场 саэропорт Домодедово

莫斯科市电话网 Московская городская телефонная сеть (МГТС)

阿尔法银行 «Альфа-Банк»

赖夫艾森银行 «Райффайзенбанк»

莫斯科信息技术局 Департамент информационных технологий Москвы

俄罗斯联邦养老基金会 Пенсионный фонд России

俄联邦内务部 Министерство внутренних дел РФ

俄联邦国防部 Министерство обороны РФ

联邦国家登记地籍与制图局 Федеральная служба государственной регистрации, кадастра и картографии (Росреестр)

工业和贸易部 Министерство промышленности и торговли

社交媒体公关 коммуникации в социальных медиа

俄联邦卫生与社会发展部 Минздравсоцразвития РФ

俄联邦劳动与社会保障部 Министерство труда и социальной защиты РФ

俄罗斯邮政 «Почта России»

LG 电子 LG Elektronics

梅兹 Merz

奥迪 Audi

梅地亚家电超市 MediaMarkt

万事达卡 MasterCard

俄罗斯石油公司 ПАО «НК «Роснефть»»

国家原子能集团公司 ГК «Росатом»

苏霍伊 «Сухой»

俄罗斯道路局 Российское дорожное агентство (Росавтодор)

松下电器 Panasonic

战略倡议署 Агентство стратегических инициатив

肯德基 KFC

营销公关支持 маркетингово-коммуникационная поддержка

小众格式 нишевые форматы

传播与音乐营销 коммуникации и музыкальный маркетинг

斯巴达克足球队 ФК «Спартак»

阿古沙 «Агуша»

皮昂特 Pionter

姆视频 «М. Видео»

丽莎·阿列尔特 «Лиза Алерт»

乐都特 La Redout

融合传播 интегрированные коммуникации

罗斯纳诺 «Роснано»

东西伯利亚石油天然气公司 Восточно-Сибирская нефтегазовая компания (ВСНК)

俄罗斯电网 «Россети»

统一能源系统联邦电网公司 Федеральная сетевая компания Единой энергетической системы

俄罗斯因捷尔股份公司 «интер РАО»

赫玛奥－尤格拉 «ХМАО-Югра»

格洛纳斯卫星导航系统 «Глонасс»

互联网传播 интернет-коммуникации

对外贸易银行 Внешнеторговый банк (ВТБ)

列诺瓦 «Ренова»

米其林 Michelin

大众 Volkswagen

波音 Boeing

斯柯达 Skoda

汇丰银行 HSBC

埃奈尔 Enel

西联 Western Union

强生 Johnson & Johnson

飞利浦 Philips

迷你 MINI

宝马 BMW

附录二　专有名词中俄对照

阿迪达斯 Adidas

缤客网 Booking.com

阿联酋航空 Emirates

采埃孚 ZF

惠而浦 Whirlpool

欧莱雅 L'Oreal

达能 Danone

乐高 Lego

微软 Microsoft

英特尔 Intel

雷诺 Renault

标致 Peugeot

兆 МЕГА

宜家 ИКЕА

跨文化交际 кросс-культурные коммуникации

科学界交流 коммуникации в научном сообществе

奥多比系统 Adobe Systems

舰队 «Армада»

M2M 信息产业 «M2M телематика»

墨卡托 «Меркатор»

高朋 Groupon

日立 Hitachi

墨卡托集团 Mercator Group

俄罗斯外交部外交使团服务总局 ГлавУпДК при МИД России

俄罗斯自然资源部 Минприроды России

俄罗斯文化部 Минкультуры России

联邦税务局 Федеральная налоговая служба

空间传播 пространственные коммуникации

乐华梅兰 «Леруа Мерлен»

安利 Amway

尼桑 Nissan

雅芳 Avon

欧瑞莲 Oriflame

英菲尼迪 Infiniti

沃尔沃 Volvo

起亚 KIA

梅赛德斯 – 奔驰 Mercedes-Benz

工业通讯银行 «Промсвязьбанк»

鸿基 Acer

思爱普 SAP

日本烟草公司 JTI

欧珀 OPPO

博克 Bork

艾伯维 Abbvie

武田制药 Takeda

赛诺菲 Sanofi

精灵 Smart

维卡 Veka

辉瑞 Pfizer

东芝 Toshiba

百加得 Bacardi

埃克森美孚 Exxon Mobil

巴克莱银行 Barclays

通用汽车公司 GM

霍尼韦尔 Honeywel

维萨 Visa

金霸王 Duracell

吉利德 Gilead

首次公开募股 IPO

并购交易 сделки M & A

后续发行 дополнительные эмиссии

信息场 информационное поле

第十四章

媒体公司 медиакомпания

传媒业集中化 концентрация в медиабизнесе

媒体控股公司 медиахолдинг

媒体集团 медиагруппа

媒体企业 медиапредприятие

媒体经济 медиаэкономика

编辑团队 редакционные коллективы

视频国际分析中心 Аналитический центр Видео Интернешнл (АЦВИ)

影响力代理人 агенты влияния

金融工业集团 финансово-промышленная группа (ФПГ)

有形资产和无形资产 материальные и нематериальные активы

参与制 система участия

经济净现值 экономические величины

寡头政治 олигархия

一体化精英政权 власть интегрированных элит

国际罗斯 «Интеррос»

桥 – 银行 «Мост-Банк»

桥 – 石油 «Мост-Ойл»

桥 – 地产 «Мост-Эстейт»

桥安全服务 «Мост Секьюрити Сервис»

伏尔加汽车制造厂汽车 «АвтоВАЗ»（«ВАЗ» 全称为 Волжский автомобильный завод）

转出口 реэкспорт

联合进出口银行 Объединённый экспортно-импортный банк (ОНЭКСИМ)

米克洛金 «Микродин»

新利佩茨克钢铁联合企业 «Новолипецкий металлургический комбинат»

西伯利亚远东石油公司 Сибирско-Дальневосточная нефтяная компания (СИДАНКО)

西北航运公司 Северо-Западное пароходство

桥–媒体封闭式股份公司 ЗАО «Медиа-Мост»

职业媒体封闭式股份公司 ЗАО «ПрофМедиа»

帕塔尔卡齐什维利 Б. Патаркацишвили

新闻集团 News Corporatioan

《新消息报》«Новые Известия»

《生意人–政权》«КоммерсантЪ. Власть»

《生意人–货币》«КоммерсантЪ. Деньги»

《生意人–周末》«КоммерсантЪ. Weekend»

《生意人–第一排行榜》«КоммерсантЪ. Первый Рейтинг»

《自动驾驶》«Автопилот»

《居家》«Домовой»

真实记录 Real Records

独立电视台 + «НТВ-Плюс»

独立电视台 +– 足球 «НТВ-Плюс. Футбол»

独立电视台 +– 运动 «НТВ-Плюс. Спорт»

独立电视台 +– 我们的电影 «НТВ-Плюс. Наше кино»

独立电视台 +– 儿童世界 «НТВ-Плюс. Детский мир»

《今天》«Сегодня»

《七天》«Семь дней»

商潮 «Деловая волна»

独立电视台 – 盈余 «НТВ-Профит»

《俄罗斯电报》«Русский телеграф»

阿列克佩罗夫 В. Алекперов

叶夫图申科夫 В. Евтушенков

系统金融股份公司 АФК «Система»

系统大众媒体 «Система Масс-Медиа»

罗季奥诺夫出版社 «Издательский дом Родионова»

驾车出版社 ИД «За рулём»

对话者出版社 ИД «Собеседник»

绍埃尔 Д. Сауэр

交易者分类传媒 Trader Classified Media

鲍尔传媒集团 Bauer Media Group

桦榭菲力柏契 Hachette Filipacchi Shkulev

康泰纳仕 Conde Nast

先进出版公司 Advance Publications

进口替代 импортозамещение

国内生产总值 валовой внутренний продукт (ВВП)

燃料动力综合体 топливно-энергетический комплекс

线上预算 Above the line (ALT)

内容变现 монетизация контента

俄罗斯股份银行 АБ (Акционерный банк) «Россия»

USM 控股公司 USM Holdings

天然气工业保险公司 Страховое общество газовой промышленности (СОГАЗ)

泽斯特集团公司 ГК «Зест»

天然气基金 «Газфонд»

金属投资公司 «Металлоинвест»

墨盒 «Скартел»

利辛 В. Лисин

联合媒体 Объединённые медиа

费东 Л. Федун

阿·阿纳尼耶夫 А. Ананьев

德·阿纳尼耶夫 Д. Ананьев

工业通讯资本 «Промсвязькапитал»

杰里帕斯克 О. Дерипаск

前进传媒集团 Forward Media Group

基本要素 «Базовый элемент»

电影方程式 «Формула кино»

阿尔法集团 «Альфа групп»

媒体记录 «Актион Медиа»

时代华纳 Time Warner

特纳国际 Turner international

NBC 环球 NBC Universal

贝塔斯曼集团 Bertelsmann

阿克塞尔·斯普林格出版社 Axel Springer Verlag

现代时代集团 Modern Times Group

卫讯公司俄罗斯分部 Viasat Russia

邦尼集团 Bonnier Group

邦尼集团俄罗斯分部 Бонниер групп Россия

萨诺玛集团 Sanoma

博施出版集团 Edipresse Group

博施–圆锥形出版社 ИД «Эдипресс-Конлига»

希普斯泰德出版集团 Schibsted

地区独立报出版社 ИД «Региональные независимые газеты»

全球本土化 глокализация，英文为 Glocalisation

俄罗斯国际新闻社 "俄罗斯'新闻'通讯社" Российское агентство

международной информации «РИА Новости» (РАМИ РИА «Новости»)

星媒体集团 «Медиагруппа "Звезда"»

预算内媒体企业 бюджетные медиапреприятия

广告行业 рекламная отрасль

线上板块 сегмент ATL

雨媒体控股公司 медиахолдинг «Дождь»

乌斯曼诺夫与塔夫林媒体集团 медиагруппа А. Усманова и И. Таврина

尤电视媒体 «ЮТВ Медиа»

媒体3 «Медиа3»

合并收入 консолидированная выручка

国际财务报告准则 International Financial Reporting Standards (IFRS)

美国通用会计准则 US Generally Accepted Accounting Principles (US GAAP)

电视橱窗 «Витрина ТВ»

国家竞标合同 конкурсные государственные контракты

欧洲北方石油公司集团 Группа ЕСН (Евросевернефть)

萨弗马尔集团 группа «Сафмар»

酷媒体 «Крутой Медиа»

国家音乐会 «Госконцерт»

播放许可持有者 держатель лицензий на вещание

费多托夫 А. Федотов

阿尔特科姆媒体 «Артком Медиа»

穆萨耶夫 М. Мусаев

库德里亚大采夫 Д. Кудрявцев

牧场出版社 ИД «Толока»

俄罗斯广播电视–星球 «РТР-Планета»

独立电视台–世界 «НТВ Мир»

《圣彼得堡地铁报》«Metro-Петербург»

媒体联盟 «Медиа Альянс»

索尼影业电视网 Sony Pictures Television Networks

媒体电信 «Медиа Телеком»

梅特拉工作室 «Студия Метрафильмс»

珠穆朗玛峰 «Эверест»

Yandex 禅 «Яндекс.Дзен»

Yandex 拥堵 «Яндекс.Пробки»

Yandex 直击 «Яндекс.Директ»

auto.ru «Авто.ру»

beru.ru «Беру.ру»

我的世界 «Мой мир»

达姆达姆 «Там Там»

Mail.ru 媒介 «Mail.ru Агент»

快递俱乐部 Delivery Club

陀螺 «Юла»

潘道 Pandao

扎卡扎卡 Zaka Zaka

城市飞马 «Ситимобил»

极客大脑 Geek Brains

塔兰工具 Taran tool

捐款提醒 Donation Alerts

塔特媒体 «Татмедиа»

巴什科尔托斯坦信息公司 «Башкортостанская информационная компания»

姆斯控股公司 «МС Холдинг»

州广播电视播放网络媒体控股公司 «Медиахолдинг ОТС»

姆克尔–媒体 «МКР-Медиа»

南部地区媒体集团 «Медиагруппа Южный регион»

媒体–萨马拉 «Медиа-Самара»

尤尼特媒体 «Юнитмедиа»

附录二 专有名词中俄对照

地方时间 «Местное время»

子公司 дочерние фирмы

孙公司 внучатые фирмы

亲缘公司 родственные фирмы

母公司 материнская фирма

有限责任公司 общество с ограниченной ответственностью (ООО)

股份公司 акционерное общество (АО)

公开招股公司 публичное акционерное общество (ПАО)

股份有限公司 Incorporated (Inc)

有限责任公司 Limited (Ltd)

私人有限公司 Besloten Vennootshap met beperkte aansprak-elijkhed (BV)

离岸司法管辖区 офшорные юрисдикции

大众传媒集团 группа СМИ

单位组织 единичная организация

上市媒体控股公司 публичный медиахолдинг

纳斯达克 NASDAQ

伦敦证券交易所 LSE

国际财务报告准则 Международные стандарты финансовой отчётности (МСФО)

上市公司 публичные фирмы

公众有限公司 Naamloze Vennootschap (NV)

俄罗斯会计核算标准 Российский стандарт бухгалтерского учёта (РСБУ)

综合财务报表 консолидированная финансовая отчетность (КФО)

对角线型 диагональный тип

俄罗斯股份银行 АБ «Россия»

媒体财产集群 кластер медиасобственности

新闻媒体出版社 ИД News Media

波罗的海媒体集团 «Болтийская медиагруппа»

"纯"横向的集中化 «чистая» горизонтальная концентрация

纵向的集中化 вертикальная концентрация

和平跨国广播电视公司 межгосударственная телерадиокомпания «Мир» (МТРК «Мир»)

商业需求 коммерческий императив

乌拉尔矿业冶金公司 Уральская горно-металлургическая компания (УГМК)

国有制 государственная собственность

准国有制（混合所有制）квазигосударственная (смешанная) собственность

商业所有制 коммерческая собственность

国有－私营合作伙伴关系 Государственно-частное партрерство (ГЧП)

领袖管理公司 УК «Лидер»

第十五章

媒体消费 медиапотребление

观众 зритель

听众 слушатель

读者 читатель

受众 аудитория

肥皂剧 мыльные оперы

每昼夜受众 суточная аудитория

潜在受众 потенциальная аудитория

固定受众 регулярная аудитория

目标受众 целевая аудитория

每昼夜受众 суточная аудитория

产业（联合）受众评测 индустриальные (синдикативные) измерения аудитории

媒体评测 медиаизмерения

联合媒体评测 синдикативные медиаизмерения

产业联合委员会 объединенный индустриальный коммитет

联合利华 Unilever

凯度 Kantar

媒体视野股份公司 АО «Медиаскоп»

品牌再造 ребрендинг

现实受众 реальная аудитория

行业类大众传媒 профессиональные СМИ

企业类大众传媒 корпоративные СМИ

商业类大众传媒 деловые СМИ

个人主义者 индивидуалист

利他主义者 альтруист

享乐主义者 гедонист

《萨沙与玛莎》 «Саша и Маша»

《财务经理》 «Финансовый директор»

《总经理》 «Генеральный директор»

《厨房一家亲》 «Сваты на кухне»

《大都会 – 购物》 Cosmopolititan Shopping

播放表 сетка вещания

电视节目单 расписание телепередач

数字鸿沟 цифровой разрыв，英文为 digital divide

适合所有人 «для всех» (general interest)

第一套和第二套公共电视数字频道 первый и второй пакеты общедоступных цифровых телеканалов

《破坏力》 «Убойная сила»

《遁世者：回归》 «Глухарь. Возвращение»

《戈杜诺夫》 «Годунов»

流媒体服务 стриминговые сервисы

广播视频点播 Broadcasting Video on Demand (BVOD)

延时收看 услуг «отложенного» просмотра телепередач (Timeshift Viewing)

播出后 «вслед за эфиром» (Catch up)

播出前 «до эфира» (Catch Forward)

音频通讯 аудиальная коммуникация

有线收音机 проводное радио

播放器 плеер

科学教育类节目 научно-познавательные передачи

纸质出版物 печатные издания

综合类 общего интереса

《大型运动》«Большой спорт»

《地球画报》GEO

《共青团真理报 – 周末版》«КП-толстушка»

《家庭医生》«Домашний доктор»

发行量 проданные тиражи

《商业报》«Ведомости»

《优家画报》InStyle

《热门明星》Star Hit

《大众机械》«Популярная механика»

《家居廊》Elle Decoration

智慧型手机 коммуникатор

专属移动受众 эксклюзивная мобильная аудитория (mobile only)

移动设备 мобайл

附　录

公共电视委员会 совет по общественному телевидению

《内容标识法》«Закон о маркировке контента»

《反盗版法》«Антипиратский закон»

《污秽语言法》«Закон о мате»

俄联邦司法部 Министерство юстиции РФ (Минюст РФ)

联邦消费者权益与公民福祉保护监管局 Федеральная служба по надзору в сфере защиты прав потребителей и благополучия человека (Роспотребнадзор)

公共播放委员会 Общественный вещательный совет

干净的笔 «Чистые перья»

保护言论自由基金会 Фонд защиты гласности

俄联邦总检察院 Генеральная прокуратура РФ

俄联邦通讯与大众传媒部 Министерство связи и массовых коммуникаций РФ (Минкомсвязь)

莫斯科新闻工作者协会 Союз журналистов Москвы (СЖМ)

圣彼得堡与列宁格勒州新闻工作者协会 Союз журналистов Санкт-Петербурга и Ленинградской области (СПбСЖ)

媒体协会 Медиасоюз

印刷品发行商联合会 Ассоциация распространителей печатной продукции (АРПП)

地区广告联盟联合会 Ассоциация «Рекламная федерация регионов» (РФР)

"期刊出版商同业公会"出版商协会 Союз издателей «ГИПП»

独立广播基金会 Фонд независимого радиовещания (ФНР)

新广播 «Новое радио»

俄罗斯媒体集团 «Русская медиа группа» (РМГ)

资方 Менеджмент

《俄语填字游戏》 «Русский кроссворд»

《受到喜爱的斯堪的纳维亚填字游戏》 «Любимые сканворды»

《您的家庭医生》 «Ваш семейный доктор»

《女性的历史》 «Женские истории»

《我们的厨房里》 «На нашей кухне»

《非凡巡逻队》 «Сказочный патруль»

《安娜》 Anna

《薇瑞娜》 Verena

《萨布里娜》 «Сабрина»

《十字绣》 «Вышивка крестиком»

《我的美丽花园》 «Мой прекрасный сад»

《私人装潢》 «Частный интерьер»

《数独》 «Судоку»

赫斯特·什库列夫传媒集团 Hearst Shkulev Media (HSM)

《出发》 Departures

独立传媒集团 Independent Media (IM)

时尚媒体 Фэшн Пресс

优质出版社 Премиум Паблишинг

《大都会 – 丽人》 Cosmopolitan Beauty

《时尚健康（男士版）》 Men's Health

《时尚芭莎》 Harper's Bazzar

《罗博报告》 Robb Report

《论据与事实 – 关于烹饪》 «АиФ. ПРО Кухню»

《论据与事实 – 关于健康》 «АиФ. ПРО Здоровье»

字母公司 Alphabet Incorporated

《关于出版》的决议 постановление «О печати»

《关于出版》的法令 декрет «О печати»

莫斯科广播 «Московское радио»